Eckhard Bruns

Elbgold

Ein Regionalkrimi aus Sachsen

Bibliografische Information der Deutschen
Nationalbibliothek:
Die Deutsche Nationalbibliothek verzeichnet diese
Publikation in der Deutschen Nationalbibliografie;
detaillierte bibliografische Daten sind im Internet über
http://dnb.dnb.de abrufbar.

© 2021 Eckhard Bruns, Torgau

2.Auflage

Herstellung und Verlag: BoD – Books on Demand,
Norderstedt

ISBN: 978-3-7519-6876-8

Ein riesenhaftes Dankeschön

Ohne fleißige und pfiffige Helferlein geht es nicht. Ich danke (in alphabetischer Reihenfolge) allen, die mich bei der Arbeit an diesem Roman unterstützt, zusammengeschissen, wieder aufgerichtet und bei Laune gehalten haben:

Frauke, Ines, Josef, Natalie und, nicht zuletzt,

Giulia und meiner Schwester Sabine.

Liebe Lesende!

Die folgenden Seiten enthalten weder einen Tatsachenbericht noch eine Dokumentation. Folglich sind alle Personen frei erfunden: seien es die Wirtin der fiktiven Elbklause, fleißige Staatsdiener auf Schloss Hartenfels (das gibt es immerhin!) und in Dresden, oder auch ein Torgauer Sheriff: sie alle sind Produkte meiner Fantasie. Falls ihr doch etwas in diesem Buch entdeckt, was euch an die Wirklichkeit erinnert, und sei es nur eine rote Ampel, so nehmt es bitte mit einem toleranten Lächeln hin, denn eine eventuelle Ähnlichkeit ist rein zufällig.

1. Tag

Klaas bewegte seinen dunkelgrünen Kastenwagen nicht sonderlich rasch über die nordsächsische Landstraße, eher in dem Tempo, das hinterherfahrende Eilige zur Weißglut treibt.

Gegen Mittag bog er von der Bundesstraße in eine schmale Straße Richtung Elbe ab. Die Vormittagssonne strahlte ihm frontal ins Gesicht. Ohne anzuhalten, wühlte er mit einer Hand auf dem Beifahrersitz, bis er zwischen Handy, Hundeleine, Pfefferminzbonbons und Taschentüchern seine speckige Baseballmütze ertastete, die er sich über die kurzen grauen Haare stülpte und tief ins Gesicht zog.

Er ließ eine verschlafene Ortschaft mit vielleicht einem Dutzend gepflegter Häuser mit ebenso gepflegten Vorgärten hinter sich und blickte auf eine weitläufige, von Getreidefeldern dominierte Ebene. Dahinter erstreckte sich der Deich.

Obwohl erst Mitte Juni, überwogen auf den Feldern und Wegrändern die Gelb- und Brauntöne. Grün waren nur noch einzelne wie zufällig zwischen den Äckern verteilten Baumkronen. Auch an diesem Tag brannte die Sonne wieder wie sonst nur Ende August und die Hitze lag satt und lähmend über der Landschaft.

Oben, auf der Deichkrone, ging der Straße das Pflaster aus.

Klaas stoppte und überlegte, ob er den Feldweg, zu dem die asphaltierte Piste verkümmerte, seinem Lieferwagen zumuten sollte. Er folgte den ausgewaschenen Fahrspuren mit den Augen bis zu der von einer ausladenden alten Eiche überschatteten Anhöhe und beantwortete sich die Frage mit einem eingeschränkten „Ja".

Dann holperte der Transporter mit dem Klapprad auf dem Heckträger im ersten Gang durch das vertrocknete Grasland und den flachen Hügel hinauf, bis in die Wendeschleife um den altehrwürdigen Baum herum.

Der einsame Fleck im Schatten der Eiche, mit freiem Blick zwischen den vereinzelten Büschen hindurch auf den Fluss, war exakt der Ort, den er sich für seine Siesta gewünscht hatte.

Klaas erhob er sich ohne Eile aus dem Fahrersitz. Viel Platz hatte er nicht: Er benötigte nur einen Schritt bis in Küche oder Wohnzimmer des Wohnmobils, je nachdem, ob er sich gerade links oder rechts herum wandte.

Als Erstes öffnete er die Schiebetür, um den Sommer hineinzulassen, dann zog er sein Flanellhemd, ohne die Knöpfe zu öffnen, wie einen Pullover über den Kopf. Darunter kam ein verwaschenes T-Shirt zutage, welches vor ewigen Zeiten einmal dunkelblau gewesen sein könnte.

Hinter sich vernahm er ein aufdringliches Gähnen. Ein schwarzes Ungetüm kam unter dem Ess- und Wohnzimmertisch hervorgekrochen, reckte sich und streckte die Nase zur Tür hinaus.

Jeder andere Hund wäre losgestürmt und hätte sich den Frust der langen Fahrt aus dem Leib gerannt. Dieser hier setzte sich erst einmal, begutachtete, in das grelle Sonnenlicht blinzelnd, ohne Hast die neue Umgebung und gähnte abermals in aller Ausführlichkeit. Dann erst hob er seinen Hintern und sprang aus dem Wagen, um gleich davor im Gras stehen zu bleiben und sich ein weiteres Mal in Zeitlupe zu recken. Anschließend schritt er bedächtig quer über das Plateau von einem Busch zum nächsten, bis er den richtigen gefunden hatte, um daran das Bein zu heben.

Klaas war inzwischen ebenfalls ausgestiegen, hatte im Gehen den Reißverschluss seiner Jeans geöffnet und erledigte sein Geschäft breitbeinig am Stamm der mächtigen Eiche. Der Hund schaute von weitem einen Moment andächtig und dreibeinig zu, dann setzte er das gehobene Bein wieder ab, trottete zu seinem Herrchen hinüber und wartete, bis es fertig war, um an dieselbe Stelle des Baumstamms zu pinkeln.

Klaas zog grinsend er den Reißverschluss wieder hoch und ordnete mit einem Griff in den Schritt den Inhalt der Jeans. Er schlenderte zum Wohnmobil zurück und setzte sich in die Schiebetür. Aus dem Sitzen öffnete er den Kühlschrank, um ein Bier heraus zu angeln. Mit der anderen Hand langte er nach dem Flaschenöffner, schnippte den Kronkorken von der Flasche und genoss den ersten ausgiebigen Schluck.

Eine Musterung der Umgebung bestärkte ihn in dem Entschluss, für den heutigen Tag genau an dieser Stelle seinen Zweitwohnsitz anzumelden.

Seit zwei Wochen war er jetzt unterwegs. Zu Beginn in einem Stück von Hamburg nach Dresden, inklusiver einiger gemütlicher Stunden im Stau. Anschließend sollte es in handlichen Etappen elbabwärts Richtung Heimat gehen. Allerdings war er bisher nicht sonderlich weit gekommen. Gerade einmal bis zu dieser bejahrten Eiche am Ufer der Elbe in Nordsachsen, irgendwo in der Pampa zwischen Mühlberg und Torgau.

Sein in den letzten Tagen vernünftigster – da einziger – Gesprächspartner war Stöver, ein zu groß geratener Riesenschnauzermischling mit eigenwilliger Auffassung von Autorität und Dominanz.

Seit dem Umzug ins Wohnmobil hatte Klaas überraschend wenige Gegenstände des ehemaligen Haushalts und keine Menschen seines zurückgelassenen Umfelds vermisst. Außer vielleicht die Clique aus Sonderlingen, die sich jeden Abend in Freund Holgers Eckkneipe einfand. Ja, diese belanglosen alkoholgeschmierten nächtlichen Plaudereien am Stammtisch in der „Kurve" fehlten ihm ein wenig.

Klaas ließ seinen Blick mehrmals ausgiebig über die Flusslandschaft wandern, bevor er sich erhob, um etwas gegen das hohle Gefühl in der Magengegend zu unternehmen.

Eine gute halbe Stunde später pellte er brühendheiße Kartoffeln und leerte ohne schlechtes Gewissen das zweite Bier des Tages, während auf dem Herd eine Konservendose in heißem Wasser schwamm. Durch die offene Schiebetür verfolgte er nebenbei, wie Stöver die Umgebung erkundete.

Klaas hatte keine Sorge, den Hund hier frei herumstromern zu lassen. Stöver war einfach zu bequem, um ein Karnickel weiter als zwanzig Meter zu verfolgen, und zu cool, um sich auf Rangeleien mit fremden Hunden einzulassen.

Das Menü bestand für heute aus einem Sambuca als Aperitif, dem Hauptgericht Königsberger Dosenklopse auf Pellkartoffeln, einem Bier und wieder einem Sambuca als Dessert. Direkt im Anschluss ließ Klaas sich im hinteren Teil des Wohnmobils in seine Koje fallen.

Er lauschte mit geschlossenen Augen zufrieden auf die beruhigende Geräuschkomposition aus Wind in trockenem Gras, raschelnden Blättern und knarrenden Ästen der ehrwürdigen Eiche, zirpenden Grillen und schnarchendem Hund. Denn Stöver hatte ebenfalls beschlossen, auf seinem Schlafplatz unter dem Tisch eine Siesta einzulegen.

Klaas lauschte nicht lange. Bier und Sambuca bewirkten in kürzester Zeit die Schlafstellung seiner Augen.

Als er aufwachte, hatte er mindestens zwei Stunden geschlafen. Die Sonne war ein gutes Stück weiter gerückt, der Schatten der Eiche hatte sein Wohnmobil im Stich gelassen. Die Geräuschkulisse um ihn herum hatte sich, bis auf das fehlende Schnarchen des Hundes, nicht verändert.

Klaas fühlte sich trotz der Hitze frisch und erholt. Er reckte sich mehrmals, rutschte vom Hochbett herunter, trat an die Tür und blickte hinaus in die Flusslandschaft. Weit entfernt, Richtung Elbe, erkannte er einen sich bewegenden schwarzen Punkt. Das musste Stöver sein. Jedenfalls war der Hundeplatz unter dem Tisch verlassen.

Er wühlte in den Tiefen des Wohnmobils nach Schlappen und Baseball-Mütze. Dann wanderte er Richtung Fluss, um seinen Hund ein Stück zu begleiten. Klaas hatte erst wenige Meter zurückgelegt, als der Boden sich unter ihm auftat und er, vernehmlich „Scheiße!" brüllend, um eine Etage in die Tiefe rauschte.

Nachdem sich der dickste Staub verzogen hatte, fand Klaas sich in Omas Keller wieder. Zumindest sah hier unten alles aus wie anno dunnemals in Omas Keller, fand er. Seine Oma lebte damals in einem uralten Bauernhaus im Alten Land. Unter dem Boden der Küche versteckte sich ein niedriger Kellerraum, in dem die Vorräte dunkel und frostfrei lagerten, um über den Winter bis weit ins Frühjahr zu reichen. Und genau so sah es hier aus, wo er sich nach einer harten Landung auf dem Hosenboden wiedergefunden hatte und um ein Haar hätten die Königsberger Klopse sich zurückgemeldet.

Sein Blick wanderte nach oben. Die Balkendecke über ihm war zum Teil eingestürzt. Das durch das Loch einfallende Lichtbündel blendeten seine tränenden Augen.

Alles um ihn herum war gleichmäßig mit einer dicken graubraunen Schicht bedeckt. Klaas nahm eine Prise zwischen Daumen und Zeigefinger. Der Schmutz pappte wie eine Mischung aus Ruß und Mehl zusammen.

Er betrachte seine Umgebung. Mauern aus unregelmäßig gebrannten Ziegeln, ein knochentrockener Lehmboden, Regale, Tontöpfe und -krüge, ein paar hölzerne Obstkisten, ein Fass. Alles wie seinerzeit bei Oma. Bis auf das Skelett.

Er schluckte. Kein Zweifel: Ihm gegenüber, in der dunkelsten Ecke, hockte jemand. Mit dem Rücken an die Wand gelehnt, zusammengekrümmt, die angezogenen Beine zur Seite gekippt, der Schädel mit den leeren Augenhöhlen auf die Schulter gesunken. Ein jämmerlicher Anblick.

Der Hintern tat weh. Klaas erhob sich mit schmerzverzerrtem Gesicht und knallte mit der Stirn an einen Deckenbalken. „Scheiße", fluchte er erneut und rieb sich den schmerzenden Kopf. Eine Überprüfung der Beweglichkeit aller Gliedmaßen verlief positiv: bis auf die Beule am Hinterkopf war er unverletzt.

Sachte, als könnte er jemanden wecken, tapste er in gebückter Haltung über den Lehmboden, kniete sich vor dem Toten hin und zog das Handy aus der Tasche. Er schüttelte es, um die Taschenlampe zu aktivieren, und richtete den bläulichen Lichtstrahl auf sein Gegenüber.

Diese Leiche war älter als alle, die er in seiner kriminalistischen Laufbahn bisher „erlebt" hatte. Erleichtert berührte er einen Arm des Toten und ertastete unter der Dreckschicht groben, leinenartigen Stoff. Er schnippte mit dem Finger an mehreren Stellen behutsam den Schmutz vom Ärmel und brachte blassrotblau gemusterte Stoffreste zum Vorschein, zwischen ihnen lugte ein skelettiertes Ellenbogengelenk hervor.

Der Schein der Handytaschenlampe wanderte aufwärts. Auf dem Schädel hing, nach hinten verrutscht, eine altertümliche Kopfbedeckung, wie er sie auf Darstellungen von Landsknechten in seinem Geschichtsbuch gesehen hatte. Er schnippte fleißig daran herum und legte nach und nach eine breite, eingerollte Krempe aus roten und blauen Streifen, als Letztes die Reste einer darin steckenden Gänsefeder frei.

Der Lichtstrahl fiel auf den zentimeterbreiten Spalt mittig in der Stirn. Klaas nickte gedankenversunken angesichts der Gewalt, mit der dieser Schädel gespalten worden war. Nein, seinem ehemaligen Beruf als Kriminalpolizist war er noch lange nicht entkommen.

Der Oberkörper des Gerippes steckte in einem Panzer, dessen Brust- und Rückteil über der Kleidung seitlich am Körper und oberhalb der Schultern zusammengeschnallt waren. Als er mit der Hand über den Harnisch wischte, schimmerte es unter dem Dreck metallisch.

Die ledernen Stiefel des Toten waren, wie die Lederriemen des Panzers, nahezu unversehrt, von den Beinkleidern jedoch nur Fetzen auf Oberschenkel und Hüfte erhalten geblieben. Klaas erhob sich und trat einen Schritt zurück. Die Haltung des Toten erregte posthum Klaas' Mitleid: So, wie der Tote hier zusammengekrümmt hockte, war er äußerst qualvoll verendet.

Von oben erklang wohlbekanntes Jaulen und Bellen. Durch das Loch in der Decke rutschten Erde und Grasbüschel nach, frische Staubwolken trieben durch den Keller.

„Hau ab, du Spinner! Draußen bleiben!" Die Vorstellung, das Riesenzottelvieh mit seinen mindestens 45 kg Lebendgewicht aus dem Kellerloch hochhieven zu müssen, behagte ihm nicht.

Der Hund ließ sich widerwillig auf den Bauch fallen und die Vorderläufe über den Rand der Grube hängen. Von da aus beobachtete er sein Herrchen mit schief gelegtem Kopf und gespitzten Schlappohren, soweit er in der Lage war, diese Lappen zu spitzen.

Klaas wandte sich erneut der Möblierung des Kellers zu. Außer dem toten Landsknecht fiel ihm ein zweiter Unterschied zu Omas Keller ins Auge: eine Truhe, etwa von den Ausmaßen eines mittelgroßen Wäschekorbs. Eine massiv gezimmerte Kiste, mit breiten, rostigen Eisenbändern beschlagen, im Übrigen schlicht und schmucklos. Der Deckel stand offen und Klaas leuchtete hinein. Das Behältnis war leer. Absolut leer. Nicht einmal die allgegenwärtige Ruß-Mehl-Pampe hatte sich darin breitgemacht.

Klaas kratzte sich hinter dem linken Ohr, indem er den rechten Arm über den Kopf legte. „Vorsicht, der Tidemeyer denkt nach", hatten die Kollegen bei der Polizei früher angesichts dieser Verrenkung geflüstert.

Der Deckel der Kiste ließ sich widerstandslos schließen, auch wenn der Rost in den Scharnieren knirschte, stellte Klaas fest.

Stöver war nicht der Geduldigste, er hatte es auf seinem Platz nicht ausgehalten und sprang, in allen Tonlagen randalierend, ungestüm um das Loch herum.

„Ruhe, du Spinner!", schnauzte Klaas ihn an, während er ein paar Handyfotos von Leiche, Truhe, der dürftigen Einrichtung des Kellerlochs und den Abdrücken seiner Turnschuhe aufnahm.

Klaas war weder besonders ungelenkig noch beleibt, nur total unsportlich. Sein skeptischer Blick wanderte hinauf zu dem Loch, durch das er diesen Keller wohl oder übel verlassen musste und er seufzte. Einen anderen Ausgang, einen für Nichtsportler, konnte er nicht entdecken.

Mit einem weiteren Seufzer rollte er das Fass unter das Loch in der Decke, rückte es solange hin und her, bis es einigermaßen fest stand, und kletterte vorsichtig darauf. Der Fassdeckel machte nicht den vertrauenswürdigsten Eindruck. Vorsichtshalber belastete er nur den Rand und war erleichtert, dass dieser seine 85 Kilo aushielt.

Er erreichte mit den Händen eine armdicke Baumwurzel, vermutlich der ehrwürdigen Eiche zugehörig, und zog sich daran, ein Regal als Trittstufe missbrauchend, mühsam und fluchend aus dem Loch. Währenddessen sprang Stöver um ihn herum und schleckte ihm mit der langen tropfenden Zunge immer wieder durch das Gesicht, so überschäumend war die Wiedersehensfreude.

Dann lag Klaas, einigermaßen außer Atem, neben dem Loch und rief, mehr lachend als wütend: „Aus! Verschwinde! Hau ab, du verrückter Köter!" Stöver benahm sich, als wäre sein Herrchen monatelang verreist gewesen. Klaas hielt sich, immer noch prustend, die Arme vor das Gesicht, aber vergeblich: Es gelang ihm nicht, die schlabbernde Hundeschnauze abzuwehren.

Schließlich rappelte er sich auf, klopfte sich notdürftig den Dreck aus der Hose und rieb sich die tränenden Augen. Erst jetzt ließ der Hund von ihm ab.

Bis jetzt hatte Klaas nicht darüber nachgedacht, was er mit seinem Fund anfangen sollte, fand aber, das Loch im Boden hätte zu verschwinden.

Er sammelte rund um die Eiche und im Buschwerk am Rand des Hügels einige abgefallene Äste zusammen und drapierte sie über der Öffnung. Nachdem er die Lücken mit Zweigen, Moosfladen und Grassoden ausgefüllt hatte, trat er ein paar Schritte zurück, betrachtete sein Werk und nickte zufrieden: Der Durchbruch war schon aus wenigen Metern Entfernung nicht mehr zu erkennen, die Tarnung passte farblich perfekt zu den beige-braunen Grasbüscheln rundherum.

Zurück am Wohnmobil, ließ Stöver sich hechelnd im Schatten der Eiche ins Gras fallen. Klaas wechselte sein dreckiges verwaschenes blaues T-Shirt gegen ein frisches verwaschenes blaues T-Shirt und fand sogar eine saubere Jeans. Anschließend holte er sich ein Bier aus dem Kühlschrank und setzte sich in die Schiebetür, seinen Schön-Wetter-Lieblingsplatz, um in Ruhe die veränderte Lage zu überdenken.

Die Option, sein Erlebnis aus der letzten halben Stunde zu ignorieren und die Reise entlang der Elbe wie geplant fortzusetzen, verwarf er sofort. Schließlich war ein freier Mann und hatte Zeit. Anstatt sich auf dem Klapprad abzustrampeln, konnte er ebenso gut herausfinden, wer hier wem, wann und warum den Schädel eingeschlagen hatte. Und weshalb die Truhe trotz des offenstehenden Deckels von innen reinlich wie geleckt war.

Im Übrigen hatte sein Ausscheiden aus dem Polizeidienst nichts daran geändert, dass er erstens Kriminalist mit Leidenschaft und zweitens neugierig war.

Der Anblick von Toten hatte für ihn jahrelang zum Alltag gehört und brachte ihn nicht mehr aus der Fassung. In den letzten Jahren vor der Pensionierung war er immer öfter über seine Gleichgültigkeit erschrocken gewesen, wenn er wieder einmal im Morgengrauen eine blutbesudelte, in ihren Exkrementen liegende Leiche in einem verregneten Hinterhof hatte inspizieren müssen, während er sich auf sein Rührei zum Frühstück freute.

Die Leiche im Kellerloch war derartig abgestanden, dass sie eher archäologisch als pathologisch anmutete. Ein Gegenstand, mit dem er emotionslos umzugehen verstand.

Er zog das Smartphone aus der Tasche der abgelegten Jeans, befreite es vom gröbsten Dreck, öffnete den Fotoordner und blätterte zurück bis zu den Fotos der Truhe.

Ohne Zweifel war sie zur Aufbewahrung und zum Transport wertvoller Gegenstände bestimmt gewesen. Die Beschläge aus Eisenbändern mit fingerdicken Ösen und Überwürfen, um massive Vorhängeschlösser anzubringen, bekräftigten diese Vermutung. Wertvoll im Sinne von Geld, Gold, Schmuck? Oder wertvoll im Sinne von wichtig, also Dokumente, Beweise, Trophäen?

Dann die kriminalistischen Standardfragen: Wann trat der Tod ein? Womit wurde die Tat begangen? War der Fundort der Tatort?

Während seiner Dienstzeit hätte er in diesem Stadium der Ermittlung den Bericht des Gerichtsmediziners angefordert. Hier musste eher ein Historiker oder Archäologe ran.

Klaas zwang sich, alle weiteren Überlegungen aufzuschieben, um diesen Ort zu verlassen, bevor etwaige Neugierige auftauchten. Er beorderte Stöver auf seinen Platz unter dem Küchen-Wohnzimmer-Esstisch, schloss die Schiebetür und startete das Wohnmobil, um zurück Richtung Mühlberg zu fahren.

Direkt vor dem Deich hielt er an, stieg aus und schlenderte bis auf die Deichkrone, um sich die Umgebung einzuprägen und mit dem Handy ein paar Fotos aufzunehmen.

Erstaunt, nein, erschrocken starrte Klaas auf das Haus. Über der Stelle, an der er das Skelett im Harnisch gefunden hatte, auf dem Hügel mit der Eiche, erstreckte sich ein langer, einstöckiger, Stroh gedeckter Bau mit winzigen Fensteröffnungen in lehmverputzten Wänden. Daneben, in einem aus groben Brettern zusammengezimmerten Pferch, knabberten zwei Rinder an einem Heuhaufen. Hühner, Enten und Ziegen liefen frei umher und im Schatten des Giebels saß eine Frau am Tisch und pulte Erbsen aus. Eigentlich war die Entfernung viel zu groß, um zu erkennen, dass es Erbsen waren. Aber Klaas wusste, es waren Erbsen. Die Frau trug eine Schürze über dem langen grauen Kleid, die Haare unter einer Haube verhüllt.

Etwas fehlte und Klaas brauchte ein wenig, um es zu realisieren: Die Elbe war verschwunden. Dort, wo vorhin der tschechische Schubverband vorbei getuckert war, erstreckten sich unregelmäßige handtuchgroße Felder und Wiesen, dazwischen wand sich ein Feldweg unter einer beachtlichen Staubwolke.

Aus dem Staub löste sich ein mit Pferden bespannter Wagen und rumpelte auf das Haus zu. Keine zierliche Kalesche, sondern ein schmuckloses Lastenfuhrwerk, gezogen von zwei Kaltblütern. Der Kutscher hielt vor dem Haus, wandte sich zur Ladefläche und brüllte: „Kannst rauskommen, du Missgeburt!" Eine Plane aus Sackleinen wurde beiseitegeschoben und ein Menschlein kletterte umständlich vom Wagen: klein, stämmig, buckelig und stiernackig, mit hängenden Mundwinkeln in einer hässlich verquollenen Visage.

Die Frau ließ ihre Erbsen im Stich und rannte dem Gnom entgegen.

Wo die Liebe hinfällt, sinnierte Klaas und beobachte kopfschüttelnd eine innige Begrüßung inklusive heftigster Umarmung. Der bucklige Zwerg löste sich von der Magd und forderte den Kutscher mit einer Geste zum Absteigen auf. Zusammen luden sie diverse Kisten und Bündel vom Wagen. Der Gnom schnippte dem Kutscher eine Münze zu, dieser fing sie auf, warf einen schnellen Blick darauf, stieg fluchend auf den Bock und ließ das Gespann anrucken.

Klaas gab sich einen Ruck, drehte sich um und schritt in Gedanken versunken zurück zur Minna. Beim Einsteigen warf er einen zögerlichen Blick über die Schulter. Auf der Elbe, die wieder dort vor sich hin mäandernde, wo sie hingehörte, näherte sich lärmend ein Sportboot und nirgendwo war ein Haus.

Wenig später durchquerte das Wohnmobil die weitläufige Ebene mit den Getreidefeldern und rollte an den gepflegten Häusern mit den gepflegten Vorgärten vorbei zur Bundesstraße.

Nachdem Klaas die Elbe von der sächsischen auf die ostelbische Seite überquert hatte, fuhr er nach Mühlberg hinein. Direkt am Fluss, mit Blick auf die Marina, fand er einen genehmen Parkplatz und schloss die Eroberung der Stadt mit einem Bummel durch die Straßen ab.

Die meisten der Häuser präsentierten sich liebevoll renoviert, und nach den Blumen in den Fenstern zu schließen, war Mühlberg bewohnt. Warum auch immer traute sich jedoch kein Mühlberger auf die Straße: Bürgersteige und Plätze waren menschenleer. Stöver profitierte davon: Er durfte das Städtchen ohne Leine erkunden.

Zurück im Auto, lümmelte Klaas sich in den umgedrehten Beifahrersitz, nahm sein Tablet zur Hand und tippte „Brustpanzer" in die Suchmaschine, um sich an tollen Bildern von Insekten und Schildkröten zu erfreuen. Er ergänzte den Suchbegriff um „Mittelalter" und „Sachsen" und staunte nicht schlecht: Wenn er bisher der Meinung war, Nordsachsen wäre der langweiligste Landstrich Deutschlands, in der Rangordnung weit hinter Bielefeld und Paderborn, so musste er sich korrigieren: Hier war im Laufe der Jahrhunderte durchaus Weltbewegendes geschehen.

Als Erstes blieb Klaas bei den „Geharnischten" hängen, einer Bürgerwehr des Städtebundes von Torgau, Oschatz und Wurzen aus dem Jahre 1344, deren Aufgabe es unter anderem war, die Diebe und Räuber aus den ostelbischen Heidegebieten um Triestewitz bei Arzberg im Zaume zu halten.

Weiter ging es mit der Leipziger Teilung von 1485, in deren Folge Torgau Residenz der ernestinischen Kurfürsten wurde.

Die Geharnischten waren zäh. Sie existierten auch nach zweihundert Jahren noch und mischten 1542 bei der Wurzener Fehde um die Türkensteuer mit, an deren Schlichtung immerhin der große Reformator höchst persönlich beteiligt war.

Dann war da der „Schmalkaldische Krieg" von 1546 bis 1547 mit der Schlacht gleich um die Ecke, vor den Toren Mühlbergs.

Und natürlich diverse Verbindungen zum Namen Luther: „Wittenberg ist die Mutter, Torgau die Amme der Reformation", lautete einer der am häufigsten zitierten und überlieferten Sprüche.

Klaas las und las immer weiter. Von Bünden und Verträgen. Von Verrat und Wortbruch. Von Schlachten und Seuchen. Über tausende gefallener Kriegsopfer hier und Abertausende dahingeraffter Pestopfer dort.

Zwischendurch der Gedanke, wie komfortabel er es heutzutage als Beamter in Hamburg erwischt hatte: Außer ab und zu ein wenig Randale im Schanzenviertel und hier und da ein Mord im Milieu hatte er doch ein friedliches und behagliches Zeitalter erwischt.

Er hatte sich festgelesen. Stunden später, die Sonne war am Abtauchen, meldete Stöver energisch seine Bedürfnisse an und Klaas riss sich notgedrungen von seinem Tablet los.

Der Hund erhielt die tägliche Futterration und eine kurze, erfolgreiche Verdauungsrunde, bevor Klaas den eigenen knurrenden Magen versorgte.

Er hätte sich nicht so tief in das Leid der Menschen im Mittelalter hineinlesen sollen: In dieser Nacht fand er keine Ruhe. Immer wieder schreckte er schweißgebadet hoch, um lange wach zu liegen.

2. Tag

Am nächsten Morgen erwachte er aus wirren Träumen. Rauchende Fackeln, die mit flackerndem Licht tanzende Schatten von rennenden und strauchelnden Gestalten an die feuchten Wände niedriger Gewölbegänge warfen. Er erinnerte sich an das Getöse aufeinanderprallender Schwerter und Harnische, an das qualvolle Stöhnen und die Schmerzensschreie von Menschen, die sich in Blut und Dreck wälzten. Dumpf, verhallt, unwirklich.

Beim Frühstück fühlte Klaas sich trotz der bescheidenen Nachtruhe wie ein waschechter Camper: Er saß ungeduscht, unrasiert und ohne schlechtes Gewissen am Tisch und entsprach annähernd dem bissigen Spruch, mit dem sein Frühstücksbrett, das Abschiedsgeschenk der Hamburger Clique, glänzte: „Camping ist der erste Schritt zur Verwahrlosung."

Bei Spaziergängen mit dem Hund und idiotischerweise beim Autofahren hing Klaas vorzugsweise seinen Gedanken nach und schmiedete Pläne, so gefährlich das auch anmutete. Heute diente ihm der morgendliche Gang durch die verwaisten Straßen Mühlbergs, um den Kopf zu ordnen.

Klaas litt im Allgemeinen weder an Visionen noch an Wahnvorstellungen. Woher war plötzlich das Haus gekommen und wo die Elbe geblieben? Was hatte es mit den weiteren Merkwürdigkeiten auf sich: Zwischen ihm und den Leuten am Haus, der Frau, dem Kutscher und dem Gnom, hatten mehrere hundert Meter gelegen. Dennoch hatte er jedes Wort verstehen können, als stände er direkt neben ihnen. Wieso hatte er die Erbsen und die Gesichter erkannt?

Ihm blieb für diesen Moment nichts anderes übrig, als die Sache fürs Erste unter überschäumender Fantasie zu verbuchen und sich nicht weiter um seinen Geisteszustand zu sorgen.

Dann kreisten wieder die Überlegungen des Vortages durch seinen Kopf. Und jetzt war er sicher: Einfach die Tour wie vorgesehen entlang der Elbe fortzusetzen, war keine Option. Der Gedanke, irgendeine öffentliche Stelle – ob Polizei oder Denkmalschutz – zu informieren und sich nicht weiter kümmern, behagte ihm nicht. Er hatte Blut geleckt, wollte die „Ermittlungen" nicht aus der Hand geben.

Diesen – seinen – Fall um das Skelett von der Elbe bei Mühlberg würde er auskosten. Ihn nicht, wie früher, während der Zeit als Kriminalkommissar der Mordkommission, irgendwie recht und schlecht, im Interesse der Statistik möglichst rasch abschließen. Es genießen, ihn stattdessen mit Bedacht und Intuition lösen zu dürfen. Das begann schon mit der sympathischen Perspektive, ausgiebig, ohne Zeitdruck zu recherchieren. Der Tote war seit einigen hundert Jahren tot. Da kam es auf ein paar Tage mehr oder weniger wirklich nicht an.

Er würde sich einen freundlichen Stellplatz in der Nähe suchen und systematisch zu arbeiten beginnen, ohne durch Vorgesetzte genervt oder von Kollegen behindert zu werden. Möglicherweise hatte der Mord an dem Mann im Harnisch sogar Auswirkungen bis in die Gegenwart. Diese Truhe war innerlich so verdammt makellos sauber …

Als Erstes benötigte er aufbereitete, gefilterte Informationen. Er brauchte jemanden, der all das, was er sich an mittelalterlicher Geschichte Nordsachsens mühsam im Internet oder in Bibliotheken erarbeiten müsste, per se abrufbereit hatte. Jemanden, der Sachverhalte nach seinem sächsischen Menschenverstand sortierte und nicht nach den Algorithmen einer Suchmaschine aus dem Silicon valley.

Bei Behörden oder Museen könnte er fündig werden. Damit stand Torgau als nächstes Reiseziel fest. Für seine Begriffe als

Hamburger Großstadtkind eher eine Ansammlung von Häusern als eine Stadt. Aber mit Stadtverwaltung und Behörden des Landkreises, und darauf kam es ihm an. Auch gab es dort, laut Internet, einen Campingplatz, von dem aus er zu operieren gedachte.

An diesem Punkt der Planung war er an seinem Wohnmobil angekommen und wandte sich zufrieden der Gegenwart zu. Er klappte die Satellitenschüssel ein und verteilte von Kaffeemaschine bis Dosenöffner alles, was ihm bei einer Vollbremsung um die Ohren fliegen könnte, in den Staufächern der Minna.

Anschließend ließ er das verträumte Mühlberg hinter sich, um über die Elbbrücke von der brandenburgischen zurück auf die sächsische Seite zu wechseln und elbabwärts Richtung Torgau zu tuckern.

Während der Fahrt wanderten seine Gedanken immer wieder zum gestrigen Tag: Mal hatte er den eingeschlagen Schädel, mal die irreale Szene mit der Frau und dem hässlichen Zwerg vor Augen.

Der nächste Ort an der Bundesstraße Richtung Torgau, der gefühlt aus mehr als fünf Häusern bestand, hieß Belgern und war ihm schon während seiner Internetrecherchen untergekommen. Belgern hatte eine Elbfähre mit Kneipe daneben und wie Bremen einen Roland, hatte er gelesen.

Trotz allen kriminalistischen Eifers gab es für Klaas keinen Grund, sich nicht die Gegend anzuschauen. Zudem hatte er Appetit auf ein richtiges Mittagessen, also etwas anderes als Campingfraß aus Tüte oder Dose.

Kurz entschlossen folgte er den Hinweisschildern zu Fähre nebst Kneipe und rollte auf brutalem Kopfsteinpflaster abwärts zur Elbe. Die Straße führte ihn in einem weiten Bogen zum Fluss hinunter. In Sichtweite des Fähranlegers bog er rechts ab und gab einen Tick Gas, damit die Minna an der sanften Steigung zur Kneipe nicht verhungerte.

Vor sich hatte er ein schmuckes weißes Gebäude. Das alleinstehende Haus erinnerte ihn ein wenig an Bäderarchitektur der Jahrhundertwende, im Stil jedoch nicht so verspielt. Eine vorgesetzte überdachte Veranda mit weißgerahmten Fenstern in weißen Holzwänden erstreckte sich über die gesamte Länge des Gebäudes.

Der Aufschrift „Elbklause" oberhalb der Veranda und der altmodischen Leuchtreklame einer Brauerei entnahm Klaas, dass er hier richtig war. Nach der Kurve in die Klause, sinnierte er mit dem Gedanken an seine Hamburger Stammkneipe und parkte die Minna vor einem blauen Schild mit großem weißen „P" darauf, gegenüber zweier bemerkenswert langer Reihen von Fahrradständern rechts und links des Eingangs, die seines Erachtens eher vor einen Bahnhof gepasst hätten.

Als er die Wirtschaft durch die angelehnte Verandatür betrat, war Stöver bereits hinter der Theke angekommen. Das kann ja heiter werden, dachte Klaas, während er kopfschüttelnd und vergeblich seinem Hund hinterher rief.

Einen Moment später wurde ihm klar, warum Stövers Gehorsam stagnierte, und er schmunzelte nachsichtig.

Hinter der Theke stand eine Frau in Kittelschürze, die langen blonden Haaren nachlässig zu einem unordentlichen Pferdeschwanz zusammengerafft.

Die Frau blickte mit hochgezogenen Augenbrauen auf Stöver herab, hatte beide Hände erhoben, als wolle sie ein Orchester dirigieren, den rechten Zeigefinger ausgestreckt wie einen Taktstock. Es war aber nicht die Frau, welche Stöver faszinierte, sondern die stattliche Frikadelle in ihrer linken Hand.

Stöver kannte die Geste mit dem Zeigefinger sehr wohl. Er saß angespannt, aber artig vor der Frau. Seine Rute wischte wie ein Scheibenwischer über den Boden, während er auf das Fallen der Bulette wartete.

Einerseits konnte Klaas die Begeisterung seines Hundes für den Fleischklops nachvollziehen, andererseits wurmte es ihn ein wenig, welchen Eindruck von Renitenz Stöver bei der Frau hinterließ. Er legte keinen Wert auf Kadavergehorsam, etwas mehr Wertschätzung seiner Person als Hundesteuerzahler und

Futterspender schien ihm in Gegenwart anderer Leute jedoch angebracht.

„Haben Sie ihren Riesenköter darauf dressiert, harmlose Gastwirte zu erschrecken?", fragte die Frau spöttisch und ohne den schwarzen Hund aus den Augen zu lassen. „Vielleicht sollten Sie ihm ab und zu etwas zu fressen geben, dann gehorcht er eventuell."

Klaas schloss aus Tonfall und Gesichtsausdruck, dass die Frau nicht wirklich Angst vor dem Riesenschnauzermischling hatte. Er musterte sie genauer. Sie trug unter der Schürze ein weißes Herrenoberhemd mit hochgekrempelten Ärmeln, dazu knallenge Jeans. Ihre resolute, ein wenig heisere Stimme passte gut in eine verräucherte Kneipe, fand Klaas. Er stellte sich vor, wie dieses Organ angetrunkene oder übermütige Kneipengänger unaufgeregt zur Ordnung rief. Gleichzeitig versuchte er, das Alter der Frau zu schätzen, was ihm nicht unmittelbar gelang.

„Ich sage ihm immer wieder, er soll sich in Kneipen nicht von fremden Frauen anquatschen lassen. Aber Sie haben es ja schon gemerkt: Er hört bisweilen schlecht." Klaas nahm eine Sitzbank am Ende der Theke in Beschlag. „Vielleicht gibt's hier für mich ebenfalls was zu essen."

„Selbstverständlich. Wir sind ja schließlich eine Gastwirtschaft und kein Museum oder Finanzamt."

Bevor Klaas die passende Erwiderung einfiel, setzte sie nach: „Soll ich ihn gleich mit in die Küche nehmen, oder pflegen Hundchen und Herrchen gemeinsam vom Tisch zu speisen?"

„Der Hund heißt Stöver und wenn Sie ihm etwas Besseres als Dosenfutter servieren möchten – bitte schön. Kleine Kinder, Katzen und laktosefreie Schwarzwälder Kirschtorte lehnt er allerdings ab."

Sie verschwand kopfschüttelnd durch eine Schwingtür, hinter der Klaas eine Kücheneinrichtung aus Edelstahl aufblitzen sah. Sicherlich über 35 Jahre. Aber keine 50. Die Frau, nicht die Kücheneinrichtung. Stöver folgte ihr mit einer Selbstverständlichkeit, als wäre er hier zuhause. Na super, dachte Klaas, ärgerte sich aber nicht wirklich. Welcher Tierfreund kann es seinem Hund schon übel nehmen, wenn er eine Frikadelle anhimmelt.

Durch die Spalten der Küchentür klang Stövers Schmatzen bis in die Gaststube. Kurze Zeit später kam die Bedienung zurück und trat an den Zapfhahn.

Klaas grenzte seine Schätzung zum Alter der Frau auf vierzig Jahre plus X ein und ertappte sich bei der Musterung ihrer Formen unter Jeans und Oberhemd. Sie hatte nicht die superschlanke Next-Top-Model-Titelblatt- Figur, konnte die enge Hose aber tragen, fand er, und schämte sich seiner abschätzenden Gedanken nicht.

Während sie wortlos begann, mit der einen Hand Bier zu zapfen, reichte sie Klaas mit der anderen eine äußerst übersichtliche Speisekarte, die ihn außerordentlich an die „Kurve" im heimatlichen Hamburg erinnerte.

Klaas wählte einen strammen Max, der nicht auf der Karte stand. Die Wirtin stellte ihm unaufgefordert ein Bier vor die Nase und nahm seine Bestellung anstandslos entgegen.

Nachdem sie wieder in der Küche verschwunden war, ließ er den Raum auf sich wirken. Er war in einer Dorfkneipe im typischen DDR-Look der Achtzigerjahre gelandet. Jedenfalls sah es hier so aus, wie er sich als Westdeutscher eine Kneipe zu DDR Zeiten vorstellte. Stühle, Tische, Lampen, Fliegenfänger, alles im Charme und den gedeckten Farben, wie sie im Arbeiter- und Bauernstaat so üblich waren. Altbacken und nostalgisch, aber beileibe nicht ungemütlich. Und das Ganze mit einem herrlichen Blick über den Fluss und auf die Elbfähre. Irgendwo dudelte halblaut ein Radio. Klaas verstand zwischendurch „MDR" und „Sachsen", die Musikauswahl passte zum Outfit der Kneipe.

Trotz der sommerlichen Hitze herrschte in der Gaststube eine angenehme Kühle. Klaas spürte, wie ein freundliches Wohlgefühl Besitz von ihm ergriff. Die Mischung aus Distanz, Humor und Streitlust der Wirtin, ob gespielt oder echt, schreckte ihn nicht ab. Im Gegenteil. Gastwirte waren so.

Zudem empfand er es als erfreulich, dass ihm als Fremden keine Löcher in den Bauch gefragt wurden.

„Fremd hier?", fragte die Wirtin, als sie ohne Hund, aber mit strammem Max aus der Küche zurückkam.

Klaas atmete tief durch, verzichtete auf eine Diskussion über die Sinnlosigkeit dieser Frage und deutete zur Küchentür. „Darf ich Stöver nachher wieder mitnehmen? Ist es ihm gestattet, die Küche nach der Mahlzeit ohne Visum zu verlassen?"

Sie lächelte und stellte den Teller wortlos vor ihm auf die Theke. Klaas grinste zurück, trank einen nicht zu knappen Schluck Bier und griff zum Besteck.

Die Frau blieb hinter der Theke stehen und deutete Richtung Parkplatz. „Es sieht von außen nicht danach aus, ich schätze aber, das Ungetüm da draußen ist ein Wohnmobil. Gibt es darin keine Küche oder können Sie nicht kochen?"

„Das Ungetüm heißt Minna und ja, es hat selbstverständlich eine Küche, aber als wir den verwaisten Parkplatz hier sahen, meinte mein Hund, Sie könnten hier ein bisschen Umsatz brauchen", konterte er mit vollem Mund und sah sich demonstrativ in der ausgestorbenen Gaststube um. „Oder ist heute Ruhetag?"

Die Wirtin war nicht aus der Ruhe zu bringen. „Ich hab den Rest der Welt ausgeladen, damit ich Zeit für Raubtierfütterungen und Sonderwünsche wie stramme Mäxe habe."

„Zwei zu zwei", gab Klaas kauend den aktuellen Spielstand des Redegefechts bekannt und spießte die Gabel wieder in den Max. „Was meint ihr Chef dazu, dass in seiner Küche verlauste Hunde gefüttert werden?"

Sie blickte in den Spiegel hinter der Theke, grüßte ihr Spiegelbild und sagte, wieder zu Klaas gewandt: „Die Chefin meint, es ist alles okay." Sie stellte ihm ein weiteres nicht bestelltes Bier neben den Teller. „Helena."

Er revanchierte sich mit vollem Mund: „Tidemeyer, Komma, Klaas ... Du, Helena oder Sie, Helena?"

„Du ist okay. Jedenfalls, solange du mir weder Zeitschriftenabos noch Versicherungen andrehen willst." Sie verschwand wieder in der Küche und die erneuten Schmatz- und Schlabbergeräusche seines Hundes hinter der Schwingtür verkündeten ihm die Einsparung der abendlichen Futterration.

Klaas aß gemächlich zu Ende, schob den Teller beiseite und machte sich über das zweite Bier her.

Draußen, vor der Kneipentür, wurde es unruhig. Eine Gruppe Radfahrer war angekommen und Klaas überzeugte sich davon, dass die Anzahl der Fahrradständer sinnvoll war.

Etwa 20 Touristen stellten ihre Räder ab und drängelten quasselnd und schwitzend in die Kneipe. Dennoch boten sowohl Fahrradständer als auch Gaststube noch freie Kapazitäten. Helena schob drei Tische zusammen, zapfte eine Batterie Bier vor und verteilte Speisekarten. Klaas überlegte, den Leuten Strammen Max zu empfehlen, hielt aber die Klappe.

Stöver hatte eine Begrüßungsrunde durch die Gaststube gedreht, diverse „oh, ist der groß" und „ah, ist der süß" abgefasst und lag inzwischen, unbeirrt von Stimmengewirr und Durchgangsverkehr zur Toilette, verhalten vor sich hin schnarchend mitten in der Kneipe lang ausgestreckt auf dem Boden.

Die Wirtin hatte einige Zeit in der Küche hantiert und kam jetzt wieder hinter der Schwingtür hervor. „Einen Nordhäuser Absacker gefällig?", fragte sie im Vorbeigehen.

„Besser nicht. Ich muss heute noch denken und fahren. Darf mein Wagen ein paar Stunden auf deinem Parkplatz stehen bleiben? Ich möchte mich ausruhen und mir den Ort ansehen. Und das haarige Monster hier", er deutete auf Stöver, „muss sich irgendwo austoben."

„Kein Problem, die Parkgebühr verrechnen wir mit dem Umsatz, den du hinterher an der Theke machst. Die meisten meiner Gäste kommen eh mit dem Rad. Dein Paketauto stört also nicht. Mit dem Hündchen gehst du am besten runter auf die Elbwiesen, da ist es in guter Gesellschaft."

Klaas zahlte, weckte Stöver, holte die Hundeleine aus der Minna und trotte Richtung Elbufer. Der Hund lief ein gutes Stück voraus und hatte, kaum auf der Wiese unten am Ufer angekommen, in einem Schäferhundmischling den ersten Spielgefährten gefunden. Klaas war das ganz recht. Statt zu rennen, nahm er bei diesem Wetter gern das Angebot einer öffentlichen Sitzbank an, laut blitzblank poliertem Messingschild gestiftet von der Kreditbank Nordsachsen, und setzte sich.

Während Klaas den Hunden beim Spielen zusah, drängte sich zum xten Mal der geheimnisvolle Fund vom Vortag in seine Gedanken. Er nahm sich vor, heute noch ein wenig das Internet zu löchern, bevor er am folgenden Tag in Torgau nach analogen Suchmaschinen Ausschau hielt.

Nach annähernd einer Stunde Action kam das Hunderudel allmählich zur Ruhe. Klaas stand auf und reckte sich. Hund und Herrchen trotteten zurück zur Minna und genehmigten sich einen Mittagsschlaf.

Als Klaas aufwachte, hatte er ohne Beeinträchtigung durch geträumte blutige Kämpfe oder Schweißausbrüche zwei Stunden durchgeschlafen. Er spazierte mit Stöver in den Ortskern von Belgern, umrundete den Roland und kehrte mit ordentlich Lust auf Kaffee und Kuchen zur Elbklause zurück.

Der geruhsame Platz am Ende der Theke, abseits von Eingangs- und Klotür, wartete schon auf ihn und er bestellte Kuchen, egal welchen, und Kaffee wie früher. Er stand auf stinknormalen Filterkaffee.

Das Geschirr stammte, passend zur Einrichtung der Kneipe, aus VEB Zeiten, der Kaffee war tatsächlich echter Filterkaffee und der Kuchen frisch. Klaas nickte anerkennend. Die Kneipe hatte was.

Wirtin Helena blieb unsichtbar, seit sie eine weitere Horde von Fahrradtouristen abkassiert hatte. Dafür ertönten aus der Küche die beruhigenden Geräusche von klapperndem Geschirr und leise vor sich hin brummelnder Spülmaschine, derweil Klaas zu einem nostalgischen Schlager-Potpourri des sächsischen Heimatsenders sein Notebook anwarf und in die Tiefen des Internets abtauchte. Stöver war der ermüdenden Atmosphäre erlegen und lag schnarchend hinter der Theke.

Diesmal landete Klaas mit den Suchworten „Harnisch" und „Nordsachsen" am kurfürstlichen Hof in Torgau. Auf Schloss Hartenfels gab es um 1500 einen Hofnarren namens Claus Narr. Claus war zwar nicht so bekannt wie sein Kollege Till Eulenspiegel, gab aber laut Überlieferung ähnlich ketzerische Sprüche von sich und war derart begehrt, dass er auch schon mal an andere Fürsten ausgeliehen oder wie ein Sofa weitervererbt wurde. Eine Art der Leibeigenschaft wie heutzutage bei Profi-Fußballspielern.

Claus Narr hatte sprichwörtliche Narrenfreiheit. Er durfte also unbeschadet Sprüche klopfen, für die ernst genommene Zeitgenossen sofort in den Kerker, auf das Schafott oder in die geschlossene Psychiatrie gewandert wären, wenn es so etwas damals schon gegeben hätte. Wie Klaas lernte, gab es natürliche Narren: Menschen, die sich aufgrund körperlicher wie geistiger Behinderungen oder Besonderheiten zur Belustigung anboten. Und es gab angelernte Narren: entsprechend heutiger Clowns, Satiriker oder Komiker, welche die Leute bei Hofe mit Geist und spitzer Zunge unterhielten. Claus war anscheinend eine Mischung aus beiden gewesen. Irgendwann, um 1533 herum, verschwand Claus, der Narr, samt Hund namens Lepsch spurlos aus Torgau. Es ist nicht überliefert, warum, und wo sie geblieben waren. Jedenfalls fand Klaas im Internet keinerlei Hinweise auf ihren Verbleib. Für einen Moment hatte er die mittelalterliche Szene mit dem Haus an der Elbe und dem Gnom vor Augen, verdrängte den Gedanken aber mit einem kurzen Kopfschütteln.

Stattdessen überlegte er, aus welchen Anlässen heutzutage Leute spurlos verschwanden: Sie gingen mal eben Zigaretten holen und ab dafür. Oder waren tot. Oder saßen nach erfolgreichem Postraub in Brasilien an der Strandbar ...

Eine direkte Verbindung zwischen Claus Narr und einem Harnisch fand er nicht, abgesehen davon, dass er zu einer Zeit gelebt hatte, zu der die Geharnischten in Torgau stationiert waren. Er beschloss aber, die Sache mit Claus im Hinterkopf zu behalten. Möglicherweise war es ja die Namensverwandschaft, die ihn ansprach.

Während das Notebook runterfuhr, faltete Klaas die Hände über dem Kopf und reckte sich ausführlich im Sitzen. Stöver registrierte die plötzliche Aktivität des Herrchens und klopfte mit der Rute freudig auf den Fußboden, bevor er seinen Riesenschnauzerkörper einmal auf die gesamte Länge streckte, sich halb aufrichtete und Klaas weithin hörbar und auffordernd angähnte, als wollte er sagen: „wird auch Zeit, Alter, dass hier was passiert!"

Helena, die Bedienung und Chefin der Kneipe in Personalunion, wie Klaas jetzt wusste, hatte ebenfalls die Vorbereitungen zum Aufbruch bemerkt und kam an die Theke, um seinen Deckel zusammen zu rechnen. Sie rückte sich einen Barhocker zurecht und setzte sich ganz vorn auf dessen Kante. So, als wollte sie sich selber disziplinieren, gleich wieder aufzustehen und sich bloß nicht fest zu quatschen.

„Hast du einen Tipp für mich, wo ich in meiner Minna in der Nähe übernachten kann? Campingplatz oder was Ähnliches? Ich brauche nur etwas Wasser. Strom macht mir die Sonne. Ich würde auch morgen zum Frühstück kommen, damit du meinen Hund wieder füttern kannst."

Sie blickte einen Moment versonnen an die Decke, musterte ihn anschließend mit einem halb zugekniffenen Auge demonstrativ von oben bis unten, verzog den Mund zweifelnd, wiegte den Kopf mehrmals von einer Seite zur anderen und rieb sich das Kinn. Nach dieser schauspielerischen Leistung blickte sie Stöver freundlich an und nickte. „Ihr könnt hinter dem Haus stehen bleiben. Sollte Klärchen dich im Stich lassen, gibt es da ne Außensteckdose. Im Seitengebäude findest du eine Dusche, falls du deiner völligen Verwahrlosung Einhalt gebieten willst. Aber nicht mit Zahnpasta rumklecksen und hinterher die Haare aus dem Abfluss sammeln!"

Klaas schob die Überlegung, wer Klärchen sein könnte, beiseite und nahm das Angebot ohne zu zögern an. Als Herrscherin über eine Jugendherberge würde diese Helena ebenfalls einen guten Job machen, fand er und kam auf den Absacker vom Mittag zurück.

Später bugsierte Klaas die Minna auf den zugewiesenen Platz hinter dem Haus. Von dort aus hatte er einen phänomenalen Blick über die Elbe, während die Hauswand und ein angrenzender Bretterverschlag ihm von der Straße her angenehmen Sichtschutz gewährten.

Nach einer ausgiebigen Dusche griff er sich Tablet und Handy, wechselte zurück in die Kneipe und nahm seinen Platz am Ende der Theke ein. Die Abendsonne überschwemmte den Raum mit weichem rötlichem Licht. Der größte Ansturm der Radwanderer schien vorüber und die hektische Betriebsamkeit des Nachmittags war einer unaufgeregten Geschäftigkeit gewichen. Stöver fühlte sich schon wie in Holgers Kurve, also wie zuhause. Bald war sein dezentes Schnarchen zu hören und Klaas schaltete das Tablet ein.

Als Erstes erstattete er bei einer gemischten Wurst- und Käseplatte "a la Helena" Bericht an seine Clique in Holgers Eckkneipe, einer fröhlichen Ansammlung skurriler Hamburger Originale vom Kiez und aus dem sogenannten Miljö. Allerdings berichtete Klaas lediglich von der Fahrradtour. Den Fund des Gerippes unterschlug er genauso wie sein Domizil in Helenas Garten, da ihm beides unter Garantie als erfundener Vorwand ausgelegt worden wäre, die Einlösung der Wettschuld wegen Faulheit hinauszuzögern.

Nach und nach trudelten noch acht bis zehn Gäste in der Elbklause ein. Zu durchradelnden Urlaubern in Tour-de-France-Montur gesellten sich vereinzelte Fußgänger in Zivil, vermutlich Eingeborene, und Helena hatte gut zu tun, ohne sich abhetzen zu müssen.

Das Radio dudelte Dauerbrenner der 80er und 90er Jahre. Aus den Tiefen der Gaststube drang verhaltenes Stimmengewirr herüber, ohne dass Klaas verstand, worüber gesprochen wurde. Es war nicht das Getöse aus Holgers Kurve zur Rushhour, sondern eine eher gedämpfte Geräuschkulisse mit entspannender Wirkung.

Klaas wühlte sich im Internet weiter durch die Geschichte Nordsachsens, während die Wirtin ihn erst mit Kaffee und später mit Bier versorgte.

Irgendwann, nachdem sie den letzten Gast abkassiert hatte, stellte sie zwei gefüllte Biergläser auf die Theke und setzte sich zu Klaas. Stöver fing sich von seinem Herrchen einen Anraunzer ein, weil er Helena an den falschen Stellen beschnupperte. Sie ignorierte die Schnüffelei und fragte: „Ich will ja nicht neugierig sein, aber wonach surfst du den ganzen Abend?" Sie schob eines der Biergläser zu Klaas hinüber und trank einen mächtigen Schluck aus dem anderen.

Er verzichtete darauf, sie auf den Widerspruch in ihrer Frage hinzuweisen. „Für mich ist diese Gegend hier ein weißer Fleck auf der Landkarte. Ich glaub, ich weiß mehr über die Türkei oder Hawaii als über Nordsachsen. Wo ich aber schon mal hier bin, will ich auch, wie es sich für einen anständigen Touristen gehört, über Land und Leute Bescheid wissen. Zum Beispiel habe ich im Ort euren Roland gesehen. Bisher war mir nicht bekannt, dass es, außer in Bremen, noch weitere Roland-Statuen gibt."

„Wenn du über unseren weißen Fleck so desorientiert bist, was hat dich dann hier hergetrieben?", fragte sie und wischte sich wie ein kleines Kind mit dem Handrücken den Bierschaum von der Oberlippe.

„Willst du die Kurzform oder tiefenpsychologischen Einblick in die verkorkste Persönlichkeit einer verkümmerten Großstadtpflanze?"

„Tolle Wortkombination. Von mir aus komplett. Mit verkorksten Persönlichkeiten hab ich dank des Spiegels über meiner Theke und vereinzelter durchgeknallter Gäste Erfahrung. Aber warte eine Minute. Für Gespräche mit Tiefgang bis hinter die Herzklappen braucht es ein besseres Schmiermittel als Bier."

Sie schlurfte in die Küche und kam mit einer Flasche Rotwein, Gläsern und Knabberzeug zurück. „Geht aufs Haus. Es ist Feierabend. Ich will die Theke nicht mehr sehen. Folge mir in mein Privatleben." Sie steuerte einen Tisch mit Eckbank an.

Klaas folgte, sie setzten sich und Helena schenkte Wein ein. Der Tisch stand direkt am Fenster und Klaas hatte einen grandiosen Panoramablick über die abendliche Flusslandschaft.

Helena schob ihm ein Glas rüber. „Dann leg mal los. Aber bitte nix Anstößiges und nix Kriminelles."

Klaas grinste. „Also, ich bin gebürtiger Hamburger und kaum einmal aus meiner Stadt rausgekommen. Zu meiner Pensionierung meinten meine Freunde aus der Kurve, – zur Kurve heißt meine Stammkneipe auf dem Kiez – ich könnte Gefahr laufen, vor Langeweile zu verkommen. Da habe ich unter Alkoholeinfluss leichtfertig geprahlt, ich würde mal eben nach Dresden fahren und mit dem Klapprad entlang der Elbe wieder zurückkommen. Das war zu vorgerückter Stunde und ich hatte ein paar ATÜ zu viel auf dem Kessel. Mit mehr Blut im Alkohol hätte ich keine so große Klappe gehabt. Bin ja kein Leistungssportler. Die täglichen Bummelrunden mit Stöver reichen mir zur körperlichen Ertüchtigung völlig aus. Aus der Nummer mit dem Klapprad kam ich nicht mehr raus. Gute Freunde können so grausam sein! Die Kumpel haben mich gnadenlos beim Wort genommen."

Er unterbrach seinen Vortrag, um am Wein zu nippen, und gab Helena damit Gelegenheit zu der Bemerkung: „Für einen Rentner siehst du mir recht jung aus."

Klaas überlegte einen Augenblick, ob er sich geschmeichelt fühlen sollte, und entschied sich, wahrheitsgemäß zu antworten. „Na ja, ein paar Jahre Tretmühle habe ich mir erspart", sagte er knapp und Helena blickte auf den Hund hinab.

„Apropos Stöver. Welchen Grund hat dieser seltsame Name?" Sie verzog das Gesicht, als hätte sie Angst vor dem Fettnäpfchen, in dem sie möglicherweise gerade stand, und blickte verstohlen an die Decke.

„Bist wohl kein Krimi-Fan, was? Stöver hieß ein berühmter Fernsehkommissar. Gespielt von Manfred Krug. Der war auch im Osten ne große Nummer. Wenn ich schon nicht berühmt werde, soll mein Hund wenigstens einen berühmten Namen haben."

„Umgekehrt: Manfred Krug war im Osten berühmt und wurde später im Westen ne große Nummer. Das ist ein immenser Unterschied. Wo wir schon bei den Namen sind: Minna ist für ein Wohnmobil eine seltsame Bezeichnung. Hat bei dir alles einen Namen? Wie heißt deine Zahnbürste?"

„Grüne Minna wurden die dunkelgrünen Kleinbusse der Polizei in Westdeutschland genannt, mit denen früher Randalierer nach Demos abtransportiert wurden. Und nein, mit der Zahnbürste rede ich zu selten, um ihr einen Namen zu geben."

Er nippte den nächsten Schluck Rotwein. „Wie gesagt, aus der Nummer mit dem Klapprad kam ich nicht mehr raus. Inzwischen hatte ich mich mit dem Gedanken an die Radtour sogar angefreundet, es sollte nur nicht zu anstrengend werden. Also bin ich mit meinem Klapprad zu nem Typen, den ich mal verhaften musste, weil er geklaute Fahrräder umfrisiert hat. Seitdem sind wir gute Kumpel …"

„Du bist Bulle? Verzeihung, Polizist?"

Er grinste. „Keine Sorge, mit dem Bullen kann ich leben. Also, ich hab den Kumpel gebeten, das Gerät zum E-Bike umzubasteln und er hat das hervorragend gelöst."

Während der vielen Jahre Polizeiarbeit hatte Klaas sich darin geübt, in Gesprächen mit Leuten, die er kennenlernen wollte, zweigleisig zu fahren: Er plauderte locker und erstellte sich gleichzeitig einen privaten Steckbrief seines Gegenübers inklusive Psychogramm. Helena hatte nicht unbedingt ein Titelblattgesicht: Dafür war die Nase mit ihrem sanften Buckel etwas zu groß, das Kinn eine Spur zu kräftig, die Wangenknochen dieselbe Spur zu ausgeprägt, aber die Gesamtkomposition hatte etwas. Große hellblaue Augen leuchteten Klaas aus dem gebräunten Gesicht unter dem ungeordneten strohblonden Haar entgegen und lenkten ihn davon ab, zu oft in ihren Ausschnitt zu schielen, was mehrere offene Knöpfe des Herrenoberhemdes durchaus zugelassen hätten.

Ihr Auftritt war wohltuend selbstbewusst, ohne arrogant zu wirken.

Apropos Nase: Sie roch gut. Nicht nach Deo oder Parfüm, sondern einfach so gut. Angenehm, frisch. Bemerkenswert, fand Klaas, da sie den ganzen heißen Sommertag in ihrer Kneipe auf und ab gerannt war und immer wieder an der Friteuse gestanden hatte.

Ihre Kratzbürstigkeit hatte nachgelassen, die professionelle Distanz nach wie vor spürbar. Er kannte diese berufsbedingte Art, Annäherungsversuche der Gäste schon zu verhindern, bevor sie überhaupt stattfanden, von vielen Servicekräften beiderlei Geschlechts.

Mit den Stammgästen aus der Nachbarschaft ging sie ähnlich um, wie Klaas beobachtet hatte: Sie war resolut, aber nicht unfreundlich, kannte jeden beim Namen, wirkte immer maßvoll distanziert und verstand es, unangebrachte Vertraulichkeiten auf eine lockere, burschikose Art zu überspielen, ohne die Leute vor den Kopf zu stoßen.

Immerhin hatte sie mich zum Rotwein eingeladen, überlegte er. Vielleicht ja nur, um mich auszuhorchen. Tidemeyer, starre nicht immer in diese Augen.

Mit Mühe konzentrierte Klaas sich wieder auf seinen Bericht: „Die ganze Tour an einem Stück, mit Übernachtungen in fremden Betten, das wäre nicht mein Ding. Daher die Idee mit der Minna: Ich fahre eine überschaubare, für Stöver und mich zumutbare Strecke mit dem Klapprad an der Elbe entlang, dann mit Bus und Bahn zurück zur Minna …"

„… und dann mit der Minna wieder ein Stück weiter?"

„Ein nicht zu großes Stück. Ich merke, du hast das Prinzip verstanden." Er lächelte.

Und nicht so tief in das Dekolleté …

„Die ersten zwei Nächte habe ich mit der Minna in Dresden auf dem Campingplatz mitten in der Stadt gestanden, dann in Meißen auf dem Stellplatz an der Elbe, gestern in Riesa. Und jetzt bin ich hier. Wie du siehst, bin ich nicht sonderlich weit gekommen. Aber das macht nichts, ich habe ja Zeit."

„Und morgen geht's weiter?"

„Ich weiß nicht", log Klaas, „soweit plane ich nicht gern voraus. Mich drängt niemand, denn meine Freunde haben es versäumt, mich darauf festzunageln, wie lange ich für die Tour benötigen darf. Alkohol sei Dank ..."

Er griff zum Weinglas und ließ den Blick über die Elblandschaft im Abendlicht schweifen. „Die Gegend hat was und Stöver gefällt es hier ausgezeichnet."

„Ja, der erste Eindruck kann täuschen", sagte sie grinsend.

„Vielleicht schau ich mich für einige Tage hier um und mache in Kultur. Museen, altes Gemäuer und so. Du hast sicher ein paar Tipps parat."

„Puh", sagte sie, „ich bin nicht so der Kulturfreak, eher Banause. Außer Schloss Hartenfels gibt's in Torgau noch jede Menge anderer Museen. Kenn ich aber nicht. Beim Landratsamt und bei der Stadtverwaltung Torgau liegen Flyer rum, da kannst du dich über unsere Highlights schlaumachen, wenn dein allwissendes Internet" – sie deutete mit spöttischem Lächeln auf das Tablet – „nichts hergibt."

Klaas behielt für sich, dass ihm diese Empfehlungen für sein Anliegen, der Herkunft eines beiläufig gefundenen Gerippes auf die Spur zu kommen, nicht weiterhelfen würden.

Sie plauderten die Flasche Wein ohne Hast zu Ende und Klaas ließ sich gern für den nächsten Morgen zum Frühstück einladen.

Als er an die frische Luft kam, machte sich der Rotwein vorbildlich bemerkbar: Eine gewisse Leichtigkeit ohne wirres Zeug im Kopf hatte von ihm Besitz ergriffen. Dies Art des Alkoholkonsums lag ihm: wenn er den richtigen Punkt zum Aufhören gefunden hatte.

Klaas konnte noch resümieren, wie sehr der Abend ihm gefallen hatte und dass diese Frau gefährlich für seine frisch errungene Freiheit werden könnte, dann war er eingeschlafen.

Kein böser Traum brachte ihn während der Nacht ins Schwitzen. Nur eine mickrige, buckelige, bunt bekleidete Eulenspiegel-Figur mit weiten Ärmeln und Zipfelmütze fuchtelte einmal lachend mit einem Schellenbaum vor seiner Nase herum, und Klaas wusste, dass sie Claus hieß.

3. Tag

Als er am nächsten Morgen erwachte, bestätigte sich der Rotwein vom Vortag als ein guter: Klaas freute sich mit schmerzfreiem Kopf auf das Frühstück mit Helena.

Während er dem Hund an der Elbe beim Spielen zusah, dachte er kurz darüber nach, warum er die Sache mit dem Skelett Helena gegenüber nicht erwähnt hatte. Berufsbedingte Schweigsamkeit, kein spezielles Misstrauen, lautete die beruhigende Eigendiagnose.

Als er später die Gaststube betrat, stand Helena bereits in blütenweißem Businesshemd unter dunkelblauer Schürze hinter der Theke und hantierte an der Kaffeemaschine herum. Stöver war sofort bei ihr, begrüßte sie schwanzwedelnd wie eine alte Freundin und hockte sich erwartungsvoll vor sie hin.

„Guten Morgen, Herr Kommissar", begrüßte sie Klaas und zeigte auf die Kaffeedose: „Ist guter altmodischer Filterkaffee zum Frühstück in Ordnung?"

„Wie der von gestern? Auf jeden Fall. Das ganze neumodische Zeug, für das man einen Italienischkurs an der Volkshochschule belegen muss, um es bestellen zu können, kann mir gestohlen bleiben."

„Dazu gibt es Rührei mit Speck, wenn es genehm ist", gab sie bekannt und stellte die Kaffeemaschine an.

Stöver fixierte seine neue Freundin und Klaas grinste. „Seltsam. Als wenn der Spinner auf Buletten wartet."

Helena verdrehte die Augen, sagte aber nichts.

Klaas setzte sich an den Tisch, an dem sie gestern Abend die Flasche Rotwein geleert hatten, und der jetzt reichhaltig zum Frühstück gedeckt war, während Stöver die Wirtin in die Küche verfolgte. Wenig später vernahm Klaas bekannte Schmatzgeräusche.

Helena kam zurück, stellte eine Pfanne mit Rührei auf den Tisch und setzte sich.

„Na dann guten Appetit", sagte sie, griff sich ein Brötchen und begann, es sorgfältig in der Mitte durchzuschneiden. „Hast du eigentlich nur verwaschene blaue T-Shirts?".

Klaas zog die Augenbrauen hoch, erwiderte aber nichts.

Sie frühstückten ausgiebig und ohne Eile.

„Ich glaube, ich werde mir heute ein bisschen die Gegend ansehen. Vielleicht ins Schloss Hartenfels schauen.", überlegte Klaas laut, während er seine Serviette glatt strich und faltete.

„Wenn du möchtest, kannst du mit deiner Minna den Platz hinter dem Seitengebäude ein paar Tage nutzen. Vorausgesetzt, Stöver ruiniert mir nicht den Garten." Sie blieb ihrer Rolle treu. Ihr Tonfall war kühl, fast abweisend.

„Ich werde dafür sorgen, dass er nicht zu oft in deine Grünanlagen pullert."

„Ja, schon gut. Und nun macht euch davon, ich muss mich sputen. In einer Stunde kommen die ersten Radfahrer, die für meinen Krankenkassenbeitrag sorgen."

In keinem der Dörfer auf seinem Weg nach Torgau bemerkte Klaas einen Menschen. Nicht auf den Straßen, nicht in den Gärten, auf keinem Hof, auf keinem Dorfplatz. Genauso, wie er es am Vortag in Mühlberg erlebt hatte. Er fragte sich, ob die ganze Gegend tot war oder ob er nur zufällig eine tote Zeit oder die einzigen toten Dörfer in den gesamten neuen Bundesländern erwischt hatte.

Über einen Kreisverkehr und entlang eines ansehnlichen Teiches mit Fischimbiss rollte er nach Torgau hinein.

In Torgau gab es sogar Ampeln, jedoch ohne grüne Welle: Egal, wie schnell oder langsam er fuhr, Klaas musste an jeder Ampel halten. Er konnte sich des Eindrucks nicht erwehren, die Rotphasen seien extra lang, um allen Autofahrern, die jemals zufällig nach Torgau kamen, das Wiederkommen zu verleiden. Zumindest das Autofahren im Stadtgebiet.

Auf dem Weg zum Schloss machte er einen Schlenker durch die Altstadt und war positiv angetan: Die meisten Häuser waren ansprechend saniert. Intaktes Kopfsteinpflaster ergänzte das historische Flair des Stadtbildes. Und im Gegensatz zu den Dörfern rundherum lebte die Stadt.

Klaas trat hinaus auf den Marktplatz. Es waren Menschen unterwegs. Nicht gerade wie auf der Mönckebergstraße, aber immerhin. Sein Blick schweifte über belebte Straßencafés, kleine Läden und geschäftige Fahrer von Lieferwagen. Er schaute kurz auf sein Handy. Als er wieder aufblickte, waren Passanten, Cafés und Lieferwagen verschwunden.

Stattdessen hatten sich mitten auf dem Marktplatz etwa fünfzig Reiter in altertümlichen Kostümen versammelt. Aus den Seitenstraßen stießen Landsknechte zu den Reitern, jeder mit einem glänzenden Harnisch um die Brust, einem Schwert an der Seite, die meisten mit einer Lanze über der Schulter, und auf vielen Kopfbedeckungen wippten bunte Federbüsche. Klaas schüttelte den Kopf. Wie kann man nur mit bunt gestreiften Kniestrümpfen und schleifchenverzierten Pluderhosen in den Krieg ziehen?

Es herrschte ausgelassene Stimmung, alles brüllte und scherzte durcheinander. Ein wunderbar aufgetakelter Reiter mit einem Federbusch nach dem Motto „ich hab den Größten" auf dem Helm, löste sich aus der Menge, nahm vor dem Fußvolk Haltung an und gab dem fetten Trompeter einen Wink. Dieser stellte sich breitbeinig auf, setzte sein Instrument so an, dass es schräg in den Himmel zeigte, und blies ein Signal. Dann sah er sich um, als müsste tosender Applaus einsetzen.

Stattdessen kehrte augenblicklich Ruhe ein. Fußsoldaten und Berittene versammelten sich um den Trompeter und der mit dem Riesenfederbusch begann, gestelzt und altmodisch eine Bekanntmachung vorzulesen: Nach Wurzen sollte es gehen. Um die Hilfsgelder für den Zug gegen die Türken einzutreiben. Die Meißner mit ihrem Bischof zur Raison zu bringen. Die Sache musste wohl wichtig sein. Der Kurfürst hatte Rüstungen und Waffen zur Verfügung gestellt. So viel entnahm Klaas dem Geplauder der bunten Truppe und fühlte sich zum Glück ignoriert.

Da war wieder dieses Gefühl körperlicher Abwesenheit, was die Vision nicht minder unheimlich machte. Er sah, hörte und roch das Mittelalter. Er selber war unsichtbar und unbeweglich. Spielte ihm die Fantasie einen Streich oder der Lauf der Zeit?

Der Einpeitscher hoch zu Ross hatte seinen Auftritt überstanden und erntete den Applaus, der dem Trompeter versagt gewesen war. Er steckte die Schriftrolle ein und setzte sich an die Spitze der Truppe, die als ungeordneter johlender Haufen den Marktplatz Richtung Wurzen verließ, der schwitzende Trompeter im Laufschritt nebenher. Innerhalb kürzester Zeit war der Platz bis auf ein paar streunende Hunde und Gänse verlassen.

Klaas drehte sich um und verließ den Marktplatz. Hinter sich hörte er das Hupen eines Lieferwagens und italienische Schlager aus der Pizzeria tönen.

Er wanderte nachdenklich zur Minna zurück. Unterhalb der Elbbrücke fand er in einer Straße namens Fischerdörfchen einen Parkplatz und spazierte ohne Stöver über die Brücke eines nicht mehr vorhandenen Burggrabens zum Schloss Hartenfels hinüber.

Er betrat den Innenhof und blieb beeindruckt stehen. Ihn umgaben von allen Seiten helle Gemäuer mit mehreren Fensterreihen übereinander. Sein Blick wanderte einmal über die gesamte frisch sanierte Schlossanlage und blieb an einem offenen Turm aus einzelnen verzierten Säulen hängen, der sich wie eine Spirale hinauf wendelte.

Er orientierte sich kurz, schritt zielstrebig auf ein mächtiges zweiflügeligen Holztor zu und betrat das Gebäude. Drinnen war es erfrischend kühl. Klaas orientierte sich an einem umfangreichen Wegweiser und marschierte Richtung Treppe.

Auf der Wanderung durch diverse aufwendig restaurierte Gänge und Säle des Schlosses begegnete ihm gleich mehrmals seine dubiose Internetbekanntschaft, der Hofnarr Claus: Es gab eine Sandstein-Skulptur von ihm samt Hund Lepsch an einer Säule und auf dem ausladenden Gemälde einer mittelalterlichen Gesellschaft war er zwischen den Höflingen bei genauerem Hinsehen ebenfalls zu entdecken.

Klaas erreichte die Räumlichkeiten der Stadtverwaltung und erkundigte sich bei der ersten Person, die ihm entgegenkam, nach jemandem, der sich mit Denkmälern und angejahrtem Gemäuer auskannte. Die junge, ungesund bleiche

Frau in düsterfarbenem Outfit und mit dem Namensschild „Jessica" an der Bluse blickte ihn zwar an, Klaas konnte sich aber des Eindrucks nicht erwehren, sie sehe durch ihn hindurch. Eine dünne Stimme schickte ihn in das Büro Nummer 212.

212 war ein übertrieben typisches deutsches Amtszimmer, welches in jede Satire gepasst hätte. Mit einem nichtssagenden schlicht gerahmten Bild an der Wand, je einem Familienfoto auf jedem der grauen Schreibtische und jeder Menge Grünzeug auf den Fensterbrettern. Dazu das obligatorische graue Aktenkarussell neben dem grauen Kopierer.

Ein blasser, in blass kariertem Hemd und blassbeigen Pullunder gekleideter hagerer Mann Mitte fünfzig blickte kurz zu ihm auf. Die farblosen Damen an drei weiteren Schreibtischen sahen ihm bis auf den Pullunder außerordentlich ähnlich und ignorierten Klaas.

Er dachte: Jetzt fehlt nur noch, dass einer die Blumen gießt, und schloss artig die Tür hinter sich. Klaas fühlte sich zu all seinen gehässigen Vorurteilen gegenüber Beamten und ihren Wirkungsstätten autorisiert, war er vor wenigen Tagen doch selber einer von ihnen gewesen.

„Guten Morgen. Mein Name ist Klaas Tidemeyer. Ich bin als Tourist unterwegs und interessiere mich für die Geschichte dieser Gegend. Ich suche jemanden, dem ich dazu ein paar Löcher in den Bauch fragen darf. Einen Heimatforscher oder den Kurator eines Heimatmuseums vielleicht."

Der Mann in beige blickte ihn mit ausdrucksloser Miene an und stellte sich, ohne aufzustehen, als „Herr Terpitz" vor. Klaas fiel ein, dass er den Namen Terpitz hier in der Nähe als Ortsnamen gesehen hatte. Nebenbei überlegte er ergebnislos, wann er sich das letzte Mal als „Herr Tidemeyer" vorgestellt hatte.

Bevor er darüber nachdenken konnte, ob die Leute in Terpitz wohl alle Herr oder Frau Terpitz heißen und miteinander verwandt sind, sagte Herr Terpitz: „Da müssen Sie nach Dresden ins Landesamt für Denkmalpflege. Bei uns ist das schlecht." Er starrte kurze Zeit mit abwesendem Gesichtsausdruck in die Luft. „Höchstens dieser Amateurhistoriker in Arzberg, auf der anderen Elbseite, ein sonderlicher ehemaliger Lehrer, der andauernd in Büchereien und Museen herum wühlt. Der wäre was für sie."

Gesichtsausdruck, Tonfall und Wortwahl ließen darauf schließen, dass Herr Terpitz keine hohe Meinung von diesem Heimatkundler hatte.

Nun erhob sich der Pullundermann aus seinem Drehsessel und ließ einen skeptischen Blick an Klaas einmal herunter bis zu den Füssen wandern und wieder hinauf. Diese Musterung schien nicht positiv ausgefallen zu sein, denn sein Tonfall wurde energischer, abweisender und oberlehrerhaft. „Wenn Sie etwas gefunden haben, was archäologisch bedeutsam oder wertvoll sein könnte, sind Sie verpflichtet, dies beim Landesamt für Denkmalpflege anzuzeigen, oder, noch korrekter, die Fundstücke bei mir abzugeben! Sollten Sie das unterlassen, so machen Sie sich strafbar!"

Herr Terpitz fühlte sich offensichtlich in diesem Moment ausgesprochen wichtig. Seinem Gesicht war alles Gelangweilte abhandengekommen und er hatte tatsächlich den Zeigefinger mahnend erhoben. Na danke, du korrekte Stütze des Beamtentums, dachte Klaas und verzichtete darauf, nach den Paragrafen zu fragen, gegen die er mit einer solchen Unterlassung verstoßen würde.

Er sah sich schon mit einem Bein im Knast und lotete in Gedanken den Ermessensspielraum aus, der ihm eingeräumt worden war: „Bedeutsam" oder „Wertvoll" sind zum Glück dehnbare Begriffe. Ist ein Skelett bedeutsam? Und wie wertvoll könnte es sein?

Jedenfalls schien Herr Terpitz sich dafür zu engagieren, dass archäologische Fundstücke auf seinem und keinem anderen Tisch landeten.

Klaas spürte einen Luftzug und drehte sich um. Die Trägerin des Jessica-Schildes stand in der geöffneten Tür und starrte ihn an, beziehungsweise durch ihn hindurch. Als er sie mit hochgezogenen Augenbrauen fixierte und provokativ „ja, bitte?" fragte, drehte die junge Frau sich ruckartig um und verschwand Richtung Treppe.

Er wandte sich kopfschüttelnd wieder Herrn Terpitz zu und beschloss, dessen Strafandrohung zu ignorieren.

„Eberwein heißt der pensionierte Lehrer, glaub ich, Jens Eberwein. Ist wohl sogar Doktor oder so was."

Klaas erfuhr noch die Adresse des „Doktor oder so was" und verließ zufrieden diesen Ort ungezügelter Lebensfreude. Während der ganzen Minuten in dem Büro hatte keine der drei sich ähnelnden farblosen Stimmungskanonen von ihren Bildschirmen aufgeblickt, geschweige denn gegrüßt oder sonst irgendeine Regung gezeigt. Nur das gedämpfte Klappern der Tastaturen war zu hören. Im Hinausgehen sah Klaas, wie „Herr Terpitz" nach einer Gießkanne griff, um sich den Blumen auf dem Fensterbrett zu widmen.

Zurück in der Minna, startete er den Motor und fuhr auf die neue Elbbrücke, von der aus er einen abschließenden Blick auf das Schloss zur Linken warf. Ganz in der Nähe befand sich die Stelle, an der sich zum Ende des Zweiten Weltkrieges Russen und Amerikaner getroffen hatten. So hatte er es bei seinen Recherchen im Internet gelesen und war stolz, den historischen Ort wiedererkannt zu haben, obwohl die dazu gehörige alte Brücke nicht mehr existierte.

Auf der anderen Elbseite bog er nach wenigen hundert Metern rechts Richtung Mühlberg ab und amüsierte sich wieder über die vielen Dörfer mit dem „-itz" am Namensende, wie zum Beispiel „Graditz".

Er fuhr bis Triestewitz. Das Triestewitz mit den Räubern.

Klaas hielt kurz vor dem Ortsschild in einem schattigen Feldweg und schnappte sich Hundeleine und Basecap. Stöver war ruckzuck zur Schiebetür hinaus geflitzt und Klaas folgte ihm ins Dorf hinein.

Kein Auto war zu sehen, keine Straßenlaterne, kein Briefkasten vor den ärmlichen Hütten. Die Asphaltdecke der Straße hatte sich zum Feldweg gewandelt und übergangslos war es nahezu dunkel geworden.

Klaas seufzte. Es war wieder so weit.

Er folgte dem Schein einer Öllampe und stand plötzlich in der kärglichen schindelgedeckte Dorfschenke. Durch die Fensterhöhlen fiel kaum Licht auf grob zusammengezimmerte Tische und Bänke, an denen ein paar bärtige Gestalten saßen, langhaarig, in Pluderhosen und vor Schmutz starrenden Hemden. Kerzen auf den Tischen warfen flackerndes Licht an rotbraune Ziegelwände und es duftete nach Bier, Schweiß und Urin, sogar ein wenig fischig. In einer Ecke, auf einem Berg Lumpen, hockte ein vor Schmutz starrender greiser Mann mit einer Narbe quer über dem Gesicht und malträtierte eine selbstgeschnitzte Flöte. Er verfehlte so gut wie jeden Ton, spielte aber wenigstens leise.

Die Frau mit verschwitztem Gesicht und dreckstarrender Schürze schleppte ein Tablett mit Tonkrügen. Sie ging einfach durch Klaas hindurch, bevor er zur Seite springen konnte, und hinterließ bei ihm ein nie gekanntes dumpfes Gefühl in der Magengegend. Er atmete tief durch. Niemand kümmerte sich um ihn.

Es ertönten ein Klopfen, dann dumpfe Rufe und das allgemeine Stimmengewirr verstummte. Zwei düstere Gesellen erhoben sich, schoben den Tisch beiseite, an dem sie lautstark ihr Würfelspiel ausgefochten hatten, und öffneten eine Luke im Fußboden. Der Schein von Laternen und Fackeln zuckte aus dem Loch und einer nach dem anderen stiegen vielleicht zehn Gestalten mit rußgeschwärzten Gesichtern und Messern in den Schärpen aus dem Viereck. Alle waren mit Kisten und Beuteln bepackt. Die finsteren Gesellen wurden mit lautstarkem Gejohle begrüßt und ruckzuck war die Luke wieder geschlossen und der Tisch an seinem Platz.

„Habt ihr alles erledigt?", fragte ein stiernackiger Kerl mit verschlagenem Gesichtsausdruck.

„Klar doch. Der vornehme Pinsel aus Rom sagt keinen Mucks mehr. Die Fährleute haben ihren Anteil und halten die Klappe. Die schwere Truhe ist beim Dorfschulzen auf dem Fuhrwerk. Unseren Anteil haben wir bis auf ein paar Kreuzer Handgeld wie immer im Reuther Holz versteckt. Die

Geharnischten, die feigen Säcke, haben sich nicht blicken lassen."

„Na dann her mit dem Silber. Wirt, bring er Bier und von dem Gebrannten. Und wehe, das Wildschwein ist nicht knusprig! Wir feiern! Sollen die Wittenberger sich nen Kopf machen!"

Klaas setzte sich an einen Tisch am lichtdurchfluteten Fenster. Das Café war klein und gemütlich. Ein Radio dudelte italienische Schnulzen halblaut vor sich hin und die Eiskarte weckte seine Gier. Die junge Bedienung schenkte ihm im Vorbeigehen einen freundlichen Blick. „Der Hund darf hierbleiben, aber bitte nehmen Sie ihn an die Leine." Klaas war einverstanden, hoffte, dass es nicht schlimmer wurde, und suchte verstohlen nach einer Luke im Fußboden.

Später, während der Weiterfahrt, spukte diese Jessica für einen Moment durch sein Hirn. Ihre Art, durch jemanden hindurch zu sehen, war, gelinde gesagt, seltsam.

Klaas verzichtete darauf, sofort den Historiker Eberwein aufzusuchen. Er hatte Zeit und verschaffte sich einen Eindruck von der Gegend. Von Arzberg aus, einem schlichten Dorf ohne Höhepunkte, hielt er sich westlich und erreichte einen toten Elbarm. „Alte Elbe Kathewitz" lautete in der Onlinekarte die Bezeichnung für das dahinter liegende Naturschutzgebiet, das diese Namen verdiente, so urtümlich, wie die Landschaft sich präsentierte.

Irgendwann fuhr er zurück zum langweiligen Arzberg und von dort Richtung Belgern. Die letzten Kilometer verlief die schmale Straße direkt an der Elbe entlang, bis vor ihm die Fähre und am anderen Ufer das Städtchen oberhalb der Elbklause auftauchten.

Er parkte das Wohnmobil in Sichtweite des Fähranlegers und bummelte mit Stöver eine halbe Stunde an der Elbe entlang. Bis auf ein einsames Auto, das hinter ihm in einen Feldweg eingebogen und nach wenigen Metern stehen geblieben war, erblickte Klaas auf dieser Elbseite nichts als sich selbst überlassene Natur, als hätte die Zivilisation einen weitläufigen Bogen um den Landstrich geschlagen.

Nach einer halben Stunde kehrte Klaas durchgeschwitzt und mit den ersten Anzeichen eines Sonnenbrandes in Gesicht und Nacken zur Minna zurück.

Die Sonne knallte mit Macht auf das Wagendach und hatte den Kastenwagen kräftig aufgeheizt. Klaas öffnete alle Fenster, aber der Durchzug sorgte nur unwesentlich für Abkühlung. Da er zu träge war, bei der Hitze zu kochen, suchte er sich ein ordentliches Stück Fleischwurst, den Senfpott und ein Bier aus dem Kühlschrank zusammen, während Stöver sich im Schatten unter der offenen Schiebetür ins Gras fallen ließ.

Er drehte sich auf den Rücken, streckte alle Viere gegen den Himmel, verdrehte sein Rückgrat wie ein Fisch auf dem Trockenen mal nach rechts, mal nach links, und das ausgedörrte Gras knisterte unter seinem Gewicht. Nach dieser Do-it-yourself-Rückenmassage fiel der Hund auf die Seite und war sofort eingeschlafen.

Klaas atmete tief durch und genoss eine seit langem nicht erlebte innere Ruhe. Seltsamerweise beunruhigten ihn seine skurrilen Rückblicke in die Vergangenheit nicht mehr.

Er blickte auf den vor sich hin schnarchenden Hund. Die hängende Lefze gab einen Eckzahn frei. Ein Ohr zuckte ab und zu im Schlaf, wenn eine Fliege zu lästig wurde. Dann reckte er sich, wurde immer länger und steckte die Nase noch tiefer ins Gras. Klaas tauchte die Fleischwurst in den Senf und biss genussvoll hinein.

Nach dem Essen blieb er, mit den Füssen auf dem Tisch, in seinem Sitz liegen und rekapitulierte die Ermahnung des „Herrn" Terpitz. Wichtig und wertvoll. Die Truhe neben dem Skelett war nicht wertvoll, weil sie leer war, hatte er mit Nichtwissen beschlossen und die Sorge, sich strafbar zu machen, brachte ihn nicht aus dem seelischen Gleichgewicht.

Er stellte sich den Anblick einer mit glitzernden Goldmünzen gefüllten Truhe vor. Wer könnte sich vor fünfhundert Jahren darum gestritten haben? Diebe, Landsknechte und Narren flanierten vor seinem inneren Auge vorbei, saßen in der düsteren Schenke von Triestewitz, wurden blass, und verliefen ineinander.

Hitze und Bier hatten ihn schläfrig gemacht. Klaas war es wie seinem Hund ergangen: Er war eingenickt.

Eine Stunde später wendete Klaas die Minna und fuhr die paar Meter zur soeben anlegenden Fähre hinüber. Er wartete, während mehrere Autos den Fährkahn verließen, und überlegte, wo um alles in der Welt diese Leute hin wollten. Hier, wo nichts war außer Landschaft. Und langweilige Käffer wie Arzberg.

Die Minna durfte an Bord rollen. Kurz bevor der Fährmann die Schranke schloss, kam der Wagen auf die Fähre gefahren, der unweit von Klaas im Feldweg gestanden hatte. Dann ging es los.

Nach ruhiger Überfahrt erreichte die Fähre das gegenüberliegende Ufer. Die Rampe schrappte mit einem heftigen Kratzen einige Zentimeter über den Asphalt. Die Schranke öffnete sich und Klaas startete die Minna, fuhr mit Schwung die Steigung zur Straße hinauf und bog nach links auf den Parkplatz der Klause ein. Im Rückspiegel sah er den zweiten Wagen, der mit ihm über die Elbe gesetzt hatte, im Schritttempo in den Ort hinein fahren.

Vor der Elbklause wimmelte es von derart vielen Fahrrädern, dass die Fahrradständer nicht ausreichten. Die Räder standen in zwei Gruppen: Links vom Eingang mindestens zwanzig bis dreißig klassische Damen- oder Hollandräder, einige von ihnen mit Akkus und Elektromotoren bestückt. Rechts von der Kneipentür ähnlich viele sportliche Räder, keines von ihnen motorisiert.

Aus der Wirtschaft drang Stimmengewirr. Mehrere Dutzend Leute quasselten und lachten fröhlich durcheinander. Wie die Fahrräder draußen saßen die verschwitzten Menschen drinnen in zwei Gruppen: links ein Schwarm Frauen gemischten Alters.

Kegelklub der späten Mädchen. Die Sorte Klubreise, auf der einmal im Jahr die Kuh ganz tief fliegt, sinnierte Klaas.

Rechts von der Theke eine Gruppe Männer: blasse schlaffe Kunstlichtgesichter über Bauchansätzen in lächerlich sportlichen nagelneuen Radrenn-Outfits.

Eine Bürogemeinschaft im falschen Film.

Stöver lief schwanzwedelnd und schnuppernd von einem Gast zum nächsten und das „ah, ist der süß" und „Gott oh Gott, ist der groß" ging wieder los.

Die Gaststube hatte sich im Laufe des Tages aufgeheizt. Helena stand im weißen Businesshemd mit bis zu den Ellenbogen hochgekrempelten Ärmeln hinter der Theke und hatte glitzernde Schweißperlen auf der Stirn. Die Schürze hatte sie abgelegt und das Hemd hing locker über der Hose.

Vor ihr standen diverse angezapfte Gläser und aus der Küche waberte der Duft von Bratkartoffeln durch die Schwingtür. „Arbeitsteilung?", fragte Klaas, „du Küche, ich Theke?"

Helena blickte erstaunt auf. „Okay." Sie wischte sich mit einem Geschirrtuch die verschwitzten Haare aus der Stirn. „Aus den halb vollen Gläsern soll Radler für die Frauen und Bier für die Männer werden."

Klaas band sich eine Schürze um, zapfte das erste Bier an und suchte nebenbei in den Kühlfächern unter der Theke nach Limonade für die Radler, eine Mischung, die er auch aus Norddeutschland kannte, nur hieß sie dort Alsterwasser.

Der Abend entwickelte sich kontaktfreudig: Mit jeder Runde Bier und Radler rückten die Gruppen näher zusammen und aus Gesprächen wurde Partylärm. Dann kamen Schnapsrunden dazu, Kegelklub und Bürogemeinschaft vermischten sich zu einer dampfenden Meute. Helena hatte inzwischen die abgegessenen Teller weggeräumt und stand neben Klaas hinter der Theke.

„Als hätten die sich hier verabredet. Die Gruppen passen eins zu eins zusammen. Von denen fällt heute keiner allein ins Nest", schmunzelte sie.

Klaas nickte zustimmend, während er sich die Hände an der Schürze abtrocknete und Helena beobachtete. Sie benahm sich trotz der gestrigen Rotweinsitzung distanziert, aber immerhin freundlich. Die Arbeitsteilung zwischen ihnen funktionierte ohne viele Worte, als wären sie ein seit Langem eingespieltes Team.

In der Kneipe stieg die Lärmemission auf Fischmarkt-Pegel an und es bildeten sich die ersten Pärchen. Es wurde getrunken, geschwitzt, gegrölt, gelacht, dann geknutscht und immer weiter getrunken. Die letzten sechs brauchten etwas länger, sich gegenseitig schön zu saufen, aber auch sie sortierten sich irgendwann paarweise.

Klaas und Helena wurden zwar genötigt, die eine oder andere Runde mitzutrinken, blieben aber einigermaßen nüchtern und Herren der Lage.

Als die nun gemischte Radelgruppe drei Stunden nach der ersten Bestellung die Gaststube verließ, mussten sich diverse Paare gegenseitig stützen. Die Zecher schoben ihre Räder unter Gelächter und Gejohle Richtung Heuhotel und es gab mehrmals lautstarken Beifall, wenn ein hochwertiges Trekkingbike mit vernehmlichem Geschepper zu Boden ging und erfolgreich wieder aufgerichtet wurde.

Klaas stand vor der Tür, schnappte eine Kelle frische Luft und lauschte den Radsportlern hinterher, bis sich der Lärm zwischen den Häusern der Nachbarschaft verloren und Stöver sein letztes Geschäft des Tages verrichtet hatte.

Gegenüber der Einfahrt zur Elbklause wurde ein Auto angelassen und rollte Richtung Hauptstraße. Erst einige hundert Meter entfernt, in der nächsten Kurve, leuchteten die Rücklichter auf. Klaas dachte an den Wagen, der auf der anderen Elbseite einsam in der Pampa gestanden hatte und später hinter ihm auf die Fähre gerollt war, und schüttelte den Kopf. Nein, das bildest du dir ein, dachte er. Wird Zeit, Tidemeyer, dass Sie Ihren ehemaligen Beruf hinter sich lassen! In ernsthaften Selbstgesprächen siezte Klaas sich schon mal respektvoll.

Helena stand plötzlich neben ihm. „Was schüttelst du den Kopf?"

„Hast du einen Stalker?", fragte Klaas, während er die Schürze abband und sich damit den Schweiß von der Stirn wischte.

„Nicht, dass ich wüsste. Wenn, dann ist es ein Neuer. Wieso?"

„Ach, ist bestimmt Zufall. Der Wagen, der gerade ohne Licht weggefahren ist, sah aus wie der, der heute in meiner Nähe auf der anderen Elbseite in einem Feldweg gestanden hat und direkt nach mir auf die Fähre gefahren ist."

„Hm. Ist zwar selten, aber ich habe grad mit niemandem Stress." Der Schweiß stand ihr immer noch auf der Stirn und widerspenstige Strähnen klebten in ihrem Gesicht.

Klaas rief Stöver zu sich und sie schlenderten zurück in die Klause. Helena schleppte zwei Bergarbeiter-Portionen Bratkartoffeln heran und Klaas zapfte eigenmächtig die Biere dazu. Beim Duft der Bratkartoffeln erinnerte ihn ein hohles Gefühl im Magen daran, dass er seit Triestewitz Kohldampf geschoben hatte.

Es war inzwischen Mitternacht. Für eine Plauderei bei Rotwein waren sie beide zu müde. So verabschiedete sich Klaas, nachdem sie sich zum Frühstück verabredet hatten.

Es war immer noch viel zu warm. Klaas riss in der Minna alle Fenster auf. Trotzdem schlief er unruhig und wachte mehrmals schweißgebadet auf. Erst gegen morgen wurde die Luft angenehmer.

4. Tag

Als Klaas gegen sechs erwachte, war er fast ein wenig enttäuscht, sich an keinen Traum erinnern zu können. Er öffnete die Schiebetür der Minna und ließ die angenehm kühle Morgenluft herein. Stöver sprang aus dem Wagen, um sich mitten auf Helenas gepflegtem Rasen wieder fallen zu lassen und die Nachtruhe in der warmen Morgensonne fortzusetzen. Klaas suchte frische Wäsche zusammen, um duschen zu gehen.

Der Riesenschnauzermischling lag immer noch längsseits auf dem Rasen, als sein Herrschen aus der Dusche zurückkam. Er kletterte in das Wohnmobil und durchwühlte seinen Vorrat an T-Shirts, fand aber nur dunkelblaue verwaschene.

Nach dem Frühstück, gegen neun, verabschiedete er sich von Helena, rangierte die Minna aus dem Garten und lenkte sie Richtung Arzberg.

Die Straße war in dem Zustand, wie man sich als Wessi eine drittrangige Nebenstraße in Brandenburg vorstellte: eine einspurige Piste mit Ausweichstellen, teils aus Betonplatten, teils aus geschichtsträchtigem schadhaften Kopfsteinpflaster.

Die von Pullunder-Terpitz angegebene Adresse des Historikers Eberwein konnte Klaas weder im Internet noch auf dem Navi finden. Nachdem er dreimal durch Arzberg gerollt war, ohne den Straßennamen zu entdecken, erkundigte er sich bei einem Muttchen vorgerückten Alters, welches gerade seine tägliche Gemüseernte zum Verkauf an der Straße aufbaute, nach dem Weg.

Die freundliche Dame zeigte in nördliche Richtung und meinte, er müsse am Ortsende rechts „auf der LPG-Straße" in den Wald fahren und dann so weit, wie sie es mit dem Fahrrad in einer halben Stunde schaffen würde.

Klaas hatte genug Lebenserfahrung, um das Radfahrtempo der freundlichen Dame in Kilometer umzurechnen, und folgte ihren Anweisungen.

Um ein Haar übersah er das verwitterte Holzschild mit der handgemalten Zahl 17, der Hausnummer Eberweins, und bog in den schmalen Weg ein, der direkt neben dem Schild in den Wald hinein führte.

Die ausgewaschenen Fahrspuren endeten am Rand einer weitläufigen Lichtung vor einem rostbraunen Gartentor. Vor sich hatte er ein Bild wie im Märchen: rundherum dichter, dunkelgrüner Fichtenwald, inmitten der Lichtung ein Fachwerkhaus wie aus der Fantasie der Gebrüder Grimm entsprungen.

Als er durch die offene Gartenpforte trat, war Stöver schon an dem geduckten Häuschen angekommen. Bis auf das gleichmäßige Summen umherschwirrender Insekten war es seltsam still. Kein Rasenmäher röhrte, kein Radio dudelte. Nicht mal ein Vogel piepste.

„Hallo!" rief er lautstark, aber vergeblich Richtung Knusperhäuschen, „ist da wer?"

Er schlurfte im hohen Gras einmal um das Haus herum.

Stöver war artig bei Fuß gegangen. Nun schnupperte der Hund aufgeregt an der angelehnten Tür. Klaas ermahnte ihn, an seiner Seite zu bleiben. Es musste ja nicht sein, dass Stöver wieder durch ein fremdes Haus tobte und um Buletten bettelte.

Er fand weder Klingel noch Türklopfer und ließ nochmals ein kräftiges „Hallo" ertönen, während er energisch mit der Faust gegen die Tür hämmerte.

Stöver begann zu jaulen, kratzte an der Tür und drängelte hindurch.

Mit einem Schritt standen sie im schmalen und düsteren Korridor. Die niedrigen Zimmertüren, das Schlüsselbrett an der Wand, die Lampe an der Decke, das blasse Muster auf der Tapete. Alles war abgewohnt und unmodern. Und es roch alt.

Durch eine halb geöffnete Tür drang leises Stöhnen. Er legte seine Hand in alter Gewohnheit an die rechte Hüfte, um die Sicherungslasche der Pistolentasche zu öffnen, aber natürlich war da keine Waffe und er schüttelte ärgerlich den Kopf.

Stöver gebärdete sich immer aufgeregter auf und ließ sich nur mit einem kernigen Griff ins Nackenfell kontrollieren. Klaas öffnete die Tür und erfasste den Raum routinemäßig mit einem Blick: Er sah keine Wände, sondern, abgesehen von zwei mickrigen Fenstern, Regal neben Regal bis an die Zimmerdecke, zugestellt mit unendlich vielen Büchern: kleine, große, alte, neue, zerfledderte. Welche mit heraushängenden Notizfahnen und solche, die in Auflösung begriffen waren. Dazwischen, wirr verteilt, immer wieder mit Bindfäden oder bunten Schleifen zusammengebundene Aktendeckel und Papierstapel.

Auch im Zimmer lagen überall Bücher und Akten herum: auf dem Fußboden, auf Stühlen und über einen Schreibtisch verteilt. Jedenfalls vermutete Klaas, dass sich unter den übereinanderliegenden aufgeschlagenen Büchern, Unmengen von Stiften, Radiergummis und halb leeren Kaffeetassen ein Schreibtisch verbarg.

So und nicht anders stellte Klaas sich die Wirkungsstätte des sprichwörtlichen Genies vor, welches das Chaos angeblich überblickt.

Der dunkelbraune Holzfußboden lugte nur an den wenigen Stellen hervor, an denen er nicht mit losen Papierblättern, Büchern, Landkarten, Ordnern, einer ansehnlichen Blutlache und einer verkrümmten menschlichen Gestalt bedeckt war.

Der Hund bellte in höchster Tonlage und war nur mit Mühe zu bändigen.

Das kann doch nicht wahr sein, dachte Klaas. Gerade pensioniert, schon pflastern Leichen meinen Weg, und es spielte in diesem Moment keine Rolle, ob sie frisch oder vermodert waren.

Der Hund machte keine Anstalten, sich zu beruhigen. Klaas zerrte ihn mit Gewalt auf den Flur hinaus und warf die Tür hinter ihm zu. Stöver kratzte heulend und bellend an der Tür, aber Klaas kümmerte sich nicht darum, denn ihm war das Stöhnen eingefallen, das er vom Flur aus gehört hatte. Er trat beherzt in die Blutlache, beugte sich zu dem Mann, denn es war die Gestalt eines Mannes, herunter und prüfte mit zwei Fingern den Puls am Hals. Gleichzeitig zog er mit der anderen Hand sein Handy aus der Tasche und wählte den Notruf.

Der ältere Mann hatte eine böse Kopfverletzung, atmete schwach, aber immerhin regelmäßig. Klaas brachte ihn vorsichtig in eine stabile Seitenlage, streckte ihm den Kopf in den Nacken, presste ein Papiertaschentuch auf die Wunde und wartete auf den Rettungswagen. Mehr konnte er nicht tun. Er setzte sich auf den einzigen freien Stuhl im Raum und betrachtete den Verletzten. Beim Anblick seiner Frisur, wenn man das so nennen konnte, musste er unwillkürlich an Fotos von Albert Einstein denken.

Der Notarzt brauchte gute zwanzig Minuten. Nach einer flüchtigen Untersuchung fackelte er nicht lange, sondern orderte den Rettungshubschrauber, bevor er sich um die Erstversorgung kümmerte.

Während kurze Zeit später der Hubschrauber auf der Wiese hinter dem Haus herunter kam, hielt ein weiteres Auto vor der Einfahrt. Klaas erkannte es dank seiner jahrelangen Berufserfahrung selbst aus dieser Entfernung sofort als ziviles Polizeifahrzeug. Schließlich war er vor wenigen Wochen eigenhändig mit so etwas auffällig Unauffälligem unterwegs gewesen.

Ein solariengebräunter blonder Mann in schwarzer Lederjacke stieg aus dem Wagen, setzte eine Sonnenbrille auf und kam breitbeinig auf ihn zu gestampft. Er blieb zwei Meter vor Klaas stehen, hakte die Daumen unter der Jacke hinter den Gürtel und musterte ihn, während er einen Kaugummi im Mund hin und her schob. Klaas hatte unwillkürlich den Sheriff aus einem zweitklassigen Sechziger-Jahr-Western vor Augen. Und einen armseligen Schauspieler. Der Sheriff zeigte flüchtig einen Ausweis mit Polizeiwappen und gab, permanent kaugummikauend, ein lässiges „Kommissar Rütter. Kriminalpolizei" von sich.

Es juckte Klaas, sich als „Oberkommissar, auch Kriminalpolizei" vorzustellen, beließ es jedoch bei „Tidemeyer."

Er betrachtete sein Gegenüber und ordnete es nicht nur wegen des Sheriff-Gehabes seufzend in die Kategorie „Wichtigtuer" ein. Er kannte diese Sorte Polizisten aus seinem Berufsalltag: einfach strukturiert, prahlerisch veranlagt und ohne jedes Einfühlungsvermögen. Es gab sie überall: In der Stadt, auf dem Land, im Westen und, wie er jetzt sah, auch im Osten. Zum Glück traten sie lediglich vereinzelt auf.

Diese Zierden des Polizeidienstes waren meist Berufsanfänger und kamen im Laufe der ersten Dienstjahre auf den Boden der Tatsachen an, sprich: Sie lernten, sich zu benehmen. Das Exemplar vor ihm schien den Lernprozess vorzeitig abgebrochen zu haben, denn es war mit Sicherheit über vierzig.

„Wer sind Sie und was machen Sie hier?", fragte der Mensch in militärisch zackigem Tonfall, steckte erneut beide Daumen in den Gürtel und versuchte, Klaas von oben herab anzusehen, obwohl er um einiges kürzer war.

Klaas beschloss, den Mann ins Leere laufen zu lassen, und antwortete wahrheitsgemäß: „Ich heiße Tidemeyer und stehe hier herum."

„Aha, ein ganz Schlauer. Das Witze reißen wird Ihnen schon noch vergehen! Schließlich habe ich Sie hier am Tatort eines schweren Gewaltverbrechens erwischt. Sie sind dringend verdächtigt, Herrn Doktor Eberwein niedergeschlagen zu haben! Ich möchte wissen, warum Sie hier sind und was Sie hier wollen. Können Sie sich ausweisen? In welchem Verhältnis stehen Sie zu dem Verletzten?"

„Oh", antwortete Klaas und verzichtete darauf, klarzustellen, dass er nicht „erwischt" worden war, sondern selber den Notruf gewählt hatte, „das waren aber viele Fragen auf einmal. Das konnte ich mir nicht alles merken." Dabei besah er sein Gegenüber mit Unschuldsmiene.

Oh nein, clever war es nicht von ihm, den Mann auf diese Art auflaufen lassen, aber die Wichtigtuerei nervte ihn. Außerdem war er pensioniert und konnte es sich leisten, nicht clever zu sein.

Er hatte sich in seiner aktiven Zeit zu oft über Kollegen mit ähnlichen Allüren geärgert. Sie hatten durch ihr Gehabe die Kooperationsbereitschaft von Zeugen und Verdächtigen immer wieder im Keim erstickt, bevor man wichtige Informationen von ihnen bekam. Damals hatte Klaas sich meist zugunsten des Betriebsklimas diplomatisch verhalten und gute Miene zu diesem albernen Spiel gemacht, das hatte er jetzt nicht mehr nötig.

„Sie sind ja ein ganz schlaues Kerlchen", wiederholte sich der Sheriff. „Dann warten Sie mal draußen vor dem Haus, bis ich Zeit für Sie habe." Er zeigte auf Stöver und brüllte über das Grundstück: „Wem gehört eigentlich dieser Köter?"

Der Hund hatte alle ankommenden Leute schwanzwedelnd begrüßt, einschließlich einiger uniformierter Polizisten, dem

Notarzt und der Oma mit dem Fahrrad, deren Wegbeschreibung Klaas hierher gefolgt war.

Klaas zog ernsthaft in Erwägung, sich in die Minna zu setzen und davonzufahren, so sehr ging ihm dieser Sheriff auf den Keks. Nur die Neugier hielt ihn davon ab.

Er rief Stöver zu sich, holte eine Getränkedose aus dem Wagen und nutzte eine Gartenbank nahe der Haustür als Tribüne, um das weitere Geschehen zu verfolgen.

Als das Getöse des startenden Hubschraubers verklungen war, wirkte die Lichtung für kurze Zeit wieder friedlich wie ein Schlafzimmergemälde. Klaas stellte sich einen Hirsch mit mächtigem Geweih vor, der im Morgennebel aus dem Gebüsch bricht und majestätisch ins Licht tritt.

Das Eintreffen eines dunkelblauen Kleinbusses mit Leipziger Kennzeichen holte ihn in die Realität zurück. Menschen in weißen Ganzkörperkondomen mit der Aufschrift „KTU" begannen, Haus und Grundstück auf links zu kehren.

Sheriff Rütter kam lässig auf ihn zu geschlendert und sagte drohend: „Und jetzt zu uns."

Er baute sich breitbeinig vor Klaas auf, schob die Enden der Lederjacke zurück und rückte das Holster mit der Pistole zurecht. Dann steckte er die Daumen wieder hinter den Gürtel. Das schien seine Lieblingspose zu sein. Sicherlich hatte er sie vor dem Spiegel einstudiert.

Klaas blieb mit ausgestreckten Beinen gemütlich auf der Bank sitzen, die Arme rechts und links auf der Rückenlehne ausgestreckt. Mithilfe des Hirsches im Morgennebel hatte er den Ärger runtergeschluckt und seinen Humor wiedergefunden. Eindeutig zu viele Western gesehen, dachte er fröhlich und freute sich auf das kommende Gespräch.

„Also, können Sie sich ausweisen?", fragte Rütter.

„Ja." Klaas blinzelte ihn gegen das grelle Sonnenlicht an.

„Wenn ich dann mal darum bitten dürfte!" Rütter klang nicht mehr nur arrogant, sondern genervt.

Klaas durchsuchte betont umständlich sein Portemonnaie. Dann reichte er Rütter einen zerfledderten Mitgliedsausweis für den Polizeisportverein Hamburg Billstedt, den er seit Jahren nutzlos mit sich herumschleppte.

Rütter warf einen Blick auf den Ausweis und vergaß für einen Augenblick sein Sheriffgehabe. Klaas beobachtete amüsiert sein wechselndes Minenspiel bei dem Versuch, sich auf die neue Situation einzustellen. Der Gesichtsausdruck veränderte sich fließend von energisch-arrogant zu fragend-verunsichert. Dann entschied er sich für die schmalzig-kollegiale Tour: „Warum haben Sie nicht gleich gesagt, dass wir Kollegen sind?"

Klaas war klar, aus welchem Grund Rütter verunsichert war: Auf dem Vereinsausweis standen weder Dienstrang noch Abteilung, sondern lediglich Klaas' Name. Also hatte Rütter beschlossen, mit Vorsicht an die Sache heranzugehen. Sein Tonfall war jetzt höflich bis anbiedernd.

„Sie müssen verstehen, dass ich Ihnen ein paar Fragen stellen muss. Haben Sie den Mann niedergeschlagen?"

„Mal angenommen, ich wäre es gewesen, würde ich jetzt ja sagen?"

Rütter schien ratlos.

Klaas seufzte. „Nein, selbstverständlich habe ich ihn nicht niedergeschlagen, sondern ihn vor einer halben Stunde in seinem Blut liegend gefunden und sofort den Rettungswagen gerufen." Er hielt es für sinnvoll, ausnahmsweise sachlich zu antworten.

„Was wollten Sie hier? Warum sind Sie hier hergekommen?", fragte Rütter.

„Ich wollte Herrn Eberwein besuchen." Klaas dachte nicht daran, dem aufgeblasen Provinzpolizisten von Omas Keller zu erzählen. „Man sagte mir, dass Doktor Eberwein eine Menge über die Geschichte dieser Gegend weiß."

„Sie haben wohl kein Internet. Seit wann kennen Sie Eberwein?"

„Ich kannte ihn nicht", antwortete Klaas wahrheitsgemäß, „ich bin heute das erste Mal hier."

„Woher wussten Sie, dass Eberwein Historiker ist?", wollte Rütter wissen und bei Klaas gingen mehrere Lampen an, denn Rütters Gesicht hatte einen lauernden Ausdruck angenommen.

Eine innere Stimme riet Klaas, sich bedeckt zu halten. „Weiß nicht, hat mir irgendwer in Torgau gesagt."

Rütter wechselte das Thema. „Haben Sie eine andere Person hier gesehen? Ist Ihnen etwas Ungewöhnliches aufgefallen?"

Es machte keinen Sinn, Rütter weiter zu provozieren. Schließlich interessierte Klaas sich dafür, wer es auf Eberwein abgesehen hatte. Als Polizist hatte er immer einen guten Riecher gehabt. Und dieser Riecher sagte ihm, dass der Überfall auf Eberwein mit seinem Besuch zusammenhing. Unterm Strich war es also besser, sich mit dem Sheriff gut zu stellen.

„Hören Sie, Herr Kommissar, ich bin zwar nicht mehr im Dienst, aber den Kriminalen kann man nach über 30 Berufsjahren nicht einfach ablegen. Deshalb habe ich in den letzten Minuten gründlich darüber nachgedacht, ob mir auf dem Weg hierher etwas aufgefallen ist. Aber da war niemand. Auch sonst habe ich nichts bemerkt, was einen Hinweis auf den möglichen Täter geben könnte."

Rütter spielte mit seiner Sonnenbrille, klappte sie immer wieder auf und zu.

„Haben Sie schon ein Tatwerkzeug gefunden?", fragte Klaas nach einer Weile.

„Nein", antwortete der sächsische Provinzkommissar und setzte die Brille auf, „es ist wieder mal der übliche ‚stumpfe Gegenstand' wie im Fernsehkrimi, aber weit und breit finden meine Leute nichts, was in Frage kommt."

Die ganze Zeit hatte Rütter kaugummikauend vor Klaas gestanden, die Sonnenbrille cool mit der Hand an einem Bügel schwenkend. Jetzt setzte er sich zu Klaas auf die Gartenbank. Klaas konnte gerade noch rechtzeitig den Arm von der Lehne nehmen.

„Haben Sie etwas dagegen, wenn meine Leute einen Blick in Ihr Auto werfen?", fragte Rütter unsicher. Er sagte „meine

Leute" im Ton eines Generals, der von seiner Eliteeinheit spricht.

„Natürlich nicht", antwortete Klaas leichthin. Rütter zeigte mit dem Bügel der Sonnenbrille auf einem Mann im weißen Anzug und deutete Richtung Wohnmobil. Stöver sah den Fremden zur Minna gehen, stellte die Nackenhaare zur Bürste auf und knurrte.

Oh, dachte Klaas, Stöver wird erwachsen! Bisher hatte er immer den Eindruck, sein Hund würde jeden Einbrecher freudestrahlend begrüßen, so freundlich, wie er auf alle Leute zuging. Er legte ihm die Hand auf den Kopf und sagte im Flüsterton: „Ist gut, Kleiner, der darf das." Und zu Rütter gewandt fragte er: „Bin ich denn wenigstens entlastet, wenn Sie in meinem Auto keinen blutigen Vorschlaghammer finden?"

„Woher wissen sie, dass es ein Vorschlaghammer war?"

Klaas faltete die Hände und blickte in den Himmel. „Lieber Gott, sag ihm, dass ich nicht weiß, ob es ein Vorschlaghammer ist und dass es nur ein Beispiel, eine Redensart war!"

Rütter schien erleichtert, dass Klaas kooperativ war. „Ja, fürs Erste sind Sie dann entlastet. Außer, ich finde einen Grund, warum Sie auf den Mann losgegangen sein könnten."

„Na, da bin ich ja beruhigt", sagte Klaas mit immer noch gefalteten Händen.

Rütter wühlte in mehreren Taschen seiner Lederjacke, überreichte Klaas eine abgegriffene Visitenkarte und fragte: „Wo finde ich Sie, wenn ich Fragen habe?"

„Ich laufe Ihnen nicht weg, Herr Kommissar, ich übernachte die nächsten Tage neben der Elbklause, in Belgern an der Fähre."

„Ach, bei der schönen Helena?", fragte Rütter wie aus der Pistole geschossen und Klaas schloss aus dem Tonfall erstens, dass er die Wirtin kannte und zweitens, dass er sie nicht mochte. Er nahm sich vor, herauszufinden, was da vorgefallen war.

„Wohin bringt der Heli den Doktor Eberwein?", fragte Klaas.

Rütter zögerte mit einer Antwort. „Nicht, dass ich Ihnen misstraue, aber das soll erstmal geheim bleiben", nuschelte er Kaugummi kauend. „Solange ich nicht weiß, was los ist, will ich den Mann aus der Schusslinie haben." Der Sheriff hatte zu seiner lässigen Tour zurückgefunden.

„Dann verbreiten Sie doch die Nachricht, er wäre bei dem Überfall ums Leben gekommen. Das ist noch sicherer."

„Eine gute Idee", gab Rütter zu. „Ich werde ihn an einen unbekannten Ort verlegen lassen, sobald er keinen Arzt mehr braucht."

Das werden wir erst mal sehen, dachte Klaas, denn er hatte sein Vorhaben, mit Eberwein zu reden, keinesfalls aufgegeben. Ganz im Gegenteil.

„Sie können dann gehen" sagte Rütter gönnerhaft. „Ich rufe Sie an, wenn Sie nach Torgau kommen müssen, um das Protokoll zu unterschreiben."

Klaas verkniff es sich, das Wort „müssen" zu kommentieren, verabschiedete sich artig und marschierte mit Stöver bei Fuß zur Minna.

Im Haus war immer noch die Spurensicherung aktiv. Von weitem beobachtete Klaas amüsiert, wie Rütter wild gestikulierend zwischen „seinen Leuten" hin und her lief und Anweisungen verteilte. Er hatte den Eindruck, dass die Kollegen des Kommissars genauso wenig Respekt vor ihm hatten wie Klaas, was für diese Kollegen sprach.

Dann riss er sich von dem Anblick los, rangierte das Wohnmobil rückwärts zwischen den Polizeifahrzeugen hindurch auf den Hauptweg und lenkte es zurück Richtung Arzberg.

Auf dem Weg zur Elbfähre kontrollierte er immer wieder den Rückspiegel, konnte aber keinen Begleiter entdecken. Bei dem Gedanken an die Elbklause freute sich er darauf, „nach Hause" zu kommen.

Er parkte auf „seinem" Platz am Seitengebäude und schlenderte zur Kneipentür hinüber. Helena beräumte gerade einen Tisch von den Hinterlassenschaften der Gäste. „Hey, bin wieder da und habe viel zu erzählen", sagte er zu ihr, „aber vorher soll sich der Hund noch austoben."

„Ich würde ja mitkommen, aber ich muss meine Einkäufe sortieren und Buletten braten", sagte sie mit einem lachenden Seitenblick auf Stöver, der an der Schwingtür zur Küche stand und durch die Ritze schnupperte. Klaas schüttelte seufzend und mit hochgezogenen Augenbrauen den Kopf, rief energisch nach dem Hund und beide verließen die Klause in Richtung Hundespielplatz.

Die Bank der nordsächsischen Kreditbank war der richtige Ort für Klaas, seine Gedanken zu ordnen.

Natürlich konnte alles bloßer Zufall sein: das Auto hinter ihm auf der Fähre. Der Überfall auf den Historiker. Rütters Interesse für seinen Besuch bei Eberwein. Die eindringlichen Ermahnungen des Herrn Terpitz. Sein Fund an der Elbe. Die merkwürdigen Bilder aus dem Mittelalter.

Wenn jedoch alles miteinander zusammenhing, und in Gedanken betonte er das Wort „wenn", dann lag der Schlüssel in seinem Besuch auf Schloss Hartenfels. Nur dort hatte er mit jemandem über Eberwein gesprochen.

Es waren Instinkt und Erfahrung gleichermaßen, die ihm sagten, dass da was im Gange war. Irgendwer interessierte sich für irgendetwas, und sein erster Gedanke betraf die Truhe. War deren ehemaliger Inhalt eine schwere Körperverletzung wert? Vielleicht sogar mit Todesfolge? Der Notarzt war jedenfalls äußerst besorgt gewesen, als er den Hubschrauber rief.

Als Klaas und Stöver zurückkamen, war die Kneipe bis auf den letzten Platz mit einer Horde gut gelaunter hungriger und durstiger Elbradwegwanderer besetzt. Statt ihre Einkäufe zu sortieren, bewegte Helena sich im Laufschritt durch die Kneipe, kam mit der Bedienung der Gäste aber kaum nach.

Kurz entschlossen nahm Klaas die Schürze vom Haken und begann, eine Batterie Biere und Radler vor zu zapfen. Helena bedachte ihn dafür im Vorbeieilen mit einem freundlichen Lächeln und beim nächsten Gang Richtung Gaststube mit einer nicht zu kleinen Portion Bauernfrühstück.

Sie arbeiteten zwei Stunden lang wie ein eingespieltes Team, während Stöver draußen auf dem Rasen ausgestreckt in der Abendsonne döste.

Die Radler hatten Durst und Sitzfleisch. Es wurde ein hervorragender Abend für Helenas Krankenkassenbeiträge.

Als die Truppe aufbrach, um die Räder zur Pension ein paar hundert Meter weiter zu schieben, war die Sonne verschwunden und der Himmel im Westen tiefrot. Helena hatte genug daran zu tun, die Küche aufzuräumen und die Gaststube durchzuwischen. Also verzichteten sie an diesem Abend abermals auf den Rotweinplausch.

5. Tag

Der nächste Tag startete wie üblich mit dem Gang auf die Hundespielwiese. Während Stöver Richtung Wasser tobte, knüpfte Klaas an seine gestrigen Überlegungen an und der Name Terpitz spukte ihm durch den Kopf.

Wenn Pullunder-Terpitz vermutete, dass er, Klaas, etwas archäologisch Interessantes gefunden hatte, dann hatte er ihn mit Hintergedanken zu Eberwein geführt. Er wollte ihn davon abhalten, sich nach Dresden oder Leipzig zu wenden, er wollte den Weg des Fundes weiterverfolgen können.

Seine Gedanken schweiften zur Wirtin der Elbklause. Er kannte Helena gerade einige Tage, hatte nicht mehr als ein paar Stunden mit ihr zusammengesessen. Vernunft und Berufskrankheit rieten ihm, auf Vertraulichkeiten zu verzichten. Dennoch tendierte er dahin, sie einzuweihen. Er schätzte sie nicht als den Typ ein, der sich in Intrigen einspannen ließ, sondern eher als eigensinnig und gradlinig.

Während er diesen Gedanken nachhing, lief Stöver weit voraus. Klaas pfiff ihm hinterher und schlug den Rückweg zur Elbklause ein. Der Hund brauchte Überwindung, um sich von seinen Spielkameraden loszureißen, erreichte aber immerhin mit ihm zusammen die Elbklause. Klaas tolerierte diesen Freiraum, denn es bestand ein stillschweigendes Abkommen zwischen ihnen: Klaas forderte keinen Kadavergehorsam, keine Kriecherei, dafür verzichtete Stöver darauf, bestimmte Grenzen zu überschreiten.

Als er die Gaststube betrat, war sie aufgeräumt und Boden wie Tische blitzblank geputzt, als wäre die trinkfeste Radlertruppe am Vorabend nie da gewesen. Der Tisch in „ihrer" Ecke war gedeckt, es roch nach Kaffee und Helena kam mit einer Ladung Rührei und einem Haufen winziger Bratwürste aus der Küche.

Gegen Ende des Frühstücks meinte Klaas eher beiläufig: „War übrigens ein turbulenter Tag gestern. Ich stehe neuerdings unter dem Verdacht der schweren Körperverletzung."

Helena hob fragend die Augenbrauen und wartete auf die Fortsetzung des Berichtes.

„Ich hatte in Torgau die Adresse eines Heimatforschers in Arzberg, auf der anderen Elbseite, bekommen. Als ich dort ankam, lag der Mann in einer Blutlache. Irgendwer hat ihm mächtig eins über den Schädel gezogen. Hab natürlich sofort Notarzt und Polizei gerufen. Ist schon komisch, als Polizist die Polizei zu rufen."

„Ach ja, du bist ja Polizist ..."

„Ist das ein Problem?"

„Ja und nein ... Nein, eigentlich nicht ... nicht mehr. Hatte nur mit einigen deiner Berufskollegen unangenehme Begegnungen. Schon zu DDR-Zeiten gab's jedes Mal Ärger, wenn die Vopos bei meinen Eltern an der Tür klingelten.

Nach der Wende war ich ne Zeit lang knapp bei Kasse. Heute würde man sagen: Ich hatte ein Cashflow-Problem. Der Gerichtsvollzieher war ein Arschloch und brachte immer gleich die Bullen mit – sorry – die Polizei natürlich." Sie grinste ihn von der Seite an. „Und diese Polizisten hatten sichtbaren Spaß daran, mir die Wohnung zu filzen und in meiner Wäsche herumzuwühlen."

Klaas hatte mit der Bezeichnung „Bulle" kein Problem. Da hatte er in seiner beruflichen Laufbahn weitaus deftigere Ausdrücke gehört. Im Gegenteil, in passenden Situationen hat er sich selber das eine oder andere Mal als Bulle vorgestellt.

„Ja ja, es gibt auch gute Bullen", setzte sie ihre Rede fort.

Klaas grinste: „Ich hab mich nicht beschwert."

„Du weiß wie ich das meine. Aber jetzt mal weiter im Text: Warum stehst du unter Verdacht?"

„Weil niemand anders in der Nähe war und dieser Kommissar Rütter ..."

Helena unterbrach ihn mit einem lauten: „Ach du meine Güte", lehnte sich zurück und lachte. „Ausgerechnet dieser Vogel? Die Welt ist einfach zu klein."

„Du kennst den Typen? Kennt denn hier jeder jeden?"

„Oh ja. Den kenne ich leider tatsächlich und schon lange. Aber erzähl erst mal weiter. Vielleicht bist du ja dermaßen gefährlich, dass ich dich rausschmeißen oder denunzieren muss."

Klaas erzählte ausführlich, was passiert war. Als der Name Eberwein fiel, lauerte er auf eine Reaktion ihrerseits, aber offensichtlich kannte sie den Hobby-Historiker nicht. Auch vorher, als die Worte „Arzberg" und „Heimatforscher" gefallen waren, hatte Klaas ihr keinerlei Anspannung angemerkt. Das bestärkte ihn in dem Entschluss, sie in die Sache mit dem Skelett einzuweihen. Nur seine visionären Zeitsprünge ins Mittelalter würde er vorerst für sich behalten. Zumindest solange, bis er imstande war, sich selber einen Reim darauf zu machen. Das wiederum mochte dauern, weil er es vermied, darüber nachzudenken. Er akzeptierte diese seltsamen Aus- oder besser Rückblicke mangels einer Erklärung als ungefährlich, wollte sich aber von anderen Leuten dafür keinen Vogel zeigen lassen.

„OK", sagte er, „ich erzähle dir, warum ich diesen Doktor Eberwein besucht habe, und du erzählst mir, was du über Rütter weißt."

Helena war einverstanden. Bevor sie loslegen konnten, kamen jedoch die Radler von gestern Abend zum Frühstück und sie brachen Plauderei und Frühstück notgedrungen ab.

Klaas holte sein Notebook aus der Minna, setzte sich an die Theke und scrollte in der mittelalterlichen Geschichte Torgaus. Er las mehrere Berichte über die Wurzener Fehde, die auch als

Fladenkrieg bekannt war, weil Osterfladen gegessen wurden, und dass es in dem Konflikt um die Türkensteuer ging, die das Stift Wurzen nicht bezahlen wollte. Das Stift Wurzen gehörte anno dunnemals zum Bistum Meißen und damit der katholischen Kirche. Und die Kirche war reich und knauserig. Oder besser: Sie war knauserig und deswegen reich.

Nirgendwo fand er Hinweise, ob diese Türkensteuer damals de facto eingetrieben worden war oder nicht. Und wenn ja, ob die Steuer, an wen auch immer, abgeführt worden war oder nicht und wo der Mammon geblieben ist, wenn nicht.

Von dem Geld oder Gold, das in die Truhe neben dem Gerippe passte, hätten eine Menge Türken massakriert werden können, fand Klaas. Immerhin war Geldtransfer damals eine im wahrsten Sinne schwerwiegende Angelegenheit. Eine mittelgroße Überweisung wog mehrere Kilo, wurde nicht online, sondern per Pferd und Wagen ausgeführt und die Gefahr bestand nicht in Hackern mit Computer und Handy, sondern in Räuberbanden mit Dolch und Keule, vorzugsweise aus Triestewitz.

Eine gute Stunde später hatten die Radwanderer sich auf den Weg gemacht und Klaas klappte den Computer zu. Bis auf den Heimatsender im Rundfunk, das Schnarchen eines glücklichen Hundes und dem leisen Brummen des Kühlschranks unter der Theke war es in der Gaststube still geworden. Helena brachte Kaffee und sie setzten sich in „ihre" Ecke.

Klaas berichtete ausführlich und wurde nur durch kurze Zwischenfragen unterbrochen. Nachdem er seinen Bericht mit den Ereignissen in Arzberg abgeschlossen hatte, schwiegen beide.

Klaas schenkte Kaffee nach. Helena saß reglos da, den linken Ellenbogen auf dem Tisch, das Kinn mit der Hand abgestützt, die Augen mit leerem Blick und hochgezogen Brauen geradeaus gerichtet, während sie mit der Rechten gedankenverloren in ihrer Kaffeetasse rührte.

„Jo", sagte Sie nach einer Weile, „dass ist ja mal ne Story."
Sie erwachte aus ihrer Starre und blickte ihn an. „Warum erzählst du das ausgerechnet mir, einer Fremden?"

„Ist sonst grad kein anderer da." Klaas grinste. „Stöver ist zwar ein guter Zuhörer, aber in Diskussionen bisweilen etwas einsilbig."

Beide betrachteten Stöver durch die offenstehende Kneipentür, wie er auf dem Rasen lag und sich die Morgensonne auf den Bauch pratzeln ließ.

Helena nippte an ihrer Tasse. „Gut, immerhin weiß ich jetzt, warum du ein paar Tage länger hierbleiben willst. Und was gedenken der Herr Kommissar jetzt zu unternehmen?"

„Ich habe keinen wirklichen Plan. Aber ich möchte herausfinden, wer auf diesen Doktor Eberwein losgegangen ist. Und es interessiert mich, warum der arme Kerl im Harnisch sterben musste. Auch, wenn es schon ein paar Jahre her ist." Er rührte sinnlos in seinem Kaffee. „Jetzt bist du dran. Erzähl, woher du den Rütter kennst."

Helena atmete einmal tief durch. „Ich kenne den Kerl seit Kindertagen aus der Nachbarschaft, wo er der Looser war und nie mitspielen durfte. Damals war ich in Torgau zuhause. Später, mit Anfang zwanzig, hab ich auf jeder Party rumgehangen und mit meiner Clique jede Menge Blödsinn fabriziert. Oft genug endete das so, dass irgendein bürgerlicher Spießer, der uns den Spaß nicht gönnen wollte, die Bullen gerufen hat ... die Polizei natürlich ..." Sie lächelte, „ und dann gab's immer Stress. Rütter kam damals frisch von der Polizeischule und fand sich in seiner Uniform wahnsinnig wichtig."

Sie blickte Klaas an. „Außerdem hat er jedes weibliche Wesen auf schleimigste Art angebaggert und ist regelmäßig abgeblitzt."

Klaas nickte. „Ja, das passt zu ihm. Ich glaube, er hat zu viele Western gesehen, die mit den heldenhaften Sheriffs, du weißt schon. Ich frage mich allerdings, ob er so harmlos ist, wie es scheint. Er hat sich auffällig dafür interessiert, was ich von Eberwein wollte."

„Ob harmlos oder nicht, er ist ein Arschloch." Helena zeigte auf die Uhr über der Theke und seufzte. Sie unterbrachen das Gespräch und räumten zusammen den Tisch ab.

„Was hast du jetzt vor?", fragte sie, als die Spülmaschine lief.

„Ich werde mir ein bisschen die Gegend ansehen. Es gibt rundherum genug Orte, die in der mittelalterlichen Geschichte eine Rolle gespielt haben. Dann bei Rütter auf dem Kommissariat in Torgau vorbeischauen, muss ja das hochwichtige Protokoll unterschreiben. Und herausfinden, wo sie den Eberwein hingebracht haben."

Wenig später war Klaas auf schmalen Straßen quer durch die Dahlener Heide Richtung Oschatz unterwegs.

Nahezu die gesamte Strecke ging es durch einen Wald wie im Märchen: düster, tief und verwunschen. Er stellte sich vor, wie der eine oder andere Wolf ihm zusah und blickte des Öfteren in den Rückspiegel, aber hinter ihm tauchten weder Wölfe noch Autos auf. Es brauchte nicht viel Fantasie, um sich in dieser abgeschiedenen Landschaft den Rückzugsort einer mittelalterlichen Räuberbande vorzustellen.

Zu den Ortsnamen auf „-itz" gesellten sich hier einige auf „-a", wie Bucha, Lausa oder Kaisa. Kurz bevor er Oschatz erreichte, durchquerte er Terpitz. Am Ortsschild hatte er natürlich den hageren Pullunder-Beamten aus Torgau vor seinem geistigen Auge und er hätte sich nicht gewundert, wenn alle Leute, die er in Terpitz sah, hager wären und Pullunder trügen. Leider präsentierten sich auch hier die Straßen menschenleer, sodass er seine Vermutung nicht überprüfen konnte.

Er fuhr nach Oschatz hinein, parkte die Minna gegenüber dem Busbahnhof auf einem Supermarktparkplatz und spazierte mit Stöver eine Runde durch den Stadtkern. Die ansehnlichen Bürgerhäuser in der Altstadt zeugten von vergangenem Wohlstand. Klaas fiel zwischen den Bilderbuchfassaden nicht ein einziges unrestauriertes Haus auf. Kein Vergleich zu den Bildern verfallener Häuserzeilen ostdeutscher Städte direkt nach der Wende. Er wanderte über den Altmarkt und die Altoschatzer Straße vorbei an St. Aegidien zum Vogtshaus, in dessen Räumen angeblich mit dem Oschatzer Frieden die Wurzener Fehde beigelegt wurde, dem unblutigen Konflikt, aus dessen Anlass „Die Geharnischten" ausgezogen waren.

Klaas wusste nicht so richtig, was ihm die Stadtbesichtigung bringen sollte. Vielleicht war es wie früher, wenn er allein, ohne Kollegen und Spurensicherung, durch die weiträumige Umgebung von Tatorten spaziert war, um Atmosphäre in sich aufzunehmen, ein Gefühl für das Umfeld von Tätern und Opfern zu bekommen.

Jedenfalls gefiel Oschatz ihm: pieksauber, übersichtlich und aufgeräumt. Es wirkte, im Gegensatz zu den Dörfern unterwegs, quicklebendig. Rund um den Marktplatz herrschte Geschäftigkeit und die Cafés waren besetzt.

Stöver tauschte von oben herab Höflichkeiten mit ortsansässigen Möpsen und Yorkshireterriern aus und benahm sich dabei wie immer recht gesittet.

Nach einer halben Stunde schlenderten die beiden zurück zur Minna. Unterwegs erstand Klaas ein paar frische Berliner, die hier Pfannkuchen hießen. Als er den dampfenden Kaffeebecher vor sich stehen hatte, packte er einen Pfannkuchen aus und suchte das Loch, durch das die Marmelade eingefüllt worden war. Klaas hatte Erfahrung: Nur durch den ersten Biss in genau diese Stelle des Kuchens vermied man es, sich die Krawatte, oder in seinem Fall, das T-Shirt, mit Marmelade zu besudeln. Er schüttelte den Kopf, als er das Loch nicht an der Seite fand, sondern auf der flachen Oberseite, in die er auch mit der größten Klappe nicht hineinbeißen konnte. Er murmelte „Andere Länder, andere Pfannkuchen" sinnend vor sich hin. Stöver brummelte im Einschlafen ebenfalls vor sich hin und Klaas aß seine Berliner Pfannkuchen äußerst vorsichtig und besudelte sich trotzdem.

Nachdem er Gesicht, Hände und Tischplatte von Marmelade und Zucker befreit und ein frisches blaues verwaschenes T-Shirt übergezogen hatte, griff er nach seinem

Handy und erstattete Bericht an die Clique in Hamburg: „Alles gut hier. Wetter passt, Stöver benimmt sich passabel und die Elbe fließt ordnungsgemäß bergab. Nur die Berliner heißen Pfannkuchen und haben das Loch an der falschen Stelle. Was gibt es bei euch?" Er garnierte den Text mit zahlreichen Emojis und schickte ihn ab.

Holger antwortete umgehend: „Du schreibst wirres Zeug. Müssen wir uns Sorgen machen?" Und: „Seit du weg bist, erwirtschafte ich nur den halben Bierumsatz. Woran mag das liegen? Sonst ist alles ok."

In diesem Stil ging es hin und her. Einer der Gründe, warum Klaas die Leute aus der „Kurve" mochte: In deren Gesellschaft musste er nicht erwachsen sein.

Nach einer halben Stunde chatten und Kaffeetrinken schlug er über die B6 den Weg nach Wurzen ein.

Klaas parkte die Minna in der Altstadt direkt am Markt und spazierte durch einen ebenfalls sanierten, sympathischen Stadtkern voller Leben, war aber von seiner anschließenden Internetrecherche enttäuscht: Im sechzehnten Jahrhundert war außer dem Bau des Schlosses als Bischofssitz und dem Auftauchen des ersten evangelischen Predigers im Zuge der Reformation wenig passiert. Es wurden diverse Pestjahre erwähnt, nicht jedoch die Wurzener Fehde oder die Geharnischten. Kein Hinweis auf „sein" Skelett.

Als er die Minna auf den Standplatz hinter der Elbklause bugsierte, setzte bereits die Dämmerung ein.

Später, nachdem die Gäste zur Tür hinaus waren und Rotwein auf dem Tisch stand, erstattete Klaas kurzen Bericht: „Oschatz und Wurzen hab ich mir angesehen, nach Torgau zur Polizei bin ich nicht gekommen. Rütter hat sich nicht gemeldet."

Dann wechselte er das Thema: „Du hast mich ausgiebig ausgefragt. Heute bin ich dran: Wie bist du hier her und in diese Kneipe gekommen?" Er schenkte Wein ein.

„Sag nicht abfällig Kneipe zu meiner Edelgastronomie! Außerdem war ich hier schon immer. Nur zwischendurch mal woanders."

„Schön, dass wir darüber gesprochen haben", meinte Klaas grinsend. „Genauer geht's nicht?"

„Aha! Ein Verhör! Soll ich meinen Lebenslauf vortragen?"

Klaas lachte verhalten. „Grundschule und Junge Pioniere kannst du auslassen. Der Rest ist jetzt fällig."

„Also, als ich geboren wurde, stand die DDR offiziell noch in voller Blüte, war aber inoffiziell schon arg verwelkt und praktisch pleite. Ich bin in Torgau zur Schule gegangen und systemkonform erzogen worden. Meine Eltern waren durchschnittliche DDR Bürger, haben immer brav für den Sieg des Sozialismus geschuftet und gegen den Klassenfeind gewettert. Sie waren stolz darauf, irgendwann in den Neubau umziehen zu dürfen. Die Plattenbauten stehen heute noch, wenn du aus Torgau in Richtung Wittenberg rausfährst.

Diese Gastwirtschaft ...", sie sprach das Wort Gastwirtschaft sehr akzentuiert aus und bedachte Klaas mit einem belehrenden Seitenblick, „... war seit Generationen in Familienbesitz. Ich glaube, schon meine Ur-Urgroßeltern haben hier Bier in Milchkannen gezapft.

Es war den SED-Fritzen schon immer ein Dorn im Auge, dass meine Großeltern die Wirtschaft selbstständig betrieben haben. So ab 1980 wurden Oma und Opa immer mehr drangsaliert und schikaniert, die Elbklause freiwillig in Staatseigentum abzugeben. Ich erspar dir hier die ganze Geschichte mit Stasi und ABV-er und Knast und so weiter. Jedenfalls saß Opa 1982 in Waldheim und Oma wurde ziemlich direkt gesagt, wenn sie die Elbklause der HO übereignet, lassen sie Opa wieder raus, wenn nicht, wird er im Knast verrotten. Oma lenkte ein, Opa kam frei und beide wurden in den Westen abgeschoben.

Du kannst dir vorstellen, was das für unsere Familie bedeutete. Meine Eltern waren linientreue Sozialisten. Sie blieben das auch, als sie Opa nach Waldheim geschleppt haben und auch, als der Letzte gemerkt hatte, dass der DDR-

Sozialismus nicht so sauber und rein war, wie immer gepriesen. Sie bekamen trotzdem Ärger auf Arbeit, wurden bespitzelt, schikaniert und denunziert, das ganze Programm eben, und Oma und Opa gaben sie die Schuld daran.

Ich selber wurde in der Schule von den Lehrern gemobbt und zu den Schulkameraden, die am meisten auf mir rumgehackt haben, gehörte der liebe Stefan Rütter. Ich war da grad 12 Jahre alt. Kannst dir vorstellen, wie meine Jugend aussah. Als später die Montagsdemos losgingen, war ich natürlich im richtigen Alter, um die Sau rauszulassen: nicht alt genug, um Angst zu haben, aber alt genug, um laut zu brüllen. So durfte ich in Leipzig sogar noch DDR Knast miterleben. Zwar nur ein paar Tage, aber immerhin. Es war unheimlich genug."

Helena reckte sich, goss Wein nach und trank einen großen Schluck.

„Was dann kam, kennst du wie jeder Wessi ausm Fernsehen. Sofort nach Grenzöffnung hab ich meine Lehre als Friseurin geschmissen und bin zu Oma und Opa nach Berlin.

Die beiden machten das, was sie konnten, nämlich Kneipe. Vom Begrüßungsgeld hab ich mir Konzertkarten für Klaus Lage und Ulla Meinecke gekauft, kennt heute kaum noch einer. Hab dann bei Oma gezapft, und wenn die Kneipe – das war wirklich ne Urberliner Eckkneipe, wie man sich das so vorstellt – nachts zugemacht hat, ging's ab auf den Kiez.

Hab da alles kennengelernt, was Eltern ihren Kindern verbieten. War auch mal kurz davor, ins Milieu abzurutschen, mit koksen und Pillen und allem drum und dran. Aber da hat Oma ein Machtwort gesprochen und ich war schlau genug, nicht zu rebellieren. Wenn ich Oma und den Job in ihrer Kneipe nicht gehabt hätte, würde ich jedenfalls jetzt nicht hier mit dir sitzen."

Klaas hatte zugehört, ohne sie zu unterbrechen, bis sich sein Handy mit der Tatort-Titelmusik meldete. Rütter war dran und bestellte ihn für den nächsten Morgen acht Uhr ins Kommissariat nach Torgau und Klaas beschloss sofort, ihn mindestens eine Stunde warten zu lassen. Dann nahmen sie ihr Feierabend- Gespräch wieder auf.

„Wie bist du dann wieder in Sachsen gelandet?", fragte Klaas.

„Das ist schnell erzählt. Wir konnten nachweisen, dass Oma und Opa die Elbklause nicht freiwillig abgegeben haben und die Umschreibung auf den staatlichen HO Betrieb wurde rückgängig gemacht. War ein riesen Papierkrieg, aber nach zwei Jahren standen Oma und Opa wieder im Grundbuch. Zum Glück saßen nur Pächter drin, keine neuen Besitzer.

Dann sind 1998 innerhalb weniger Monate beide gestorben, erst Oma und dann Opa. Ich glaube, Opa hatte ohne Oma einfach keine Lust mehr. Hab erst überlegt, ob ich die Eckkneipe in Berlin weitermache. Das Zeug dazu hatte ich, denn die Großeltern hatten mir alles beigebracht, wie man sich zum Beispiel gegen Schutzgeldtypen wehrt oder dafür sorgt, dass Luden und Drogen draußen blieben.

Irgendwann haben die Pächter in Belgern aufgegeben. Die hatten die ganzen Jahre nix dran gemacht, es sah alles noch aus wie DDR und war ziemlich heruntergekommen. Die Pächter hatten natürlich nichts investiert. Deshalb blieben über kurz oder lang auch die Gäste weg. Ich hab dann schnell entschlossen die Kneipe in Berlin an andere Pächter übergeben und konnte sogar noch nen anständigen Abstand rausschlagen."

Sie trank einen Schluck Wein.

„In meinem jugendlichen Leichtsinn habe ich alles, was ich hatte und noch einiges mehr in die Elbklause gesteckt. Ne Zeit lang hatte ich Schiss, mir würden die Kredite um die Ohren fliegen. Konnte monatelang keine Raten zahlen. Da hat Rütter wieder genervt und sich als echtes Arschloch erwiesen. Nach und nach ging der Radwanderboom auf dem Elberadweg richtig los. Hab mich mit ein paar Pensionswirten in Belgern und Umgebung zusammengetan und wir haben uns gegenseitig die Kundschaft vermittelt.

Jedenfalls bin ich aus dem Gröbsten raus und kann wieder ruhig schlafen, außer es übernachten zwielichtige Gestalten mit monströsen schwarzen Hunden hinter dem Haus."

Sie plauderten noch eine Weile und die Weinflasche überlebte den Abend nicht. Beide waren vernünftig genug, es bei dieser einen zu belassen.

6. Tag

Beim Frühstück am nächsten Morgen schob Helena die aktuelle Ausgabe der Leipziger Volkszeitung über den Tisch. „Lehrer und Heimatforscher aus Arzberg nach brutalem Überfall seinen Verletzungen erlegen" lautete der fette Aufmacher auf der Torgauer Lokalseite.

Klaas las den Artikel und konnte sich bildhaft vorstellen, wie Rütter mit den Daumen hinter dem Gürtel und zurück geschobener Lederjacke einer jungen Reporterin seine Waffe präsentierte, die Sonnenbrille lächerlich kess nach oben geschoben. Glaubte man dem Bericht, war es nur eine Frage von Stunden, bis Rütter den Bösewicht dingfest machen würde. Immerhin stand das Wichtigste schon in der Schlagzeile, nämlich, dass Dr. Eberwein „seinen Verletzungen erlegen" war.

Am späten Vormittag fuhr Klaas nach Torgau. Zum Polizeirevier ging es quer durch die Stadt immer Richtung Wittenberg und wie gewohnt von roter Ampel zu roter Ampel.

Er parkte vor dem schmucklosen quaderförmigen Polizeigebäude und bat an der Eingangskontrolle um Audienz bei Kommissar Rütter.

„Guten Tag Herr Ex Kollege", begrüßte ihn Sheriff Rütter wenig später, klopfte ihm jovial auf die Schulter und zeigte auf den Stuhl vor seinem Schreibtisch. Klaas betrachtete das Büro und hätte auch ohne das Namensschild an der Tür eine hohe Wette darauf abgeschlossen, dass dies nur Rütters Arbeitsplatz sein konnte. Niemand anderes hätte die Wand dahinter so üppig mit gerahmten Urkunden, Auszeichnungen und Bildern von Handfeuerwaffen gepflastert, dass die Tapete dahinter kaum zu erkennen war. Er überflog die Pamphlete. Es handelte sich überwiegend um Teilnahmebestätigungen an Schießwettbewerben und Lehrgängen, lauter unwichtiges Zeug also, das Klaas nicht einmal aufbewahrt, geschweige denn, es sich eingerahmt an die Wand gehängt hätte.

Nachdem er sich gesetzt hatte, fragte Rütter: „Ist Ihnen zur Sache noch etwas eingefallen?"

Klaas mimte den Hilfsbereiten und überfiel den Kommissar mit einem Schwall nichtssagender Sätze: „Tut mir leid, ich hab lang und breit nachgedacht, aber zwischen Arzberg und dem Haus von Eberwein hab ich weder auf der Hin- noch auf der Rückfahrt etwas Ungewöhnliches bemerkt. Nur die Oma auf dem Fahrrad. Aber die ist ja eher gewöhnlich. Wie geht es übrigens dem Opfer?"

„Es geht ihm besser. Ich will gleich zu ihm fahren. Vielleicht kann er zum Tathergang etwas sagen."

„Könnte ich mitfahren? Schließlich hab ich ihn ja gefunden", fragte Klaas und stellte überrascht fest, dass er mit diesem aufgeblasenen Pinsel ein normales Gespräch führte.

„Nein, nein, das geht nicht! Schließlich ist sein Aufenthaltsort geheim." Rütter schaffte es sogar im Sitzen, die Pose mit hinter dem Gürtel eingehackten Daumen und vorgeschobener Hüfte a la Westernheld einzunehmen.

Der Mann hat Routine im Angeben, dachte Klaas fröhlich.

„Abgesehen davon sind Sie immer noch mein einziger Verdächtiger."

„Sie haben also nichts Greifbares. Ich hoffe, Sie ruhen sich nicht auf Ihrem einzigen Verdächtigen aus."

Rütter sackte aus der Western-Pose in eine schlaffe Haltung zusammen, drehte sich zu seinem Rechner, suchte und fand mit den Zeigefingern nacheinander mehrere Tasten, und ein Drucker fing an zu rattern. „Hier unten rechts das Protokoll unterschreiben", ordnete er mürrisch an und reichte Klaas die Seiten.

Klaas lehnte sich zurück und begann, in Ruhe zu lesen.

„Meinen Sie, da steht Blödsinn drin, oder warum lesen Sie das alles durch?", fragte der Sheriff ärgerlich und Klaas sagte nicht, dass er überlegte, wie er via Rütter am einfachsten an den Aufenthaltsort Eberweins kam. Einfach hinterherfahren würde selbst Rütter auffallen.

Er markierte sorgfältig fünf Grammatik- und sieben Rechtschreibfehler und durchstrich zweimal das Wort „vermutlich". Dann malte er wie in der Schule für jeden Fehler einen Strich neben den Text und bedauerte, keinen Rotstift zur Hand zu haben. Schließlich rechnete er, laut und mit seinen Fingern zählend, die Fehler zusammen. „Dreizehn Fehler, vier minus", sagte er dann wie im Selbstgespräch und setzte Uhrzeit, Datum und Unterschrift unter das Protokoll.

Ihm war klar, dass er das Verhältnis zu Rütter gerade endgültig ruinierte, aber das Kind im Manne hatte ihn überwältigt.

Rütter hatte die Zeremonie stumm, mit offenem Mund, verfolgt. Bevor er seine Gesichtszüge wieder in den Griff bekam, war Klaas zur Tür hinaus. Dabei stieß er um ein Haar mit einer jungen Polizistin zusammen, die just zu Rütter ins Büro wollte.

Klaas war drei Schritte von der Tür weg, als er innehielt, denn er hörte die Polizistin sagen: „Herr Rütter, Sie fahren doch gleich nach Döbeln. Würden Sie die Hauspost für die Döbelner Kollegen mitnehmen?"

Klaas ging grinsend weiter und bog schleunigst um die nächste Ecke. Es gelang ihm immerhin, ein lautes Auflachen zu unterdrücken, aber die Tränen standen ihm in den Augen. Welche eine Szene! Wie aus einem drittklassigen Drehbuch!

Auf dem Weg zur Minna zog er sein Handy aus der Tasche und wählte die Elbklause an. „Hallo Helena, Klaas hier."

„Hey Bulle. Was gibt's?"

„Rütter hat Eberwein in Döbeln versteckt. Ich nehme an, im Krankenhaus, bin aber nicht sicher. Wenn ich von Torgau bis Döbeln hinter ihm her fahre, bemerkt er mich in meinem Möbelwagen unter Garantie. Vor ihm herfahren, ist auch nicht gut. Er würde mich womöglich einholen. Kannst du mit einem unauffälligeren Wagen, einem, den Rütter nicht kennt,

Richtung Döbeln fahren und ihm kurz vor dem Ort auflauern? Ich gebe dir durch, mit was für einem Auto er unterwegs ist."

„Na klar, wenn es gegen Rütter geht, bin ich dabei. Ich postiere mich an der Autobahnauffahrt, da muss er auf jeden Fall vorbei kommen. Und dann soll ich ihn verfolgen wie im Fernsehen? Geil! Ich leih mir das Auto meiner Nachbarin. Wann muss ich losfahren?"

Ohne Telefonhörer würde sie wie ein Kleinkind vor Freude in die Hände klatschen, dachte Klaas grinsend. „Am besten sofort. Rütter ist schon auf dem Sprung."

Klaas verließ ohne Eile das Polizeigelände und fuhr quer durch Torgau zurück bis zum Kreisverkehr am Fischteich. Dort steuerte er den Parkplatz vom Imbiss an und parkte mit Blickrichtung auf den Kreisel.

Es dauerte nicht einmal zwei Minuten, dann fuhr Rütter in seinem Dienstwagen vorbei. In Lederjacke und mit Sonnenbrille, einen Ellenbogen wie bei Manta Manta aus dem Fenster gelehnt, war jede Verwechselung ausgeschlossen. Klaas rief Helena an, gab Farbe, Typ und Kennzeichen von Rütters Wagen durch, ging hinüber zum Imbiss und erstand jeweils zwei Fischbrötchen für sich und Stöver.

Er hatte den ersten Kreisverkehr hinter Oschatz erreicht, als Helena sich meldete. „Rütter ist gerade unter der Autobahn durch", gab sie durch. „Ich fahr ihm weiter hinterher. Bis jetzt geht es Richtung Kreiskrankenhaus."

Etwas später unterquerte Klaas ebenfalls die Autobahn, verlies die Umgehungsstraße danach an der ersten Abfahrt und parkte kurz hinter dem Döbelner Ortsschild abseits vom Durchgangsverkehr.

Auf den nächsten Anruf von Helena musste er nicht lange warten. Rütter war ohne Umweg auf den Parkplatz des Krankenhauses gefahren. Von einer Seitenstraße aus hatte sie seinen Dienstwagen im Blick.

Während er auf den nächsten Anruf von Helena wartete, dass Rütter das Krankenhaus wieder verlassen hätte, döste er vor sich hin. Stöver war unter dem Tisch ebenfalls eingeschlafen und schnarchte regelmäßig.

Als Klaas schon am Einnicken war, rief Helena an: „Rütter ist grad wieder ins Auto. Er ist allein. Hat sich nicht auffällig umgesehen, er rechnet offensichtlich nicht damit, beobachtet zu werden."

„Okay, dann warte ich in meinem Versteck, bis er hier vorbei kommt. Oder bis genug Zeit verstrichen ist, falls er einen anderen Weg nimmt. Er muss ja noch ins Polizeirevier, die Hauspost abgeben. Vielleicht wäre Postbote sowieso der bessere Job für ihn."

Klaas ging auf Nummer sicher und wartete eine gute halbe Stunde. Dann fuhr er zum Krankenhaus und ließ sich von Helena telefonisch zu der Stelle lotsen, an der sie parkte. Er fand einen ausreichend großen Platz für sein Wohnmobil in ihrer Nähe und Helena kam zu ihm rüber gelaufen. Sie wurde von Stöver stürmisch begrüßt. Erst, nachdem der Hund zur Ruhe gekommen war, durfte sie sich setzen.

„Was darf ich anbieten?", fragte Klaas. „Ist ja schließlich Premiere. Du besuchst mich das erste Mal in meiner Minna."

„Stimmt", antwortete Helena. Sie warf ihm kritischen Blick in die Runde. „Auf den ersten Blick ganz wohnlich. Ist alles da, was man braucht, Kocher, Spüle und Kühlschrank. Ich nehme an, du hast Dusche und Toilette an Bord?"

„Du möchtest jetzt duschen?"

Sie lehnte dankend ab und Klaas stellte O-Saft und Kekse auf den Tisch. Während sie die Keksdose leer knabberten, besprachen sie das weitere Vorgehen.

„Ich muss unbedingt zurück in die Elbklause", sagte Helena mit vollem Mund. „Ich hab Gabi, die Nachbarin, mit deren Auto ich unterwegs bin, hinter die Theke gestellt. Die ist zwar eingearbeitet. Aber wenn ein Rudel Radfahrer einkehrt, knickt sie ein."

Klaas grinste. „Dann hätte ich mich ja gar nicht hinter die Theke stellen müssen. Wir hätten nur deine Nachbarin rufen müssen."

Helena seufzte und Klaas öffnete die Schiebetür.

Wenig später stand er im Eingangsbereich des Krankenhauses, während Helena sich schon auf dem Rückweg nach Belgern befand.

„Ich möchte Doktor Jens Eberwein besuchen. Wo finde ich ihn?"

Und tatsächlich: Die Dame hinter der Glasscheibe schaute ohne zu zögern in ihren Bildschirm und gab freundlich Auskunft: „Station drei, Zimmer 307." Klaas bedankte sich und ging zum Fahrstuhl hinüber. Unterwegs schüttelte er innerlich den Kopf: Ich fasse es nicht! Da erfährt jeder einfach so die Zimmernummer. Können die ja gleich ne Durchsage im Radio machen: „Doktor Jens Eberwein ist in Döbeln im Krankenhaus und wartet darauf, den Rest zu kriegen."

Wenn er erwartete, vor Eberweins Zimmer würde wenigstens jemand Wache schieben, so hatte er sich abermals getäuscht. Klaas klopfte kurz an die Tür und trat ein.

Immerhin hatten sie ihm ein Einzelzimmer gegeben. Er erkannte Eberwein trotz des dicken Verbands um den Kopf sofort wieder. Er hing am Tropf und Klaas fand, dass er einen recht munteren Eindruck machte.

Eberwein erschrak bei seinem Eintreten, zog die Decke bis ans Kinn und starrte ihn furchtsam an.

Klaas blieb stehen. „Keine Sorge, ich tue Ihnen nichts. Ich bin ehemaliger Polizist und heiße Klaas Tidemeyer. Ich habe Sie gestern verletzt in Ihrem Haus gefunden und den Notarzt gerufen."

Doktor Eberwein musterte ihn ausgiebig von oben bis unten und schien zumindest teilweise beruhigt. „Dann spreche ich Ihnen hiermit meinen verbindlichsten Dank aus. Dieser ungehobelte Kommissar aus Torgau meinte, wenn Sie nicht den Notarzt gerufen hätten, wäre ich dahingeschieden." Er sprach langsam und akzentuiert, als hielte er einen Vortrag vor Publikum. „Was führte Sie zu mir?"

„Ich habe durch Zufall etwas gefunden, was seit dem Mittelalter im Verborgenen lag. Es hat mit Krieg und Gewalt, eventuell mit viel Geld zu tun. Deshalb suche ich in der

Gegend jemanden, der sich in Heimatgeschichte auskennt und man hat mich an Sie verwiesen."

Eberwein war plötzlich hellwach. Jedenfalls hatte sich laut Monitor neben dem Bett sein Puls innerhalb weniger Sekunden um 20 Schläge erhöht. Klaas fühlte sich angestarrt, als wollte der Hobbyhistoriker in ihn hineinkriechen.

„Wer hat Sie an mich verwiesen?"

Klaas blickte in das schmale, verkniffene Gesicht mit der spitzen Nase und dachte unwillkürlich an eine Maus. An eine Maus mit Brille. An eine Spitzmaus mit Brille und Turban. „Jemand vom Landratsamt. Warum ist das wichtig?", fragte er.

Das Mäusegesicht machte Anstalten, sich unter der Bettdecke zu verkriechen. „Ich will nichts mit Ihnen zu tun haben!", jammerte Eberwein, halb ängstlich, halb trotzig und seine Stimme erklang eine Oktave höher. „Außerdem bin ich tot! Der Kommissar hat gesagt, wenn mich alle für tot halten, passiert mir nichts!"

Klaas überlegte, was für Pillen die ihm wohl gegeben hatten, und sagte: „Hören Sie, ich tue Ihnen nichts. Im Gegenteil, ich hab Ihnen doch den Notarzt gerufen."

„Ja, und vorher haben Sie garantiert mein Haus durchsucht!" Der Doktor steigerte sich in eine hysterische Mischung aus Wut und Angst. Die Kurven auf dem Monitor schlugen dramatisch aus.

„Nein, ich habe nichts durchsucht. Es sind andere Leute, die Ihnen ans Leder wollen. Glauben Sie mir bitte", redete Klaas beruhigend auf ihn ein. „Ich sagte doch, ich bin – oder besser ich war - selber Polizist und inzwischen im Ruhestand. Ich bin als Tourist entlang der Elbe unterwegs und nur zufällig in diese Sache hineingeraten."

So was in der Art hatten meine Kunden auf dem Kiez auch immer als Ausrede parat, dachte Klaas amüsiert und fingerte eine Visitenkarte aus der Tasche. Er nahm den Kugelschreiber von Eberweins Nachtschrank und ergänzte den „Oberkommissar" auf der Karte durch ein „a. D.". Weiter hatte er es nicht gebracht, nicht einmal zum Hauptkommissar.

Er legte die Karte mit ausgestrecktem Arm demonstrativ auf das Tischchen am Fußende von Eberweins Bett, trat einen Schritt zurück und sagte: „Denken Sie bitte in Ruhe über die Sache nach, sprechen Sie aber mit niemandem über meinen Besuch, auch nicht mit Rütter.

Ich glaube nicht, dass Sie hier sicher sind. Wenn ich Sie ohne Probleme hier gefunden habe und ungehindert in Ihr Krankenzimmer marschieren konnte, dann kann das auch jeder Andere. Auch derjenige, der Ihnen eins über den Schädel gezogen hat.

Wenn Sie wollen, helfe ich Ihnen, herauszufinden, warum Sie überfallen wurden. Und wir sprechen über meinen Fund aus dem Mittelalter. Denken Sie in Ruhe darüber nach. Sie können mich jederzeit anrufen." Toll, dachte er, das hab ich wie im Fernsehkrimi gesagt, und überlegte, ob er Eberwein vor den Pillen warnen sollte.

Eberwein schien immer noch drauf und dran, vor Furcht unter der Bettdecke zu verschwinden.

Klaas nickte dem Spitzmausgesicht freundlich zu und verließ das Krankenzimmer. Mehr konnte er nicht tun. Ein vernünftiges Gespräch mit Eberwein war erst möglich, wenn dieser seine Panik in den Griff bekam.

Als Klaas auf dem Rückweg in Oschatz auf die B6 einbog, hielt an der ersten roten Ampel hinter ihm ein rotbraunmetallicfarbener Kleinwagen. Klaas konnte nicht sagen, warum ihm der Wagen auffiel, jedenfalls blieb er bis Belgern im Rückspiegel präsent. Wenn keine anderen Fahrzeuge dazwischen waren, hielt der Fahrer einen gleichmäßigen großen Abstand. Klaas fuhr zwischendurch zweimal für ein paar hundert Meter extrem langsam, als wolle er sich die Gegend ansehen. Das rotbraune Auto überholte nicht und kam nicht näher. Auffälliger unauffällig geht's nicht, dachte er und überlegte, ob er den Verfolger abschütteln sollte, fand es aber sinnvoller, ihn fürs Erste nicht merken zu lassen, dass er aufgefallen war.

Als er in Belgern nach links zur Elbfähre abbog, achtete er gespannt auf seinen treuen Begleiter und war nicht überrascht, als dieser ihm auch jetzt noch folgte. Er rollte Richtung Elbe hinunter und bog in den Weg zur Elbklause ein. Nachdem er gehalten hatte, rollte der rotbraunen Wagen im Schritttempo an der Einfahrt vorbei.

Klaas begrüßte Helena auf die Schnelle und Stöver ließ sich wie selbstverständlich im Schatten vor der Kneipentür nieder. Klaas schmunzelte und holte sich Duschzeug und saubere Wäsche, um sich der Körperpflege zu widmen.

„Wie war es bei Eberwein?", fragte Helena, als er später frisch geduscht die Klause betrat.

„Erzähl ich dir nachher in Ruhe. Sag mir erst, ob du jemanden kennst, der einen Kleinwagen in Rotbraunmetallic fährt. Irgend so ne Hitsche aus Japan oder Korea. Die Marke konnte ich nicht erkennen."

Helena überlegte einen Moment. „Fällt mir auf die Schnelle niemand ein. Wieso fragst du?"

„Weil mir solch eine Karre von Döbeln am Krankenhaus bis vor deine Tür betont unauffällig hinterhergefahren ist. Vielleicht dieselbe, die mir letztens auf der Fähre aufgefallen ist. Du weißt schon, als ich dich nach einem Stalker gefragt habe."

„Hm!", war alles, was Helena stirnrunzelnd dazu sagte und beide schwiegen. Klaas begann, Gläser aus der Spülmaschine zu polieren, Helena räumte die fertigen, blitzblanken Gläser über der Theke ins Regal.

„Wenn wir davon ausgehen, dass dies alles kein Zufall ist und der denkbar schlechteste Zusammenhang darin besteht, dass derjenige, der Eberwein überfallen hat, weiß, wo der Doktor sich aufhält und – noch schlimmer – weiß, dass er nicht tot ist, dann hat Eberwein ein Problem", sagte Klaas und hielt ein fertig poliertes Glas gegen das Licht.

„Tolle Satzkonstruktion, ich hab trotzdem verstanden, was du meinst", antwortete Helena grinsend, wurde aber sofort wieder ernsthaft. „Warum bist du nicht gleich umgekehrt, als du den Verfolger bemerkt hast?"

„Weil dann klar wäre, dass er mir aufgefallen ist. Das hätte Eberwein in unmittelbare Gefahr bringen können."

„Okay. Ein Mitdenker am Werk. Wenn wir nichts unternehmen, ist dieser Eberwein bald wirklich tot. Was schlägst du vor?"

„Es gibt zwei Möglichkeiten", meinte Klaas, „den Sheriff anrufen oder wieder nach Döbeln fahren."

Helena verdrehte die Augen und seufzte. „Rütter!"

„Da ist doch mehr zwischen dir und diesem Sheriff als nur, dass er dich in der Schule gehänselt hat. Nun mal raus damit!"

Bevor Helena etwas erwidern konnte, ertönte die Zithermelodie aus Orson Wells Film „Der dritte Mann", dem Klingelton von Klaas' Handy für unbekannte Anrufer. Klaas angelte das Telefon aus der Tasche, zog die Augenbrauen hoch und meldete sich kühl mit: „Ja bitte?"

„Spreche ich mit Herrn Oberkommissar Tidemeyer?"

Klaas erkannte Eberweins Stimme und antwortete: „Gut, dass Sie anrufen, Herr Doktor. Ich vermute, Sie sind in Gefahr."

„Vorab möchte ich meine Entschuldigung dafür übermitteln, dass ich mich Ihnen gegenüber derartig indiskutabel benommen habe, wenn ich mich solcherart ausdrücken darf. Sie mutmaßen, befinde ich mich momentan in größerer Gefahr?"

Die Mischung aus sorgfältig komponierten Sätzen und umständlicher Ausdrucksweise amüsierte Klaas. Er berichtete Eberwein von der Verfolgung durch den rotbraunen PKW, dieser kannte jedoch niemanden, den er mit solch einem Auto in Verbindung bringen konnte.

Irgendjemand wusste, dass Eberwein erstens nicht tot und zweitens im Kreiskrankenhaus Döbeln steckte. Darüber waren sie sich einig.

„Ja, ich mutmaße. Wie geht es Ihnen inzwischen? Und was ist Ihnen angenehmer? Soll ich Kommissar Rütter schicken oder Sie persönlich abholen?"

„Die Vertrauensbasis zu Herrn Rütter ist zerrüttet", erwiderte der Doktor förmlich. „Die Halbgötter in Weiß sagen, die Blutung ist dauerhaft gestillt und bis auf eine zarte

Gehirnerschütterung wäre an meinem Zustand nichts auszusetzen."

„Ok", sagte Klaas, „dann in einer guten Stunde. Solange brauche ich bis zu Ihnen. Verdonnern Sie die Dame an der Rezeption, dass Sie auf keinen Fall Auskunft über Sie oder Ihre Zimmernummer erteilen darf."

Klaas trennte die Verbindung und wandte sich an Helena. „Kommst du mit? Dürfen wir das Auto deiner Nachbarin noch mal nehmen?"

Helena bejahte beides und Klaas sperrte Stöver in die Minna. Dann verließen sie Helenas Grundstück durch die hintere Gartenpforte, kamen ebenfalls von der Rückseite in den Nachbargarten und quetschten sich in den kleinen Skoda.

Während Helena fuhr, achtete Klaas aufmerksam auf den rückwärtigen Verkehr, konnte aber keinen Verfolger entdecken. Als sie in Mehderitzsch links abbogen, um die Abkürzung am Waldbad vorbei über Beckwitz zu nehmen, schaltete Helena das Licht aus und sie hielten kurz auf dem Parkplatz am Waldbad. Es war tatsächlich niemand hinter ihnen und nach einigen Minuten setzten sie ihren Weg fort.

Von unterwegs rief Klaas Doktor Eberwein an und sie verabredeten sich für halb neun, und zwar nicht am Haupteingang, sondern hinten an der Notaufnahme des Krankenhauses.

Helena fuhr zügig und sicher. Klaas hatte selbst als ewig nörgelnder Beifahrer wenig an ihrem Fahrstil auszusetzen, außer, dass sie jede zweite Kurve schnitt. Eine dreiviertel Stunde später waren sie in der Nähe des Krankenhauses angekommen und parkten wieder in einer Seitenstraße.

Klaas ließ die Augen schweifen. Niemand interessierte sich für sie. Dann marschierten sie zur Seitentür der Notaufnahme. Helena betätigte den Türsummer und sie traten ein.

Bevor eine streng blickende Krankenschwester sie ansprechen konnte, kam Eberwein mit Verband am Kopf und Plastiktüte in der Hand auf sie zu. „Ich bin bereit, wir können aufbrechen", sagte er und sie verließen zusammen das Gebäude. Die grimmige Nachtschwester folgte ihnen zwar lamentierend bis zur Tür, dass das so ja wohl nicht ginge, und sie könnten doch nicht und was das solle, das Trio ließ sich indessen nicht aufhalten.

Auf dem Weg zum Auto nahmen sie Eberwein in die Mitte und stützten ihn, denn er war doch noch recht wackelig auf den Beinen. Klaas hielt wieder Ausschau nach etwaigen Beobachtern, fand aber nichts Verdächtiges. Wenig später saßen sie im Skoda und waren auf dem Rückweg.

Die ganze Aktion hatte nicht einmal zehn Minuten gedauert und Klaas fühlte sich wie ein Pfadfinder auf Abenteuerurlaub. Helena schien es ähnlich zu gehen, denn sie blickte sich triumphierend zu Klaas um, der auf der Rückbank Platz genommen hatte, und zeigte mit den Fingern ein V als Siegeszeichen.

„Hallo Herr Doktor Eberwein", begrüßte ihn Klaas. „Sie haben nochmals die Gelegenheit, uns zu entkommen. Bitte entscheiden Sie sich, ob wir Sie beim nächsten Polizeirevier absetzen oder mit nach Belgern in die Elbklause nehmen sollen. Wir würden Sie erst einmal dort verstecken und wir könnten in Ruhe beraten, wie wir weiter vorgehen."

Eberwein schien die Nachwirkungen des Überfalls und der Pillen inzwischen weggesteckt zu haben. „Um Gottes Willen, keine Polizisten! Die sind so vulgär, so stupide. Die Sache mit Ihnen hingegen beginnt, mir Amüsement zu bereiten. Nehmen Sie sich bitte meiner an und halten Sie mir die einfältige Staatsgewalt vom Leibe!"

Klaas und Helena schmunzelten um die Wette.

Alle drei hingen auf der restlichen Fahrt schweigend ihren Gedanken nach, während Helena den kleinen Tschechen flott und ohne Verfolger nach Hause steuerte.

Analog zur Abfahrt durchquerten sie Gabis Garten und betraten durch die Hintertür die Elbklause. Eberwein wartete im dunklen Gang, während Klaas seinen Hund aus der Minna befreite, Helena in der Küche die Rollos herunterließ und Gabi sich verabschiedete.

Klaas besorgte Stühle und Helena eine Flasche Rotwein mit Gläsern aus der Gaststube, dann saßen sie in der Küche um die ausladende Edelstahl-Arbeitsplatte herum.

„Ich will ja nicht unverschämt sein, aber ein ordentliches Pils wär mir lieber", sagte Klaas mit Blick auf die Weinflasche und der Doktor steuerte ein „dito" bei.

Helena murmelte etwas von „Kulturbanausen", stellte die Weingläser wieder weg, zapfte in der Gaststube zwei Bier an und nahm, als sie zurück in die Küche kam, einen kräftigen Schluck direkt aus der Rotweinflasche.

Stöver hockte nach einer kurzen und heftigen Begrüßung neben Eberwein, der ihm gedankenverloren den Nacken kraulte. Klaas und Helena sahen sich schmunzelnd an.

Das schmale Gesicht Eberweins mit dem pfiffigen Gesichtsausdruck ließ Klaas immer wieder eine Maus mit Brille assoziieren. Das Äußere des Mannes war pure Nostalgie. Klaas erinnerte sich an seine Schulzeit, als seriöse Studienräte in Anzug und Krawatte Unterricht hielten. Die jungen, alternativen linken Lehrer kamen in Strickpullunder, T-Shirt und Cordhosen zur Schule, am besten mit Cordsakko und Lederflicken auf den Ellenbogen. Genau in dieser Zeit schien Eberwein modisch stehen geblieben zu sein. Daraus schloss Klaas nicht zwingend, einen im Geiste ewig Gestrigen vor sich zu haben. Outfit war eben nur äußerlich.

Jedenfalls war der Mann ihm sympathisch und dem Hund ebenfalls. Klaas kannte die Antenne Stövers für Menschen. Wenn ihm jemand nicht gefiel, konnte er sich wie ein Aal winden, um einer Berührung auszuweichen.

Klaas wandte den Kopf und betrachtete Helena in ihrem schmucken blau gestreiften Herrenhemd. Oh ja, er fühlte sich in dieser intimen Runde ausgesprochen wohl.

Der Doktor riss ihn aus seinen Gedanken. „Was wollten Sie eigentlich bei mir in Arzberg? Zu mir kommen zwar einige Nachhilfeschüler, aber ich kann mich nicht erinnern, dass einer in Ihrem Alter dabei ist." Er kicherte in sich hinein und seine Augen blickten verschmitzt aus dem Mäusegesicht. Der

Kopfverband saß nicht mehr korrekt und ein paar widerborstige Haare drängelten sich darunter hervor.

Klaas richtete einen fragenden Blick an Helena. Diese nickte und Klaas erzählte: „Ich habe hier in der Nähe an der Elbe zufällig ein mehrere hundert Jahre altes Skelett in einem Brustpanzer entdeckt. Daneben eine solide Truhe, in der man vermutlich einmal Geld oder andere Wertsachen befördert hat."

Er legte eine Pause ein und blickte den Doktor erwartungsvoll an.

Während Klaas redete, war ein Ruck durch den Mann gegangen. Er hatte sich aufgerichtet und forderte ihn mit einer ungeduldigen Handbewegung auf, fortzufahren. Seine Augen waren schmal geworden und aus dem Gesicht sprach ein wiederaufkeimendes Misstrauen.

Klaas ignorierte die Veränderung in Eberweins Haltung und berichtete: „Na ja, nachdem ich den armen Kerl mit eingeschlagenem Schädel gefunden hatte, habe ich mir natürlich Gedanken gemacht, wann ihn sein Schicksal ereilt haben könnte. Bei meinen Recherchen im Internet stellte ich fest, dass es im 14., 15. und 16. Jahrhundert diverse Ereignisse in dieser Gegend gab, deren Folge eine lebensbeendende Spalte im Schädel eines geharnischten Mannes gewesen sein könnte. In welche Zeit Brustpanzer und Kleidung passen, kann ich nicht beurteilen. Also habe ich herum gefragt, wer der Richtige wäre, mir da weiterzuhelfen. Und so bin ich auf Sie gekommen."

Eberwein sagte nichts, blickte ihn nur weiterhin abwartend an. Inzwischen hatte Helena zwei große Bier vor die beiden Männer gestellt und Klaas trank einen beachtlichen Schluck, bevor er fortfuhr.

„Als ich dann zu Ihnen kam, standen Gartentor und Haustür sperrangelweit offen und mein Hund machte Rabatz. Ich bin reingegangen, um zu sehen, was los ist. Da fand ich Sie in Ihrem Blut liegend, rundherum sah alles, mal vorsichtig gesagt, etwas unaufgeräumt aus."

„Chaotisch ist es bei mir immer, aber nicht in dieser Art. Darauf bestehe ich!" Er trank ebenfalls einen kräftigen Schluck Bier und spülte damit, wie es schien, einen guten Teil seines Misstrauens hinunter. Er schlürfte beim Trinken und rülpste anschließend hinter vorgehaltener Hand.

„Also", sagte er dann, „neben der früheren hauptamtlichen Tätigkeit als Lehrkraft für Mathematik und Physik besteht meine Passion seit Jahrzehnten im Studium der nordsächsischen Geschichte. Auslöser war ein belletristischer Fauxpas zu Jugendzeiten."

Warum kann er nicht einfach sagen, dass er als junger Spund ein Buch gelesen hat, fragte sich Klaas.

„Der thematische Focus des Romans bestand in einem Schatz aus dem Mittelalter, den ein Grüppchen Jugendlicher in der Gegenwart sucht und findet. Zu der Zeit stand noch kein Internet zur Verfügung, hier im Osten schon gar nicht. Ich war darauf angewiesen, mein Wissen in Museen und Büchereien zu erweitern. Von ursprünglich infantiler Faszination für eine Kassette voll Gold, quasi einem nordsächsischen Piratenschatz, wurde mit zunehmender Reife elementares Interesse für die historischen Ereignisse des Mittelalters in unserer Region. Es wurden immer wieder Konflikte um hohe monetäre Werte ausgetragen. Daraus entstanden diverse, teils abenteuerliche Anekdoten von Schurken und Schurkereien. Ja, schon damals ging es nur um Geld und Macht."

Klaas hatte die Augen geschlossen und stellte sich vor, wie Eberwein in einem riesigen Hörsaal dozierte.

„Während der gesamten Zeit meiner Studien habe ich leider so gut wie nie Beweise dafür aufzeigen können, dass eine dieser geheimnisvollen Begebenheiten sich tatsächlich zugetragen hat."

Eberwein schlürfte wieder einen Schluck, setzte sein Glas ab und sah Klaas mit ernstem Gesicht direkt in die Augen. „Und dann kommen Sie. Sie als Freizeitsportler und Nichtakademiker. Kommen einfach so auf dem Elberadweg daher gefahren und entdecken en passant einen Harnisch mit Mensch aus dem Mittelalter darin und einer leeren Geldkiste daneben. Ich fasse es nicht! Das Universum ist zutiefst ungerecht!" Sein Gesicht entspannte sich wieder und er lächelte Klaas an.

„Schöner und komplizierter hätte ich es nicht ausdrücken können", lachte Klaas, „und dafür kriegen Sie eins über den Schädel. Das ist wirklich nicht fair. Haben Sie eine Ahnung, wer Ihnen da an den Kragen wollte?"

Eberwein schüttelte den Kopf. „Ich habe als Lehrer bisweilen eine harte Zensur vergeben müssen. Oder dem Postboten die Leviten gelesen, wenn ein Paket mehrere Tage überfällig war. Aber dafür läuft man nicht gleich Gefahr, erschlagen zu werden. Dass es mit irgendeinem Goldschatz aus dem Mittelalter zusammen hängt, hätte ich bis eben gerade ebenfalls nicht in Erwägung gezogen. Nachdem Sie jedoch von dem skelettierten Korpus erzählt haben …"

„Wovon habe ich erzählt?" Klaas blickte den Doktor fragend an.

„Von dem Gerippe, Mensch!", warf Helena lachend ein.

Eberwein trank geräuschvoll den nächsten Schluck Bier und fragte nach einem verhaltenen Rülpser: „Und? Wie geht es weiter?"

„Ach so. Ja … Mit noch einem Bier. Es geht mit noch einem Bier weiter, um Ihre Frage zu beantworten, Herr Doktor. Und dann halten wie Kriegsrat", bestimmte Klaas.

„Sie gefallen mir. Und das Bier schmeckt ebenfalls", meinte der Doktor und hielt demonstrativ sein leeres Glas in die Höhe. Helena verstand und ging zapfen.

„Vorschlag", sagte Klaas und hatte mit dieser Einleitung die Aufmerksamkeit aller Anwesenden bis auf Stöver erreicht, der lang ausgestreckt und schnarchend inmitten in der Gaststube schlief.

„Wir überlegen uns, wo wir den Doktor für die nächste Zeit vor etwaigen Attentätern verbergen. Und wir schmieden einen Plan, wie er dort hinkommt, ohne dass rotbraune asiatische Autos hinterherfahren. Es sollte ein Versteck sein, in dem wir ihn jederzeit unauffällig besuchen können. In den nächsten Tagen tragen wir dann zusammen, welche Ereignisse aus dem

Mittelalter unser Interesse verdienen und wie wir mit dem — wie sagte der Herr Doktor? — skelettierten Korpus weiter verfahren wollen.

Sie, Herr Dr. Eberwein, haben ja vielleicht eine Idee, wer uns das genaue Alter des Skeletts - diese Bezeichnung finde ich praktischer als Ihren komischen Korpus - wer also für uns das Alter des Gerippes bestimmen könnte, ohne uns ansonsten in die Quere zu kommen. C14 heißt glaub ich die Methode. Irgendwas mit Kohlenstoff."

Stöver hob den Kopf und fixierte mit gespitzten Ohren die Tür. Dann sprang er auf und ließ ein gefährlich grollendes Knurren hören. Er drängelte durch die Schwingtür und stolzierte mit zur Bürste aufgestelltem Rückenfell, jede Pfote einzeln setzend, in die Gaststube. Mitten im Raum blieb er stehen und fixierte eines der Fenster. Er hatte Lefzen und Nase hochgezogen, so dass seine schneeweißen Eckzähne blitzten.

Klaas durchquerte die halbdunkle Gaststube und öffnete geräuschlos die Außentür. Wie der Blitz schoss Stöver hinaus, bog scharf nach links ab und verhielt unter dem Fenster, das er von innen angeknurrt hatte. Der ganze Hund zitterte vor Erregung und bellte böse in die Dunkelheit, die Haare immer noch zu einer bedrohlichen Bürste aufgestellt.

Klaas vernahm ein paar hastige Schritte und Stöver spurtete los. Eine dunkle Gestalt bewegte sich über den Rasen auf den meterhohen Gartenzaun zu, hechtete recht sportlich darüber und war verschwunden.

Stöver war einen winzigen Moment zu spät am Zaun angelangt und Klaas hörte das trockene Klacken seiner leer aufeinander schlagenden Zähne. Als der Hund eine Volte drehte, um mit Anlauf über den Zaun zu setzen, rief sein Herrchen ihn energisch zurück. Stöver gehorchte widerstrebend und blieb, immer noch knurrend, stehen. Klaas eilte zu ihm, legte ihm die Hand auf den Kopf und lobte ihn: „Braver Hund. Dem hast du aber gezeigt, wo der Ausgang ist! Fein!"

Oben, auf der Straße, startete ein Auto, entfernte sich ohne Licht und Klaas dachte natürlich an einen asiatischen braunen Kleinwagen.

Stöver beruhigte sich allmählich und folgte ihm widerwillig zur Tür. Helena war im Haus geblieben und hatte inzwischen überall das Licht bis auf die Notbeleuchtung runtergedreht.

Als sie wieder bei Eberwein in der Küche ankamen, musterte Klaas den Raum. Von den Kneipenfenstern aus war der Doktor durch die Küchentür nicht zu sehen. In der Küche waren außer an einem kleinen Fenster direkt unter der Decke die Rollos runtergezogen. Wenn der ungebetene Gast dort hereingesehen hatte, so war das nur mit Leiter oder Trittstufe möglich gewesen.

Klaas ging hinaus und suchte im Licht der Taschenlampe seines Handys den Boden unter dem Fenster ab, aber in der lockeren Erde des Blumenbeetes fand er keinerlei Abdrücke.

Er schlurfte zurück in die Küche und sagte: „Wir hatten einen Gast zu viel. Gesehen hat der ungebetene Gast unseren heimlichen Gast aber wohl nicht."

„Wortspielereien kann ich auch: Dies ist ja schließlich ne Gast-Stätte." Helena grinste.

Klaas blickte auf den hechelnden Stöver hinunter. „Und für meinen Hund muss ich demnächst einen Waffenschein beantragen."

„Oh ja, das war Adrenalin pur!", stellte Helena fest.

Sie setzten sich wieder.

„Das Ganze bestätigt meine Befürchtung: Der Doktor ist in Gefahr. Wir brauchen eine praktikable Idee, wie wir ihn aus der Schusslinie bringen."

„Ich wüsste da eventuell was", sagte Helena nachdenklich. „Ne Freundin von mir hat einen Wohnwagen auf dem Campingplatz in Falkenberg am Kiebitzsee. Das ist schon im Brandenburgischen. Wäre enormer Zufall, wenn der Doktor dort Bekannten über den Weg läuft."

Eberweins Gesichtszüge entglitten ins Angewiderte. „Camping!" Abfälliger hätte man das Wort kaum aussprechen können.

Bevor er eine Chance hatte, sich weiter zu wehren, griff Helena nach dem Handy und rief ihre ostelbische Freundin an. Ein paar Minuten war alles geklärt: Helena hatte die Stellplatznummer und kannte das Versteck der Schlüssel.

Klaas bedachte Eberwein mit einem fragenden Blick und der Doktor fügte sich mit gesenktem Blick in sein Schicksal. „Sie haben sowieso schon meine Vormundschaft übernommen. Solange ich nicht bei Schneetreiben im diffusionsoffenen Zelt auf einer luftdurchlässigen Luftmatratze nächtigen muss, füge ich mich in mein Schicksal", jammerte er und seufzte.

„Alles gut", antwortete Helena. „Machen Sie sich mal keinen Kopf und das mit dem offenen Zelt erklären Sie uns bei Gelegenheit. Es gibt in dem Campingwagen ein breites bequemes Bett ... ", sie lächelte und Klaas schnappte einen Seitenblick von ihr auf, „... mit Lattenrost und auf dem Platz ein gutes italienisches Restaurant. Sie müssen also keine Raviolidosen ins Lagerfeuer werfen und ...!"

„Ist ja gut! Ich habe bereits mein Einverständnis erklärt", unterbrach Eberwein sie und es wurde ein Plan geschmiedet, wie er unauffällig an den Kiebitzsee geschafft werden sollte.

Zu guter Letzt sprach Eberwein Rütter auf die Mailbox, dass alles in Ordnung sei und niemand nach ihm suchen brauchte. Dafür nahm er ein Prepaid-Handy mit unterdrückter Nummer von Helena, denn es war mehr als wahrscheinlich, dass Rütter ihnen nachschnüffelte.

Klaas fragte sich insgeheim, warum Helena ein zweites, heimliches Telefon besaß. Eberwein sollte dieses Handy, ein schönes historisches Ding mit richtigen Tasten, das nichts außer telefonieren und SMS konnte, auf den Campingplatz mitnehmen, damit sie von Rütter ungestört in Verbindung bleiben konnten.

Bevor Klaas sich in seiner Minna zur Ruhe begab, drehte er mit Stöver eine abschließende Runde über Helenas Grundstück und bis zur Elbe hinunter. Der Hund war sofort wieder hellwach, fand aber niemanden, den er am Hosenbein packen konnte.

7. Tag

Als Klaas samt Hund gegen halb acht die Elbklause enterte, war der Frühstückstisch gedeckt und Eberwein saß, ohne Verband und mit der aufgeschlagenen Zeitung vor dem Gesicht, auf der Eckbank an ihrem inzwischen angestammten Tisch. Seine verwahrlost wirkende grau melierte Haarpracht ließ Klaas sofort wieder an Albert Einstein denken.

Der Doktor hatte in Helenas Gästezimmer im ersten Stock genächtigt und schien frisch geduscht und guter Dinge zu sein. Sie begrüßten sich und Stöver setzte sich wieder an Eberweins Seite, dieser legte seine Hand wie am Vorabend auf den riesigen Hundekopf.

Gegen Ende des Frühstücks kam Klaas zur Sache: „Also, ich fasse unseren gestrigen Plan für die Tour zum Campingplatz zusammen: Ich fahre mit Gabis Auto zum Südring und warte auf dem Parkplatz der Zulassungsstelle. Helena fährt mit Ihnen, Herr Doktor, ebenfalls nach Torgau hinein, und zwar am Kaufland vorbei bis zur Ampelkreuzung Ecke Röhrweg. Das ist da, wo der Klamottenladen an der Ecke ist.

Direkt an der Kreuzung steigen Sie aus, Herr Doktor, marschieren rechts auf dem schmalen Fußweg, über den Ihnen kein Auto folgen kann, durch den Park. Sie brauchen circa drei Minuten bis zur Zulassungsstelle, wo ich Sie erwarte. Natürlich dürfen Sie nicht bummeln, sonst hätte ein eventueller Verfolger genug Zeit, außen um den Park herum zu fahren, um Sie abzufangen.

Sie steigen zu mir ins Auto und ich kutschiere Sie zum Campingplatz. Helena achtet drauf, ob Ihnen jemand hinterherläuft, und fährt dann als Ablenkung zum Parkplatz am Polizeirevier. Unterwegs besorgt sie im Einkaufszentrum ein Prepaid-Handy für Sie. Stöver lassen wir ebenfalls als Ablenkung im Garten der Elbklause. Der Zaun ist zwar lächerlich niedrig, ich glaube aber nicht, dass er abhaut."

Der Plan war gut und alle waren einverstanden. Klaas drehte mit Stöver eine schnelle Pinkelrunde und brachte ihn dann zurück auf Helenas Grundstück. „Schön brav hierbleiben! Wehe, du gehst stiften!", ermahnte er mit erhobenem Zeigefinger. Der Hund trottete zu seinem Lieblingsplatz in der Nähe der Kneipentür und ließ sich gleichmütig auf den von der Morgensonne vorgewärmten Rasen fallen.

Klaas vergewisserte sich, dass er nicht beobachtet wurde, und spazierte zum Gartentor der Nachbarin, deren Autoschlüssel er schon in der Tasche hatte.

Unterwegs achtete er immer wieder zufrieden auf den leeren Rückspiegel. Er fuhr nach Torgau hinein, über den Kreisel an der Araltankstelle auf den Südring und bog dann links auf den Parkplatz der Zulassungsstelle ein.

Er hatte mindestens eine Viertelstunde Zeit, bis Eberwein eintraf. Also chattete er in Ruhe mit der Clique aus Hamburg. Als er berichtete, dass er die Tour auf dem Elberadweg erstmal unterbrochen hatte, antwortete Holger postwendend mit: „Verrat!" inklusive vieler grimmiger Smileys mit Äxten und Totenköpfen, worauf verschiedene Mitglieder der Stammtischrunde mehr oder weniger unsachlich in die Vorwürfe mit einstimmten. Zum Glück pennen die meisten um diese Zeit noch, dachte Klaas amüsiert.

Ein Anruf von Rütter unterbrach sein fröhliches Geplänkel mit den Freunden aus Hamburg.

„Wo ist Eberwein?", brüllte der Sheriff grußlos und Klaas hielt das Handy grinsend auf Armeslänge vom Ohr weg.

„Guten Morgen Herr Kommissar. So viel Zeit muss sein. Der Doktor wollte nach Arzberg, ein paar Klamotten holen", log Klaas betont freundlich. „Ich glaub, ich habe schlechten Empfang. Sie kommen total verzerrt rüber!"

Er unterbrach das Gespräch, bevor Rütter weitere Fragen stellen konnte. Sollte der ruhig nach Arzberg fahren. Dann störte er wenigstens nicht.

Wenig später marschierte der Doktor zügigen Schrittes auf den Parkplatz. Klaas winkte ihm zu und dieser stieg in den

Skoda. Sie warteten kurz, und als niemand hinterhergelaufen kam, fuhren sie los in Richtung der Elbbrücke. Eberwein hatte einen zu großen Schlapphut auf dem Kopf, den irgendein Gast in Helenas Wirtschaft vergessen hatte, und rutschte auf Klaas' Anweisung in seinem Sitz so tief nach unten, bis von außen nichts außer dem Hut zu sehen war.

Eine knappe halbe Stunde später erreichten sie den Campingplatz und Eberwein meldete sich an der Rezeption. Ihr Besuch war angekündigt, der Platzwart öffnete die Schranke und sie irrten im Schritttempo über den Platz, bis sie den richtigen Wohnwagen gefunden hatten.

Die Begutachtung von Caravan und Vorzelt fiel zur Erleichterung eines sichtlich zufriedenen Eberweins positiv aus. „Jetzt haben wir uns ein anständiges Mahl verdienten. Sie sind mein Gast", sagte er und sie schlenderten hinüber zum Italiener.

Sie hatten gerade Platz genommen, als eine freundliche Kellnerin mit ausladender Oberweite schon die Speisekarte brachte. Klaas konnte sich die Dame figurmäßig genauso gut als Bierschlepperin auf dem Oktoberfest vorstellen.

Die Kellnerin wartete und Klaas entschied sich für Spaghetti Carbonara. Eberwein zögerte kurz, sagte dann: „dito", und die Kellnerin sah ihn fragend an.

Klaas grinste: „Der Herr möchte dasselbe."

Nachdem sie genauso einhellig zwei Apfelschorlen bestellt hatten, schlurfte die Servicekraft Richtung Küche und die beiden konnten sich ungestört unterhalten.

Klaas lehnte sich zurück und verschränkte gemütlich die Arme. „Wo Sie jetzt gerade nicht überfallen werden und mich gerade niemand verfolgt, können wir uns ja in Ruhe darüber unterhalten, weswegen ich Sie ursprünglich aufgesucht habe."

„Das wollte ich justament ebenfalls anregen, Herr Tidemeyer", meinte Eberwein und setzte sich gleichfalls bequemer hin. „Ich unterbreite folgenden Vorschlag: Wir synchronisieren unsere Wissensstände. Sie berichten mir alles über das Skelett und was Sie darüber bisher im Internet recherchiert haben, und ich erzähle Ihnen, woran ich in den letzten Jahren gearbeitet habe, wenn ich meinen Schülern nicht gerade den Satz des Pythagoras einbläuen musste."

„Einverstanden. Dann fang ich gleich mal an." Die kräftig gebaute Kellnerin brachte Besteck mit Apfelschorle und Klaas legte los.

„Ich bin vor vier Tagen mit meinem Hund in der Nähe von Mühlberg, aber auf der sächsischen Elbseite, nahe der Kiesgrube spazieren gegangen." Klaas erzählte ausgiebig von seinem Absturz, Omas Keller, dem Skelett und der Truhe. Zwischendurch räusperte er sich und nippte an der eiskalten Apfelschorle. „Nach ein paar im Internet gefundenen Bildern von Brustpanzern schätze ich das Alter meiner Fundstücke grob auf vier- bis siebenhundert Jahre. Für diesen Zeitraum habe ich im Zusammenhang mit einem Haufen Geld oder Gold kaum etwas gefunden. Vielleicht bin ich auch nur mit den falschen Suchbegriffen rangegangen. Aber dafür hab ich Sie ja jetzt.

Was ich herausbekommen habe, ist schnell erzählt: Da wird irgendwann um 1340 herum eine Diebesbande in Triestewitz erwähnt, welche von den Torgauer Geharnischten im Zaum gehalten werden sollte, aber wohl nicht immer konnte."

Klaas berichtete von seinen weiteren Recherchen zur Wurzener Fehde, zu dem Gesandten des Papstes, der auf dem Weg nach Wittenberg überfallen wurde und endete mit dem ungeklärten Verbleib des Claus Narr.

„Dem habe ich aus dem Stegreif nichts hinzuzufügen", sagte Dr. Eberwein nach einer kurzen Pause und nickte anerkennend. „Sie haben nicht schlecht kombiniert. Warum bringen Sie diesen Boten des Papstes mit Gold oder einem Schatz in Verbindung?"

„Ich weiß nicht. Ist so ein Gefühl. Keine Ahnung, was der in Wittenberg wollte. Reichtum hat in der Kirche immer eine ebenso gewichtige Rolle wie der Glaube gespielt. Und es gibt außer Gold noch genug andere wertvolle Dinge."

Zeitlich auf den Punkt brachte das Mädchen mit der Holzfällerfigur zum Ende von Klaas' Vortrag zwei dampfende Teller. Er bat um Parmesankäse und dann aßen sie in Ruhe.

„Spaghetti Carbonara sind für mich bei jedem Erstbesuch eines Italieners das Testessen", verkündete Klaas zwischendurch schmatzend. „Wenn die Carbonara okay sind, ist in der Regel auch alles andere genießbar."

Nachdem die Teller geleert waren und Klaas den Italiener-Test als bestanden bewertet hatte, griff Eberwein das Gespräch wieder auf. „Ja Herr Tidemeyer, Ihre Einschätzung trifft den Nagel auf den Kopf. Ich kann das beurteilen, denn die Geschehnisse, die Sie erwähnt haben: Der Fladenkrieg, die Diebe von Triestewitz und der ausgeplünderte Nuntius gehören zu den Themen, die seit Jahren im Focus meiner Forschungen stehen. Nur um diesen verschwundenen Hofnarren habe ich mir nie Gedanken gemacht.

Um diese Zeit, im späten Mittelalter, war Torgau ein Zentrum der Macht und von europaweiter Bedeutung. Wo Macht ist, ist auch Reichtum, wie Sie zutreffend bemerkten. Und wo es um Reichtum geht, wird beschissen, betrogen und gemeuchelt. Das war damals nicht anders als heute. Bitte verzeihen Sie mir die ungehobelte Ausdrucksweise." Klaas verzieh, der Doktor setzte seinen Vortrag fort und Klaas fühlte sich wieder in den imaginären Hörsaal versetzt.

„Ich arbeite seit Jahren daran, diese Epoche zu rekonstruieren, Verherrlichung und Legende von Tatsachen zu trennen. Verschwiegenes aufzudecken und Vergessenes wieder hervorzuholen. Und als Dank finden Sie, Herr Tidemeyer, ein vollkommen unbeteiligter, durch Zufall das Gerippe eines Geharnischten. Ist das nicht ungerecht?"

„Auch, wenn Sie sich wiederholen, Herr Doktor, ich kanns nicht ändern. Zufall ist gern ungerecht", antwortete Klaas, „Darüber haben Sie sich gestern schon ereifert. Was hat Sie dazu gebracht, sich ausgerechnet an diesen Ereignissen festzubeißen?"

„Ich weiß es nicht mehr. Ich meine, es begann damit, dass auf einem der Auszugsfeste darüber diskutiert wurde, ob die Geharnischten immer die Guten waren oder auch ein wenig korrupt. Ob sie in die eigene Tasche gewirtschaftet haben, also zum Beispiel mit den Dieben von Triestewitz gemeinsame

Sache gemacht haben. Übrigens kursieren kontroverse Meinungen darüber, ob die Geharnischten überhaupt an der Schlacht bei Mühlberg teilgenommen haben."

„Auszugsfest?"

„Die Geharnischten sind vielleicht die älteste Bürgerwehr Deutschlands. Es gibt einen Geharnischten Verein, der zum Gedenken an den Auszug anlässlich der Wurzener Fehde alle zwei Jahre zusammen mit anderen Torgauer Vereinen das Auszugsfest organisiert."

„Aha", sagte Klaas und dachte an die mittelalterliche Szene auf dem Marktplatz und überlegte, ob er den Doktor in seine merkwürdigen Visionen einweihen sollte. Stattdessen fragte er nach einer Pause, während der beide mit ihren Gabeln gedankenverloren Muster in die Soßereste der Spaghetti malten: „Haben Sie eine Idee, wie wir weiter vorgehen?"

„Wie gesagt, diese drei von Ihnen genannten Ereignisse stehen in meiner Favoritenliste ebenfalls ganz oben. Ich schlage folgende Schritte vor: Erstens, wir vergewissern uns, dass unsere Liste vollständig ist. Zweitens, wir erarbeiten für jedes der Ereignisse je eine Zusammenstellung der Orte, an denen ein eventueller Schatz geblieben beziehungsweise verborgen sein könnte. Und drittens, wir überlegen, wer außer uns an der Sache dran sein könnte, wer also einen Grund hätte, mir eins über den Schädel zu ziehen und Sie zu verfolgen. Apropos außer uns: Wie gut kennen Sie die Wirtin aus der Elbklause in Belgern? Ist sie vertrauenswürdig?"

„Gegenfrage: Bin ich vertrauenswürdig?" Klaas lächelte den Doktor an. „Eine Garantie gibt dir keiner, heißt es in einem Song. Zugegeben, ich kenne Helena erst seit drei Tagen und ich meine, sie ist zwar etwas spröde, aber eine ehrliche Haut. Stöver kann sie gut leiden. Und das liegt nicht nur an der Qualität ihrer Buletten. Der Hund hat ein Gespür für Arschlöcher. Wenn sie link ist, wäre das für mich und meinen Hund eine harte Lektion in Sachen Menschenkenntnis."

Klaas lehnte sich zurück, während er sinnlos seine gebrauchte Serviette zusammenfaltete. „Helena ist okay."

Eberwein lächelte. „Sie mögen die Frau."

„Ist das eine Feststellung oder eine Frage?" Klaas lächelte zurück. „Ja, kann schon sein, dass ich sie mag."

Sie wurden durch die Kellnerin unterbrochen. Während sie abkassierte, starrte Eberwein ihr ungeniert in das mächtige Dekolleté. „Was sagen Sie dazu?"

Klaas war sich nicht im Klaren darüber, ob Eberwein den Plan, Helena oder den Ausschnitt der Servicekraft meinte. Er nahm, immer noch vor sich hin lächelnd, Handy, Schlüssel und Portemonnaie vom Tisch. „Wenn Sie den Plan meinen: Die klar strukturierten zielführenden Gedanken eines Wissenschaftlers. Hört sich gut an." Er stand auf. „Benötigen Sie etwas aus Ihrem Haus?"

„Ja, einiges. Vor allem diverse Unterlagen. Ich schreibe Ihnen eine Liste. Von Zahnbürste bis Notebook. Und eine Aufstellung der relevanten Aktenordner."

„Sie mögen Listen, nicht wahr?"

Eberwein überging die Frage. „Wie kann ich Rütter darüber in Kenntnis setzen, dass Sie autorisiert sind, mein Haus zu betreten, ohne das Wohnwagendomizil preiszugeben?"

Klaas schmunzelte einmal mehr über die Ausdrucksweise Eberweins und überlegte einen Moment. „Da fällt mir spontan die gute alte gelbe Post ein. Sie schreiben ihm ein paar Zeilen, ich werfe den Brief in Torgau in den Briefkasten und Rütter soll über mich antworten. Formulieren Sie schön einfache, seiner mentalen Struktur gerechte Sätze. Wenn Sie ihm ein Codewort geben, das er von mir abfragen soll, gibt ihm das die nötige Sicherheit. Der steht auf solche Geheimdienstspielchen."

Eberwein nickte zustimmend. „Meinen Sie, ich werde hier, auf diesem Platz der urtümlichen Lebensweise, länger verweilen?"

„Ist nicht ausgeschlossen. Ich wünsche schönen Urlaub. Ihre Listen schicken Sie mir aufs Handy?"

„Meinen Sie, dazu bin ich in der Lage?"

Klaas lächelte und zeigte dem Doktor, wie mit dem antiquierten Telefon Kurznachrichten verschickt wurden.

„Sobald Rütter sich gemeldet hat, fahr ich mit Helena rüber nach Arzberg", sagte er zum Schluss.

Sie verabschiedeten sich am Eingang des Campingplatzes und Klaas begab sich auf den Rückweg.

Wenige Kilometer weiter hatte Klaas sich tatsächlich verfahren. Statt über die B87 in Torgau, war er in einem unbekannten Ort namens Züllsdorf gelandet. Er stieß in einen Waldweg, um zu wenden, und trat überrascht auf die Bremse.

Vor ihm überquerte ein Trupp Reiter den Waldweg. Er kannte die Uniformen aus seiner Vision bei Mühlberg. Nur waren sie jetzt nicht mehr sauber und adrett, sondern zerrissen, verschmutzt, blutbesudelt. Die Reiter befanden sich in einem elendigen Zustand. Als Letzter kam der Anführer. Der Helm glänzte nicht mehr und der Federbusch hing in Fetzen. Sein erschöpftes Pferd blutete und lahmte. Direkt vor Klaas brach es auf dem Weg zusammen. Für einen Moment passierte nichts. Dann kamen Soldaten zu Fuß. Sie mussten schwere Gefechte hinter sich haben. Auch die kannte Klaas. Nur hatten sie auf dem Marktplatz zu Torgau bessere Laune und einen Trompeter dabei gehabt.

Kein Zweifel, sie befanden sich auf der Flucht. Gehetzt, verwundet, geschunden, wie sie waren, scherten sie sich nicht um den hilflosen Reiter unter dem zusammengebrochenen Pferd, sondern rannten, humpelten, krochen wie ferngesteuert an ihm vorbei.

Klaas bekam eine Gänsehaut. Die Angst in den Gesichtern der Landsknechte, das im Todeskampf schreiende Pferd, der Lärm von Musketen. Es war alles so realistisch und so nah.

Dann waren die Verfolger da. Klaas wendete sich ab, als der gestürzte Reiter durch eine Hellebarde sein Ende fand und das schreiende Pferd den Gnadenschuss erhielt.

Als er die Augen wieder öffnete, war alles vorbei. Kein totes Pferd, kein gefallener Anführer, kein Lärm, nichts war mehr da. Nur ein friedlicher Waldweg.

Klaas setzte auf die Straße zurück und fuhr in die richtige Richtung, um nach Torgau zu kommen.

Nachmittags in der Elbklause wunderte Klaas sich, dass Rütter noch nicht auf der Matte stand, um über den verschwundenen Eberwein zu lamentieren. Klaas freute sich schon auf die Reaktion des Kommissars, wenn dieser erfuhr, dass er von Eberwein die Erlaubnis hatte, dessen Haus zu betreten.

Die radelnden Gäste in der Kneipe waren an diesem Abend hartnäckig. Auch nach der vierten Runde Bier hatten sie noch Sitzfleisch. Klaas beschloss, Bewegung in die Sache zu bringen, und griff sich eine Handvoll Schnapsgläser nebst einer Pulle Doppelkorn. Er stellte alles zusammen mit einer Batterie Biergläser auf ein Tablett und ging damit zu den Radlern an den Tisch.

Er gab Helena einen Wink, heranzukommen, und erklärte die „Lütsche Lage", das Basisgetränk hannoverscher Altstadtfeste. „Die Wirtin zeigt Ihnen gern, wie das geht!", sagte er zum Schluss und steckte Helena grinsend ein Bierglas zwischen Daumen und Zeigefinger, anschließend ein gefülltes Schnapsglas zwischen Zeigefinger und Mittelfinger derselben Hand.

„Vorsichtig trinken!", befahl er.

Helena fügte sich gern. Sie setzte die Gläser an und die Gäste beobachteten, wie der Doppelkorn vom Schnaps- in das Bierglas und dann, mit dem Bier vermischt, in ihren Mund floss. Die Aktion wurde mit Applaus belohnt, Klaas half den Leuten, Bier- und Schnapsgläser zwischen den Fingern einer Hand zu halten und auf Kommando wurde gekippt.

Nach drei Lütschen Lagen war das Ziel der Aktion erreicht. Die Gäste traten, aus vollem Halse singend und johlend, den Weg zur Pension an und stützen sich gegenseitig. Helena hatte jede Runde mitgenommen, wobei die Mischung aus Korn und Bier nicht spurlos an ihr vorübergegangen war. Oder durch sie hindurch. Artikulation und Wortwahl wurden unterirdisch, als sie lautstark und unflätig gegen Klaas´ Bemühungen protestierte, ihr beim Aufstehen zu helfen.

Da er nicht ungebeten ihre Wohnung betreten wollte, bugsierte er sie kurzerhand in das Gästezimmer, in dem der Doktor genächtigt hatte, und legte sie in voller Montur auf dem Bett ab. Nur Schuhe und Kittelschürze zog er ihr aus. Helena brabbelte noch ein wenig vor sich hin und war schon eingeschlafen, als er die Tür hinter sich zudrückte.

Er ging zurück in die Wirtschaft, räumte die Spülmaschine ein, wischte die letzten Tische ab und ließ Stöver in den Garten. Bevor er sich mit der angebrochenen Flasche Rotwein in die Frühstücksecke begab, stellte er Helena vorsichtshalber einen leeren Marmeladeneimer neben das Bett.

Sein Blick schweifte über die nächtliche, vom Mond fahl beleuchtete Flusslandschaft unterhalb der Elbklause und hing seinen Gedanken nach.

Vor nicht allzu langer Zeit war er Polizist gewesen, gefangen in einem idiotischen Kreislauf aus Routine, Frust und Langeweile. Jetzt saß er in einer Kneipe am gefühlten anderen Ende der Welt, war in zwei Kriminalfälle verwickelt, und hatte seine kompletten Lebensumstände ausgetauscht.

Er dachte an Helena, an ihre Herrenhemden, ihre spröde Art und Schlagfertigkeit, und ja, er mochte sie ohne Zweifel, wie der Doktor ganz richtig erkannt hatte.

Natürlich drängte sich die Überlegung auf, wie das alles weitergehen würde. Er war immer in der Pflicht gewesen, darüber nachzudenken, wie es weitergeht. Im Beruf wie in der Ehe. Immer verlangten alle von ihm, zu wissen, wie es weitergeht. Dies schien das wichtigste Zeichen für Erwachsensein und Verantwortungsbewusstsein zu sein. Einen Plan zu haben, wie es weitergeht.

Wie sehr er davon die Nase voll hatte, war ihm erst bewusst geworden, als er in Dresden angekommen war und es ihm ganz egal sein konnte, ob er heute oder morgen weiterfuhr. Es wurde Zeit, sich den Luxus zu gönnen, das Leben laufen zu lassen. Wenn diese Frau hier in seinem weiteren Leben eine Rolle spielen sollte, würde er das schon merken.

Seine Ex war Studienrätin und stellvertretende Schuldirektorin. Akademikerin von der nüchternen Kurzhaarfrisur bis zu den immer gleichen schwarzen Schuhen. Sachlich, penibel, pingelig, um sie in kurzen Worten zu charakterisieren. Ein Mensch, der nie die Kontrolle verlor und deshalb nicht einmal richtig Streiten konnte. Hätte er nur eine Vokabel zur Verfügung, um sie zu beschreiben, hätte er sich nicht zwischen „verplant" und „beherrscht" entscheiden können.

Helena war Gastwirtin und Klaas verschluckte ganz bewusst das Wort „nur". Praktisch veranlagt, Macher statt Nachdenker. Intuitiv, spontan. Natürlich machte sie sich Gedanken darüber, wie sie ihre laufenden Kosten und ihren Lebensunterhalt erwirtschaften konnte. Aber den Rest, das Leben eben, entschied sie live, ohne Play-back und Sicherheitsnetz. Er trank einen Schluck Wein, stand auf und ging zur Tür, um Stöver hereinzulassen und hinter ihm abzuschließen. Der imposante Hund trottete sofort in die Frühstücksecke und ließ sich unter die Sitzbank plumpsen. Klaas stellte das Radio an, holte sich was zum Knabbern von der Theke und setzte sich wieder an sein Weinglas.

Jetzt war er mit seinen Gedanken bei Eberwein, dem Gerippe, wie der Doktor zu sagen pflegte, und der Geldkiste. Die Vorstellung einer Kiste, angefüllt mit Goldmünzen, faszinierte ihn seit Tagen immer wieder neu. Nicht, dass Reichtum ihm besonders erstrebenswert schien, aber immerhin spielte er Lotto, seit zwanzig Jahren denselben Schein mit sechs Feldern.

Aus seinem Berufsleben kannte er Fälle, in denen labile oder verzweifelte Menschen für mitunter lächerlich geringe Summen zu Verbrechern wurden. Und dass für größere Beträge auch gefestigte und gut situierte ehrliche Leute bisweilen bereit waren, den Pfad der Tugend temporär zu verlassen.

Wenn überhaupt ein Bezug zwischen den Geschehnissen im Mittelalter und dem Überfall auf Eberwein bestand, kam jeder als Täter in Frage, der wusste, woran der Doktor herum forschte. Er war gespannt auf Eberweins Liste. Und er würde Helena um Hilfe bitten, ihre Menschenkenntnis und Lebenserfahrung einzubringen. Während seiner Arbeit bei der

Polizei hatte er mehrmals Erfolge erzielen können, weil er außenstehende Personen gebeten hatte, sich in die Charaktere von Tätern oder Opfern hinein zu versetzen.

Er leerte sein Glas und erhob sich. Stöver lugte unter der Sitzbank hervor, reckte sich und stand mit einer Miene auf, als wolle er sagen: dass muss doch jetzt nicht sein!

Klaas schmunzelte. Stöver gehörte zu dem Wenigen, was er aus seinem früheren geordneten Leben mit herüber genommen hatte. Er bückte sich, nahm den zotteligen Kopf des Mischlings in beide Hände und drückte ihn an sein Kinn. Die Zunge des Hundes zuckte mehrmals, aber er widerstand der Versuchung, seinem Herrchen durchs Gesicht zu schlabbern.

Schließlich verließen sie die Kneipe und Klaas verschloss sicherheitshalber die Hintertür von außen.

8. Tag

Als Klaas am nächsten Morgen gegen acht die Elbklause betrat, war Helena auf den ersten Blick nirgendwo zu entdecken. Plötzlich rumorte es unterhalb der Edelstahl-Arbeitsfläche neben dem Gasherd. Helena kam rückwärts unter der Arbeitsplatte hervorgekrochen und Klaas hatte kurzzeitig nur ihren wohlproportionierten Hintern im Blick, dann die Frau im Ganzen und zum Schluss die Propangasflasche, welche sie unter der Platte hervorzerrte. Mitten in der Küche drehte sie sich um und lachte ihn an.

„Ahoi!", grüßte sie, auf dem Hosenboden sitzend. „Immer zum Frühstück ist diese scheiß Gaspulle alle."

Klaas gab den Gruß grinsend zurück.

Sie stand auf, wischte sich die Hände an der Schürze ab, ordnete notdürftig ihre Haare und griff nach einer der Bratpfannen, die über der Arbeitsplatte an der Wand aufgereiht hingen.

Klaas nahm zur Kenntnis, dass Helena wie immer war. Die Augen eine Winzigkeit kleiner vielleicht, aber ansonsten waren ihr die Lütschen Lagen des Vortags nicht anzumerken.

„Kannst schon mal den Tisch decken. Bin heut später dran."
Kein Wort darüber, wie sie ins Gästebett gekommen war.

Klaas drehte sich um und schlurfte Richtung Gaststube. Er hatte die Tür fast erreicht, da hörte er sie hinter sich in beiläufigen Tonfall sagen: „Und danke fürs zu Bett bringen. Ich revanchiere mich bei Gelegenheit." Damit war das Thema erledigt. Entweder sie hat Routine im Saufen oder sie kann sich zusammenreißen, dachte Klaas, holte hinter der Theke zwei Garnituren Frühstücksgeschirr nebst Besteck aus dem Schrank und deckte den Tisch in „ihrer" Ecke.

„Wenn du mich weiter mit Rührei mästest, werde ich fett", stellte Klaas fest, als er sich nach dem letzten Bissen zurücklehnte und zur Serviette griff.

Sie grinste. „Nein, ich fang jetzt nicht an, über gute und schlechte Hähne zu philosophieren. Erzähl lieber, was anliegt. Fahren wir nach Arzberg?"

„Ich überlege noch. Heute möchte ich versuchen, meinen Schatten sichtbar zu machen. Ich hab gestern Abend die Kamera-Akkus ans Ladegerät gehängt. Das Objektiv hat ein ordentliches Zoom. Eventuell bekommen wir verwertbare Fotos von meinem Stalker. Ansonsten bin ich ja zur Erholung hier und werde das heute auch tun, mich hängen lassen."

„Guter Plan", sagte Helena. Ihre Stimme klang eine Nuance heiserer als sonst. Die „Lütschen Lagen". „Damit das mit der Erholung nicht überhandnimmt, gebe ich dir nen Einkaufszettel mit. Das wird mit deinen Urlaubsträumen noch vereinbar sein. Immerhin hab ich mich gestern ja mit dir in Döbeln rumgetrieben, statt meinen Kram zu erledigen."

Es hatte keinen Zweck, sich zu wehren, und da der Einkauf für eine Kneipe andere Dimensionen hat als für einen anspruchslosen alleinstehenden älteren Herren mit anspruchslosem Hund, drückte Helena ihm ihren Transporterschlüssel nebst Kneipen-Portemonnaie in die Hand. „Bitte Quittungen fürs Finanzamt nicht vergessen. Stöver lass ruhig hier, dann muss er sich nicht im heißen Auto langweilen."

Wenig später rollte Klaas mit Helenas ramponiertem Bully vom Hof.

Schon an der nächsten Ecke hing ein alter dunkelblauer Volvo Kombi, an seiner typisch eckigen Form erkennbar, an ihm dran. Klaas hatte eigentlich mit einem Kleinwagen in Rotbraun-Metallic gerechnet, aber warum nicht auch ein Volvo. Spätestens auf dem Supermarktparkplatz in Belgern war Klaas sicher, dass der Volvo nicht zufällig hinter ihm her fuhr. Er stand wieder unter Beobachtung.

Er hatte viele einzelne Posten auf seinem Muttizettel und verbrachte mehr als eine halbe Stunde im Markt.

Als er mit vollgepacktem Einkaufswagen wieder herauskam, war der Volvo noch da und stand in einer Seitenstraße. Der Fahrer hatte die Seitenscheibe heruntergedreht und schaute herüber. Klaas ließ sich nicht anmerken, dass er seinen Schatten als solchen enttarnt hatte. Er packte den Einkauf in den Bully, schob den Einkaufswagen zurück und lenkte den Bully Richtung Elbklause, den Volvo immer am langen Schlepptau.

Klaas kontrollierte ab und zu den Rückspiegel und hatte bald den Verdacht, dass nicht nur der Volvo ihn verfolgte, sondern ein weiterer Wagen genauso unauffällig in größerem Abstand hinter dem Volvo herfuhr. Na das wird ja immer witziger, dachte er und rangierte rückwärts an die Hintertür zur Elbklause, um seine Ladung zu löschen, und Helena öffnete ihm von innen.

Während sie zusammen den Einkauf aus dem Bully luden, erzählte Klaas vom Trabanten seines Trabanten. „Es würde mich nicht wundern, wenn der zweite Verfolger Rütter oder einer seiner Hilfspolizisten ist. Rütter rätselt ja immer noch, was ich von Eberwein will und wo er steckt."

Er trug den letzten Packen H-Milch in den Vorratsraum der Klause und Helena schloss die Tür hinter ihm. „Wenn alle deine Stalker regelmäßig bei mir einkehren, statt draußen im Auto zu sitzen, brauche ich keine Radfahrer mehr als Kunden. Sag denen das bei nächster Gelegenheit."

Der Vormittag war fast vorbei. Die Zeit vor dem Mittag reichte aber für einen Gang an die Elbe. Er bezog wieder die bekannte, von der Kreditbank Nordsachsen gesponserte Bank und beobachtete Stöver beim Rumtollen.

Zuerst schwebte nur eine Staubwolke auf der anderen Elbseite. Sie kam näher, wurde größer und Klaas erkannte die Urheber: Männer tauchten auf. Dahinter schälte sich ein zweispänniger Wagen aus der Wolke und rumpelte auf die Stelle am Ufer zu, an der noch vor einer Minute die Elbfähre gelegen hatte.

Klaas war nicht mehr sonderlich überrascht. Die Asphaltrampe, die Fähre, die Elbklause, das große Schild am Fluss mit dem durchgestrichenen Anker, alles war mit einem Mal verschwunden, würde aber wieder auftauchen, da war er sicher.

In einer letzten enormen Staubwolke kam das Gespann zum Stehen. Es war dasselbe Fuhrwerk, mit den Kaltblütern, welches er schon kannte. Der Kutscher war nicht allein. Die Männer, kämpferisch wirkende langhaarige Gestalten mit bunten Kopfbedeckungen, Pluderhosen und Schärpen um den Hüften, sprangen vom Wagen, eilten hinunter an die Elbe und blickten suchend flussaufwärts.

Die Pferde trippelten nervös hin und her. Sie hatten Durst und drängten zum Wasser. Der Kutscher wischte sich mit dem versifften Hemdsärmel über das verschwitzte Gesicht und redete erst beruhigend, dann immer energischer auf die schweren Wagenpferde ein.

Einer der Männer winkte und der Kutscher schnalzte mit der Zunge. Das Fuhrwerk rollte die flache Böschung hinunter, bis die Pferde mit den Vorderhufen im Wasser standen und saufen konnten.

Dann ertönte ein Pfiff und der Kutscher trieb die Pferde brüllend und Peitsche schwingend an. In einer engen Schleife rollte das Gespann die Böschung hinauf bis hinter die ersten Bäume. Die Kerle in den Pluderhosen gingen ebenfalls in Deckung und wenig später trieben mehrere Kähne die Elbe herab. Männer in schlichten Klamotten bedienten Ruder und

Steuer. Nur in einem der Boote saß ein Passagier, vornehm gekleidet, mit goldbesetzter Jacke und leuchtend blauer Kopfbedeckung, an der eine lange Feder wippte. Die übrigen Kähne, drei an der Zahl, lagen tief im Wasser, so schwer waren sie mit Kisten, Fässern und Ballen beladen.

Federn am Hut müssen damals modern und wichtig gewesen sein, sinnierte Klaas und harrte schaudernd des Dramas, das sich hier ankündigte.

Dann schnappte die Falle zu. Der Kutscher herrschte die Pferde an und trieb sie mit wuchtigen Peitschenhieben die Böschung hinunter, hinein in die Elbe und bis in die Flussmitte. Als das Gespann zum Stehen kam, reichte das Wasser den Pferden gerade einmal bis zum Bauch.

Die finsteren Burschen stürmten aus den Büschen am Ufer hervor und auf die Boote zu, die unaufhaltsam auf das Fuhrwerk zutrieben. Die Ruderer sahen hilflos und verängstigt zu, wie die Räuber ihre Kähne erreichten und mit wildem Gebrüll über sie herfielen. Klingen blitzen im Sonnenlicht und sehr schnell war alles vorbei. Leichen trieben den Fluss hinunter und die blutbesudelten Boote wurden ans Ufer gezogen. Der Vornehme mit der Feder hatte sich die ganze Zeit nicht gerührt. Als wüsste er, dass sein Leben viel zu wertvoll war, um es in der Elbe zu versenken. Ab und zu schimmerte das pompöse Kreuz an seinem Hals golden in der Sonne.

Die Räuberbande teilte sich. Mehrere Männer verluden das Gepäck des Vornehmen, darunter eine schwere Truhe, auf den Wagen, der jetzt wieder am Ufer stand. Andere zerrten den einzigen Überlebenden mit sich und wenigen Minuten später zeugte nichts mehr von der Tragödie, die sich hier gerade abgespielt hatte.

Stöver jaulte und stupste Klaas mit der Schnauze in die Kniekehle. „Ist gut, mein Junge, uns passiert schon nichts", beruhigte er ihn. Als er wieder aufblickte, legte drüben die Fähre ab und Klaas fuhr mit dem Finger versonnen über das blanke Messingschild der nordsächsischen Kreditbank.

Etwas später schlenderte er mit Stöver im Schlepptau zur Elbklause zurück. Helena putzte gerade Zapfhahn und Spüle.

Sie wirkte frischer als am Morgen und trug unter der Kittelschürze ein strahlendweißes Hemd. Wie immer ein Männeroberhemd mit hochgekrempelten Ärmeln. Und wie immer sah sie darin toll aus, fand Klaas, allerdings nicht stilsicher: Die blau-rot gemusterte Kittelschürze, der wie ein Staubwedel aufwärtsgerichtete Pferdeschwanz und die braunen Filzpantoffeln passten nach herrschender Mode nicht wirklich zu dem frischgebügelten Hemd.

Klaas verzichte darauf, sie in eine Fachsimpelei über Modetrends zu verwickeln, und sagte stattdessen: „Mich gelüstet es nach Schnitzel, paniert und nicht zu dick, zart geklopft und mit Zitrone gereicht."

„Der Fleischhammer hängt über der Spüle an der Wand, die Schnitzel liegen im Kühlschrank oben links."

Nach dem Essen erhielt Klaas eine Mitteilung von Rütter: „Eberwein hat geschrieben. Was soll der Schwachsinn?" Oh nein, gute Umgangsformen hatte dieser Rütter nicht. Er antwortete: „Doktor Eberwein schreibt keinen Schwachsinn", war sich aber sicher, dass der sächsische Kommissar sich damit nicht zufriedengeben würde. Urlaubstag hin oder her, er schnappte sich noch einmal Helenas klapprigen VW-Bus und fuhr nach Torgau ins Polizeirevier.

Rütter war zugegen und Klaas bekam ohne lange Wartezeit Audienz. „Guten Tag Herr Kommissar. Ich bin gekommen, um Eberweins Hausschlüssel abzuholen. Sie haben ein diesbezügliches Schreiben von ihm bekommen?"

Rütter saß auf der vorderen Kante seines Drehstuhls und beugte sich überhaupt nicht lässig über den Schreibtisch. „Auch Tag. Den Schlüssel brauchen wir und es ist unverschämt, dass Eberwein so mir nichts, dir nichts, verschwindet!" Er wedelte mit einem Stück Papier herum, Eberweins Brief, wie Klaas vermutete.

Wir sind heute aber recht verbissen, dachte dieser amüsiert, und sagte sehr bestimmt: „Vergessen Sie es. Ihre Kriminaltechniker hatten lange genug Zeit, mit Lupe und Pinzette herumzuspielen. Ab sofort ist das Haus wieder

Privatsache des Eigentümers. Punkt. Zum Doktor: Es gibt keinen Grund, Zugriff auf Eberwein zu verlangen. Er hat sich nichts zu Schulden kommen lassen. Sein Verschwinden haben Sie persönlich provoziert, weil Sie außerstande sind, ihn zu schützen. Also kümmert er sich selber um seine Sicherheit. Wie Sie verfahren können, wenn Sie noch Fragen an ihn haben, steht in dem Brief."

Natürlich wusste Rütter, dass Klaas Recht hatte, wollte es aber wie ein bockiges Kind nicht wahr haben und unternahm einen letzten Versuch. „Sie können ja einen Anwalt klären lassen, wie Sie an den Schlüssel kommen."

„Ich kann auch die Blödzeitung wissen lassen, wie die Torgauer Polizei grundlos die Häuser von Überfallopfern beschlagnahmt. Dann erklären Ihre Vorgesetzten Ihnen schneller als Eberweins Anwalt, was Phase ist", konterte Klaas sanft lächelnd, stand auf und machte Anstalten, den Raum zu verlassen.

„Ist ja gut", hörte er Rütter hinter sich sagen und eine Schublade wurde geöffnet. Klaas blieb stehen, drehte sich, immer noch lächelnd, um und streckte die Hand aus. Notgedrungen stand Rütter auf, ging um seinen Schreibtisch herum und reichte Klaas die Schlüssel.

„Eberwein soll sich umgehend bei mir einfinden. Es gibt offene Fragen."

„Wenn Sie Glück haben, ruft er Sie an", sagte Klaas fröhlich im Hinausgehen. „Aber nur, wenn Sie Glück haben", und war mit seinem Besuch beim Sheriff äußerst zufrieden.

Rütters Büro befand sich im ersten Stock. Nachdem Klaas die Bürotür hinter sich geschlossen hatte, trat er an eines der Flurfenster, von dem aus er einen guten Überblick über den Parkplatz und die öffentliche Straße dahinter hatte.

Und richtig: Der rotbraune Kleinwagen stand unweit des Parkplatzes am Straßenrand und der eckige Volvo auf einem Stellplatz in der Ecke des Polizeigeländes. Er stieg schmunzelnd die Treppe hinunter und hielt sich am Ausgang links, um unauffällig an dem alten Schweden vorbei zu wandern. Und tatsächlich sah er aus den Augenwinkeln am

Stellplatz des Volvos ein Schild mit dem Namen „Rütter" hängen.

Er schlenderte an dem Volvo vorbei und in einem Bogen zurück zum Bully. Auch dem rotbraunen Freund schenkte er keine sichtbare Aufmerksamkeit. Über Rütters Naivität konnte er nur den Kopf schütteln. Er würde sich nicht wundern, wenn der Volvo in ein paar Minuten wieder im Rückspiegel auftauchte.

Klaas lenkte den Bully in das naheliegende Plattenbau-Wohngebiet mit seinen vielen Einbahnstraßen. Das Navi half ihm dabei, einen Block zu finden, den er, den Einbahnstraßen folgend, umrunden konnte.

Nach der vierten Links-Kurve hatte er den Volvo vor sich. Klaas freute sich wie ein kleiner Junge. Er betätigte mehrmals die Lichthupe und bog an der nächsten Kreuzung rechts ab. Wollte Rütter, oder wer immer in dem Volvo saß, ihm nach, müsste er in der Einbahnstraße zurücksetzen.

Während Klaas abbog, rollte ein anderer Wagen in die Einbahnstraße, hielt, als der rückwärtsfahrende Volvo ihm entgegenkam, und beide Autos standen. Klaas stoppte ebenfalls und erfreute sich an dem einsetzenden Hupkonzert. Er kurbelte die Seitenscheibe runter und grüßte freundlich zum Volvo rüber.

Nachdem er das Wohngebiet verlassen hatte, fuhr er ausgesprochen guter Dinge hinüber zum Baumarkt, um für Helena eine volle Propangasflasche zu besorgen.

Durch sein Einbahnstraßen-Abbiege-Manöver hatte er beide Verfolger abgehängt. Den altbekannten rotbraunen Asiaten in metallic bemerkte er erst wieder auf dem Heimweg in der Nähe der Elbklause parkend, der Volvo blieb verschwunden.

Auf der Rückfahrt hing Klaas seinen Gedanken nach. Er war sicher, auf der Fahrt zum Polizeirevier nicht verfolgt worden zu sein. Der rotbraune Kleinwagen hatte bei der Polizei auf ihn gewartet. Woher wusste der Fahrer, dass er, Klaas, an diesem Nachmittag zu Rütter fahren würde? Woher bekamen „Die Anderen" ihre Informationen?

Später, beim abendlichen Rotwein in „ihrer" Ecke, berichtete Klaas nicht ohne Stolz von seiner filmreifen Aktion in den Einbahnstraßen zwischen den Plattenbauten. Helena lobte ihn übertrieben und Klaas überlegte, ob er dieses Lob ernst nehmen sollte, oder besser nicht.

Nach einem kurzen Kontrollgang um die Elbklause herum riefen sie gemeinsam Eberwein an. Sie mussten es lange klingeln lassen, bis das Gespräch angenommen wurde.

„Wer stört mitten in der Nacht?", fragte Eberwein am anderen Ende mit verschlafener Stimme.

„Hallo Herr Doktor! Ich bin's, Ihr Retter. Wie schmeckt das Leben als Camper?"

„Im Grunde genommen überraschend komfortabel, wenn das Telefon nicht wäre."

Sie plauderten ein wenig, dann berichtete Klaas: „Morgen früh werden wir Ihrem Haus einen Besuch abstatten. Ich habe Rütter heute ihren Hausschlüssel abgenommen. Er hat übrigens Sehnsucht nach Ihnen."

„Der Primitivling möge mich in Ruhe lassen. Bitte richten Sie ihm das aus. Ich erkläre Ihnen jetzt, wo Sie meine sensiblen Unterlagen finden.

Wenn sie ins Bad gehen, suchen Sie im Spiegelschrank nach einem Fach, das Sie herausnehmen können. Dahinter steckt ein Schlüssel mit Doppelbart. Sie finden ihn nicht ohne weiteres, ohne ihn mit den Fingern zu ertasten. Mit dem Schlüssel begeben Sie sich ins Wohnzimmer und ziehen im Regal rechts von der Tür den Ordner mit der Aufschrift „Spesenabrechnungen 2009" heraus. 2009 ist lange genug her, dass niemand Interesse daran zeigen wird, dachte ich mir.

Wenn Sie den Ordner herausgezogen haben, können Sie durch die Öffnung eine Türklinke ertasten. Bei gedrückter Klinke lässt sich ein Teil des Regals drehen. Durch den entstandenen Durchgang gelangen Sie in einen dahinterliegenden Raum mit einem Safe.

Wenn Sie so weit sind, läuten Sie mich bitte an, dann diktiere ich Ihnen einen Code, den Sie zusätzlich zum Schlüssel brauchen."

„Donnerwetter, Sie sind ja besser gesichert als die Bundesbank", staunte Klaas und Helena nickte anerkennend.

Eberwein fuhr unbeirrt fort: „Aus dem Safe bringen Sie bitte die zwei Aktenordner, den USB Stick und fünfhundert Euro Bargeld mit."

Klaas bedankte sich für das Vertrauen, der Doktor beschrieb ihm einige Akten aus dem Arbeitszimmer und bat um ein paar Kleidungsstücke. Damit war das Gespräch beendet. Klaas und Helena widmeten sich wieder dem Rotwein.

„Wenn ich das recht verstehe", überlegte Helena laut, „können wir morgen ganz offen nach Arzberg fahren. Rütter weiß sowieso, dass wir dort hinwollen und Stalker Nummer zwei in rotbraun kennt sicherlich Eberweins Kemenate, weil er mit dem Überfall auf ihn im Zusammenhang steht. Korrekt?"

„Korrekt", stimmte Klaas ihr zu. „Außer, wir müssten befürchten, dort offen angegriffen zu werden, das glaube ich aber nicht. Den Schlüssel im Spiegelschrank und den Raum mit dem Tresor darf kein Unbefugter sehen. Also besser ohne Stalker dort ankommen. Und wenn wir das Grundstück wieder verlassen, brauchen wir einen guten Plan. Eberweins Unterlagen nebst Stick dürfen auf keinen Fall in die falschen Hände geraten."

„Ich habe da eine Idee. Meine allerliebste Freundin Susanne wohnt in Neuplanitz, einem Kaff an der brandenburgischen Grenze. Wenn wir Eberweins Sachen bei ihr zwischenlagern, ohne dass es jemand mitbekommt, wäre das eine Möglichkeit."

„Schön, dass du überall Freundinnen hast. Und wie stellst du dir die Übergabe vor?"

„Hm. Wenn wir uns mit ihr im Tante Emma Laden verabreden und die Einkaufswagen tauschen?"

„Das könnte klappen. Also fahren wir wieder mit deinem Bully", stellte Klaas fest und schenkte Rotwein nach.

„Meine Freundin tut mir mit Sicherheit den Gefallen und bringt die Sachen zu Eberwein auf den Campingplatz. Andere Frage: Was ist, wenn Rütter in Arzberg auftaucht und die Akten sehen will?"

„Dazu hat er kein Recht. Wir weigern uns, etwas heraus zu geben. Basta. Da lass ich es auf eine Konfrontation ankommen. Nur Eberwein entscheidet, was Rütter zu sehen bekommt."

9. Tag

Am nächsten Morgen ging es direkt im Anschluss an das Frühstück los. Mit Helenas Freundin war alles bis hin zur Farbe der Einkaufstasche telefonisch abgesprochen worden. Nur der genaue Zeitpunkt sollte noch abgestimmt werden, sobald sie in der Nähe von Neuplanitz ankamen.

Kurz vor Torgau bemerkte Klaas den Verfolger im Rückspiegel. „Diesmal ist es nur der Reiskocher. Kein Volvo", stellte er fest und nahm seine Kamera zur Hand.

Der Bully hatte keine Trennwand hinter den Vordersitzen. Durch das Fenster in der Heckklappe hatte Klaas freies Sichtfeld die Straße. Er drehte sich auf dem Beifahrersitz halb herum, umarmte die Kopfstütze, um festen Halt zu haben, und richtete die Kamera zum Heckfenster. Als auf der geraden Landstraße für einen Moment weit und breit kein anderes Fahrzeug zu sehen war, rief er: „Jetzt!", und Helena stieg auf die Bremse.

Obwohl er vorbereitet war, wäre Klaas beinahe gegen das Armaturenbrett geflogen, so ruckartig verzögerte Helena den Bully. Der Wagen hinter ihnen rollte sekundenlang mit gleichmäßiger Geschwindigkeit weiter, dann plötzlich nickte er über der Vorderachse ein und schlingerte ein wenig. Der Abstand zwischen den Autos hatte sich durch Helenas Manöver radikal verringert. Klaas drückte mehrmals auf den Auslöser und signalisierte Helena, wieder Gas zu geben.

„Das macht Spaß!", rief sie fröhlich. „Ich bewerbe mich als Stuntfrau, wenn die Kneipe nicht mehr geht."

Klaas schmunzelte und beobachtete den Wagen hinter ihnen. „Dem haben wir einen gehörigen Schreck eingejagt", stellte er grinsend fest. Der Abstand wurde größer und größer und dann war das Auto verschwunden.

Klaas überprüfte die Bilder auf dem Kamera-Display. „Schade. Es sind zwar mehrere scharfe Fotos dabei, aber die Frontscheibe spiegelt zu sehr, als dass man den Fahrer erkennen könnte. Allerdings sehe ich lange dunkle Haare und eine Sonnenbrille. Unser Stalker ist möglicherweise eine Stalkerin. Wenigstens ist das Kennzeichen eindeutig zu entziffern."

„Willst du Rütter fragen, wem der Karren gehört?"

„Nein, dafür hab ich Freunde in Hamburg. Rütter geht das nix an!"

Eine halbe Stunde und einige rote Torgauer Ampeln später stellte Helena vor Eberweins Gartentor den Motor ab. Sie stiegen aus und spazierten über die friedliche Lichtung hinüber zum Haus.

Klaas umrundete mit Stöver einmal das Anwesen und vergewisserte sich, dass alle Fenster nebst Hintertür unversehrt waren. Dann platzierte er den Hund als Aufpasser vor der Haustür auf dem Rasen und durchtrennte das Polizeisiegel.

Im Haus sah es immer noch chaotisch aus, denn seit dem Überfall hatte niemand aufgeräumt oder gelüftet. Es stank, eine Armada von Fliegen schwirrte durch die Räume und die eingetrocknete Blutlache glänzte schwarz. Sie rissen mehrere Fenster auf, dann suchte Klaas nach dem Ordner, hinter dem der geheime Türgriff sein sollte, während Helena die angeforderten Unterlagen aus dem Arbeitszimmer zusammensammelte.

„Spesenabrechnungen 2001", „Spesenabrechnungen 2002" und so weiter. Auch ein Hobby, alte Kneipenrechnungen zu archivieren, dachte Klaas und zog den 2009er Ordner heraus. Er griff mit der Hand in die Lücke zwischen 2008 und 2010, fühlte eine Türklinke, drückte und zog.

Mit filmreifem Knarren a la Edgar Wallace bewegte sich ein Regalabschnitt und ließ sich wie eine Tür aufklappen. Klaas zwängte sich durch die schmale Öffnung und tastete erfolgreich nach einem Lichtschalter. Der überschaubare Raum enthielt nichts außer einem professionellen Aktenschredder und dem mannshohen Tresor. Ein prächtiges, ehrwürdiges Stück, mattschwarz mit eleganten Messingbeschlägen. Da hatte jemand etwas fürs Auge gekauft. Er überlegte kurz, hatte aber keine Idee, wie dieses Monstrum ohne Abriss- und Maurerarbeiten in den kleinen Raum gebracht worden war.

Die Vorderseite bestand aus einer Tür mit einem schätzungsweise zwanzig Zentimeter durchmessendem Messingrad, einem Schlüsselloch und so etwas wie einem Zahlenschloss, nur größer und mit Buchstaben statt Zahlen auf den verstellbaren Ringen. Diese Teile bestanden ebenfalls aus Messing und glänzten, als wären sie gestern frisch poliert worden.

Klaas machte kehrt und fädelte sich wieder durch die Regaltür. Helena hatte ihren Teil der Arbeit schon erledigt.

„Sieben Schlüpper müssen reichen", legte sie fest.

„Komm, wir suchen nach dem Schlüssel", sagte Klaas. „Vorher schau ich, ob wir noch unter uns sind." Er verließ das Haus und lief mit Stöver ein weiteres Mal um das kleine Gebäude herum und bis zum Hoftor, um einen Blick auf die Zufahrt zu werfen.

Als er zurückkam, befand Helena sich in der Inspektion des Spiegelschranks im Bad. Hinter dem dritten herausnehmbaren Fach ertastete sie etwas und brachte einen mit Klebeband an der Plastiktür befestigten doppelbärtigen Messingschlüssel zum Vorschein.

„Bitte folge mir in die Besenkammer", feixte Klaas und sie zwängten sie nacheinander in den engen Tresorraum.

„Donnerwetter!", staunte Helena und klopfte an die Tresortür. „Geringfügig stabiler als meine Kasse", meinte sie. „Bin gespannt, was kostbar genug für dieses Trumm von Geldschrank ist."

Klaas steckte den stattlichen Schlüssel in das Schlüsselloch. Er passte, ließ sich aber nicht drehen.

Er zückte sein Handy und wählte Eberwein an. „Hallo Doktor! Diesmal können sie sich über meinen Anruf nicht beschweren. Es ist helllichter Tag."

Eberwein brummelte etwas von „nicht nachtragend sein" und Klaas sagte: „Wir stehen vor Onkel Dagoberts Geldschrank. Der Schlüssel ist schon drin, lässt sich aber nicht drehen. Wie lautet der Code?"

Eberwein nannte ihm die Buchstabenfolge „GJTUXQ". Klaas drehte am ersten Stellrad. Es ließ sich nur mit Kraftaufwand bewegen und rastete bei jedem Buchstaben hörbar ein. Er setzte das Prozedere fort, bis der komplette Code auf dem Mechanismus abzulesen war. Wider Erwarten ließ der Schlüssel sich jedoch nicht bewegen.

„Bitte von rechts nach links eingeben, die Reihenfolge ist wichtig. Also rechts mit dem Q anfangen."

Klaas verdrehte die Augen und begann wieder von vorn zu drehen, bis ein leises Klacken ertönte. „QXUTJG" stand jetzt auf den Stellrädern und der Schlüssel ließ sich überraschend mühelos drehen, bis er mit einem satten „Klick" einrastete. Klaas legte beide Hände an das frühstückstellergroße Messingrad, drehte mit einigem Kraftaufwand, bis wieder ein metallisches Klicken ertönte und die Tür mit einem saugenden Geräusch um einige Millimeter aufsprang.

Klaas trat zurück und zog die schwere Tresortür mit beiden Händen vollends auf. Als Erstes sprang ihnen ein Karton mit Plastiktüten voller Bargeld ins Auge. Banderolen mit Packen von Hunderter, Zweihunderter und Fünfhunderter Scheinen. Daneben eine ebenso große Schachtel mit gebündelten Dollarnoten. Helena staunte mit Klaas um die Wette. „Wie viel ist das wohl?", flüsterte sie ehrfürchtig.

„Was weiß ich, für ein paar Pumps wirds schon reichen", antwortete er respektlos, öffnete eine Tüte mit Euros, zog aus dem Packen Hunderter fünf Scheine heraus und grinste. „Hat er überhaupt gesagt, ob er sein Taschengeld in Dollars oder Euros haben möchte?"

Er griff im Fach darunter nach einem USB Stick sowie einem Bündel zusammengebundener Aktenordner und reichte beides an Helena weiter. Anschließend drückte er die Tresortür zu, kurbelte am voluminösen Messingrad, bis es klickte und Tür und Schrank wieder bündig waren, drehte den Schlüssel herum und danach alle Stellräder zurück in die Ausgangsposition.

„Mein lieber Mann", murmelte er nachdenklich, „bei Durchfall sollte das Klopapier nicht in solch einem Tresor lagern."

Stöver hatte gelangweilt vor der Haustür in der Sonne gelegen und reckte sich bei ihrem Anblick verschlafen. Sie verschlossen überall im Haus die Fenster und verließen das Grundstück unbeobachtet und ohne Verfolger. Unterwegs hingen sie schweigend ihren Gedanken nach, bis Helena fragte: „Woher hat der bloß die ganze Kohle?"

„Und warum liegt die nicht auf der Bank?", ergänzte Klaas. Die Fragen blieben unbeantwortet im Raume stehen. Beide schwiegen, bis sie das Neuplanitzer Ortsschild passierten.

Helena rief ihre Freundin Susanne an, vereinbarte mit ihr die Uhrzeit für das Treffen im Tante Emma Laden und erinnerte sie vorsorglich an das verabredete Äußere der Einkaufstasche.

Als sie wenig später vor dem Geschäft auf den Parkplatz einbogen, sagte Helena: „Super. Susannes Auto steht da drüben", sie zeigte mit dem Finger auf einen roten Golf, „und sie geht gerade hinein."

„Schön. Ich warte im Bully, falls wer oder was dazwischen kommt."

Helena stieg aus, schnappte sich einen Einkaufswagen, stellte die sehr gelbe Tasche hinein und schob ihn rasselnd zum Eingang. Klaas sah sich währenddessen aufmerksam um, konnte aber keines der bekannten anhänglichen Fahrzeuge ausmachen.

Das wird zur Manie. Ich werde nie wieder durch die Welt reisen, ohne nach alten Volvos und rotbraunen Reiskochern Ausschau zu halten, dachte er.

Zehn Minuten später kam Susanne aus dem Laden und stieg mit gefüllter knallgelber Einkaufstasche in ihr Auto. Sie fuhr vom Parkplatz, als Helena gerade den Markt verließ.

Helena lenkte den Bully wieder auf die Straße und Klaas sah zum x-ten Mal in den Rückspiegel der Sonnenblende. Und ja: Am Ende der Straße kam ein rotbrauner Kleinwagen aus einer Parklücke gerollt. Ihre treue sonnenbebrillte Begleiterin hatte sicherlich noch den Schreck vom Morgen in den Knochen, denn sie hielt einen so gehörigen Abstand, dass Klaas sich nicht einmal sicher war, ob es tatsächlich dasselbe Auto war.

Er kümmerte sich fürs Erste nicht darum, sondern rief Eberwein an und berichtete von der erfolgreichen Übergabe. Susanne würde ihn anrufen, wenn sie am Eingang des Campingplatzes ankäme, um ihm seine Sachen zu übergeben.

Als sie zur Elbklause zurückkamen, stand ein Streifenwagen vor der Tür und Rütter stieg gerade aus.

Der Sheriff kam, einen uniformierten Polizisten im Schlepptau, mit hochwichtiger Miene auf sie zu stolziert. „Ich möchte sehen, was Sie in dem Wagen haben!", rief er schon von weitem.

Klaas öffnete die Tür. „Guten Tag Herr Kommissar!", grüßte er übertrieben höflich und erfreute sich an dem abfälligen Blick, den Helena für den aufgeblasenen Polizisten übrig hatte.

„Ja ja, guten Tag Herr Tidemeyer, Tag Helena", erwiderte Rütter steif, ohne sie anzusehen.

Klaas stieg aus. „Was ist so spannend an unseren Einkäufen? Suchen Sie holländische Kekse oder tschechische Pillen? Haben wir beides gut versteckt."

„Sie immer mit Ihren Sprüchen. Die werden Ihnen schon noch vergehen. Halten Sie sich da raus, der Lieferwagen gehört schließlich Frau Hansmann", erwiderte Rütter trotzig.

Helena, „Frau Hansmann", war ebenfalls ausgestiegen und sagte in einem Tonfall, in dem Eltern mit einem uneinsichtigen Kind reden: „Stefan, was soll der Quatsch? Warum hast du immer noch nicht gelernt, mich in Ruhe zu lassen? Was ich in meinem Auto spazieren fahre, geht dich nichts an."

„Ich habe Grund zu der Annahme, dass sich in dem Fahrzeug Gegenstände befinden, die in Zusammenhang mit einem Verbrechen stehen", deklamierte er. „Mein Kollege wird jetzt Ihren Wagen durchsuchen."

„Schön, wie Sie das auswendig gelernt haben. Trotzdem ist jetzt Schluss mit diesem Theater!", mischte Klaas sich ein. „Wenn Sie das Auto filzen wollen, dann kommen Sie mit einem richterlichen Beschluss wieder."
Rütter zeterte zwar irgendwas von „Gefahr im Verzug", war aber schon auf dem Rückzug. Der uniformierte Polizist betrachtete die Angelegenheit pragmatischer. Klaas sah ihm an, dass er seinen Vorgesetzten genauso wenig für voll nahm, wie Klaas oder Helena es taten.

Klaas überlegte kurz, ob er Rütter aus purer Schadenfreude an den Bully lassen sollte, um die Peinlichkeit zu genießen, wenn er nichts fand, verkniff sich den Spaß aber. Der Kommissar sollte grübeln, ob irgendwelche Unterlagen Eberweins in der Klause gelandet waren. Insgeheim spukte ihm schon länger die Frage durch den Kopf, ob Rütter nur als Polizist handelte, ob er sich vor Helena aufspielen wollte, oder ob nicht ein persönliches Interesse an den Vorgängen um Eberwein hinter seinem Verhalten steckte.

Rütter drehte sich wütend um und stampfte auf den Polizeiwagen zu. Sein Kollege dackelte hinterher und hob im Vorbeigehen die Hand für eine entschuldigende Geste. Rütter gab Gas, der Kies ratterte in den Kotflügeln und eine mittelgroße Staubwolke stieg auf.

Helena und Klaas zwinkerten sich grinsend zu und begannen, den Einkauf auszuladen.

Mittendrin summte Klaas' Handy und er entnahm einer Mitteilung von Eberwein, dass mit seiner Verdauung alles in Ordnung sei. Er lachte. „Der Doktor hat Spaß an der Geheimdienstspielerei. Er schreibt in Chiffretext a la James Bond. Die Sachen sind gut bei ihm angekommen. Dann mal besten Dank unbekannterweise an deine Sabine."

„Die heißt Susanne und du darfst sie gern kennenlernen. Aber gib Acht: Die lässt nichts anbrennen und ist anspruchsvoll", erwiderte Helena und trug lachend die letzte Gemüsekiste in ihre Vorratskammer, während Klaas überlegte, wie er auf Sabine gekommen war und in welcher Hinsicht Susanne wohl anspruchsvoll war.

Später, nach Kneipenschluss, saßen sie in der Abenddämmerung auf der Bank an der Elbe, einen Picknickkorb zwischen sich und jeder ein gefülltes Weinglas in der Hand. Die Tageshitze war einem angenehm lauen Lüftchen gewichen. Klaas schaute versonnen in seinen Rotwein und sagte sanft: „Wenn das so weiter geht, hast du mich länger am Hals."

Er erwartete keine Antwort und erhielt auch keine. Stattdessen meinte Helena: „Wir brauchen die nächste gute Idee, wie du unbemerkt zu Eberwein kommst."

Bevor Klaas antwortete, stand er auf und blickte sich um. Sie waren allein. Stöver war einige hundert Meter am Fluss entlang gelaufen, hatte Zeitung gelesen, also geschnuppert, wer von seinen Kumpels heute alles da gewesen war, und lag nun hellwach vor der Bank im Gras.

Klaas betrachtete versonnen die Fähre, die über Nacht auf der anderen Elbseite festgemacht hatte, und sagte: „Ich habe eine Idee."

Er setzte sich wieder, nippte am Wein und fuhr fort: „Wir machen es auf der Fähre."

„Klar. Wir machen es auf der Fähre", plapperte Helena ihm nach und grinste ihn an. Ihre Stimme klang wie immer ein wenig heiser, den spröden, leicht abweisenden Tonfall hatte sie heute zuhause gelassen.

Klaas ignorierte das Ablenkungsmanöver. „Wir sorgen dafür, dass auf der anderen Elbseite ein Auto für mich bereitsteht. Ich springe auf die Fähre, wenn sie am Ablegen ist, sodass hinter mir keiner mehr mit drauf kommt. Ob Susanne da noch mal mitspielt?"

„Ich seh schon, du willst unbedingt Susanne kennenlernen!"

„Ja klar, das ist der einzige Grund. Deswegen hab ich mir den Namen jetzt gemerkt .... Nee, ernsthaft. Allerdings können wir Pech haben und Susannes Auto ist dann verbrannt."

„Wie bitte?"

„Damit ist gemeint, dass man das Auto danach nicht mehr für verdeckte Aktionen verwenden kann, weil die Gegenseite es kennt."

„Du hast auch nen Geheimdiensttick." Helena tippte sich lachend an die Stirn.

Stöver hatte nicht, wie gewöhnlich bei jeder sich bietenden Gelegenheit, geschlafen, sondern die ganze Zeit angespannt die Gegend beobachtet. Jetzt sprang er auf, richte seine Aufmerksamkeit gen Elbklause und knurrte mit aufgestellten Nackenhaaren.

Klaas fluchte. „Verdammt. Da treibt sich wieder jemand rum." Sie hatten in Küche und Gaststube das Licht brennen gelassen. Vor dem Küchenfenster bewegte sich ein Schatten.

„Pass auf, ich gehe in einem Bogen hoch zur Straße, weil ich sehen will, wer uns da nervt. Du wartest ein wenig und gehst dann mit Stöver an der Leine direkt aufs Haus zu. Wenn jemand wegläuft oder dich bedroht, lass den Hund los. Jetzt bringen wir Stimmung in die Sache."

Inzwischen war es fast vollständig dunkel. Tief am Horizont zeigte ein roter Streifen, wo die Sonne untergegangen war, und die Straßenlaternen hatten ihren Dienst aufgenommen. Klaas zog die dunkelblaue Kapuze seines Pullovers über den Kopf, eilte gebückt Richtung Elbe bis zum Fähranleger und lief dann zur Straße hinauf.

Direkt vor dem Abzweig zur Helenas Gastwirtschaft stand Rütters Volvo. Klaas lehnte sich an die Fahrertür, senkte gelangweilt Kopf und verschränkte die Arme vor der Brust.

Er brauchte nicht lange warten, bis Rütter um die Ecke geflitzt kam, Stöver hektisch bellend hinter ihm her. Als der sächsische Kommissar nur noch wenige Meter von seinem Auto entfernt war, schob Klaas die Kapuze zurück und leuchtete Rütter mit dem Handy ins Gesicht. Rütter stoppte wie vor die Wand gelaufen und Stöver rannte ihm mit Schwung in die Kniekehlen. Dann lagen beide, Rütter und der Hund, im Dreck.

„Aus, Stöver, ist gut! Aus!", rief Klaas lachend, bevor der Riesenschnauzermischling zupacken konnte. Rütter stand fluchend wieder auf und rieb sich das Knie.

„Na, Herr Kommissar, machen Sie sich gerade dienstlich oder privat zum Löffel? Muss ich die Polizei rufen?" Klaas machte keinen Hehl aus seiner hervorragenden Laune. Er baute sich lässig vor dem geknickten Rütter auf und hakte die Daumen in den Gürtel. Bedauerlicherweise hatte er weder einen Kaugummi noch Wumme oder Sonnenbrille dabei.

Inzwischen war Helena bei ihnen angekommen. „Rütter, du Arsch! Ich brenn dir den selbigen an, wenn du mich nicht endlich in Ruhe lässt!"

Klaas grinste beeindruckt. Die coole Helena konnte die Nerven verlieren! Er wurde immer neugieriger, was zwischen den beiden vorgefallen war.

Rütter sammelte Handy und Sonnenbrille vom Fußweg auf. Dann humpelte er mit nicht annähernd so arroganter Körpersprache, wie es üblicherweise seine Art war, zum Auto. Klaas gab die Fahrertür frei und Rütter machte sich einmal mehr mit durchdrehenden Rädern davon.

„Warum rennt einer nachts im Dunkeln mit Sonnenbrille herum?", fragte Klaas kopfschüttelnd, ohne auf diese tiefsinnige Frage eine Antwort zu erwarten.

Sie gingen zum Haus zurück. Das Fenster zur Küche stand offen und der Rahmen war beschädigt. „So ein Idiot! Das bezahlt der mir!" Helena hatte sich immer noch nicht beruhigt.

„Wenn du mir erzählen möchtest, was zwischen euch gewesen ist, wäre jetzt ein guter Zeitpunkt", sagte Klaas, aber sie winkte ab. „Hilf mir lieber, das Fenster notdürftig zu verschließen. Morgen bestell ich den Handwerker und der Idiot bekommt ne gesalzene Rechnung."

„Wie kann ausgerechnet ein Polizist, ein Kriminalkommissar, so blöd sein, bei Bekannten einzubrechen und sich dabei auch noch erwischen zu lassen. Das will nicht in meinen Kopf", überlegte Klaas. „Oder er hat doch irgendwas mit der Sache zu tun? Wobei wir ja nach wie vor nicht wissen, worum es überhaupt geht."

Wenig später kehrten sie zur Bank am Elbufer und dem Korb mit dem Rotwein zurück. Auf halber Strecke blieb Klaas stehen, griff nach seinem brummenden Handy und las eine neue Kurzmitteilung vor: „Jessica Schwarz, am Rosengarten 12 in 04860 Torgau. Sagt dir das was?"

„Oh ja! Die Nichte von Rütter hat brünette lange Haare und heißt Jessica. Jessica Schwarz. Mach was draus."

„Eine Jessica ist mir auf Schloss Hartenfels begegnet. Bisschen viel Zufall."

Nach den Telefonaten mit Eberwein und Susanne vernichteten sie den restlichen Rotwein und schlenderten zurück zum Haus. Stöver war die ganze Zeit aufgeregt um sie herumgelaufen und hatte immer wieder in Richtung der Klause gelauscht. Erst in der Minna beruhigte er sich allmählich.

Als Klaas in seiner Koje lag und das Licht ausgeschaltet hatte, gingen ihm hauptsächlich zwei Dinge durch den Kopf: Mann, ist der Rütter doof. Und: Mann, hab ich nen tollen Hund. Dann war er eingeschlafen.

10. Tag

Am folgenden Morgen trug Helena wieder blütenweiß und Klaas nahm sich vor, bei der nächsten Flasche Rotwein das Geheimnis der Herrenoberhemden zu hinterfragen. Jetzt genoss er erst einmal die Spiegeleier auf Toast und Schinken. „Ich werde wirklich fett, wenn das so weitergeht", bemerkte er verbissen und griff sich in die Speckrolle über dem Gürtel.

„Du wiederholst dich. Gib meinem Frühstück nicht die Schuld an deiner Bierwampe", wies Helena ihn zurecht und Klaas registrierte, dass sie den gestrigen Wutausbruch verdaut hatte und wieder normal drauf war.

Nach dem Frühstück wurde der Bully mit Leergut und Einkaufstaschen bepackt. Als die Fähre auf dieser Elbseite angelegt hatte, alle Autos an Bord waren und der Fährmann begann, die Schranke herunterzukurbeln, fuhr Helena los und hielt sofort wieder am Ende der Einfahrt zur Klause.

In dem Moment, in dem der Fährmann das Halteseil löste, sprang Klaas aus dem Bully und rannte die fünfzig Meter zu Fähre hinunter. Die Fähre ruckte an. Mit einem Sprung stand er auf dem Deck, umrundete die Schranke und lehnte sich hinter dem Steuerhaus an das Gitter.

„So geht das aber nicht!", schimpfte der Fährmann.

„Doch, guter Mann, so musste das heute mal gehen", lachte Klaas und klopfte ihm freundlich auf die Schulter.

Der Fährmann musterte ihn und sagte: „Ich kenn Sie doch! Sie haben letztens in der Elbklause hinter der Theke gestanden!"

„Ja, so ist es. War das Bier gut?"

„Das Bier war hervorragend gezapft. Da will ich heute ein Auge zudrücken."

Die beiden grinsten sich an und verabredeten sich für den Abend zum Bier in der Klause. Klaas zahlte samt Trinkgeld und rief Helena an. „Hat sich die Aktion wenigstens gelohnt?"

„Ja. Sogar besser, als wir geplant hatten. Unsere Stalkerin ist bis zur Reinigung hinter mir hergefahren, weil sie nicht mitbekommen hat, dass du zur Fähre gerannt bist. Der Bully hat ihr die Sicht verdeckt, vermute ich. Übrigens hat sie heute ein anderes Auto. Leider konnte ich weder das Kennzeichen erkennen, noch, ob es wirklich Rütters Nichte ist. Ich glaub aber, es war ne Frau mit langen dunklen Haaren, das Auto ein älterer blauer Kleinwagen. Vielleicht ein Polo. Ich hab den Wagen bis nach Hause mehrmals im Rückspiegel gesehen."

Alles klappte wie am Schnürchen. Susanne hatte ein paar hundert Meter vom Fähranleger an einer Stelle gewartet, die vom anderen Elbufer aus nicht einsehbar war. Ihr Auto war also nicht „verbrannt", wie Klaas befürchtet hatte. Inzwischen saß er neben einer unbekannten Frau im Wagen.

„Hallo! Ich bin Klaas", sagte er.

Die Frau musterte ihn lachend.

„Angenehm. Susanne. Schon witzig, wie man neue Leute kennenlernt. Da kommt ein Kerl von der Fähre gerannt und ich hau nicht ab, sondern mach dem sogar noch die Türe auf."

Klaas grinste und taxierte seine neue Bekanntschaft aus den Augenwinkeln. Er kannte den Typ: Etwas laut, etwas schrill und immer fröhlich. Sie hatte kurze grellblonde Haare mit bunten Strähnchen, trug für ihre kräftige Figur eine etwas zu enge hellblaue Leggins, eine etwas zu knappe rosafarbene Bluse und etwas zu viele bunte Kettchen und Ringe.

Susanne startete den Motor und sie fuhren unter fröhlichem Geplauder Richtung Herzberg. Von unterwegs verkündigte Klaas Eberwein telefonisch die ungefähre Uhrzeit ihrer Ankunft. Er solle Zeit mitbringen, trug der Heimatforscher ihm auf, denn es gäbe einiges zu besprechen.

Susanne war nicht nur grell, sondern auch flexibel. Klaas vereinbarte mit ihr, rechtzeitig anzurufen, bevor er wünschte, wieder abgeholt zu werden.

Als sie ankamen, stand der Doktor trotz der Hitze in brauner Feincordhose und Pullunder am Eingang zum Campingplatz. Klaas überlegte, ob er eventuell einen Modetrend verpasst haben könnte, und bedankte sich bei Susanne fürs Bringen.

„Hallo Herr Doktor Eberwein! Schön, Sie gesund und munter zu sehen", begrüßte Klaas ihn.

Auf dem Weg zum Stellplatz plauderten sie Belangloses.

Klaas drehte eine Runde um den Wohnwagen, bevor er überzeugt war, keine unerwünschten Zuhörer zu haben. Sein Verfolgungswahn nahm manische Züge an, stellte er fest.

„Na Herr Doktor, Sie sind ja für diese und jene Überraschung gut", eröffnete er das Gespräch zur Sache. „Solch einen mords Tresor in so einer geilen Geheimkammer hatten meine Lehrer damals nicht hinter der Schrankwand. Und der Inhalt ist auch nicht ohne, " spielte er auf die Banknoten an.

„Da sind wir gleich im Thema", erwiderte Eberwein. „Ich nehme die zwei wichtigsten Überraschungen für Sie vorweg: Ihre Visite in meinem Tresorraum war ein Test und ich bin ein Köder."

„Kein Problem. Ist doch ganz normal, als Köder rum zu laufen. Und wer hält die Angel?"

„Das LKA Sachsen, Sonderkommission „Elbgold"."

Es war nicht einfach, Klaas die Sprache zu verschlagen. Aber jetzt brauchte er einen Moment, die Fassung wieder zu erlangen.

„Aha", sagte er leichthin und schluckte, „Ist ja nicht so schlimm. Und der Test?"

Eberwein stellte zwei Kaffeebecher auf den Tisch des Vorzelts und hantierte an der Kaffeemaschine. „Im Tresorraum hängen Mikrokameras mit Internetverbindung. Auf der einen sind Ihre Gesichtszüge zu sehen, während Sie in den Tresor greifen und die Hunderter abzählen. Wenn Sie oder Ihre sympathische Begleitung in diesem Moment die falsche Miene oder die falschen Bemerkungen zum Tresorinhalt gemacht, oder sogar Scheine in die eigene Tasche gesteckt hätten, wären wir zwei uns nie wieder begegnet. Darüber hinaus hätte Sie auf der Rückfahrt ein freundlicher Herr im Trenchcoat aus dem Verkehr gezogen."

Eberwein hatte es mit dieser im Plauderton vorgetragenen Erklärung innerhalb weniger Minuten zum zweiten Mal geschafft: Klaas war sprachlos. Er hielt sich minutenlang schweigend an seiner Kaffeetasse fest und starrte an die Zeltwand. Irgendwann murmelte er vor sich hin: „Da denkt man, man hat Erfahrung. Berufspraxis. Eine an vielen Tatorten geschulte Beobachtungsgabe. Und dann lässt sich unsereins auf diese Art vorführen ..."

„Machen Sie sich nichts draus", unterbrach ihn Eberwein schmunzelnd, „da waren Profis am Werk. Und die gehen sicher, dass auf Sie Verlass ist."

„Sie wollen mir nicht ernsthaft erzählen, dass in Ihrem Blechschrank nur deshalb viele tausend Dollars und Euronen gelagert sind, um Kneipenwirtinnen und pensionierte Beamte in Versuchung zu führen, oder?"

„Nein, natürlich nicht. Und jetzt berichte ich Ihnen der Reihe nach, worum es eigentlich geht. Merken Sie sich Ihre Fragen bitte für den Schluss, damit ich nicht dauernd unterbrochen werde. Ich bin ein alter Mann, der schon mal den Faden verliert."

Diesen Eindruck hatte Klaas überhaupt nicht. Ihm gegenüber saß immer noch die schmale Lehrergestalt mit Spitzmausgesicht, ungepflegten grauen Haaren, Feincordhose und Pullunder. Aber er sah sie jetzt mit andere Augen.

„Das Landeskriminalamt Sachsen hat vor einigen Jahren eine verdeckt arbeitende Sonderkommission konstituiert, die sich um die Bekämpfung illegaler Archäologie kümmert. Spätestens seit der Himmelsscheibe von Nebra ist das Herumrennen mit einem Metalldetektor im Osten zum Volkssport mutiert. Neben vielen Amateuren gibt es immer mehr Subjekte, die sich organisieren, um damit Geld zu machen. Um dieses Klientel geht es der Sonderkommission."

Eberwein dozierte wieder, wie Klaas es schon kannte, und hielt nur ab und zu inne, um einen Schluck Kaffee zu trinken. „Da ich landesweit als Hobbyhistoriker bekannt bin, der oft herangezogen wird, um archäologische Funde zu testieren, sind die Herren von der - übrigens sehr überschaubaren - Sonderkommission an mich herangetreten, ob ich nicht den Köder als Zwischenhändler spielen will. Dadurch sollte ich Zugang sowohl zu den Herrschaften bekommen, die solche Werte beschaffen, also an nicht gemeldete Funde, in Museen unterschlagene oder gestohlene Exponate und so weiter, als auch zu denen, die sie erwerben, den Hehlern und Sammlern."

Als Klaas den Mund öffnete, um eine Frage zu stellen, winkte er ab. „Noch nicht, lassen Sie mich bitte zu Ende erzählen. Dann hat sich Ihre Frage vielleicht erübrigt.

Ich habe begonnen, im Netz antike Gegenstände, zum Beispiel historische Waffen, Schmuck oder Ikonen, zu kaufen und anzubieten, um in der Szene Fuß zu fassen. Scheinbar wirke ich unauffällig genug, dass die Leute mich für harmlos halten."

Oh ja, dachte Klaas, das kann man wohl sagen.

„Nach und nach konnte ich langfristige Beziehungen und Vertrauen in der Szene aufbauen. Unbedingte Voraussetzung dafür ist permanente kurzfristige Liquidität. Deshalb der Tresorinhalt.

Da tauchen Sie auf" — Eberwein blickte ihm schmunzelnd in die Augen — „und wir mussten erst einmal herausfinden, was es mit Ihnen auf sich hat. Obwohl Sie nichts Weltbewegendes gefunden haben, bringen Sie, warum auch immer, mächtig Unruhe in die Szene."

„Jo", sagte Klaas. „Mit dem Ziel fahre ich per Klapprad durch die Gegend: Dem Eberwein in Sachsen aus Anlass meiner Pensionierung mal ordentlich Unruhe bringen. Und was heißt überhaupt: „nichts Weltbewegendes"? Immerhin ein erschlagenes Gerippe mit Rüstung aus dem Mittelalter!"

„Ich meinte damit: keine Schätze, die man kurzfristig zu viel Geld machen kann. Dieser Harnisch ist an sich nichts Besonderes. Von den historischen Schlachtfeldern in Sachsen sind jede Menge Waffen und Rüstungen erhalten."

Eberwein befasste sich mit seiner Kaffeetasse und Klaas fragte: „Bin ich jetzt dran?"

Der Doktor nickte lächelnd und lehnte sich im Campingstuhl zurück.

„Scheinbar mache auch ich den Ködern nur in anderer Hinsicht", meinte Klaas, „so, wie ich beschattet werde." Er hatte sich vorgebeugt und die Arme auf den Tisch gelegt. „Jetzt mal die Version von Klaas Tidemeyer: Durch meine Fragerei sind einige Leute hier in der näheren Umgebung der Meinung, ich hätte nicht nur einen läppischen Harnisch, sondern einen Schatz oder was Ähnliches gefunden. Etwas, wonach die Leute jahrelang gesucht haben und ausgerechnet ich bin drüber gestolpert. Diese Leute sollten wir in dem Glauben lassen, um sie aus der Reserve zu locken."

Eberwein unterbrach ihn: „Wir? Sie sind vorzeitig pensioniert und in Rekonvaleszenz. Ich möchte Sie nicht noch tiefer in die Sache hineinziehen."

„Woher wissen Sie ...? Egal ... Nix da: Ich sitze mit im Boot und habe nicht die Absicht, mitten im Teich auszusteigen. Dies ist ein erstklassiges Abenteuer für einen Rentner wie mich, das ich mir nicht entgehen lassen werde!

Wissen Sie, während meiner Dienstzeit hatte ich überwiegend mit langweiligen, ekelerregenden oder gewalttätigen Verbrechen zu tun. Oft alles zusammen. Und hier komme ich an solch einen schillernden Bilderbuchfall, über den ich hinterher einen Roman schreiben kann. Ein Verbrechen, dessen Auswirkungen sich über fünfhundert Jahre erstrecken. Das soll ich alles hinschmeißen? Nein nein, mein Freund, mich haben Sie jetzt an der Backe."

Er lehnte sich zurück und sah dem Doktor in die Augen. „Diese Truhe hatte vor kurzer Zeit noch einen Inhalt. Jedenfalls gehe ich davon aus. Und es gibt Leute, die sich deren Inhalt geschnappt haben. Dieser Leute wollen Sie habhaft werden. Ich reduziere die Problematik auf zwei Fragen: Wer glaubt, er könne mir einen Schatz oder Informationen über die Fundstelle abluchsen? Und: Wer hat den Schatz gehoben? Falls einer drin war. In der Truhe."

Er sprach weiter, bevor Eberwein wieder das Wort ergreifen konnte: „Bei der Beantwortung kann uns vielleicht die ursprüngliche Tat weiterhelfen: der Mord an dem Mann im Harnisch. Sie kennen ja meine Theorien: Gesandter des Papstes und so weiter."

Klaas hatte für einen Moment die Szene an der Elbe im Kopf. Die Kähne, der Überfall, die im Fluss treibenden Leichen.

„Alle drei Möglichkeiten sind Storys mit offenem Ende: Ich hab nicht herausfinden können, ob die Türkensteuer 1542 tatsächlich eingetrieben wurde und wer sie eingesackt haben könnte.

Ich habe nichts darüber gefunden", fuhr Klaas fort, „was dieser Nuntius Wertvolles dabeigehabt haben könnte. Bei Wittenberg denkt man automatisch an Luther und die Zeit passt auch. Sollte Luther etwa von den Katholiken gekauft werden? Das wäre doch mal ne Story!

Und zuletzt die Diebe von Triestewitz, welche die Gegend mehrere hundert Jahr lang unsicher gemacht haben. Es gab da angeblich einen Fluchttunnel vom Gasthof ins Reuther Holz. Ich find nicht einmal Hinweise darüber, wo dieses Reuther Holz überhaupt liegt. Kann ja eigentlich nur ein Wald sein."

Jetzt hatte Klaas das Wirtshaus in Triestewitz vor Augen. Die Falltür im Boden, die finsteren Gestalten. Er war drauf und dran, Eberwein von seinen Visionen zu berichten, aber bevor er die richtigen Worte fand, hakte Eberwein ein: „Es gibt eine Verbindung zwischen allen drei Optionen, wie Sie es nennen. Nach der Schlacht bei Mühlberg könnten sich versprengte Geharnischte aus Torgau, die auf der Verliererseite teilgenommen hatten, mit den Dieben aus Triestewitz zusammengetan und den Boten des Papstes überfallen haben. Womit wir wieder bei der Oberbekleidung Ihres toten unterirdischen Freundes wären." Er blickte Klaas an. „Diesen Freund sollten Sie mir bei nächster Gelegenheit zeigen, damit wir ihn zeitlich näher eingrenzen können."

In Klaas keimte bei dieser direkten Aufforderung, den Fundort preiszugeben, noch einmal das Misstrauen auf. Er beobachtete die Gesichtszüge seines Gegenüber, als er fragte: „Also bin ich mit im Boot? Wir finden zusammen heraus, wer da gegen wen spielt?"

Eberwein sah ihm ebenfalls direkt in die Augen, machte eine bedeutungsschwangere Pause und sagte, während seine verschlossene Miene in ein Lächeln überging: „Okay, wir machen das."

Dieser Satz ging einmal so ähnlich durch die Medien, überlegte Klaas, ohne sich an die Umstände erinnern zu können. Laut sagte er: „Ich habe Hunger."

Wenig später hatten sie auf der Restaurantterrasse Platz genommen. Die mächtige blonde Bierschlepperin mit dem wogenden Busen stand schon vor Ihnen, als hätte sie auf die beiden gewartet, und starrte sie mit hochgezogenen Augenbrauen an.

„Erst mal ein Bier", bestellten beide im Chor, als hätten sie sich abgesprochen, und grinsten sich an. Der Doktor warf nur einen kurzen Blick in die Speisekarte und legte sie wieder auf den Tisch.

Klaas hatte derweil Susanne angewählt und mit ihr abgesprochen, dass sie ihn in etwa einer Stunde an der Zufahrt zum Campingplatz aufsammeln würde. Dann griff er ebenfalls nach der Speisekarte und wählte nach guter deutscher Art eine Pizza Funghi.

Die Bedienung nahm seine Bestellung entgegen und brachte überraschend schnell die Pizza und für Eberwein ein typisch italienisches Gericht aus Sülze mit Bratkartoffeln und Mayonnaise. Klaas hatte sich schon gewundert, dass dieser nichts bestellt hatte.

„Diese Sülze ist einfach der Wahnsinn. Das schlanke Mädel", Eberwein deutete auf die Bedienung mit der Holzfällerfigur, „fragt schon gar nicht mehr, weil ich sowieso immer diese irre Sülze bestelle."

Das nenn ich Humor, diesen Brummer Mädel zu nennen, dachte Klaas und nahm sich vor, beim nächsten Besuch beim Doktor die irre Sülze zu testen. Die restliche Zeit bis zum Eintreffen von Susanne verbrachten sie mit Bier und Sambuca und der Doktor wurde Klaas immer sympathischer.

Als sie später zum Eingang bummelten, stand ihr silberner Polo schon auf dem Parkplatz. Klaas fragte sie lächelnd und ohne lange Vorrede: „Na Susannchen, du hast heute sicher nichts mehr vor, oder?"

Susanne sah ihn fragend an und lachte verlegen.

„Würdest du uns zu einem kleinen Abenteuer kutschieren und den Doktor hinterher hier wieder abliefern? Vor abends um acht wirst du dann allerdings nicht zuhause sein."

Susanne schüttelte ihre Verlegenheit ab und meinte, wie aus der Pistole geschossen: „Klar, warum nicht? Wo gehts hin?"

„Ich mag kurzentschlossene Leute! Wir fahren bei Mühlberg über die Elbe und dann Richtung Belgern. Dort in der Nähe möchte sich der Doktor etwas ansehen."

Susanne war teilweise eingeweiht. Sie wusste, dass Eberwein bedroht wurde und dass es unklar war, wer dahintersteckte. Klaas hatte keine Bedenken, er hielt sie für naiv, lieb und harmlos. Und Helena vertraute ihr. Nur die Fallgrube wollte er ihr nicht zeigen.

Eberwein hatte in weiser Voraussicht einen Rucksack mit Utensilien dabei, der neben einer starken Taschenlampe luftdichte Behältnisse zur Probenentnahme enthielt. Vom Campingplatzbetreiber hatten sie eine zusammenschiebbare Leiter geliehen, die bequem in den Polo-Kofferraum passte. Sie konnten also sofort loslegen.

Als sie kurz vor Mühlberg in den Kreisel fuhren, hörte Klaas sich plötzlich sagen: „Bitte nicht direkt auf die Elbbrücke. Lasst uns bitte einen Schlenker durch die Stadt machen."

Er dirigierte Susanne über das Mühlberger Kopfsteinpflaster bis zur Marina und ließ sie dort halten. Dort stieg er wie in Trance aus, Stöver sprang hinterher. Klaas ging die paar Schritte bis an die Kaimauer und blieb stehen. Er hatte es schon erwartet, als er Susanne in die Stadt fahren ließ: Die Brücke war nicht mehr da. Dort, wo die Brücke hätte sein müssen, floss nicht einmal mehr die Elbe.

Stattdessen verlief der Fluss direkt zu seinen Füßen, durch die Marina von Mühlberg. Vor ihm, rechts der Elbe, erstreckte sich ein weitläufiges Feldlager.

Es herrschte friedliche Geschäftigkeit. Pferde und Ziegen grasten, Wimpel wehten über Zelten, Soldaten in bunten Uniformen und schlicht gekleidete Mägde bewegten sich ohne Hast durch das Lager. An mehreren Stellen brannten Feuer unter mächtigen Kesseln und es roch appetitlich. Landsknechte zogen Zeltpflöcke aus dem Boden, spannten Pferde vor Marketenderwagen und Kanonen.

Klaas fröstelte. Nicht nur wegen der irrationalen Szene vor seinen Augen, auch weil die Luft mit einem Mal empfindlich kalt und feucht war.

Aus einem der Zelte erklang abwechselnd die Stimme eines Predigers und seiner Gemeinde: Der Prediger legte vor, die Gemeinde repetierte im Chor.

Plötzlicher Lärm unterbrach die morgendliche Geschäftigkeit. Vom Fluss her drangen Geschrei und der Klang einzelner Schüsse ins Feldlager.

Etwas läuft hier nicht nach Plan, dachte Klaas. Er blickte an sich hinunter und sah seinen Körper nicht. Er wollte von der offenen Straße zurücktreten und bewegte sich nicht. Weder Stöver noch die Autos rundherum waren zu sehen, nur die niedrigen lehmverputzten Häuschen, herumstolzierendes Geflügel und ein paar Eselskarren.

Auf der anderen Elbseite erschienen erst einzelne Reiter, dann Fußvolk, Gespanne mit Kanonen und schwere Fuhrwerke.

Im Feldlager diesseits der Elbe – lieber Gott, lass es wenigstens die Elbe sein – wich das geordnete Lagerleben einer unstrukturierten Hast. Menschen und Tiere spürten, dass sich etwas zusammenbraute.

Ein bunt gekleideter Kerl stieg auf sein Pferd und gab wild gestikulierend Kommandos. Es konnte nur der Anführer sein, so spektakulär, wie er mit glänzendem Helm und Federbusch daher kam.

Aus den einzelnen Soldaten gegenüber wurde eine Armee. Während im Salventakt geschossen wurde und immer wieder das tiefe Wummern der Kanonen ertönte, begannen ein Bautrupp, aus Booten und Planken eine schwimmende Brücke über den Fluss zu schlagen. An mehreren Stellen suchten Reiter nach einer Furt.

Es war klar, in absehbarer Zeit würde eine umfangreiche Armee über den Fluss setzen und der Abbau des Lagers entwickelte sich zu ungeordneter Flucht. Berittene und Fußvolk machten sich panisch davon, Ziegen und Marketenderinnen drängten in die Stadt und eine unausgesprochene Drohung lag über dem feuchtkalten Morgen.

Dann war die Überquerung der Elbe in vollem Gange. Die Kanonen verstummten, Reiter und Landsknechte stürmten das hiesige Ufer und fielen über wenige sture Verteidiger her.

Die Sonne stand hoch am Himmel, als die angreifende Armee sich auf der Mühlberger Elbseite sammelte und kurze Zeit später die Verfolgung aufnahm.

Fluss und Landschaft fielen zurück in friedliche Ruhe.

Klaas schüttelte sich. Stöver saß vor ihm und sah ihn mit schiefen Kopf und gespitzten Ohren erstaunt an. Klaas löste seinen Blick von Brücke und Marina, drehte sich um und schritt gedankenverloren zum Auto zurück.

Weder der Doktor noch Susanne fragten ihn, warum sie diesen Umweg gefahren waren.

Wenig später hatten sie die Elbbrücke hinter sich und bogen auf die Bundesstraße ab. Sie erreichten die Abzweigung zum menschenleeren Dorf mit den aufgeräumten Vorgärten und durchquerten es. Direkt vor dem Elbdeich ließ Klaas Susanne anhalten.

„Von hier aus gehen wir zu Fuß", erklärte er. „Bitte bleib hier bei deinem Auto und ruf mich sofort an, wenn sich irgendjemand oder irgendetwas nähert. Falls dich wer fragt, warum du hier rumstehst, sagst du einfach, dass du auf den Kerl wartest, mit dem du zu einem One-Night-Stand verabredet bist." Klaas feixte.

„Toll, wie im Krimi!", freute sich Susanne und kramte einen Kopfhörer aus dem zugemüllten Handschuhfach, um ihn an ihr Handy zu stöpseln.

Klaas nahm die Leiter aus dem Kofferraum und Eberwein schnappte sich den Rucksack. „Wer uns hier sieht, wie wir mit ner Leiter über die Elbwiesen stolpern, hält uns ganz sicher für bescheuert", sagte Klaas, aber Eberwein meinte, dass es ja immerhin ein paar Bäume gäbe, auf denen man Kastanien zählen konnte.

Als sie zur Deichkrone hinaufmarschierten, war Klaas absolut sicher, nicht das mittelalterliche Haus zwischen den Handtuchfeldern zu sehen, sondern die Elbe. Und zwar dort, wo sie hingehörte.

Eine Viertelstunde später hatten sie die ehrwürdige Eiche erreicht. Klaas führte den Doktor zu der Stelle, an der sich die Fallgrube verbarg. Alles war noch so, wie er es verlassen hatte.

Er zog die größeren Äste zur Seite, um für die ausgezogene Leiter Platz zu schaffen. Dann stieg Eberwein, mit einer Stirnlampe bewaffnet, hinunter und Klaas reichte ihm den Rucksack hinterher.

Eberwein amüsierte sich eine halbe Stunde unterirdisch, bis er, verdreckt wie ein glücklicher Bergmann, wieder auftauchte.

Klaas nahm den Rucksack entgegen, der merklich umfangreicher geworden war, und warf ihn hinter sich. Des Weiteren reichte Eberwein ihm eine Einkaufstasche hinauf, die, wie Klaas mit einem kurzen Blick feststellte, den auseinandergeschnallten Harnisch enthielt.

„Bitte gehen Sie respektvoll mit dem Rucksack um, er enthält den gespaltenen Schädel von Wilfried."

Klaas verdrehte die Augen. „Ich wusste gleich, dass man mit Ihnen arbeiten kann. Immerhin haben Sie herausgefunden, dass unser Freund Wilfried und nicht Gerippe heißt", rief er in die Öffnung und Eberwein antwortete aus der Unterwelt: „Ich habe gar nichts rausgefunden, aber ich meine, er hätte einen zeitgemäßen Namen verdient."

„Gut, dass Sie den Schädel nicht unter dem Arm tragen. Unsere Taxifahrerin könnte sonst verschreckt enteilen."

Sie grinsten sich an und marschierten zurück zum Polo. Klaas kam, mit Leiter und Harnisch bepackt, ganz schön ins Schwitzen, obwohl die Temperaturen jetzt, gegen Abend, erträglicher wurden.

Susanne saß, mit Kopfhörern auf den Ohren, in ihrem Polo. Beide Türen und Schiebedach standen weit offen, die Beine auf den Rahmen der heruntergedrehten Scheibe der Beifahrertür liegend, wippte sie, einzelne zusammenhangslose Passagen mitsingend, in flottem Takt mit den Füßen. Als Klaas sie an der Schulter antippte, zuckte sie erschrocken zusammen und riss sich den Kopfhörer von den Ohren.

„Manno, müsst ihr so angeschlichen kommen?" Klaas vernahm aus dem Kopfhörer in ihrer Hand ein hämmerndes Plärren.

„Ab 150 Dezibel besteht Lebensgefahr. Kein Wunder, dass du uns nicht hast kommen gehört. Außer uns hat sich niemand blicken gelassen?"

„Nein, alles voll ätzend krass langweilig", nuschelte sie Kaugummi kauend. Toller Satz, amüsierte sich Klaas im Stillen, aber er passt zu dir und ich habe verstanden, was du meinst.

„Übrigens ist keiner gekommen."

„Was meinst du?"

„Für den One-Night-Stand."

Klaas fasste sich an den Kopf und stöhnte.

Die Rückfahrt verlief ereignislos. Sie waren weit und breit allein auf der Straße. Spätestens in der Nähe von Mühlberg war Klaas sicher, dass dieser Tag anders war, als die vorherigen: kein Stalker in Sicht. Heute bin ich ein freier Mensch, sinnierte er und überlegte, wie er das nächste Mal unbemerkt zu Eberwein auf den Campingplatz kommen würde.

Klaas begleitete den Doktor bis zum Wohnwagen, dann verabschiedete er sich und ließ sich von Susanne nach Belgern bringen.

Den großen Umweg über Torgau hätte er ihr gern erspart, aber der Fährmann hatte schon Feierabend. Außerdem wollte er sich die Fähre als Möglichkeit, den Stalkern zu entwischen, erhalten. Sie hatte damit kein Problem. Überhaupt schien Susanne der Typ Mensch zu sein, der mit nichts ein Problem hat.

Sofort, nachdem sie ihn ein paar Ecken vor der Elbklause abgesetzt hatte, drehte sie das Autoradio bis zum Anschlag auf. Er hörte die verzerrten Bässe noch wummern, als sie schon drei Straßen weiter war.

Inzwischen war es draußen stockdunkel. Je näher er der Klause kam, desto aufmerksamer sah er sich nach seinen Trabanten um. Und richtig: In einer Seitenstraße erblickte er die eckigen Umrisse eines alten Volvos. Der Innenraum war dunkel, doch dann glomm eine Zigarette auf. Ja, ja, die Sucht, dachte er und ging, ohne sein Tempo zu verändern, weiter in Richtung Elbufer. Wenig später betrat er die Gaststube der Elbklause.

„Gibt's heute Rotwein?", fragte er auf dem Weg in „ihre Ecke".

„Du hast mit Sicherheit einiges zu erzählen. Das will ich nicht trocken verdauen." Helena langte zwei Weingläser vom Regal über der Theke, blies imaginären Staub heraus, schaute kurz durch die Gläser gegen das Licht und kam dann mit einer Weinflasche in der anderen Hand zu ihm an den Tisch.

„In einer Seitenstraße hab ich Rütters Wagen gesehen", flüsterte Klaas. „Wir sollten nicht zu laut reden, falls der Klappstuhl wieder unter dem Fenster hockt. Ansonsten tun wir, als wenn nichts wäre."

„Wie tut man, als wenn nichts wäre?"

Klaas schüttelte seufzend den Kopf und erstattete mit gedämpfter Stimme Bericht. Abschließend stellte er fest: „Ich glaube, dass Eberwein auf dem Campingplatz immer noch sicher ist. Uns ist garantiert niemand gefolgt. Auch zu Wilfried an der Elbe ist uns kein Auto hinterhergefahren. Und deine Susanne ist hoffentlich verschwiegen."

„Mach dir keine Sorgen. Die interessiert sich nur für Nageldesign und Musik. Ich werde sie sicherheitshalber morgen früh anrufen und ihr einbläuen, dass sie die Klappe hält." Nach einer kurzen Pause fragte sie: „Wer bitte ist Wilfried?"

Klaas schmunzelte. „Eberwein meint, das Gerippe müsse einen zu seiner Zeit passenden Namen haben. Wilfried gabs vor ein paar hundert Jahren schon. Außerdem hat er ihn auseinanderdividiert: Der Großteil liegt im Loch, sein Schädel inzwischen bei Eberwein im Wohnwagen-Kühlschrank. Als er Wilfried den Harnisch abgeschnallt hat, ist der Kopf abgefallen und weggerollt, da hat er ihn kurzerhand eingepackt."

„Echt pietätlos, wie ihr mit dem armen Kerl umspringt." Sie trank einen Schluck Wein. „Wie ist der Plan für morgen?"

„Wir werden Eberwein in Ruhe arbeiten lassen. Er hat ja seine Unterlagen, seinen Rechner, den halben Wilfried und den Harnisch. Da wird er ja hoffentlich etwas rausfinden."

Sie schwiegen einen Moment und hielten sich an ihren Weingläsern fest. „Schon ganz schön spät heute", sagte sie dann und Klaas verstand den Wink.

„Du musst morgen früh raus. Da wollen wir für heute besser Schluss machen."

Sie sahen sich an und auf Helenas Gesicht breitete sich ein zaghaftes Lächeln aus.

„Ja, besser ist das."

11. Tag

Ein kräftiges Brummen erfüllte das Wohnmobil, Klaas sprang aus dem Nest und schnappte sein vibrierendes Handy von der Tischplatte.

„Scheiße", brummelte er, weil er vergessen hatte, das Nervding lautlos zu stellen und rieb sich die Augen. Die Strahlen der Morgensonne krochen waagerecht in die Minna und tauchten die Einrichtung in ein orangerotes Licht, während über dem Fluss eine dünne Nebelbank lag.

05:40 las er auf dem Display und, dass es eine neue Nachricht gäbe. Eberwein hatte geschrieben: „muss sie zwingend sprechen stop gibt neue erkenntnisse stop muessen plan machen stop." Klaas schmunzelte einmal mehr über den Telegrammstil.

Die Geräuschkulisse im Haus sagte ihm, dass die Wirtin trotz der frühen Stunde schon aktiv war. Auf dem Rückweg von der Dusche legte er einen Schlenker durch die Küche ein und erklärte, sie könnten heute eher frühstücken. Helena war gerade dabei, sorgfältig die Ärmel ihres hellblauen Hemdes hochzukrempeln. Sie musterte ihn einmal von oben bis unten und zeigte auf sein um die Hüften gewickelte Handtuch. „Schön festhalten bitte!" Ein verhaltenes Grinsen umspielte ihre Lippen.

Klaas hatte eine zünftige Erwiderung auf der Zunge, beherrschte sich und verließ, ebenfalls grinsend, die Küche.

Wenig später, beim Frühstück, las Klaas kauend und schmatzend Eberweins Telegramm im originalen Wortlaut vor.

„Ist das ein Gag oder lebt der wirklich noch im Telegrammzeitalter?", fragte Helena.

„Bis vor Kurzen war mir nicht klar, ob Doktorchen auf der Höhe der Zeit ist. Inzwischen bin ich sicher, dass dieses weltfremde Gehabe größtenteils Show ist. Der alte Mann ist hellwach, das kannst du mir glauben." Er schob sich eine Ladung Rührei in den Mund. „Irgendwie muss ich heute noch einmal ohne Stalker im Schlepptau zum Campingplatz kommen."

„Susanne fällt heute aus. Die hat Schicht im Friseurladen."

Klaas lachte. „Friseuse! Natürlich! Was soll sie auch sonst sein? Es lebe das Klischee!" Etwas ernsthafter fragte er: „Hast du ne Idee?"

„Vielleicht die ganz harmlose Tour? Wir nehmen den Bully, du setzt dich nicht auf den Beifahrersitz, sondern in den Laderaum. Ich erledige meine Einkäufe. Spätestens an der dritten Station merken wir, ob wir Anhängsel haben. Wenn nicht, dann ab nach Falkenberg."

„Du hast recht: Warum nicht auf die simple Tour? Und zurück?"

„Du wirst sicher länger dortbleiben. Abends nach der Schicht könnte Susanne dich holen und an der Fähre absetzen."

„Okay. Kann Stöver in der Kneipe bleiben?"

„Klar, ich habe sowieso Buletten auf dem Speiseplan."

Klaas holte eine Flasche Wein aus dem Wohnmobil. Dann vergewisserten sie sich, dass die Luft rein war, und fuhren los.

Zu Beginn lief alles nach Plan. Klaas saß im Laderaum zwischen Obstkisten und Kühlboxen. Er beschwerte sich über die kaputte Klimaanlage und Helena behauptete, die könne nicht kaputt sein, weil der Bully keine hätte. Das Niveau ihrer Gespräche hob sich im Laufe der Fahrt nicht wesentlich. Während sie in den verschiedenen Geschäften einkaufte, wurde es ihm immer wärmer. Es gab zwar Frauen- und Behindertenparkplätze. Aber welcher Supermarkt verfügte schon über Schattenparkplätze?

Dann ging es hinaus Richtung Herzberg. Es wurde zusehends heißer und der Fahrtwind brachte trotz offener Fenster kaum Abkühlung für den Laderaum. Helena achtete permanent auf den Rückspiegel und Klaas beobachtete des Öfteren den rückwärtigen Verkehr mit dem Fernglas. Beide waren völlig überrascht, als auf der Zielgeraden zum Campingplatz plötzlich ein dunkelblauer Opel hinter ihnen auftauchte.

„Verdammte Scheiße! Wo kommt der denn her?! Wenn wir den nur eher bemerkt hätten! Zum Abwenden ist es zu spät. Wir sind zu nahe dran. Sogar dieser Idiot begreift, dass wir zum Campingplatz wollen!"

„Von wem redest du?"

„Von Rütter. Das hinter uns ist ein ziviler Polizeiwagen. Kann nur der Sheriff oder einer seiner Hilfspolizisten sein."

„Wir sind hier in Brandenburg. Da sind ihm eh die Hände gebunden."

„Na hören wir mal, was der Idiot zu sagen hat", seufzte Klaas. „Fahr weiter, wir halten vor dem Tor."

Klaas dachte einen Augenblick daran, sich im Bully zu verstecken, fand das aber zu albern. Außerdem war Eberweins Unterschlupf eh verbrannt, da konnte Klaas sich auch sehen lassen. Nachdem Helena vor der Schranke zum Campingplatz gehalten hatte, öffnete er von innen die Schiebetür und stieg aus.

Rütter hatte sich schon in seiner Lieblingspose grinsend neben seinem Auto aufgebaut und schob die Sonnenbrille auf den Kopf, wo sie klemmen bleiben sollte, aber immer wieder herunter rutschte. Oberwasser war gar kein Ausdruck für seine Laune.

„Na so ein Zufall. Hallo Herr Kommissar", sagte Klaas gespielt erstaunt und gespielt gut gelaunt.

„Nix Zufall, gute Polizeiarbeit. Und jetzt will ich Eberwein sprechen!" Die Sonnenbrille fiel runter. Rütter hob sie auf, faltete sie zusammen und schob sie in die Jackentasche.

Klaas verzichtete darauf, zu behaupten, der Doktor wäre nicht hier und sie wären nur so, zum Baden, hierher gefahren. Stattdessen schüttelte er missbilligend den Kopf.

„Aber Herr Rütter! Diese Umgangsformen! Wir haben auf der Polizeischule gelernt, zu grüßen. War das im Osten nicht der Fall?"

„Hören Sie auf mit Ihren Sprüchen! Ich erwarte, sofort mit Eberwein reden zu können!"

Klaas drehte sich um, ging ein paar Meter Richtung Schranke und wählte den Doktor an.

„Ja bitte?"

„Hallo Herr Doktor Eberwein. Ich bin's und ich hab's vermasselt. Wir stehen am Eingang zum Campingplatz und Rütter ist bei uns. Wie der uns unbemerkt folgen konnte, ist mir ein Rätsel. Jedenfalls stand er an der Schranke plötzlich hinter uns und verlangt, mit Ihnen zu sprechen."

„Tja, hat dann ja wenig Sinn, mich zu verstecken. Ich komme vor und werde ihn abwimmeln. Danach überlegen wir, wie wir die Kuh vom Eis bringen. Okay?"

„Schön gesagt, das mit dem Eis bei der Hitze." Klaas grinste und pilgerte zurück zu Rütter.

Helena war im Wagen sitzen geblieben und bedachte Rütter mit Kopfschütteln. Der Kommissar vermied den direkten Augenkontakt mit ihr und blickte unsicher auf den Boden.

„Der Herr Doktor Eberwein ist hierher unterwegs. Nur der Form halber erinnere ich Sie daran, dass es keinerlei Grund gibt, ihn in seiner Bewegungsfreiheit einzuschränken."

Rütter grinste nicht mehr, sondern begutachtete missmutig seine Fußspitzen.

Nach wenigen Minuten kam der Doktor in Sicht. Rütter straffte sich und warf sich in Positur. „Was denken Sie sich eigentlich dabei, einfach zu verschwinden?", rief er ihm entgegen.

„Herr Kommissar, Sie hatten keine lobenswerte Kinderstube. Diese Begrüßung ist inakzeptabel!" Klaas musste lachen.

Rütter lief rot an. Er war kurz davor, die Beherrschung zu verlieren.

Eberwein bedachte ihn mit einem freundlich-mitleidigen Blick. „Was meinen Sie? Werden Sie vernünftig und angemessen höflich mit mir reden?"

Rütter focht einen kurzen Kampf mit sich aus, dann kam ein gequältes: „Guten Tag Herr Doktor Eberwein."

„Fein, es geht doch."

„Ich fordere Sie hiermit auf, mit mir nach Torgau zu kommen. Ich muss darauf achten, dass Ihnen nichts passiert und ich habe Fragen an Sie."

„Nein, junger Mann, so nicht. Wären Sie Ihrer Profession gewachsen, befände ich mich noch in Döbeln im Krankenhaus und Ihre Leute würden für meine leibliche Unversehrtheit sorgen. Nun sorgt Herr Tidemeyer dafür, dass ich Ruhe habe und nicht mehr so oft überfallen werde. Und wer unterminiert das gerade? Wer bitte, Herr Rütter, lässt mein schönes sicheres Versteck auffliegen?"

Rütter schüttelte den Kopf und wollte zu einem energischen Widerspruch ansetzen, aber der Doktor unterbrach ihn im Ansatz: „Schluss jetzt. Schluss auch mit dem Versteckspiel. Ich habe die Nase voll! Ab sofort werde ich mich frei bewegen und wenn mir irgendetwas passiert, schreiben Sie in Zukunft wieder Strafzettel für Falschparker, Herr Rütter! Ist das klar? Schließlich haben Sie Ihre bescheuerte Sonnenbrille von meinen Steuergeldern gekauft!"

Klaas war baff. Vor ihm stand nicht mehr der schüchterne, verschrobene, weltfremde Lehrer, sondern ein energischer, selbstsicherer Mann, der den Sheriff vorbildlich und planvoll zusammenfaltete.

Rütter fingerte verlegen an der steuergelderfinanzierten Sonnenbrille herum und fixierte wieder seine Fußspitzen.

Eberwein wandte sich an Helena und Klaas. „Nehmen Sie mich mit in die Gastwirtschaft?" Aller Augen ruhten auf Helena.

„Selbstverständlich, Herr Doktor. Und wehe, wenn ich dich erwische, wie du am Fenster lauscht!", ermahnte sie Rütter. „Du sorgst mit deinen Hilfspolizisten gefälligst für unseren Schutz."

Sie ließen den Kommissar einfach stehen und passierten die Schranke. Eberwein brauchte nur wenige Minuten, um seinen sieben Sachen zu packen. Sie gaben den Schlüssel beim Platzwart ab und fuhren zurück zum Ausgang des Campingplatzes, als Klaas „halt!" rief.

Helena stieg auf die Bremse und Eberwein sah ihn fragend an.

„Der Schädel. Wir haben Wilfrieds Haupt im Kühlschrank vergessen."

Helena schüttelte seufzend den Kopf und Eberwein lachte.
„Nein, der Kühlschrank ist leer. Alles Weitere später."
Rütter stand immer noch da, wo Helena und Eberwein ihn abgefertigt hatten.
Die Fähre war nahezu belegt, sie waren die Letzten für diese Überfahrt, die mitkamen und direkt hinter dem Bully wurde die Schranke geschlossen. Das Gesicht Rütters, wie er der ablegenden Fähre nachblickte, war sehenswert.
„Er kann von Glück sagen, dass der Fährmann nett ist", sagte Helena grinsend. „Eigentlich wäre dies für heute die letzte Überfahrt. Aber er wird wegen Rütter noch eine dranhängen."
Klaas sah auf sein Handy. Tatsächlich war es schon nach 18 Uhr. Er saß wie auf der Hinfahrt im Laderaum auf einer Gemüsekiste. Diesmal, um Eberwein den Luxus eines Autositzes zu verschaffen.
Als sie vor der Elbklause ausstiegen, unternahmen sie keinen Versuch, die Anwesenheit Eberweins zu verheimlichen. Alle drei hatten die Heimlichtuerei satt.
„Kann ja wohl nicht sein, dass ich in meinen eigenen vier Wänden nicht beherbergen darf, wen ich will. Der Hilfsbulle hat hoffentlich begriffen, welchen Job er ab sofort hat", hatte Helena sich während der Fahrt ereifert und Eberwein hatte ihr Recht gegeben. Zur Not wollte er einen Bekannten im sächsischen Innenministerium anspitzen, der Rütters Adrenalinhaushalt gehörig anschubsen würde.
Stöver mochte sich vor Freude kaum wieder einkriegen, als die drei bei ihm in der Gaststube auftauchten. Speziell Eberwein wurde von ihm sanft aber ausgiebig begrüßt.
„Wir schauen mal nach unseren Stalkern", meinte Klaas, ergriff seine Kamera und begab sich mit Stöver, der sich nur unwillig von Eberwein trennte, auf eine Runde durch die umliegenden Seitenstraßen. Und siehe da: Gleich an der nächsten Biegung parkte der rotbraune Reiskocher. Klaas ging, getreu der neuen Devise „keine Heimlichkeiten mehr" bis auf eine passende Fotodistanz an das Auto heran. Ihm gelangen ein paar formatfüllende Aufnahmen des Wagens. Diesmal

hatte er in weiser Voraussicht einen Polarisationsfilter auf das Objektiv geschraubt, um die Spiegelungen auf der Frontscheibe zu minimieren.

Er beeilte sich, denn wer auch immer am Steuer saß, hatte seine Schrecksekunde schnell überwunden. Der Motor heulte auf und der Wagen rauschte an Klaas, der dem Fahrer freundlich lächelnd zuwinkte, vorbei. Ja, das Auto wurde zu Klaas' Erstaunen von einem Mann gelenkt. Er war gespannt, ob Helena den Typen ebenfalls kannte.

Zwanzig Minuten später kam Rütter mit Begleitung von der Fähre gefahren und stellte seinen Dienstwagen demonstrativ neben der Einfahrt zur Klause ab.

Eberwein legte eine Ruhepause im Gästezimmer ein. Er hatte Stöver bei sich, der ihm gern gefolgt war. Die Sympathie zwischen den beiden war nicht zu übersehen.

Gegen Sonnenuntergang versammelten sie sich an ihrem Lieblingstisch. Stöver hatte sich neben Eberwein niedergelassen, der ihm wieder mit einer Hand den Nacken kraulte, nachdem er zwei mit gekreuzten Schnüren zusammengebundene Papierstapel und sein Notebook vor sich abgelegt hatte.

Durchs Fenster sahen sie draußen auf der Straße einen Polizeiwagen vorfahren. Rütters Ablösung.

Helena räumte den Tisch ab und kam mit einer Flasche halbtrockenem Dornfelder nebst Gläsern zurück.

„Kann losgehen", meinte sie und Eberwein begann, unter gespannter Beobachtung von Klaas und Helena, den ersten Papierpacken von seiner Umschnürung zu befreien. „Dies sind diverse Unterlagen zu dem Keller, in dem Sie das Gerippe gefunden haben."

Klaas unterbrach ihn: „Bitte lassen Sie uns bei Wilfried bleiben. Gerippe klingt zu sehr nach abgeknabberten Rippchen."

„Einverstanden", sagte Eberwein und hob sein Weinglas.

„Also dort, wo Sie Wilfried gefunden haben, befand sich bis 1872 ein Haus. In besagtem Jahr wurde die Elbe begradigt und das Gebäude musste abgerissen werden, da es zu nahe am neuen Verlauf der Elbe stand. Der Elbbogen, der jetzt das Naturschutzgebiet „Alte Elbe Kathewitz" umschließt, wurde damals abgeschnitten, weil er für die Schifffahrt zu gefährlich war und immer wieder versandete." Es folgte der nächste Schluck Rotwein.

„In diesem Packen Papier habe ich alles gesammelt, was ich zu dem Haus finden konnte. Es gehörte bis 1533 zum Schloss Hartenfels. Dort waren Landarbeiter untergebracht, die auf den umliegenden Feldern arbeiteten. Bis zu diesem Jahr gibt es auf dem Schloss diverse Aufzeichnungen zu dem Vorwerk, sowohl in Grundbüchern als auch in den Wirtschaftsbüchern von Hartenfels."

Er hob einige Kopien an.

„Hier sind ein paar Aufzeichnungen aus dem Hauptbuch des kurfürstlichen Hofes, in denen das Objekt an der Elbe als Kostenstelle geführt wird."

Er legte die Blätter beiseite und zeigte die handschriftlichen Seiten eines Grundbuches mit Flurstücknummern.

„Im September 1533 hat jemand das Haus dem Kurfürsten abgekauft und mit Goldmünzen bezahlt. Der Kaufpreis belief sich auf eine für die damalige Zeit erhebliche Summe. Gemessen an der Größe des Anwesens sogar für eine ungewöhnlich hohe Summe, entrichtet von einem Herrn Adelbert Goddeling, dessen Name sich jedoch nicht im Grundbuch wiederfindet. Über diesen Goddeling ist nichts bekannt, weder, wo er herkam, noch von wem er abstammte. Äußerst mysteriös. Goddeling ist übrigens ein uralter Name, der in diversen Aufzeichnungen aus dem Mittelalter in Sachsen auftaucht.

Danach ist Schluss: Bis zur Elbbegradigung im neunzehnten Jahrhundert habe ich nichts mehr über einen Goddeling, dieses Haus oder dessen Bewohner finden können. Da hätte ich für Sie, Herrn Tidemeyer, eine nette Aufgabe. Die Kirchenbücher der umliegenden Gemeinden nach irgendwelchen Leuten zu durchforsten, die in dieses Haus an der Elbe oder von dort weggeheiratet haben."

Wieder ein kräftiger Schluck Rotwein.

„Oder weggestorben sind", ergänzte Helena.

„Oder das. Weiterhin wundert mich das Fehlen jedweder Aufzeichnungen über den Abriss des Hauses. Weder darüber, wer ihn veranlasst hat, noch, ob jemand für den Verlust des Hauses entschädigt wurde, habe ich Dokumente gefunden."

Klaas meldete mit erhobenem Zeigefinger eine Zwischenfrage an. „Wo könnten solche Aufzeichnungen zu finden sein?"

„Ich schätze, im sächsischen Staatsarchiv in Dresden. Der Rotwein ist übrigens lecker." Helena grinste und schenkte nach.

„Es muss eine Luke im Fußboden des ehemaligen Hauses gegeben haben. Die sollten wir beim nächsten Besuch im Keller finden und nach Anzeichen dafür suchen, ob sie in letzter Zeit geöffnet wurde. Soweit zum Haus. Nun zum Harnisch und zu Wilfrieds Haupt." Eberwein blickte erstaunt in sein leeres Glas.

In so ein Rotweinglas passt nicht viel hinein, dachte Klaas, lächelte und schenkte ihm nach.

Eberwein trank, schmatzte und verdrehte die Augen. Seine Stimme wurde weicher, die Worte erklangen nicht mehr akkurat voneinander getrennt, sondern begannen, ineinander zu verlaufen.

„Ich habe Schädel und Harnisch noch gestern Abend von einem verlässlichen Freund abholen lassen."

Das Wort „verlässlichen" sprach er mit einem langen „sch" aus. Er hatte mittlerweile nahezu eine Flasche intus und der Wein zeigte Wirkung.

Während Helena Nachschub ranholte, legte Eberwein eine Redepause ein, pulte sich mit einem Finger im Ohr herum, besah sich das Resultat auf der Fingerspitze eingehend und wischte diese dann übertrieben sorgfältig am Pullunder ab. Helena war wieder da und während Klaas die neue Flasche öffnete, setzte Eberwein seinen Vortrag immer undeutlicher fort.

„Besagter liebe alte Freund bekleidet einen leitenden Posten im Institut für Ur- und Frühgeschichte an der Uni Leipzig. So alt ist Wilfried zwar nicht, aber der Lieblingsfreund ist zuverlässig, verschwiegen und erfinderisch. Er wird mir demnächst sagen, wann Willi von dieser Welt gegangen ist. Beziehungsweise gegangen wurde. Der Panzer" – er sagte „Pannscher" – „wurde Ende des fünfzehnten Jahrhunderts gefertigt und gehörte wohl keinem Adeligen, sondern eher einem profanen Bürgerlichen. Also möglicherweise einem der Geharnischten."

Erstaunlich, dachte Klaas, er nuschelt zwar gewaltig, logisch und grammatikalisch ist sein Gerede aber immer noch akzeptabel.

„Ich bin so froh, dass ich mit euch hier sitzen darf, und der Wein ist wirklich gut! Prost Klaas! Prost schöne Helena!"

„Prost, Herr Doktor", sagte Klaas und der Doktor erwiderte fröhlich nuschelnd: „Hat sich ausgedoktert! Ich bitte gefälligst, den Herren wegzulassen, und Jens ist müde."

Klaas und Helena sahen sich feixend an. „Ab ins Gästezimmer mit ihm. Ich bringe einen Eimer, falls er sich die Bratkartoffeln noch mal durch den Kopf gehen lässt", sagte sie und Klaas half dem Doktor auf die Beine.

Nachdem sie Eberwein nebst Eimer ins Gästezimmer verfrachtet hatten, teilten sich Klaas und Helena den Rest des Weins. Sie waren beide angeduselt, aber bei Weitem nicht so besoffen wie ihr neuer Duzfreund.

„Ich möchte schauen, ob Freund Rütter seinen Job ernst nimmt. Bitte gib mir deine große Taschenlampe."

„Wenn du Rütter noch einmal als meinen Freund bezeichnest, sind wir keine Freunde mehr", protestierte Helena. Ihre Augen glänzten.

Klaas riss sich mühsam von diesen Augen nebst Dekolleté los, weckte Stöver, und alle drei trotteten zur Hintertür hinaus. Er behielt den Hund bei Fuß und schlich mit ihm einmal um das Haus herum, ohne jemanden zu bemerken. Dann tappte er auf Zehenspitzen hoch zur Straße und leuchtete mit der starken Lampe in den dunkelblauen Polizeiopel.

Rütters Kopf war zur Seite auf die Schulter gefallen und sein Mund stand weit offen. Durch das einen Schlitz weit geöffnete Seitenfenster drang ein deutliches Röcheln.

„Achtung!", brüllte Klaas, fasste mit beiden Händen an die Dachkante des Wagens und ließ ihn mit aller Kraft hin und her schwanken. Rütter schreckte hoch und schützte seine Augen mit der Hand vor dem grellen Licht der Lampe.

„Mann, Rütter", rief Klaas und schüttelte den Kopf, „pennt der hier, wo die Nacht noch nicht einmal halb rum ist. Bei meinem nächsten Rundgang mache ich peinliche Fotos! Verlass er sich darauf!"

Ohne Rütters Ausrede abzuwarten, verließ Klaas den Ort polizeilichen Unvermögens und hielt vergeblich nach dem Wagen von Jessica Ausschau. Wenigstens eine hat begriffen, wo sie nichts zu suchen hat, dachte er grimmig und schlenderte zurück zum Haus.

12. Tag

Als Klaas am nächsten Morgen die Gaststube betrat, fand er einen Eberwein vor, der überraschend gut beieinander war. Etwas blass um die Nase vielleicht und mit recht kleinen Augen, aber putzmunter.

„Moin. Alles klar, Herr Doktor?"

„Ich erinnere mich diffus, dass wir gestern beim „Du" angekommen waren! Guten Morgen, Klaas."

„Ja, jetzt fällt es mir wieder ein .... also: moin, Doktor. Alles okay bei dir?"

Eberwein nickte und Klaas ging in die Küche, um Helena zu begrüßen. Als er zurück an den Tisch kam, hatte Stöver schon die kraulende Hand Eberweins in Beschlag genommen.

„Schick ihn weg, damit du dein Frühstück mit Messer und Gabel einnehmen kannst", riet er ihm, „die Mahlzeiten hier sind reichhaltig."

Nach dem letzten Bissen schob Klaas seinen Teller beiseite und legte die Kamera auf den Tisch. Er blätterte das Bild vom Fahrer von Jessicas Autos auf das Display.

„Wem kommt diese Visage bekannt vor?", fragte er und zeigte das Foto herum.

„Den kenn ich nicht", erwiderte Helena spontan.

Eberwein überlegte lange. „Ich habe den Mann schon einmal gesehen. Ich kann das Gesicht aber auf die Schnelle nicht zuordnen, ist unter Umständen länger her. Vielleicht war der Kerl auch anders gekleidet, als ich seiner ansichtig wurde."

Klaas zoomte in das Bild hinein. Der Mann, so um die dreißig, wurde größer, bis die Aufschrift auf dem T-Shirt zu lesen war: „Route 66".

„Was könnte er damals angehabt haben? Freizeithemd? Einen Anzug vielleicht? Mit Krawatte? Lass deine Fantasie spielen."

Eberwein musterte das Foto ausgiebig. „Nein, ich weiß es wirklich nicht. Vielleicht fällt es mir wieder ein. Der Wicht ist ja so kümmerlich, dass er kaum über den Volant gucken kann", sagte er nachdenklich und Klaas übersetzte für Helena.

Zum Ende des Frühstücks teilte Klaas wie selbstverständlich die Aufgaben für den Tag ein.

„Sie – Pardon – du, Doktor, brauchst Zeit für Recherchen im Internet und Unterredungen mit deinen Amigos an der Uni, den Ämtern und dem LKA. Apropos LKA: Bitte schick denen das Foto von dem Kleinen im Kleinwagen.

Helena muss ihren Bauchladen in Schwung halten. Wegen der Krankenkassenbeiträge. Also werde ich die in Frage kommenden Pfarrämter und Gemeindeverwaltungen besuchen und in diversen Registern oder Stammbüchern nach Unterlagen zum Haus an der Elbe wühlen."

„Fein, dass du mir sagst, was ich heute zu tun habe", meinte Helena mit einem spöttischen Seitenblick. „Ich hätte sonst nicht gewusst, wohin mit meiner Zeit." Klaas grinste fröhlich zurück.

Der Doktor kümmerte sich nicht um die Spielchen der beiden. „1872 wurde das Haus abgerissen. Du solltest dir jeweils die 50 Jahre vorher ansehen. Das Unangenehme ist, dass es für das Haus keine übliche Adresse gegeben hatte, sondern eher eine Bezeichnung wie „Vorwerk Hartenfels" oder Gesindehof. Irgendwas in der Art. Als Zusatz eventuell ein Begriff wie „Im Felde" oder etwas ähnliches."

„Schön, dass du nicht mehr so nuschelst wie gestern Abend." Klaas machte sich Notizen auf einen Bierdeckel. „Ich fände es gut, wenn du das Haus nicht verlässt, beziehungsweise dich immer in der Nähe von Helena aufhältst. Ich traue Rütters Wachdienst nicht viel zu."

„Nichts gegen die Nähe unserer Wirtin, aber es wäre besser, wir bekämen schleunigst heraus, wer es auf mich abgesehen hat."

Klaas hatte beschlossen, die Gemeindeverwaltungen mit dem Wohnmobil abzuklappern. Stöver wollte er dabeihaben, obwohl dieser sich nur schwer von Eberwein losreißen konnte. Er kappte den Strom, füllte Trinkwasser nach und verstaute alles bewegliche Gut. Erstaunlich, wie viel Gerassel überall herumlag, nachdem er die Minna drei Tage lang nicht bewegt hatte.

In Torgau überquerte er die Elbe und begann mit seinen Recherchen in Graditz, Prausitz und Pulswerda. Er bekam überraschend unbürokratisch Einblick in vorhandene Bücher beziehungsweise Auskunft darüber, wo er sie finden konnte, und sichtete diverse Taufbücher, Trau- und Sterberegister.

Als Grund für die Recherche gab er an, Hinweise „auf den Verbleib der Cousine der Großtante eines verstorbenen Freundes" zu suchen, was sich so verdreht anhörte, dass niemand sich traute, nachzufragen. Einige der Hüter des Altpapiers wollten nicht einmal seinen Personalausweis sehen.

Auch wenn die alten Handschriften nur schwer zu entziffern waren, hätte er sich in fast jedem dieser Bücher oder Register festlesen können, denn hinter vielen Einträgen waren Katastrophen wie Feuer, Überflutungen und Seuchen vermerkt. Daneben die unterschiedlichsten Familientragödien. Seine Fantasie ging während des Lesens immer wieder mit ihm durch und er hatte bedrückende Szenarien von Schmerz und Elend vor Augen.

Bis zum Mittag fand er keinen einzigen Hinweis auf das Haus an der Elbe. Während der Fahrten von einer Gemeinde zur anderen hing sein Blick gewohnheitsmäßig immer wieder am Rückspiegel, jedoch schien er heute ein freier, unbeobachteter Mensch zu sein.

Dieser Sommertag entwickelte sich nicht weniger heiß als die Vergangenen. Deshalb kam Klaas gegen Mittag ein schattiges Parkplätzchen an der Elbe sehr gelegen. Eine kurze Wanderung mit Stöver brachte Erleichterung, denn wenigstens am Fluss wehte eine leichte Brise.

Nach einem Nickerchen und ohne Einbrüche in alte Keller oder weitere Leichenfunde gab er Neuzwönitz als nächste Gemeinde auf dem Navi ein, den einzigen Ort weit und breit mit einer katholischen Kirche.

Als er sich dem Ort näherte, fiel ihm der Kirchturm schon aus der Ferne ins Auge. Indem er auf den Parkplatz vor der Kirche abbiegen wollte, trat jemanden aus dem Haus neben der Kirche. Trotz der Hitze trug der Mann — jedenfalls schloss Klaas aus Gang und Gestalt, dass es sich um einen Mann handelte — einen bis auf den Boden reichenden schwarzen Umhang. Klaas verzichtete spontan darauf, den Blinker zu setzen, sondern ließ das Wohnmobil mit niedriger Geschwindigkeit an Kirche und Pfarrhaus vorbeirollen. Jetzt, im Vorbeifahren, erkannte er die Gesichtszüge: Diese Visage hatte er schon gesehen und fotografiert.

Dieser Mann hatte nachts in Jessicas Auto gesessen und die Elbklause beobachtet. Im Rückspiegel sah Klaas ihn zur Kirche hinüber schreiten. Kleidung und der Zugang zum Pfarrhaus ließen nur den Schluss zu, dass der seltsame Kerl Pfarrer der Gemeinde Neuzwönitz war.

Nichts deutete darauf hin, dass Klaas oder sein Wohnmobil erkannt worden waren. Ohne anzuhalten, verließ er den Ort, beschloss, seine Recherche für diesen Tag abzubrechen, und fuhr zurück nach Belgern.

Die Straße im Rückspiegel blieb frei, niemand folgte ihm. Dabei fiel ihm ein, dass er noch nicht geklärt hatte, wie Rütter unbemerkt von ihnen den Campingplatz hatte finden können, und er nahm sich vor, den Bully nach einem Peilsender abzusuchen. Technische Spielereien dieser Art würden zu Sheriff Rütter passen, fand er.

„Du bist schon wieder zurück", wurde er von Eberwein begrüßt. „Das kann nur bedeuten, dass du fündig geworden bist."

Es war früher Nachmittag. Der Doktor saß in ihrer Frühstücksecke, um ihn herum ein riesen Trubel, denn es war einmal mehr ein Kegelklub oder eine Bürogemeinschaft oder irgendetwas in der Art eingetroffen. Jedenfalls war der Lärm unbeschreiblich.

Klaas setzte sich zu ihm an den Tisch. „Hallo Doktorchen! Hast du Ohropax in den Ohren oder nur ein dickes Fell?"

Eberwein lachte. „Ich konnte trotz der Bahnhofshallenatmosphäre einiges herausfinden. Übrigens habe ich einen Vornamen." Er hatte tatsächlich den Pullunder ausgezogen, so sehr war er ins Schwitzen gekommen. Der fühlt sich ohne Pullunder wie ein Pfarrer am FKK Strand, dachte Klaas und winkte grüßend zu Helena hinüber, die gerade mit einem Tablett voller Biergläser an ihnen vorbei eilte.

„Ich habe mich an den Doktor gewöhnt und bin ein Gewohnheitstier. Keine Chance!" Er lächelte. „Ja, es stimmt, es gibt Neuigkeiten. Allerdings andere, als du ahnst. Ich fürchte aber, ich muss vorher am Zapfhahn aushelfen, wenn ich den Trubel rundherum sehe." Klaas erhob sich. „Wir unterhalten uns, sobald in diesem Tollhaus Ruhe eingekehrt ist. Dir empfehle ich, eine Nase frischer Luft zu schnappen. Jetzt, am helllichten Tage, wird dich keiner wegfangen. Wenn du Stöver mitnimmst, allemal nicht."

„Glaubst du, der folgt meinen Direktiven?"

Klaas lächelte. „Schlechter als den meinigen geht kaum. Du drohst ihm einfach, den Nacken nicht mehr zu kraulen, wenn er nicht pariert. Das zieht unter Garantie!"

Eberwein rief schmunzelnd nach dem Hund und griff sich seinen Pullunder, während Klaas Rütter anklingelte.

„Doktor Eberwein begibt sich auf einen Spaziergang. Achten Sie darauf, dass er heil wiederkommt. Und wehe, Sie lassen ihn nicht in Ruhe." Er bediente sich bewusst eines schroffen Tonfalls und kappte die Verbindung, bevor der Kommissar antworten konnte.

Währenddessen war er hinter der Theke angekommen.

„Mit wem schimpfst du denn?", fragte Helena.

„Natürlich mit Rütter."

„Du redest freiwillig mit dem Arschloch?"

„Er soll auf den Doktor aufpassen. Dem habe ich frische Luft verordnet, damit er keinen Lagerkoller kriegt. Er nimmt den Hund mit."

Helena lächelte. „Gibt's was Neues?"

Sie mussten relativ laut miteinander reden, um sich verständlich zu machen, so gut war die Stimmung in der Gaststube.

„Ja, von mir und von Eberwein. Aber jetzt helfe ich dir erst einmal, die Bande hier abzufüllen." Er deutete mit dem Kopf auf die feiernden Radwanderer.

Durch das Kneipenfenster sah er Eberwein auf der Kreditbank Nordsachsen-Bank sitzen. In der Nähe stand, so unauffällig wie ein Nudist in der Kirche, Oberkommissar Rütter, trotz der Hitze in schwarzer Lederjacke, den tiefgeschnallten Colt an der Seite und die Pilotenbrille im Gesicht. Ein Bild für die Götter, dachte Klaas, langte seine Kamera vom Regal, holte die beiden mit dem Zoom formatfüllend heran und drückte grinsend ab.

Als er sich umdrehte, stand Helena, eigenartig unberührt vom Lärm der Gäste, mit dem vollen Tablett in den Händen, mitten in der Gaststube. Auf ihrer sonnengebräunten Stirn schimmerten filigrane Schweißperlen und das weiße Hemd leuchtete im Halbdunkel der Kneipe.

Für einen Augenblick war der Trubel um sie herum wie ausgeblendet. Er erwiderte den Blick aus ihren blauen Augen und lächelte. Helena wischte sich eine blonde Strähne aus dem Gesicht, dann war der entrückte Moment vorbei und sie wandte sich zur Küchentür.

Nach einer weiteren halben Stunde verbreitete sich Unruhe: Die Mitglieder der Reisegruppe sattelten mit viel Brimborium ihre Räder. Eberwein und Stöver kamen zurück und hatten Durst. Rütter trottete zu seinem Wagen und zog unterwegs die Lederjacke aus. Im Vorbeigehen warf er mehr als einen mürrischen Blick Richtung Gaststätte.

Es dauerte eine Weile, bis alle Gäste gegangen waren, Küche und Gaststube wieder ordentlich aussahen und das Dreiergespann in der Frühstücksecke saß.

Eberwein berichtete von seinen Recherchen: „Meine Freunde in Leipzig haben mir ein paar Zwischenergebnisse zukommen lassen. Der Harnisch stammt, wie ich es schon vermutetet habe, in der Tat aus der Zeit um 1400. Plus minus hundert Jahre. Er ist kein nach Maß hergestelltes repräsentatives Einzelstück, wie es zum Beispiel für Offiziere angefertigt wurde, sondern von eher gewöhnlicher Machart und für das gemeine Fußvolk gefertigt worden. Solch ein Brustpanzer wurde üblicherweise an den nächsten weitergegeben, wenn ein Soldat seinen Abschied nahm oder zu Tode kam. Er kann also getrost über hundert Jahre in Benutzung gewesen sein."

Er wühlte kurz in dem Papierstapel vor sich auf dem Tisch und fuhr fort: „Wilfried ist mit ziemlicher Sicherheit zwischen 1500 und 1550 vom Leben in den Tod befördert worden. Wir lagen also mit unseren Vermutungen gar nicht so schlecht."

Er blickte Klaas an und fragte: „Wie ist es bei dir gelaufen?"

„Erst schlecht, dann überraschend".

Er erntete fragende Blicke.

Klaas lächelte. „In allen Gemeindebüros waren die Leute kooperativ und meine Nachforschungen ergebnislos. Bis in Neuzwönitz. Als ich gerade vor der Kirche parken wollte, kam die Visage aus dem Pfarrhaus, die ich in Jessicas Auto fotografiert habe. Im schwarzen Umhang mit weißem Kragen. Einer unserer Stalker ist also der Pfarrer von Neuzwönitz, der einzigen katholischen Gemeinde im Umkreis." Er lehnte sich triumphierend zurück.

Helena überlegte laut: „Wir haben folglich eine Verbindung von Jessica zu diesem Pfarrer. Jessica ist Rütters Nichte. Bedeutet das eine Verbindung zwischen Rütter und dem

Pfarrer? Nicht zwingend. Zeitübergreifend betrachtet: Der Papstbote aus dem Mittelalter war genauso katholisch wie der Pfarrer. Zufall? Die Katholiken sind in dieser Gegend eindeutig in der Minderzahl ... Wie kriegen wir heraus, ob es zwischen dem Pfarrer und dem Haus an der Elbe einen Zusammenhang gibt?"

„Welchen Grund hat der Pfarrer, uns zu beschatten, wenn ihn nichts mit dem Haus verbindet?", hakte Klaas ein.

„Und warum ist Rütter so hartnäckig an mir dran?", fragte Eberwein.

„Ei ei ei, irgendwie müssen wir Struktur in unsere Fragerei bekommen. Ich glaube, wir brauchen was zum Aufschreiben", meinte Klaas und Helena meldete sich wie in der Schule.

„Helena?" Klaas blickte sie fragend an.

„Ich hatte meine Gaststube vor Jahren stundenweise an eine Versicherung vermietet. Die haben hier ihren Leuten beigebracht, wie man gutgläubigen Sterblichen was aufschwatzt. Die Vögel haben eine Pinnwand bei mir vergessen. Die müsste noch im Schuppen stehen."

Nach wenigen Minuten sah es in der Gaststube professionell nach Seminar aus. Neben dem Frühstückstisch hing eine stattliche, mit Leinen bespannte Tafel an der Wand, und auf dem Tisch lagen Nadeln und Moderationskarten.

Helena ergriff einen blauen Stift, schrieb das Wort „Elbgold" auf eine Karte und pinnte sie oben auf die Pinnwand. „Ihre Beiträge, meine Herren!", sagte Sie dann und blickte die beiden Männer auffordernd an.

Als Erstes listeten sie alle denkbaren Verbindungen zwischen Jessica, Rütter und dem Pfarrer auf, inklusive der Beziehung zur katholischen Kirche, zum Boten des Papstes und zum Haus an der Elbe.

Irgendwann sagte Klaas: „Ob es dir gefällt, Doktorchen, oder nicht, du gehörst auf die Tafel."

Helena schrieb „Jens" auf eine Karte, nadelte einen roten Pfeil hinüber zu Rütter und darüber ein Fragezeichen. Dann folgte „Mister X", ebenfalls mit einem dicken Fragezeichen dahinter und einem Pfeil zu „Jens".

Damit war die rechte Seite der Pinnwand belegt.

Klaas erhob Einspruch: „Bitte den „Jens" gegen eine „Doktor" tauschen. Jens kennt hier keiner."

„Ohne Alkohol halte ich das nicht aus", stöhnte Eberwein und Helena sprang auf, als hätte sie nur auf dieses Signal gewartet, um Wein und Gläser zu holen.

Nach dem ersten Schluck stellte sich Eberwein an die Pinnwand und beschrieb drei Moderationskarten mit „Helena", „Klaas" und „Doktorchen", befestigte sie in einer Reihe oben an der linken Seite der Pinnwand und sagte: „Jetzt zur Aufgabenverteilung. Wer übernimmt den Pfarrer? Den Namen klären, Beziehung zu Jessica, zum Haus überprüfen?" Für jede der Fragen beschrieb er eine Karte.

„Keiner von uns. Das müssen wir delegieren, denn der Pfaffe kennt uns alle durch seine Stalkerei", gab Klaas zu bedenken. „Wer könnte das für uns erledigen?"

Klaas wandte sich zu Eberwein. „Doktor, wenn du schon deine Verbindung zum LKA hast, warum können die das nicht übernehmen?"

„Ungern. Zu eurem Verständnis: Die Sonderkommission hat über lange Jahre Beziehungen aufgebaut und viel Mühe, Geduld und Geld investiert, um mich in der Szene zu etablieren. Diese umfangreiche Arbeit wäre infrage gestellt, wenn die Verbindung zwischen mir und dem LKA bekannt würde. Deswegen nutze ich sie nur im allergrößten Notfall. Oder wenn es um einen ganz großen Fisch geht. Solange das nicht der Fall ist, bitte ich euch, das LKA einfach zu vergessen."

Er überlegte einen Moment, bevor er weitersprach. „Ich habe einen besseren Vorschlag: Ihr wisst ja, dass ich Connections nach Leipzig zur Uni pflege. Unter anderen zu meinem Freund Armin Hammerschmidt. Der ist zwar Ur- und Frühgeschichtler, aber diese Bücherwürmer kennen sich sowieso alle untereinander. Ein paar Theologen gehören ebenfalls zu der Blase. Mit Armin bin ich im Dialog, seit du, Klaas, mir das erste Mal von Wilfried erzählt hast. Wenn ich ihn bitte, nach außen hin Stillschweigen zu wahren, hält er sich daran. Der Mann ist Atheist und kritisch genug, um mit Freuden eine klerikale Sauerei aufzudecken. Den setzen wir auf den Pfarrer an."

„Mensch Eberwein", lachte Helena laut los, „als wir dich kennengelernt haben, hast du gehobenes Deutsch geredet. Unser Unterschichtenjargon färbt wohl ab?"

Sie lachten alle und die Weinflasche war schon wieder halb leer.

Helena schrieb unter „Doktorchen": „Del. Hammerschmidt" und pinnte daneben eine Karte mit den Stichworten: „Pfarrer", „Kirche" und „Haus."

„Delete Hammerschmidt", grinste Klaas und Helena protestierte: „Delegiert heißt das!", und quetschte ein „an" zwischen „del." und „Hammerschmidt".

„Meine Dame, mein Herr, ich bitte doch, mit dem nötigen Ernst an die Sache heranzugehen!", meldete sich Eberwein und nuschelte schon wieder ein wenig.

Klaas grinste mit einem Seitenblick auf Eberwein. „Es geht schon wieder los. Der Doktor bekommt keinen Alkohol mehr!"

Einen Moment später waren sie wieder ernsthaft bei der Sache und Klaas sagte: „Ich meine, wir sollten den Pfarrer aus der Reserve locken. Ich fahr morgen gen Neuzwönitz und frage, wie in allen anderen Gemeindebüros, nach Unterlagen aus der fraglichen Zeit. Gestern hat er mich nicht gesehen und ich werde mir nicht anmerken lassen, dass ich ihn erkannt habe."

Sie diskutierten noch eine Weile und brachten trotz des Rotweins eine sinnvolle Aufgabenverteilung zustande: Helena sollte sich um das Verhältnis zwischen Rütter und Jessica kümmern. Sie kannte genug Leute, die gern über Andere herzogen, „ratschen" sagte sie dazu, und würde sie durchtelefonieren. Der Erfolg wäre totsicher, wie sie meinte. Klatsch und Tratsch wären unersetzliche Hilfsmittel für Ermittlungen dieser Art.

Eberweins Aufgabe bestand darin, über seinen Freund von der Ur- und Frühgeschichte an zusätzliche Informationen zu den Geharnischten, dem Nuntius und Claus Narr heranzukommen, um einen möglichen Zusammenhang zum Haus an der Elbe zu finden. Vorzugsweise Informationen, die nicht im Internet zugänglich waren.

Nach und nach wurde das Gespräch persönlicher. „Klaas, du bist noch nicht so alt. Jedenfalls vermute ich das. Warum bist du nicht mehr im Dienst?", fragte Eberwein, nach dem sie die Pinnwand in der Besenkammer zwischengelagert und Luft an eine neue Flasche Wein gelassen hatten.

„Was bedeutet „so alt"?", wich Klaas aus, ohne eine Antwort zu erwarten. Nach einem Schluck Wein fuhr er fort: „Für eine ausführliche Erklärung ist dieser Abend mit Sicherheit zu kurz, deswegen hier die Kurzform: Ich hatte die Schnauze voll. Reicht das fürs Erste?"

Der Doktor grinste und Helena sagte trocken: „Ha, ha, ha." Beide sahen Klaas erwartungsvoll und auffordernd an.

„Na was? Ich kann es auch so sagen: Ich hatte keine Lust mehr, mich auslachen zu lassen. Ich hatte keine Lust mehr, die Verantwortung für Fehler zu übernehmen, die andere verbockt haben. Ich wollte mich nicht mehr als Beamter im schlechtesten Sinne fühlen, also Dienst nach Vorschrift zu machen, Blumen zu gießen und auf die Pension zu warten. Hilft euch das weiter?"

Beide blickten ihn weiterhin schweigend an.

Klaas atmete tief durch und murmelte ein „Mann Mann Mann. Das war so ein netter Abend."

Das Schweigen wurde peinlich.

„Also gut. Ich erzähle von meinem Berufsfrust und dem Auslachen. Danach ist der Nächste dran, sich auf links zu kehren."

Er begann zu erzählen. Von den vielen Ganoven, die er im Laufe seiner Dienstzeit eingebuchtet hatte. Davon, dass die meisten von denen ihn zweifelsfrei ausgelacht hatten, nachdem die Gerichte sie auf Bewährung wieder auf die Straße geschickt hatten. „Auf Bewährung" hieß für viele, ihre Fähigkeiten dahin gehend zu optimieren, sich das nächste Mal nicht mehr so leicht erwischen zu lassen.

Also war es für Klaas und seine frustrierten Kollegen beim nächsten Deal oder Bruch um so schwerer, sie wieder einzufangen, da sie jetzt ja Erfahrung im Untertauchen hatten. Und wenn doch das Einfangen gelang, dann nur, damit die Richter sie oft genug wieder und wieder laufen ließen ...

Er erzählte davon, wie jüngere, unreife und übermütige Straftäter nur deshalb ein paar Monate im Knast verbrachten, um dort von den Alteingesessenen auf harten Kurs gebracht und folglich zu wirklichen Verbrechern umgepolt wurden ...

Klaas erzählte sich die ganze Enttäuschung seines Berufslebens vom Leib und siehe da, es erleichterte. Er trug dies alles unaufgeregt und sachlich vor, und doch hörten die beiden heraus, dass die Ursache seines Aufgebens kein oberflächlicher Frust, keine kurzzeitige Unlust oder der gerade moderne Burn-out war, sondern vollständige Desillusionierung. Der ganze Idealismus, mit dem er einmal in den Polizeidienst eingetreten war, hatte sich im Laufe der Jahre in Luft aufgelöst.

Klaas glaubte, dem Pragmatiker Eberwein mit seinen logischen Ausführungen eine zufriedenstellende Antwort gegeben zu haben. Helena war anzusehen, dass ihr an seinem Bericht etwas fehlte: die persönliche, private, zwischenmenschliche Ebene.

Er hatte nichts dagegen, mit Helena über seine verkorkste Ehe oder mangelnden Unternehmungsgeist zu sprechen. Aber dieses Gespräch würde irgendwann ohne Eberwein stattfinden.

Ebenso würde Helena in Gegenwart Eberweins nicht über ihr Verhältnis zu Rütter reden, vermutete Klaas. Das lag nicht an mangelnder Sympathie oder Misstrauen. Im Gegenteil, Eberwein schien ihm der Typ Mensch zu sein, der nicht Lügen konnte, ohne dass es ihm auf der Stirn geschrieben stand. Aber er war eben nicht der passende Gesprächspartner für Liebe, Leid und Enttäuschung.

Also wandte Klaas sich an Eberwein und sagte leichthin: „So, mein Lieber, jetzt bist du dran. Die Hosen runter, bitte.

Beginne damit, ob du außer dem Pullunder, den wir kennen, noch Weitere dein Eigen nennst."

Zu den guten Eigenschaften Eberweins zählte auf jeden Fall seine nicht vorhandene Eitelkeit, gleichbedeutend mit der Gabe, herzlich über sich selbst lachen zu können. Er sah an sich herab und sagte mit einem spitzbübischen Lächeln im Gesicht, welches die Ähnlichkeit mit einer Maus hervorhob: „Pullunder habe ich jede Menge, mindestens zwei oder drei. Aber die meisten sind so alt und fadenscheinig, dass sie nicht mehr für die Öffentlichkeit taugen." Er trank einen Schluck Wein. „Und zu jedem der vielen Pullunder gibt es eine passende Cordhose. Man hat ja schließlich einen Ruf zu verlieren! Wenn das alles ist, was ihr wissen wolltet, können wir jetzt in Ruhe weitertrinken."

Es war inzwischen nach zehn. Die Sonne verabschiedete sich allmählich und eine grandiose Abenddämmerung tauchte die Gaststube mitsamt ihrem Inventar in dunkelrotes Restlicht. Keiner aus der Runde dachte daran, sich zur Ruhe zu begeben, nur Stöver lag mitten im Raum auf der Seite und seine Flanke hob und senkte sich gleichmäßig.

Klaas unterbrach die gegenseitigen Lebensbeichten, um eine Runde durch den Garten zu drehen, fand jedoch keine heimlichen Störenfriede. Er warf einen Blick auf den dunkelblauen Opel, der oben, neben der Zufahrt zur Elbklause, unter einer Straßenlaterne parkte, und aus dessen halb geöffneter Seitenscheibe dünne blaue Qualmwolken aufstiegen, dann schlenderte er zurück ins Haus.

„So billig kommst du uns nicht davon", sprach er den Doktor an, als er wieder am Tisch saß. „Jetzt mal Butter bei die Fische: Wie alt bist du? Warum unterrichtest du nicht mehr? Was ist der Grund für deine akribische Beschäftigung mit der Vergangenheit?"

„Aha", grinste Eberwein, „der Herr Kommissar ermittelt." Sie feixten. „Kann es sein, dass der Herr Kommissar überhaupt noch nicht im innerlichen Ruhestand angekommen ist? Außerdem heißt es: Bei den Fischen!" Er lehnte sich zurück und seufzte einmal tief durch. „Na gut ... Ich habe 72 Jahre auf dem Buckel. Da muss man nicht mehr unterrichten. Zufrieden?"

Klaas schüttelte grinsend den Kopf.

„Warum meine Wohnung zum Archiv wurde? Das Haus selber ist schuld. Als ich es direkt nach der Wende erwarb, war es komplett eingerichtet, mit sämtlicher Habe des verstorbenen Vorbesitzers geradezu aufgefüllt. War ein seltsames Gefühl, als ich das erste Mal in dieses Haus kam. Es wirkte so bewohnt, als wenn jemand im nächsten Moment mit einem Tablett aus der Küche kommt ..." Eberwein blickte für einen Augenblick nachdenklich ins Leere. „Na ja, in den ersten Tagen habe ich viele persönliche Dinge des Vorbesitzers entsorgt: Wäsche, Tabakspfeifen, Zahnbürste, die Notizen von der Pinnwand und so weiter. Dann ging es einigermaßen. Ich hatte jeden Tag weniger das Gefühl, unerwünscht in der Wohnung eines Fremden zu sein.

Die meisten Möbel habe ich behalten. Erstens, weil ich vorher keine Anständigen hatte, nur so DDR Presspappe-Zeug. Und zweitens, weil ja jedes Regal, jedes Schrankfach bis oben hin vollgepackt war.

Der selige Herr Flussmüller hatte eine fundamentale Schwäche für altes Zeug gehabt. Jedenfalls hatte er alles gesammelt, was er über das Haus, das Dorf und die Gegend rundherum finden konnte.

Ich bin jedes Wochenende raus nach Arzberg gefahren, um die Bude peu à peu komplett zu entkernen und als Ruhesitz herzurichten. Aber statt aufzuräumen und zu entmüllen, hab ich mich jedes Mal wieder festgelesen.

Das meiste von dem Zeug, das da rumsteht, hab ich also nicht selber gesammelt, sondern vom seligen Adolf übernommen." Er bemerkte die fragenden Blicke und ergänzte: „Adolf Flussmüller."

Während einer kurzen Pause fummelte er an seinem Hemdsärmel rum.

„Nachdem ich nicht mehr zur Schule musste" – der Satz hörte sich aus dem Mund des grauhaarigen älteren Herren recht originell an – „habe ich meine Wohnung in Torgau aufgegeben und bin nach Arzberg gezogen. Von da an stand mein Auto nahezu unbenutzt im Schuppen ...."

„Wie? Der Trabbi im Schuppen fährt noch?", unterbrach Klaas ihn.

„Aber selbstverständlich!" Eberwein klang ehrlich empört und schenkte sich den Rest aus der Weinflasche ein. Er schüttelte die Flasche über dem Glas, bis kein Tropfen mehr herauskam. „Jedenfalls fuhr er noch, als ich ihn vor vier Jahren das letzte Mal gebraucht habe."

Klaas und Helena sahen sich vielsagend an.

„Na ja, im Laufe der Zeit hat es sich herumgesprochen, dass ich in einer Bibliothek zur jüngeren Geschichte Nordsachsens und Ostelbiens lebe. Allerweil haben sich Leute gemeldet, die etwas wissen wollten. Seitdem das Internet jeden Mist ausspuckt, nicht mehr ganz so viele, aber immerhin. Sogar das Landesamt für Denkmalpflege und die Uni Leipzig, Fachbereich Geschichte, gehören zu meinen Kunden."

Er sprach das Wort „Kunden" mit einem ironischen Unterton aus und Klaas merkte ihm an, dass er stolz auf diese Kontakte war.

„Daher rührt auch die wiederbelebte Freundschaft zu Hammerschmidt. Er ist, beziehungsweise war vor euch übrigens der Einzige, dem es gestattet war, sich unbeaufsichtigt in meinem Arbeitszimmer aufzuhalten."

„Wieso wiederbelebt?", fragte Klaas dazwischen.

„Ich kenne Armin seit der ersten Klasse. Später haben wir zusammen studiert. Ich weiß nicht mehr, wie oft wir zusammengesessen und über Sinn und Unsinn des Lebens philosophiert haben."

„Ja, sicher mit genug Rotwein ... Bei dem Papierkram ist bestimmt viel Amtliches dabei, aus Gemeindebüchern und so. Wollte dir nie jemand die ganzen Dokumente unter dem Hintern wegkonfiszieren?", fragte Klaas.

„Seltsamerweise nicht. Aber selbst wenn, lässt mich das ruhig schlafen. Es sind ja überwiegend Leute vom Fach, die wissen, was ich hier alles rumstehen habe. Wie Armin zum Beispiel. Vieles stammt ohnehin aus Behörden, die es spätestens seit der Wende nicht mehr gibt. Ein Heimatverein hatte einmal die Aushändigung diverser Familienbücher verlangt. Denen hab ich vorgeschlagen, sie sollten doch auf Herausgabe klagen und habe dann nie mehr etwas von ihnen gehört."

„Erklärst du uns, wie du durch dieses Chaos durchfindest?"

Eberwein überlegte einen Moment. „Schlecht. Ich finde ziemlich schlecht hindurch. Es ist alles durcheinander. Oft sind in ein und demselben Ordner oder Papierbündel völlig unterschiedliche Unterlagen versammelt. Ohne einen Zusammenhang und aus verschieden Zeiten.

Ich bin seit Jahren damit beschäftigt, die Papierpacken durchzusehen, umzusortieren und Inhaltsverzeichnisse zu erstellen. Darin halte ich fest, welche Zeit betroffen ist, zu welchem Thema und die Art: standesamtliche, steuerliche oder kirchliche Dokumente und so weiter. Oder private. Im Computer halte ich alles inklusive Regal- und Fachnummern in einer relationalen Datenbank fest, in der ich beim Abruf von Daten beliebig sortieren und selektieren kann. Der Vorteil: Ich muss nicht umsortieren, wenn ich zusätzliche Aufzeichnungen zu vorhandenen Themen finde. Geht alles über Regal- und Fachnummern, nicht nach Datum oder Inhalt."

Klaas sagte: „Schön. Das reicht zum Thema Datenbank. Nur über den Menschen Jens Eberwein wissen wir immer noch nichts."

Klaas und Helena lächelten und sahen den Doktor provokativ an.

„Die Inquisition war ein Scheißdreck gegen euch! Trotzdem ist für heute Schluss. Bevor ihr mich wieder besoffen macht und aushorcht."

13. Tag

Der Tag begann zum x-ten Mal mit strahlendem Sonnenschein über Frühnebel im Flussbett. Dieser Sommer ist wirklich etwas Besonderes, dachte Klaas, und verdrängte einen flüchtigen Abstecher seiner Gedanken an das

Hamburger Schmuddelwetter, als er in Schlappen hinüber in die Gaststube schlurfte. Eberwein saß trotz der frühen Stunde mit der Zeitung vor dem Gesicht an seinem Stammplatz.

„Moin moin, du Bücherwurm", begrüßte er ihn und bewunderte insgeheim die Kondition dieses Mannes beim Saufen. Hoffen wir für ihn, dass seine Leber es auf die Dauer mitmacht, dachte er für sich, denn Eberwein trank jeden Abend mehr als die beiden anderen zusammen. Und die spuckten auch nicht rein.

„Ausnahmsweise hat dein moin moin ja einen Sinn", frotzelte er mit Blick auf die Uhr über der Theke und begrüßte Stöver, der sich beherrschte, an ihm hochzuspringen, denn bei so was wurde Herrchen ärgerlich.

Klaas freute sich über das Aufleuchten in Helenas Augen, als sie ihn begrüßte. An diesem Morgen trug sie königsblau, wie üblich in Form eines Herrenhemds mit hochgekrempelten Ärmeln. Es reichte ihr halb über die Oberschenkel und ließ darunter zartbraune Samthaut sehen. Klaas riss sich nicht schnell genug von diesem erfrischenden Anblick los und erntete dafür ein Grinsen Helenas.

Auf dem gedeckten Frühstückstisch ergänzten Einkaufszettel und Bullyschlüssel das Besteck auf Klaas' Stammplatz.

Er setzte sich und er nahm den Zettel in die Hand. „Danke für den Muttizettel. Morgen stehen dann ein paar Kisten Leergut auf dem Tisch?"

Der Doktor schmunzelte und Helena rief von der Theke her: „Der Tisch ist zu klein für die zwanzig Getränkekisten. Steht alles an der Hintertür. Brauchst du nur noch in den Bully laden! Und vergiss nicht, deine Schlappen gegen öffentlichkeitstaugliches Schuhwerk auszutauschen."

Gegen neun verlies Klaas die Elbklause und lenkte den Lieferwagen direkt auf die Fähre. Eigentlich hatte er Rütter oder wen auch immer im Rückspiegel erwartet, aber er durfte wider Erwarten ohne Eskorte reisen.

Als er zwanzig Minuten später das Neuzwönitzer Ortsschild passierte, knabberte das Thermometer wie an jedem der letzten Tage an der Dreißig-Grad-Marke und die Luft flimmerte über dem Asphalt.

Rund um die Kirche war es einsam wie im Freibad bei Schneeregen. Klaas enterte den Parkplatz, stieg aus und trottete zum Pfarrhaus hinüber.

Der durch einzelne Büsche unterbrochene Rasenstreifen rund um das vom Efeu eroberte Bruchsteinhaus war seit Längerem nicht gepflegt worden. Disteln und Sauerampfer standen kniehoch.

Wie bei Hempels unterm Sofa, dachte Klaas und zog am Drahtseil, welches eine mittelgroße Schiffsglocke in Bewegung setzte. Die Glocke rührte sich nur widerwillig und blieb mit einem hässlichen Knirschen in Schräglage hängen.

Und da denkt man, die katholische Kirche sei reich.

Er bollerte mit den Fäusten gegen die Tür. Dieser energische Versuch, sich bemerkbar zu machen, löste eine mittlere Staubwolke an den Türritzen aus, das war aber auch alles.

Kopfschüttelnd trottete er hinüber zur Kirche. Hier bot sich ihm ein ähnliches Bild: Die trüben Fensterscheiben waren unter dem Efeu allenfalls zu erahnen. Die Grünanlage im Eingangsbereich glich einer Unkrautwüste und der angrenzende Friedhof war zum Urwald mutiert.

Wenn hier alles tot ist, was will der Pfarrer dann hier, fragte sich Klaas und betätigte die monströse schmiedeeiserne Türklinke. Sie ließ sich überraschend mühelos herunterdrücken, als wäre sie, im Gegensatz zur Schiffsglocke am Pfarrhaus, gestern frisch geölt worden.

Er trat ein und sog die Atmosphäre in sich auf. Durch milchige Fenster fiel gedämpftes Licht in das Kirchenschiff. Zwar lagen teils aufgeschlagene Gesangbücher auf den Bänken, als wäre der letzte Gottesdienst erst vor wenigen Minuten beendet worden. Dennoch wirkte das Kircheninnere so gemütlich wie eine leere Garage.

Je länger Klaas sich umsah, desto deutlicher wurde ihm, woran das lag. Die Kirche enthielt praktisch nichts von dem, was man gemeinhin an Einrichtung in einem Gotteshaus erwartete: Der Altar war nicht mehr vorhanden; die Sockel, auf denen einmal Heiligenfiguren gestanden hatten, waren nur noch Stolperfallen. Taufbecken, Schmuck, Kerzen, der ganze Prunk und Protz fehlte. Das Inventar der Kirche bestand lediglich noch aus ein paar verstaubten Sitzbänken.

Er war im Begriff sein Handy zu zücken, um Eberwein von den Neuigkeiten zu berichten, als es innerhalb einer Sekunde schummrig wurde. Hinter ihm war die Tür zugefallen, ein Klackern von Metall auf Metall und die anschließende Stille hatten etwas Endgültiges.

Klaas drehte sich um. Rund um die ausladende Kirchentür stiegen dünne Staubwolken auf und verflüchtigten sich. Als er mit hastigen Schritten zurückeilte und auf die Klinke drückte, bestätigte sich seine Vermutung: Er war eingeschlossen.

Klaas unternahm nur diesen einen Versuch. Er rief nicht, er klopfte nicht, er trat nicht gegen die Tür. Stattdessen befreite er eine Hinternbreite der erstbesten Kirchenbank vom Staub, ließ sich darauf fallen und atmete tief durch.

Die Lage missfiel ihm entschieden. Eingeschlossen zu sein gehörte nicht zu den Routinesituationen seines Lebens. Wie aus dem Nichts war ein viel Jahre zurückliegendes Seminar bei der Hamburger Polizei zum Thema Platzangst gegenwärtig. Panikvermeidung bei Freiheitsberaubung. Oder so ähnlich. Reduktion der emotionalen Situationswahrnehmung auf rationale Fragestellungen: Wer hatte ihn eingeschlossen? Warum hatte ihn jemand eingeschlossen? Welche Alternativen zur Kirchentür standen zur Verfügung?

Sein Blick wanderte durch das Kirchenschiff. Gegenüber dem Eingang, hinter dem nicht mehr vorhandenen Altar, unterbrachen zwei Türen das Gemäuer. Er wettete mit sich selber hundert zu eins, dass sie verschlossen waren.

Dann waren da die hohen Kirchenfenster. Mit einer zweimetrigen Trittleiter wären sie wohl erreichbar. Hatte er aber zufällig nicht dabei.

Die Stille wurde durch das Geräusch eines davonfahrenden Autos unterbrochen. Schön, er hatte also Zeit.

Eberwein anrufen. Bei diesem Vorhaben war er gestört worden. Klaas zog das Handy aus der Tasche und wählte.

Er lachte still vor sich hin. Na logisch. Im Fernsehen haben die auch immer kein Netz, wenn sie eingeschlossen sind.

Während das Handy in den Tiefen der Hosentasche in seiner Hand kreiselte, kreisten seine Gedanken. Auf die Schnelle boten sich zwei Optionen an: Irgendein Fenster oder eine Tür gewaltsam öffnen, oder warten, bis ihn jemand herausholte. Beide beurteilte er als unbefriedigend.

Die Fenstersimse waren ohne Hilfsmittel unerreichbar und die Eingangstür stabil. Die Sitzbänke mit dem Boden verschraubt, als Kletterhilfe also nicht verwendbar. Es blieb die ebenso unbefriedigende Alternative des Wartens. Helena und Eberwein wussten, wo er sich rumtrieb, sie würden ihn irgendwann suchen und finden. Es gab keinen Anlass zur Panik. Wer auch immer ihn eingeschlossen hatte, er wollte ihn hier nicht verrotten lassen, sondern lediglich Zeit zum Verschwinden gewinnen, davon war Klaas überzeugt. Deswegen nahm er Option Nummer drei in Angriff und begann mit der Erkundung des Gefängnisses.

Er verließ seinen Platz auf der Kirchenbank und unternahm einen systematischen Versuch, Handyempfang zu bekommen. Nachdem er minutenlang vergeblich durch die Kirche spaziert war, das Handy mal hoch über den Kopf, mal fast am Boden hielt, gab er auf und befasste sich wieder mit der Umgebung.

Im Gegenlicht der hohen Kirchenfenster entdeckte er Fußspuren im Staub, die nicht seine eigenen waren. Nicht unbedingt heute, aber vor nicht allzu langer Zeit musste hier jemand herumgelaufen sein.

Er folgte den Spuren bis zum Altarsockel und betrachtete einige Kerzenstummel. Die Kerzen waren frisch, die heruntergelaufenen Wachsreste kaum angestaubt. Klaas hatte sofort das Bild einer gramgebeugten weißhaarigen Frau vor Augen, die mit traurigem Blick unter dunklem Schleier vor dem Sockel hockt und mit zittrigen Händen eine Kerze entzündet.

Merkwürdigerweise scheute er sich, einfach über den niedrigen Altarsockel zu steigen. Stattdessen ging er drum herum und drückte die Klinke der ersten Tür. Wider allen Erwartens ließ sie sich ohne Quietschen oder Knarren öffnen und führte in einen quadratischen Raum, dessen Wände größtenteils mit antiken Schränken zugestellt waren.

Hinter Glastüren standen jede Menge mit Jahreszahlen beschrifteter Bücher, dann reihenweise Aktenordner, die Rückenschilder mit eckigen altdeutschen Buchstaben beschrieben. Im nächsten Schrank mit Schnüren gebündelte Papierstapel, wie er sie zuletzt in Eberweins Wohnung gesehen hatte. Nur war hier alles um Welten ordentlicher.

Die Mitte des Raumes beherrschten ein kolossaler altehrwürdiger Schreibtisch mit einem ebenso gewaltigen Stuhl dahinter. Stuhl und Tisch strotzten vor aufwendigen Schnitzereien.

Alles war blitzblank geputzt, als wäre noch vor wenigen Minuten gearbeitet worden. Wieder meldete sich sein Kopfkino und er hatte einen greisen Mönch in einer braunen, mit einem Kälberstrick zusammengehaltenen Kutte vor Augen, den Schädel unter der halb zurückgeschobenen Kapuze zur Tonsur geschoren, am Schreibtisch hocken, eine Gänsefeder in ein Tintenfass tauchend.

Wer trieb hier seine Studien?

Klaas trat an einen der hohen Schränke und zog vergeblich am Türknauf. Er musterte seine Umgebung und überlegte, wo der Schlüssel versteckt sein könnte. Der Raum war schmucklos und peinlich aufgeräumt. Es gab nicht viele Möglichkeiten, etwas zu verstecken.

Klaas suchte zehn Minuten. Auf den Schränken, unter der Schreibtischplatte, rund um die Tür und den Fenstern. Er suchte und fluchte, bis ihm die richtige Idee kam: Er ging zurück ins Kirchenschiff, reckte sich und strich mit dem Finger über den Türrahmen. Etwas fiel klimpernd auf den Steinboden. Bingo. Klaas klopfte sich innerlich auf die Schultern, hob den Schlüssel auf und ging zurück in die Bibliothek.

Der Schlüssel passte für sämtliche Vitrinen, wie er sich vergewisserte. Klaas öffnete eine der Türen, hinter der

Jahrbücher standen, und hielt inne. Die Regalböden waren mit einer feinen Staubschicht bedeckt. Aber das war es nicht, was ihn innehalten ließ.

An einigen Stellen fehlte der Staub. Jemand hatte vor nicht langer Zeit einzelne Bücher herausgezogen und dabei jeweils eine staubfreie Bahn auf dem Regalboden produziert.

Klaas öffnete nacheinander mehrere Schranktüren, bückte sich und peilte entlang der Regalböden gegen das Sonnenlicht. Hinter jeder staubfreien Spur zog er das betreffende Buch ein paar Zentimeter hervor. Nach einigen Minuten hatte er, unregelmäßig und scheinbar zufällig verteilt, über zwanzig Jahrbücher gefunden, die in letzter Zeit herausgenommen worden waren.

Er zückte das Handy und schoss Fotos von den beschrifteten Rückenschildern der herausgezogenen Jahrgänge.

Dann setzte Klaas sich auf den imposanten Stuhl und legte die Beine hoch. Die Stuhllehne war über Eck angebracht, sodass seine Füße quasi automatisch neben die lederne Schreibtischunterlage zu liegen kamen.

Einiges hier passte nicht zusammen. Die Möbel waren für eine mickrige Dorfkirche viel zu aufwendig gearbeitet, zu wertig, vielleicht auch zu alt. Die Jahrbuchsammlung war für eine so unbedeutende Gemeinde wie Neuzwönitz zu umfangreich: Eine solche Anzahl von Geburten, Hochzeiten und Todesfällen konnte es in diesem Kaff pro Jahr niemals gegeben haben. Und wenn es die Jahrbücher dieser Kirchengemeinde waren, so hätte man sie bei der Stilllegung der Kirche nicht hier stehengelassen, sondern irgendwo archiviert. Außerdem wäre das Pfarrhaus der richtige Ort für die Unterlagen, nicht die Kirche.

Klaas nahm die Füße vom Tisch, stand auf und trat an einen der Schränke. Er zog das Jahrbuch mit der Aufschrift „1854" heraus, legte es auf die Schreibunterlage, setzte sich wieder und öffnete das in dunkelbraunes Leder gebundene, schwere Buch an einer beliebigen Stelle.

Er staunte und blätterte und staunte. Jede der Seiten war mit einem Datum überschrieben. Darunter eine unterstrichene Zeile als Überschrift, dann ein fortlaufender Text. Dummerweise war Klaas nur ansatzweise in der Lage, die schnörkelige antiquierte Handschrift entziffern. Die wenigen Silben, die er zu lesen vermochte, muteten verdammt lateinisch an und Klaas fluchte verhalten vor sich hin.

Er hätte Tabellen, Zahlenkolonnen oder Familiendaten erwartet. Stattdessen enthielt der Raum eine Chronik, von verschiedenen Personen und über viele Jahre fortgeschrieben.

Er lehnte sich zurück, legte die Füße neben dem aufgeschlagenen Wälzer wieder auf den Tisch und ließ die Gedanken spielen.

Logisch war das nicht, was hier abging. Wer ihn hier eingesperrt hatte, musste damit rechnen, dass Klaas die Bücher und Papiere fand. Wer ließ diese zeitgeschichtlichen Aufzeichnungen unbeaufsichtigt hier rumstehen, wo sie jederzeit zerstörungswütigen Assis, einem Feuer oder pensionierten Polizisten zum Opfer fallen könnten?

Er erhob sich wieder und zog wahllos weitere Bücher heraus. Überall dasselbe Bild: ein Datum in römischen Zahlen, eine Überschrift und fortlaufender Text. Bis zum nächsten Datum. Nirgendwo Tabellen, Listen oder Berechnungen. Dann untersuchte er einige der Papierbündel, ohne die Verschnürung zu öffnen. Es handelte sich um handschriftliche Belege aus den verschiedensten Jahrhunderten: Rechnungen, Quittungen, Verträge, Kassenbücher: Buchhaltungskram. Auch hier war für ihn nicht ersichtlich, in welche Institution oder Behörde die Dokumente gehörten.

Die ältesten Unterlagen stammten aus dem Jahr 1470. Ab 1534 wurden die jährlichen Stapel wesentlich dünner, die jüngsten waren von 1872. Diese Jahreszahl hatte er in den letzten Tagen schon einmal gehört, konnte sich aber an den Zusammenhang nicht erinnern.

Draußen erklang eine Autohupe. Ein zweites und ein drittes Mal. Es war später Nachmittag, wie ihm ein Blick auf das Handy sagte. Klaas erhob sich aus dem antiquierten Sitzmöbel und eilte nach vorn an die Kirchentür. Eine Frauenstimme rief seinen Namen und er erkannte Helena.

Na, das ging ja fix, dachte er und rief: „Ich bin in der Kirche!" Einen Augenblick Ruhe, dann erklang es dumpf direkt hinter der Tür: „Klaas? Bist du da drin?"

Die Türklinke bewegte sich, aber nicht die Tür „Ja, ich bin es", rief er. „Ich gerate immer irgendwo hinein. Mal in ein Erdloch mit Leiche, mal in eine DDR Kneipe, jetzt in diese tote Kirche. Womit hab ich das verdient?"

„Ich weiß nicht. Wir könnten eine Anfrage an den Petitionsausschuss des Deutschen Bundestages stellen."

„Na du kennst dich ja aus. Vielleicht suchst du lieber nach dem Schlüssel für das zierliche Eichentürchen zwischen uns. Einfach Eintreten ist keine Lösung."

„Hast du ne Ahnung, wo der Schlüssel sein könnte?"

„Hier drinnen war jemand nicht besonders einfallsreich im Schlüssel verstecken. Draußen vielleicht auch nicht?"

„Hier gibt es weder eine Fußmatte noch einen Blumentopf. Wo soll ich suchen?"

„Denke über den gesteckten Rahmen hinaus."

„Blödmann!"

„Vielleicht etwas weiter von der Tür entfernt. War drinnen auch so. Oder er wurde ganz simpel weggeworfen ..."

Vor der Tür trat Ruhe ein. Klaas überlegte, was sie tun könnten, wenn Helena keinen Schlüssel fand, da vernahm er von draußen einen freudiges „Na also". Es folgte ein metallisches Geräusch an der Tür, dann ein mehrmaliges Klacken. Die Klinke bewegte sich nach unten und es wurde sehr hell.

Klaas kniff die Augen zusammen. Als er sich an die Lichtfülle gewöhnt hatte, wurden aus den zwei schwarzen Figuren in der Tür Helena und Eberwein.

„Hinein in die gute Stube und macht die Tür zu. Aber nehmt bitte bitte den Schlüssel mit rein!", bat er und trat zur Seite, um den Eingang frei zu geben.

„Warum rufst du nicht an, wenn du hier in der Mausefalle steckst?", fragte Helena.

„Warum seid ihr hier?", lautete die Gegenfrage.

„Auf dem Einkaufszettel fehlten Zwiebeln, da hab ich versucht, dich anzurufen."

„Zwiebeln! Sind ja auch wichtig. Jedenfalls weißt du dann, warum ich nicht angerufen habe. Kein Netz."

Eberwein hatte die ganze Zeit amüsiert zugehört und schaltete sich an dieser Stelle in das Gespräch ein. „Dafür, dass ihr euch gerade ein paar Tage kennt, erinnert euer Geplauder dramatisch an ein Ehepaar irgendwo zwischen silberner und diamantener Hochzeit."

„Rede du nur! Du warst nicht stundenlang von der Außenwelt abgeschnitten und hast um dein Leben gebangt!"

Helena und Eberwein standen, wie Klaas vor ein paar Stunden, mittig im Kirchenschiff und ließen das Ambiente auf sich wirken. „Welchen Psalm singen wir heute?", fragte der Doktor und zeigte auf ein Gesangbuch. Seine Stimme hallte nach, als stände in jeder Ecke ein Lautsprecher.

„Hier kannst du alles trällern, von Heino bis Helene. Die Kirche ist entweiht, oder entwidmet, oder wie immer das heißt, behaupte ich mit Nichtwissen. Kein Kreuz mehr da, kein Altar, weder Bibel noch Taufbecken. Da hat unsereins messerscharf kombiniert." Klaas setzte sich in Bewegung und die beiden folgten ihm durch den Mittelgang.

Sie betraten die Bibliothek, wie Klaas den Raum getauft hatte. Eberwein blieb verdutzt im Eingang stehen und Helena rempelte ihn an.

„Das kommt davon, wenn man Damen nicht den Vortritt lässt", schimpfte sie und Klaas philosophierte: „Tja, das ist die Kehrseite der Emanzipation: Sämtliche altmodischen Privilegien des Weibes sind Vergangenheit."

Helena setzte zu einer schnippischen Bemerkung an, doch Eberwein unterbrach sie im Ansatz: „Nun hört mal auf zu schwätzen. Sag mir lieber, Klaas, was das hier ist."

„Darf ich vorstellen: die Bibliothek. Was soll der Butler bringen? Tee mit Gebäck? Zigarren? Sherry?"

„Nur Dummquatscher hier", seufzte Eberwein.

Klaas räusperte sich und fragte: „Sag du es mir, was das hier ist. Eine Sammlung von Tagebüchern? Kannst du das Gekrakel lesen?"

Eberwein griff sich eines der Bücher aus dem Schrank, klappte es auf und blätterte darin herum. Jetzt erinnerte er mit seinem Spitzmausgesicht und der wirren Frisur wieder an einen exzentrischen weltberühmten Wissenschaftler. „Nur mühsam", sagte er. „Die Leipziger Volkszeitung liest sich irgendwie flüssiger."

Helena hatte sich inzwischen auf den pompösen Stuhl fallen gelassen und verschwand fast darin. Wie vorher Klaas legte sie die Beine auf den Tisch und verschränkte die Arme. „Angenehm kühl hier."

„Danke, dieser Beitrag hilft uns weiter", meinte Klaas kopfschüttelnd und sagte zu Eberwein: „Freut mich, dass unser Daniel Düsentrieb gleichfalls Probleme damit hat. Bin ich hier also nicht der einzige Analphabet."

Der Hobbyhistoriker reagierte nicht. Er hatte Feuer gefangen und zog nacheinander mehrere Bücher mit weit auseinanderliegenden Jahreszahlen aus den Vitrinen.

„Verschieden Handschriften, aber immer dasselbe System: Datum, Überschrift, Bericht, neue Seite. Ich finde Ortsnamen wie Arzberg, Belgern, Torgau und Riesa. Torgau und Hartenfels kommen auf den ersten Blick öfter vor als die kleinen Käffer. Eine Art Chronik durch mehrere Jahrhunderte. Aneinander gereihte Dokumentationen von Zeitzeugen", murmelte Eberwein vor sich hin.

Er legte mit einer nachdenklichen Geste das Kinn in die rechte Hand und kratzte sich mit der linken am Hinterkopf. „Was machen wir damit? Das alles dürfen wir nicht hier stehen lassen, wo jeder ran kann." Und nach einer weiteren Pause mit Kopfkratzen: „Ich muss telefonieren!"

„Vergiss das hier drin. Kein Netz", sagte Klaas, doch Eberwein hatte das Handy schon am Ohr und fing wenig später an zu sprechen. Klaas schüttelte resigniert den Kopf und Helena grinste.

„Jens hier, hallo Armin ... Wie bitte? ... Weil ich mit einem fremden Handy telefoniere ... Ist doch egal. Ich habe da was gefunden, worum du dich kümmern musst. ... Was? ... Nein! ... Du Idiot! Ich habe einen Schatz entdeckt ... Nein, kein Gold, sondern Papier ..."

In dem Stil ging es weiter, bis Eberwein die Adresse der Kirche durchgab.

„Ja, natürlich heute noch, du Pinsel, um nicht zu sagen: sofort! ... Nein, ich warte hier und passe auf."

Er trennte die Verbindung.

„Ich habe entdeckt", stellte Klaas mit deutlicher Betonung auf dem Wort „ich" fest. „Und überhaupt! Warum kannst du hier telefonieren? Ich fasse es nicht!" Er schüttelte den Kopf. „Egal. Was passiert jetzt?"

„Armin Hammerschmidt, mein Freund von der Ur- und Frühgeschichte, kümmert sich darum, dass diese netten Sachen" – er deutete mit einer umfassenden Geste auf die Vitrinen – „noch heute von autorisierten Leuten abgeholt und offiziell von der Uni Leipzig in Verwahrung genommen werden. Im Gegenzug habe ich die verbindliche Zusage, dass wir uneingeschränkten Zugriff auf die Bücher und sämtliche Ergebnisse aus deren Sichtung bekommen."

Klaas bekam immer mehr Respekt vor der Spitzmaus. „Das dürfen die einfach so? Und bringen die für Helena Zwiebeln mit?"

Die drei verließen die Bibliothek und entstaubten in der Kirche zwei Bänke. Helena holte Bier für die Männer und ein Wasser für sich aus dem Auto. Dann saßen sie, jeder mit einer Flasche in der Hand und einer Familienpackung Bockwürste zwischen sich, im kühlen Kirchenschiff und hielten Kriegsrat.

„Wer hat dich eingesperrt?", fragte Helena.

„Weiß nicht. Mein erster Gedanke war ja der Pfarrer, oder wer immer hier in der Rolle eines Pfarrers in der Nicht-mehr-Kirche auftritt. Andererseits würde mich hier keiner einsperren, der die Bibliothek kennt. Ich denke, da hat jemand panisch gehandelt. Zumindest schnell entschlossen, ohne lange drüber nachzudenken .... Der Senf fehlt."

„Ja, mag sein", sagte Helena. Ob sie damit den Senf oder das panische Einsperren meinte, blieb offen. Sie wandte sich an Eberwein: „Wie geht es weiter?"

„Positiv. Es gibt Bier!" Eberwein grinste, nahm einen gehörigen Schluck und wischte sich den Mund ab.

„Könnt ihr Kerle nie ernst sein?"

„Demnächst kommt hier ein Möbelwagen mit vielen leeren Umzugskartons an. Dann räumen wir das ganze Zeug in die Kisten, beschriften sie, lassen uns den Empfang quittieren und das war's."

„Und das dürfen wir?"

„Armin besorgt eine Art Einstweilige Verfügung, dass die Uni das Zeug in Gewahrsam zu nehmen hat. Er kennt da nen Richter, der für so was immer zu haben ist. Alles ganz legal. Niemand darf uns daran hindern, die Bude hier auszuräumen."

„Und wenn doch?", fragte Helena dazwischen. „Meint ihr, wir brauchen Polizeischutz? Dann bitte nicht Rütter!"

Sie ging kurz entschlossen zur Tür und drehte den Schlüssel herum. „Wer was will, muss erst einmal hereinkommen."

„Was machen wir während der Wartezeit?", fragte Klaas. „Wollen wir anfangen, in den Büchern zu stöbern?"

Eberwein schüttelt den Kopf. „Ich kann eh nur die Hälfte entziffern und ihr noch weniger. Sollen die Studenten in Leipzig daran verzweifeln."

Die Warterei war nervig. Zum Schluss spielten sie: „Ich sehe was, was du nicht siehst" und: „Ich packe meinen Koffer". Seltsamerweise war der Strom in der stillgelegten Kirche nicht abgeklemmt und sie hatten auf einer Fensterbank eine funktionierende Tischlampe gefunden. Es wurde schon dunkel, als sie mehrerer Autos auf den Parkplatz fahren hörten, dazu das satte Brummeln eines LKW-Diesel.

Helena drehte den Schlüssel um und öffnete die Tür für einen Spalt, während Eberwein ihr über die Schulter guckte. Klaas stand daneben, bereit, die Tür jederzeit mit Schmackes wieder zufliegen zu lassen, falls draußen etwas faul war.

Dann rief Helena im Tonfall vollständiger Verblüffung: „Einstein! Albert Einstein steht vor der Kirche. Gleich streckt er bestimmt die Zunge raus!", und Eberwein rief: „Armin, alter Bücherwurm! Das wurde aber auch Zeit!"

Klaas öffnete die schwere Tür vollständig und verstand Helenas Erstaunen. Draußen stand im Scheinwerferlicht mehrerer Autos ein Duplikat von Eberwein mit mittellanger, grau verwurschtelter Mähne und verschmitztem Blick. Klaas verstand auf Anhieb, dass die beiden Intellektuellen sich grün sein mussten.

Von der Straße her blitzte Blaulicht auf. Helena verdrehte die Augen und sagte gepresst: „Rütter", während Eberweins Freund Hammerschmidt sie begrüßte: „Hallo zusammen. Bitte nicht erschrecken. Euer Fund scheint mir so bedeutend, dass ich gleich ne uniformierte Eskorte mitgebracht habe", und Helenas Gesichtszüge entspannten sich. „Jedenfalls hab ich deinen Andeutungen entnommen, dass sich eventuell dubiosen Gestalten für das Altpapierlager interessieren."

„Sag noch einmal Altpapier zu unserem Kirchenschatz, und ihr könnt gleich wieder abziehen!", drohte Eberwein.

Die beiden alten Männer nahmen sich flüchtig in den Arm und klopften sich gegenseitig auf den Rücken.

Der LKW hatte inzwischen gewendet und stand jetzt mit geöffneter Ladebordwand zur Kirchentür. Die Bordwand wurde halb heruntergelassen und diente so als Treppenstufe.

Der Laster und die zwei PKW spuckten zusätzlich zu „Einstein" Hammerschmidt eine Horde jugendlich-sportlicher Männer aus. Armin hatte anscheinend seinen halben Fachbereich mobilisiert. Jeder von ihnen griff sich zwei leere Umzugskartons vom LKW und ab ging's in die Kirche. Nach nicht einmal zwanzig Minuten war die Bibliothek bis auf die Möbel ausgeräumt.

Als die Ladebordwand gerade wieder hochgefahren wurde, ertönten von der Straße plötzlich weithin hörbares Gebrüll, die Geräusche von schweren Stiefeln auf Pflaster und eine bekannte protestierende Stimme herüber. „Loslassen! Ich bin die Polizei! Sofort loslassen!"

„Rütter! Ich hab's doch geahnt", stöhnte Helena mit verdrehten Augen und Klaas nahm sich zum wiederholten Mal vor, bei nächster Gelegenheit zu ergründen, was das schmutzige Geheimnis der beiden war.

Zwei der Leipziger Bereitschaftspolizisten zerrten den zivilen Rütter in das Licht der Autoscheinwerfer. „Dieser Vogel hier hat sich an dem Laster rumgedrückt", sagte einer von ihnen und Rütter wehrte sich verbissen.

„Mensch Rütter, vor der Kneipe in Belgern waren sie besser aufgehoben", schimpfte Klaas, und ihm fiel ein, dass er vergessen hatte, den Bully nach einem Peilsender abzusuchen.

Rütter gab das Zappeln auf, und die beiden jungen Polizisten rechts und links von ihm ließen ihn vorsichtig los, so als fürchteten sie, er könne ohne Stütze zusammenbrechen.

„Ist der Vogel allen Ernstes ein Kollege?", fragte einer der beiden skeptisch, und Klaas und Eberwein nickten grinsend.

Klaas ging auf Rütter zu und zeigte dabei mit dem Finger auf ihn, als wolle er ihn damit abstechen. „Wenn in diesem Moment in der Elbklause jemand rumschnüffelt, weil sie Ihren Posten verlassen haben, verteilen Sie wieder Knöllchen, das verspreche ich Ihnen!"

Rütter setzte zu einer patzigen Erwiderung an, verstummte jedoch, als einer der Uniformierten ihn kräftig am Arm fasste.

„Brav, Rütter", sagte Klaas und dehnte das „brav", als spräche er mit seinem Hund. „Einfach mal die Klappe halten! Und jetzt ab mit Ihnen nach Belgern vor die Klause."

Rütter gab den begossenen Pudel und verzog sich mit Erlaubnis der Leipziger Polizisten.

Klaas pulte sich selbstvergessen in der Nase. „Nur so nebenbei: Wo habt ihr Stöver eigentlich gelassen?"

„In der Wirtschaft. Und alle Türen stehen offen. Wenn da einer einsteigt, soll der wenigstens Spaß haben", sagte Helena.

„Hauptsache, der Hund hat auf der Suche nach Buletten nicht zu viel Spaß", meinte Klaas trocken und überlegte, ob er den Versicherungsbeitrag für die Tierhalterhaftpflichtversicherung überwiesen hatte.

Bevor alle den Schauplatz verließen, wartete Klaas einen unbeobachteten Moment ab, und befestigte eine Wildkamera, die er vorsorglich in seinen Rucksack gepackt hatte, an einem Ahorn. Anschließend richtete er sie so aus, dass sie den gesamten Parkplatz vor der Kirche im Blickfeld hatte.

Die camouflage-farbene Kamera hatte in Eberweins Wohnung herumgelegen und Klaas hatte sie eingesteckt, ohne zu wissen, wo und wann er sie einsetzen könnte. Anfangs hatte er bewusst niemandem, auch Helena nicht, von der Kamera erzählt, später hatte er sie vergessen und dann zufällig in der Minna wiedergefunden. Seitdem schleppte er sie im Rucksack mit sich herum.

Als er zu den anderen wieder ins Licht trat, war er sicher, dass niemand seine Aktion bemerkt hatte.

Hammerschmidt verabschiedete die Studenten, denn er hatte vor, mit in die Elbklause zu fahren. Kurz vor Mitternacht war das Abenteuer Kirche Vergangenheit.

Zurück in der Gaststätte, räumten sie auf die Schnelle den Frühstückstisch frei, indem sie das schmutzige Geschirr auf die Nachbartische verteilten, und die beiden Wissenschaftler konnten Platz nehmen.

Stöver sprang schwanzwedelnd von einem zum anderen, ungemein erfreut, dass sein Rudel wieder vollzählig beziehungsweise sich noch vergrößert hatte. Sobald Eberwein sich gesetzt hatte, lag der mächtige Hundeschädel auf seinen Knien und der Doktor kraulte das Tier gedankenverloren hinter den Ohren.

Es wurde eine fröhliche Runde. Eberwein und Hammerschmidt schwelgten in Erinnerungen und übertrumpften sich gegenseitig mit der Bedeutung ihrer Funde und Entdeckungen. Mit jedem Mal „Weißt du noch ..." wurde die Stimmung ausgelassener, denn inzwischen stand eine Flasche Sambuca auf dem Tisch.

Eigentlich sollte ja besprochen werden, wie mit der Neuzwönitzer Kirchenbibliothek zu verfahren sei. Die Ernsthaftigkeit des Themas stand jedoch in krassem Gegensatz zum Alkoholkonsum der Runde und wurde daher vertagt.

Zwischendurch schlenderte Klaas mit Stöver einmal weiträumig um das Haus herum und registrierte zufrieden den Zigarettenqualm aus Rütters Fensterschlitz.

Im Grunde genommen tat ihm der Kerl ja leid. Aber jedes Mal, wenn dieses Gefühl in ihm aufkam, fiel ihm wieder der ganze Bockmist ein, den der Sheriff in den wenigen Tagen ihrer Bekanntschaft verzapft hatte und er tat ihm nicht mehr so leid.

Als er wieder zu den anderen an den Tisch trat, schnappte er sich die Sambucaflasche und brachte sie in Sicherheit. Schließlich benötigte er am nächsten Morgen entscheidungsfähige Wissenschaftler, keine Likörleichen.

Helena grinste ihn an und Klaas wunderte sich einmal mehr, wie gut sie den Alkohol vertrug. Jedenfalls stand kein Blumentopf in ihrer Nähe, in den sie ihren Sambuca hätte entsorgen können.

„So, ihr Lieben, ich läute hiermit die letzte Runde für heute ein."

Der Spruch war doppelt blödsinnig, denn es war schon weit nach Mitternacht und eine Glocke hatte er auch nicht. Aber die fröhlichen Wissenschaftler waren nicht mehr so pingelig und hatten nichts dagegen, von Klaas wie kleine Kinder behandelt zu werden, die ins Bett gehörten.

Als er später in seiner Minna im Nest lag und durch das Dachfenster den Sternenhimmel auf sich einwirken ließ, war er froh, endlich Ruhe zum Nachdenken zu haben. Denn ein unangenehmer Gedanke machte sich in seinem Hirn breit: Die Gegenseite, oder auch die Gegenseiten, wussten zu viel. Die einzige Schlussfolgerung daraus war: Im Kreise seiner neuen Bekannten gab es ein Leck. Leider gehörte Helena zu diesem Kreis. Und der Gedanke, Helena bei einem Verrat zu ertappen, behagte ihm nicht. Mit diesen düsteren Überlegungen fiel er in einen unruhigen Schlaf und träumte sich durch eine chaotische Achterbahnfahrt aus Büchern, Jahreszahlen, Hofnarren und Pfarrern mit schwarzen Gesichtern.

14. Tag

Hammerschmidt teilte mit Eberwein eine weitere Gemeinsamkeit: Beim Frühstück merkte man ihm nicht an, wie ausgiebig er am Abend vorher gezecht hatte. Jedenfalls machten beide Wissenschaftler einen mitteleuropäisch gesellschaftsfähigen Eindruck, fand Klaas.

Helena ging heute wieder in blütenweiß, die Sorte Businesshemden, die ihr sowieso am besten standen, und Klaas ermahnte sich wie immer, sie nicht dauernd anzustarren.

In diesem Augenblick beschloss er, Rütter, Helena und Eberwein auf ihre Vertrauenswürdigkeit zu überprüfen. Gleichzeitig schämte er sich für sein Misstrauen den beiden Letztgenannten gegenüber, denn er handelte entgegen seiner Menschenkenntnis.

Er hatte noch weitere Personen auf dem Zettel, wie zum Beispiel Susanne, jedoch schien ihm ein Leck an dieser Stelle zu unwahrscheinlich, nicht zuletzt aufgrund ihrer geradezu kindlichen Naivität.

Und Klaas fasste einen weiteren Entschluss: Er würde Holger aus Hamburg bitten, seine Kneipe unterzuvermieten, zu verschenken oder was auch immer, und für ein paar Tage zu ihm nach Sachsen zu kommen. Etwas Urlaub würde dem Althippie nicht schaden.

Helenas Frühstück war wie immer vielfältig und eierlastig. Anschließend hatte jeder außer Klaas eine Aufgabe: Für Helena war Bürotag angesagt oder zumindest Büro-Vormittag. Armin Hammerschmidt erinnerte sich an seinen Job an der Uni und Eberwein wollte sich wieder in die Unterlagen und seinen Rechner vertiefen.

Klaas war froh, dass alle beschäftigt waren, denn er brauchte Ruhe zur Vorbereitung seiner konspirativen Aktion. Folglich verabschiedete er sich nach dem Frühstück nicht auf die gewöhnliche kurze Hunderunde, sondern auf einen ausgiebigen Spaziergang.

Stöver fand die Idee ausgesprochen sympathisch. Sein Herrchen hatte die Gartenpforte noch nicht hinter sich geschlossen, da war der schwarze Riese schon am Fluss angelangt und tauchte die Nase ins Wasser.

„Guten Tag, Oberkommissar Tidemeyer!", klang es von der Bank der Kreditbank Nordsachsen herüber.

Klaas sah genauer hin und erkannte den Sheriff. Zwar war er erstaunt über die höfliche, unterwürfige Begrüßung, hatte aber, schon aus Gewohnheit, einen genervten Spruch auf den Lippen. Rütter kam ihm zuvor. In einem eher bittenden Tonfall, überhaupt nicht so großspurig wie üblich, fuhr der sächsische Polizist fort: „Ich würde gern ein privates Wort mit Ihnen reden, so von Mensch zu Mensch."

Er war aufgestanden und seine Haltung war anders, als Klaas sie kannte. Er verhielt sich seltsam normal. Nicht so aufgeblasen, kein Sheriff Gehabe. Klaas zuckte verblüfft mit den Achseln und nickte zustimmend. Dann schlenderten sie nebeneinander her am Fluss entlang und es dauerte einige Zeit, bis Rütter zu reden begann.

„Ich weiß nicht richtig, wie ich anfangen soll."

Das merkt man, dachte Klaas und sagte: „Nur immer gerade heraus. Ich habe heute Sprechstunde", bereute den schnippischen Satz aber sofort. „Ich meine, wir haben Zeit. Hab eh vor, einen größeren Spaziergang zu machen."

Sie bummelten wieder ein paar Minuten schweigend nebeneinander her. „Ich habe ein Problem mit meiner Nichte", begann Rütter.

Klaas hatte alles Mögliche erwartet, am ehesten irgendetwas bezüglich Helena, aber keine Familiengeschichten.

„Wissen Sie, Jessica war früher ein ganz normales Mädchen."

Klaas dachte kurz darüber nach, was oder wie heutzutage ein ganz normales Mädchen war, während er schweigend neben dem sächsischen Kommissar her schlenderte.

„Sie war in der Schule immer mittelmäßig, hatte aber keine größeren Probleme. Sie traf ihre Freundinnen, ging mal in die Disco, trank beim Feiern auch mal ein, zwei Cola-Rum, wie das halt so ist bei ner Siebzehnjährigen, aber alles im grünen Bereich. Später hab ich ihr die Lehre im Amt besorgt und es lief anfangs ebenfalls gut. Aber seit einem halben Jahr hat sie sich komplett verändert."

Er wühlte nervös mit beiden Händen in den Taschen seiner schwarzen Lederjacke, die er trotz der knackigen Sonne eisern trug, und brachte eine verknautschte Zigarettenpackung nebst Streichhölzern ans Tageslicht. Nachdem er sich mit den originalgetreuen Gesten des Marlboro-Mannes Eine angesteckt, die ersten zwei Züge inhaliert und durch die Nase wieder ausgeblasen hatte, redete er weiter.

„Sie fehlt immer öfter bei der Arbeit, oft unentschuldigt. Ihr Amtsleiter hat schon zweimal deswegen bei mir angerufen."

Jetzt beteiligte Klaas sich doch an dem Gespräch: „Wieso bei Ihnen? Was ist mit ihren Eltern?"

„Die Eltern, also meine Schwester und ihr Mann, leben nicht mehr. Ein Autounfall vor zehn Jahren. Seitdem ist Jessica bei mir. Und wie gesagt, in den letzten Monaten läuft alles aus dem Ruder ..."

„Mag sein, dass Ihre Nichte Probleme hat, aber warum erzählen Sie mir das?", fragte Klaas dazwischen. „Wäre da nicht eine Beratungsstelle oder ein Psychologe angebrachter?"

„Weil es vielleicht mit dieser Sache, mit dem Überfall auf Doktor Eberwein, zusammenhängt ... Der Reihe nach: Jessica geht nicht mehr regelmäßig zur Arbeit. Sie redet kaum mit mir, trägt in ihrer Freizeit andere Klamotten als früher. Nur noch düstere, lange Sachen. Seit Kurzem hat sie ein großes Kreuz mit Jesus an der Wand hängen, liest in der Bibel und hört nur noch kirchliche Musik."

„Ich meine, es ist nichts Schlimmes, wenn ein Mensch religiös wird."

„Ja schon, aber in letzter Zeit nimmt das fanatische Züge an: Sie betet mehrmals am Tag. Sitzt stundenlang mit einem Rosenkranz in der Hand und murmelt vor sich hin. Redet, wenn überhaupt, nur noch in Bibelzitaten von Fegefeuer und Sündenbabel. Das wäre alles kein Beinbruch, aber neuerdings ist sie nächtelang unterwegs und ich hatte lange Zeit keine

Ahnung, wo sie sich rumtreibt. Den Kontakt zu ihren früheren Freundinnen hat sie komplett abgebrochen."

Er trat die Zigarette aus und wühlte in der Jackentasche nach der Zigarettenschachtel, hielt aber inne, als Klaas ihn mit hochgezogenen Augenbrauen ansah und erzählte weiter, wobei er nicht recht wusste, wohin mit seinen Händen.

„Dann habe ich sie durch Zufall mit diesem Priester gesehen. Er saß im Stadtpark auf einer Bank, meine Nichte kniete mit gefalteten Händen vor ihm, und seine Hand lag auf ihrem Kopf."

Klaas ließ die Szene vor seinem inneren Auge ablaufen und verstand Rütters Irritation. „Die beiden haben mich nicht bemerkt. Ich habe daraufhin angefangen zu recherchieren. Der Mann war gekleidet wie eine Mischung aus Mönch und katholischem Pfarrer."

Klaas schwante, warum Rütter ihm seine Familiengeschichte erzählte.

„Es gibt hier nicht viele katholische Kirchen. Die hatte ich ruck zuck abgeklappert und mir die Pfarrer angesehen. Der aus dem Stadtpark war nicht dabei."

Rütter wich Klaas' Blick aus und zündete sich eine neue Zigarette an. „So, und ab jetzt wirds wunderlich." Er zog zweimal kräftig. „Da ich Sie ja in Verdacht hatte, in den Überfall auf den Historiker involviert zu sein", – er hat tatsächlich „involviert" gesagt, dachte Klaas, was der für Worte kennt – „hatte ich Sie unter Beobachtung. Und da fiel mir sofort am Tag nach dem Überfall der rotbraune Japaner meiner Nichte auf. Hab extra noch das Kennzeichen überprüfen lassen, weil ich auf Nummer sicher gehen wollte. Aber kein Zweifel: Jessica hat Sie beschattet.

Am Tag darauf habe ich das Auto wieder gesehen. Aber diesmal saß der Typ mit der Kutte am Steuer. Ich konnte mir auf die ganze Sache keinen Reim machen. Deshalb habe ich in den nächsten Tagen möglichst beide beobachtet: Sie, Herr Tidemeyer, und Jessica beziehungsweise diesen ominösen Pfarrer. Weil ich den Typen keiner Gemeinde in der Umgebung zuordnen konnte, fiel mir schließlich die stillgelegte Kirche in Neuzwönitz ein. Als ich gestern dort ankam, um mich umzusehen, stand der Laster vor der Tür und fremde Leute waren dabei, die Kirche auszuräumen. Den Rest kennen Sie ja."

Sie schlenderten minutenlang schweigend nebeneinander her. Klaas dachte an den Peilsender und Stöver trottete weit vor ihnen am Wasser entlang und schnüffelte sich von einem Unkrautbüschel zum nächsten.

„Eben nicht. Leider kenne ich den Rest der Geschichte genauso wenig wie Sie", sagte Klaas schließlich. „Ich weiß nicht, warum Eberwein überfallen wurde. Oder wer dieser ominöse Pfarrer ist. Und wie Ihre Nichte da mit drin hängt."

Er wusste noch viel mehr nicht, wollte aber mit dem Kommissar auf keinen Fall über Wilfried reden. „Vorschlag, Herr Rütter: Wir behalten dieses Gespräch für uns und lassen alles weiterlaufen wie bisher. Einzige Änderung: Wir halten uns gegenseitig auf dem Laufenden. Ich informiere Sie, wann wir wo hinfahren und was wir vorhaben. Sie sorgen weiterhin mit Ihren Kollegen dafür, dass Doktor Eberwein nichts passiert. Was Ihre Nichte angeht, kommen wir weiter, sobald wir wissen, wer dieser Typ in der Kutte ist. Der ist entweder kein echter Pfarrer, oder einer, der nicht alle Nadeln auf der Tanne hat, da bin ich mir inzwischen sicher."

Rütter war einverstanden und über den Verlauf des Gesprächs sichtlich erleichtert.

„Woher wussten Sie eigentlich, dass Eberwein auf dem Campingplatz war?", fragte Klaas nebenbei.

Rütter wurde rot und beobachtete seine Fußspitzen.

„Ich warte." Klaas grinste ihn an.

Der Kommissar zerbröselte mit fahrigen Handbewegungen die Reste seiner Zigarette. „Ein Peilsender." Er zog den Kopf ein, als erwarte er Schläge.

„Ach Rütter, werden Sie irgendwann erwachsen?"

„Wieso? Hat doch geklappt. Machen Sie mir jetzt Ärger?"

Klaas überging die Frage. „Wo?"

„Im Radkasten."

„Hängt der noch dran?"

„Natürlich nicht. Ich bin doch nicht blöd!", rief Rütter und Klaas dachte sich seinen Teil.

Übergangslos und in eher belanglosem Ton fragte er: „Woher kennen Sie die Wirtin der Klause?" Er vermied bewusst Helenas Namen.

Rütter wurde eine Nuance röter und stammelte wirres Zeug. Nach einer Sammlungspause brachte er immerhin einen verständlichen Satz heraus: „Ach, nichts weiter. Wir kennen uns halt von früher aus Torgau."

„Ach so", sagte Klaas und Rütter entspannte sich deutlich, als keine weiteren Nachfragen kamen.

Als sie auf dem Rückweg in der Nähe der Fähre ankamen, sagte Klaas: „Wir trennen uns jetzt. Sie schlagen einen Haken um die Klause herum zu Ihrem Auto und ich mache einen Besuch bei der nordsächsischen Kreditbank."

Rütter sah ihn verständnislos an, traute sich aber nicht, zu fragen.

Als Klaas auf der Bank saß und Rütter außer Hörweite war, holte er sein Handy aus der Tasche und wählte Holger an.

Nach gefühlten zehn Mal klingeln meldete sich die verschlafene Stimme eines Walrosses. „Zur Kurve?"

Klaas grinste. „Hier Oberamtsrat Müller vom Gesundheitsamt. Wir stehen vor der Tür Ihres Geschäfts, um die angekündigte Hygieneprüfung durchzuführen!"

Einen Augenblick Stille auf der anderen Seite. Dann hörte Klaas irgendetwas polternd umfallen, vielfältiges Geraschel, diverse Flüche und nach einem weiteren Moment Ruhe wieder Holgers dröhnende Stimme.

„Klaas Tidemeyer! Wenn du mich reinlegen willst, musst du eher aufstehen ... Apropos eher, was soll das? Mitten in der Nacht?"

„Es ist kurz vor elf, also früher Nachmittag! Raus aus dem Nest!"

„Wieso Nest?"

„Nest sagen die Sachsen zur Koje."

In dem Stil ging es einige Male hin und her, bis Klaas zur Sache kam: „Was hältst du von ein paar Tagen Urlaub an der Elbe?"

„Ich mache jeden Tag Urlaub an der Elbe. Ich bin schließlich Hamburger!"

„Blödmann. Urlaub an der sächsischen Elbe!"

„Am Arsch der Welt? Warum sollte ich?"

„Um dich zu erholen und uns in der Kneipe zu helfen."

„Spinnst du? Ich habe meine eigene Kneipe. Warum soll ich in einer fremden Kneipe aushelfen?"

Klaas erklärte Holger in den nächsten fünf Minuten und durch Zwischenfragen immer wieder unterbrochen, in was für eine Sache er hineingeraten war. Dann kam er auf den Punkt: „Irgendwer in unserer tollen Truppe plaudert. Die Anderen wissen immer, was wir gerade vorhaben. Ich möchte falsche Fährten legen und auf diese Weise herausfinden, über welche Person aus meinem Umkreis Insiderwissen fremdgeht. Um das durchzuziehen, brauche ich dich."

„Ja, langsam raffe ich, was du von mir willst. Ich soll dir den Hilfssheriff machen."

„So ungefähr. Sagen wir, den heimlichen Beobachter. Mir helfen, jemanden vorzuführen. Das sollte dir doch liegen."

Kurze Pause.

„Hm. Eine Vertretung hätte ich ... wie wollen wir es anstellen?"

„Tja, zuerst hatte ich ja den Plan, dass du einfach als Gast hier auftauchst, ein paar Tage hier nächtigst und wir uns nicht kennen. Geht aber wegen Stöver nicht. Dem kann ich schlecht erklären, dass er dich nicht begrüßen darf. Deswegen mein Plan B: Alle hier wissen von der Wette. Du kommst überraschend, um zu kontrollieren, ob ich die Wettbedingungen einhalte, weil ihr in Hamburg alle glaubt, dass ich bescheiße. Was hältst du davon?"

„Jo. Das fressen die bestimmt. Deine neuen Freunde haben sicher schon geschnallt, dass du ne faule Socke bist." Er lachte dröhnend und der Handy-Lautsprecher schepperte. „Okay, so machen wir das. Du schickst ne Flaschenpost, wann ich in eurer Kneipe einfliegen soll. Ne Adresse wäre nützlich."

„Schick ich dir aufs Handy. Eine Sache hab ich noch: Falls es geht, tausche mit deinem Kumpel Frank die Maschine, damit du nicht mit Hamburger Kennzeichen hier eintrudelst. Unsere Stalker brauchen nicht sofort drauf kommen, dass du zu mir gehörst."

Klaas war guter Dinge. Endlich gab es Fortschritte. Jetzt fehlten nur noch ein paar Ideen, wie er für Eberwein, Helena und Rütter unterschiedliche Falschinformationen lancieren konnte, ohne dass die anderen es mitbekamen.

Und er freute sich auf seinen Freund Holger. Die Bekanntschaft zwischen ihnen hatte sich über viele Jahre entwickelt, zuweilen etwas holperig. Kiezwirt und Polizist haben naturgemäß nicht immer dieselben Interessen. Das führte anfänglich zu diesen und jenen vorurteilsbedingten Missverständnissen. Es dauerte, bis aus Misstrauen gegenseitige Akzeptanz und schließlich Freundschaft geworden war.

Klaas beendete die Sitzung bei der Nordsächsischen und pfiff nach Stöver, der sich erst auf ein energischen „hierher!" bequemte, seine Spielkameraden links liegen zu lassen und den folgsamen Hund zu spielen.

Als Klaas die Elbklause erreichte, gestatte Eberwein sich gerade eine Pause an der frischen Luft. Helena war vom Einkaufen zurück und verkündete: „Ich habe keine Lust zu kochen. Es gibt zusammengekehrte Reste vom China Imbiss", und stellte eine wunderbar nach Geschmacksverstärkern duftende Tüte auf die Theke.

Die Männer waren begeistert. Nach dem Essen beschäftige Eberwein sich wieder mit seinem Rechner und Klaas mit dem Kopfkissen. Stöver ging fremd und blieb beim Doktor.

Verräter, dachte Klaas schmunzelnd und schloss die Augen.

Der Rest des Tages verging ohne Stalker, ohne weitere Leichen und ohne Recherchen.

15. Tag

Als Klaas am nächsten Morgen die Gaststube betrat, saß Eberwein wie immer schon am Tisch. Helena kam mit der obligatorischen Eierpfanne aus der Küche, als vom Parkplatz her das tiefe Blubbern eines Motorrads hereindrang. Stöver stellte die Ohren auf und begann zu jaulen.

„Welcher Spinner denkt denn, ich hätte um diese Zeit geöffnet?", fragte Helena und sah aus dem Fenster. „BRV. Was ist das wohl für ein Kennzeichen? Und der Typ sieht aus wie ne Kreuzung aus Hippie und Rocker."

Da wusste Klaas erstens, dass Holger sich beeilt hatte und zweitens, dass der Motorradtausch mit Frank aus Buxtehude geklappt hatte.

Die Gaststube war nicht verschlossen und so stand zwei Minuten später eine schwarz gekleidete Gestalt rahmenfüllend in der Tür. Rahmenfüllend, denn Holger mit seinen hundertneunzig Zentimetern am Zollstock und mindestens zwei Zentnern auf der Waage machte schon was her. Dazu das martialische Outfit aus Lederweste, Lederhose, kariertem Flanellhemd, rotem Halstuch, unkultivierter Langhaarfrisur namens Vokuhila und buntem Stirnband. Oh ja, Holger machte was her.

In diesen Klamotten wird man ihn beerdigen, wenn es mal so weit ist, dachte Klaas.

Stöver bellte hell auf, war mit zwei Sätzen an der Tür und sprang Holger unter kräftigem Geheule mitten ins Gesicht.

„Runter, du verrückter Mistköter!", rief Holger lachend und vergeblich. Klaas stand auf. „Ich halte es nicht aus! Holger! Was machst du denn hier? Ist was Schlimmes?"

„Nee, nee, alles gut. Hab nur einen Auftrag auszuführen."

Während der letzten Worte war er an den Frühstückstisch herangetreten und es erfolgte eine innige Männerbegrüßung inklusive Umarmung und Schulterklopfen. Klaas trat einen Schritt zurück und präsentierte Holger wie einen berühmten Fernsehstar: „Darf ich vorstellen: Holger aus der Kurve."

Helena und Eberwein sahen sich verständnislos an.

„Mein Freund Holger. Wirt, Besitzer und Alleinunterhalter der Gastwirtschaft „zur Kurve" in Hamburg Altona", ergänzte Klaas und fragte dann erneut: „Nun sag schon: Was führt dich hierher? Wer kümmert sich um die Kurve? Ich kann mich nicht erinnern, dass du deine Kneipe auch nur einen Tag nicht aufgemacht hast, solange ich sie kenne!"

Helena schaltete sich ein: „Nun lass deinen Freund erst mal Platz nehmen. Er sieht etwas geschwächt aus und es sind noch Spiegeleier da. Er soll reinhauen."

Holger hatte schon zum gedeckten Tisch hinübergepeilt und ließ sich das nicht zweimal sagen. Er grinste. „Oh ja, wenn ich diesen wunderbaren Frühstückstisch sehe, fühle ich mich sehr geschwächt."

Der waschechte Hanseat befreite sich von seiner Lederjacke, zog einen Stuhl heran und setzte sich an die lange Seite des Tisches, während Helena ihn mit Geschirr, Besteck und Rührei versorgte.

Und Holger haute rein.

Er haute so gründlich rein, dass Helena Eier nachbraten und frischen Kaffee aufsetzen musste.

Nachdem die Kaffeekanne erneut leer war und Holger sich auf Klaas' Ermahnung hin das Eigelb aus dem Vollbart gepfriemelt hatte, kam die Unterhaltung wieder in Gang.

„So, nun erzähl!", forderte Klaas ihn auf.

Holger reckte sich ausgiebig auf seinem Stuhl. „Ist doch nix mehr für mich alten Sack ... die ganze Nacht aufm Bock." Er verdrehte den Kopf in alle Richtungen, um den verspannten Nacken zu lösen. „Also das war so. Wir saßen gestern Abend wie immer am Stammtisch. Als die Fremden gegangen waren ..."

Klaas unterbrach ihn. „Die Fremden sind die normalen Gäste. Wenn die irgendwann nachts von der Polizei abgeholt, besoffen umgefallen oder in Einzelfällen einfach so gegangen sind, kommt Holger hinter der Theke raus und setzt sich zu unserer Clique an den Stammtisch."

„Kann ich jetzt erzählen, oder willst du weiter dazwischen labern?", fragte Holger mit einem genervten Seitenblick. Klaas senkte schuldbewusst das Haupt und faltete die Hände.

„Na also. Geht doch ... Wie gesagt, wir saßen am Stammtisch und irgendwer fragte, wie es unserem Ex-Bullen denn so geht."

Klaas wollte abermals unterbrechen, ein grimmiges Räuspern in seine Richtung hielt ihn davon ab.

„Keiner wusste was Genaues und irgendwann sagte Moni, der Klaas sitzt bestimmt in irgendeinem Hotel und macht Wellness, statt Klapprad zu fahren. Weil der jetzt kein Bulle mehr ist, bescheißt er auch ... Halt den Rand!"

Klaas zuckte zusammen und hielt den Rand.

„Na ja und ruck zuck waren wir uns einig, dass wir das kontrollieren müssten. Und nicht irgendwann, sondern gleich. Alle anderen haben keinen fahrbaren Untersatz oder keine Kohle für so ne Reise oder beides nicht. Oder müssen sogar malochen, die armen Kerle. Da haben die Bekloppten mit dem Finger auf mich gezeigt. Als wenn ich nicht arbeiten müsste. Ich dachte, ich komm denen davon, weil meine Berta in Reparatur ist. Pleuellager im Arsch. Aber Frank, der Idiot, hat mir sofort seine Harley aufgedrängt, er könne ja mal wieder Ferrari fahren, sagt der Idiot ... Gibt es noch Rührei?"

„Friss nicht so viel. Du sollst also kontrollieren, ob ich meine Wette einlöse?"

„Jo. Ich soll dein Tagebuch filzen, mir Quittungen von Campingplätzen zeigen lassen und so nen Scheiß."

„Und wie kommst du ausgerechnet hier her?", fragte Klaas.

Holger grinste verschmitzt. „Tja, mein Lieber. Du machst Fehler. Vor einer Woche hast du uns geschrieben, dass es hier einen Roland gibt. Und vorgestern ein Bild von der Kneipe hier geschickt, mit deiner Minna im Garten. Konnte man ganz leicht „Elbklause" drauf entziffern. So viele Tage am selben Ort, klar, dass da was faul ist."

Helena grinste. „Ertappt, Herr Kommissar!"

Sie trug heute wieder weiß. Ein schneeweißes Herrenoberhemd, das bis knapp übers Knie reichte. Die obersten drei Knöpfe standen offen und Klaas bemühte sich, wie sollte es anders sein, woanders hinzusehen als in diesen Ausschnitt.

„Ja, ja, ich kann erklären, warum ich hier hängen geblieben bin."

Holgers Blick streifte Helenas Dekolleté und er sagte grinsend: „Auf die Erklärung bin ich gespannt."

Die Wirtin bekam natürlich mit, was zwischen den beiden Freunden gerade abging und drohte mit dem Finger. Ein kleines bisschen verlegen war sie auch, wie Klaas guter Dinge feststellte.

„Ich bin vor zwei Wochen in einen alten Keller ohne Haus drüber gestolpert, habe ein totes Gerippe gefunden, musste Leben retten, suche einen Schatz und werde gestalkt. Sind das keine Gründe?"

Holger mimte Erstaunen. Kein schlechter Schauspieler, stellte Klaas fest. Jedenfalls nahmen Helena und der Doktor ihm seine Geschichte bereitwillig ab.

„Wie bitte? Möchte nicht wissen, was du dir da ausgedacht hast."

„Glaub mir ruhig", antwortete Klaas. „Ich erkläre dir alles ausführlich. Dafür gehen wir an die Elbe. Damit Stöver sich austoben kann, während wir reden."

„Gar nicht so schlecht, deine Schauspielerei", lobte Klaas später auf der Bank in den Elbwiesen und Holger klopfte sich mit einem breiten Grinsen auf die Brust.

„Ich bin gut, was? Nun erzähl, wie es weitergeht."

Die „Story", wie er sich ausdrückte, kannte er ja aus den Telefonaten mit Klaas. „Gibt noch keinen Plan. Schmieden wir jetzt."

Holger fingerte eine Packung Tabak aus der Tasche und drehte sich eine Zigarette, die er mit ein paar Krümeln aus einem Plastiktütchen veredelte.

„Willst du hier am frühen Morgen in Gegenwart eines Polizisten kiffen?", fragte Klaas und Holger meinte: „Für mich ist Abend. Die Zeit, zu der ich sonst die Kurve zumache. Und du tu nicht so empört. Nur weil du Tüten meist im Dunkeln rauchst!"

Klaas seufzte. Einmal, ein einziges verschissenes Mal in den letzten zehn Jahren hatte er sich hinreißen lassen und auf einer der exzessiven Feiern in der Kurve zu fortgeschrittener Stunde ein paar Züge von einem Joint gepafft. Das würden sie ihm in alle Ewigkeit aufs Brot schmieren.

„Kommen wir bitte zum Thema. Wie gesagt, ich möchte Helena, Eberwein und einem Polizisten aus Torgau jeweils eine falsche Information zukommen lassen. Aus den Reaktionen erhoffe ich mir, den Weg rekonstruieren zu können, auf dem die Andern uns ausbaldowern."

„Hm. Die Anderen. Hört sich bei dir an wie die Außerirdischen. Und du glaubst wirklich, dass dieser Eberwein ein falscher Hund ist? Der hat ja nicht viel gesagt. Aber ich kann mir nicht vorstellen, dass der hintenrum ist. Und die schöne Helena schon gar nicht. Wo bleibt dein Riecher, Herr Kommissar?"

Klaas sah seinen Freund unsicher an.

„Ich bin ja nur Kneipenwirt, kein Oberkommissar" — Klaas kassierte einen spöttischen Seitenblick — „aber als Wirt bekommst du regelmäßig deine Lektionen in Sachen Menschenkenntnis. Und ich sage dir: Die Frau ist okay. Kannst du mir glauben. Und ich meine das nicht wegen der offenen Knöpfe an ihrem Hemd."

„Ich hab dich nicht geholt, damit du in Ausschnitte glotzt, die dich nichts angehen, klar?"

Holger lachte. „Bleib entspannt, ich werd dir schon nicht dazwischen funken." Er fummelte an dem Messingschild herum. „So, so. Die Bank gehört der Kreditbank ... wo kann man hier was abheben?"

„Das ist ja meine Misere: Ich meine ja auch, dass die beiden in Ordnung sind. Trotzdem gibt es ein Leck. Vielleicht ja unbeabsichtigt."

„Das schon eher. Überleg einfach, mit wem die beiden außerhalb eures Kreises verkehren. Die sollten wir unter die Lupe nehmen."

„Auf Helenas Seite kenn ich nur ihre Nachbarin Gabi, die ab und zu in der Kneipe aushilft. Zu der hat sie ein eher geschäftliches Verhältnis. Und Susanne. Ihre Freundin von der anderen Elbseite. Sehr abgedreht und sehr naiv. Jedenfalls zu naiv für eine linke Tour. Davon abgesehen kennen die beiden sich seit Ewigkeiten."

„Hm. Da kann man sich täuschen. Alte Freundinnen können die schlimmsten Feindinnen sein."

„Ja klar. Aber wenn du sie kennenlernst, die flippige Susanne, gibst du mir recht."

„Okay. Was ist mit Eberwein?"

„Dasselbe. Der Doktor selber ist auf jeden Fall koscher. Was seine Kontakte angeht, kenne ich nur jemanden beim Landesamt für Denkmalschutz in Dresden und Armin Hammerschmidt, sein Freund an der Uni Leipzig, Institut für Ur- und Frühgeschichte. Armin sieht aus wie Einstein und die beiden kennen sich aus DDR-Zeiten. Eberwein vertraut ihm völlig. Deswegen ist die Bibliothek aus der Kirche jetzt bei ihm eingelagert."

„Und der aus Dresden?"

„Der vom Landesamt? Sehr sachlicher Kontakt. Sind nicht mal per du."

Holger streifte das Stirnband ab, kratzte sich ausgiebig am Kopf, zerrte sich das Stirnband wieder an die alte Stelle und sagte einmal mehr: „Hm." Und nach einer kurzen Pause: „Du sagtest was von einem Polizisten. Ist das dieser Rütter?"

„Ja. Der ist Kommissar in Torgau und für die Sicherheit Eberweins verantwortlich."

Klaas berichtete Holger von Rütters Sheriff-Gehabe und seinen Sorgen bezüglich Nichte Jessica.

„Hm."

„Du nervst mit deinen „hms"."

„Meinst du, der ist ehrlich?"

„Weiß nicht, aber in dieser Hinsicht gilt für den Sheriff dasselbe wie für Susanne: zu naiv, um schlau zu bescheißen."

Beide betrachteten einen Moment schweigend die Flusslandschaft. Klaas nahm das Gespräch wieder auf. „Du hast ja Recht. Bei Eberwein und Helena bin ich mir sicher, dass sie ehrlich sind. Also lass uns herausfinden, ob sie ungewollt Zwischenträger sind. Und wenn du noch einmal „hm" sagst, hau ich dir eine rein."

„Ja, hab ich jetzt verstanden. Wie machen wir es?"

„Für Eberwein habe ich eine gute Idee. Ich lasse ihn wissen, dass wir Wilfried ..."

„Wer bitte ist nun wieder Wilfried?"

Klaas lachte und klärte ihn auf. „Also, ich lasse durchblicken, dass wir Wilfried einem weiteren Besuch abstatten wollen, um bei anständiger Beleuchtung bessere Fotos zu machen. Die Gegenseite weiß in etwa, in welcher Gegend ich Wilfried gefunden habe, nicht aber den genauen Ort. Wenn die undichte Stelle im Dunstkreis von Eberwein liegt, wird uns dort in der Nähe jemand auflauern."

„Könnte funktionieren. Wie verhinderst du, dass Helena davon erfährt?"

„Sie will demnächst einen ganzen Vormittag unterwegs sein. Besorgungen, Ämter und so. Dann ziehen wir das durch."

„Hm", sagte Holger und duckte sich. „Und wie testen wir Helena?"

„Der erzählen wir, dass wir in der Schublade vom Schreibtisch in der Kirche von Neuzwönitz zwei Jahrbücher vergessen haben. Die wollen wir zum passenden Zeitpunkt holen."

„Wie finden wir raus, ob jemand vor uns in der Schublade sucht?"

„Ich hab draußen, vor der Kirche, eine Wildkamera aufgehängt."

„Du alter Ränkeschmied! Wer ist zuerst dran?"

„Hm", machte diesmal Klaas. „Wenn Helena morgen ihre Ämtertour erledigt, ist erst Eberwein dran. Wenn nicht, fahre ich mit Eberwein zur Polizei nach Torgau und erzähle Helena spät genug, so dass die beiden vor der Abfahrt nicht mehr miteinander reden können, von den Jahrbüchern in der Schublade."

„Wenn du dem Mädchen hinterher beichtest, dass du es getestet hast, möchte ich gern dabei sein", lachte Holger.

Klaas ignorierte die letzte Bemerkung und setzte seine Überlegungen fort. „Du, lieber Holger, wirst dich morgen früh wieder verabschieden, offiziell nach Hamburg, in Wirklichkeit aber in eine Pension in der Nähe. Hier bei uns meinen dann alle, du bist aus dem Spiel. Wäre gut, wenn du dir für die Aktion einen Mietwagen nimmst. Dein Moped könnte zu auffällig sein."

Bei dem Wort Moped zuckte Holger zusammen. „Könnte funktionieren, dein Plan. Eine Frage noch: Wie willst du Eberwein daran hindern, mit zu fahren?"

„Von mir aus kann er mitfahren. Das stört nicht. Wer uns auflauert, wird sich eh nicht zu erkennen geben. Dazu bist du ja da, um als Beobachter den Spion zu entlarven. Und Fotos machen will ich auf jeden Fall."

Sie besprachen noch einige Feinheiten. Klaas beschrieb Holger die vorläufige Ruhestätte Wilfrieds und zeigte ihm per Satellitenbild auf dem Handy ein paar Stellen, an denen er Posten beziehen könnte. Außerdem verabredeten sie ein Zeitfenster und wann und wie sie in Kontakt bleiben wollten.

Gegen Mittag traten sie den Rückweg zur Elbklause an. Stöver hatte sich müde gespielt und trottete mit hängendem Kopf hinter ihnen her. Holger sinnierte darüber, warum man vom Nichtstun so hungrig werden konnte.

Als sie zur Gaststube hereinkamen, schlug ihnen der satte Duft von Bratkartoffeln mit reichlich Zwiebeln entgegen.

Draußen wütete ein kräftiges Sommergewitter und die aufgeheizte Wirtschaft war bis auf den letzten Platz mit durchgeregneten, dampfenden Touristen besetzt, als Klaas nach der Mittagsruhe die Gaststube betrat.

Helena bewegte sich schwitzend und im Laufschritt durch ihre Kneipe.

„Hättest mich ruhig wecken können", sagte er im Vorbeigehen auf dem Weg zum Zapfhahn. Kurz darauf war Holger da, stellte sich mit einem Tablett voller Biergläser mitten in den Raum und erfasste mit geübtem Blick, an welchem Tisch die Getränke am nötigsten waren. Einige Gäste guckten irritiert, von einem Jesus mit dem Umfang eines Buddhas und Nenas Stirnband bedient zu werden. Es wurde totenstill in der Kneipe und alle starrten ihn an.

Als Holger ein flapsiges „Nicht glotzen, sondern saufen" in die Runde warf, löste sich die Spannung in Gelächter und der normale Kneipenlärm setzte wieder ein. Nur die wenigen Stammgäste aus dem Ort, die wie immer festgenagelt auf ihren Hockern an der Theke saßen, brauchten länger, um den Anblick zu verdauen.

Zurück an der Theke sagte er zu Klaas: „Ich muss bescheuert sein, dass ich meine eigene Kneipe allein lasse, um in einer wildfremden Kneipe den Kellner zu spielen." Er tippte sich mit dem Zeigefinger an die Stirn.

Klaas schmunzelte. „Wenigstens bleibst du in Übung. Außerdem sieht jeder, dass dir das Kellnern Spaß macht."

„Stimmt. Das ist ja das Schlimme!"

Erst gegen Abend verzogen sich die Gewitterwolken am Himmel und die Gäste aus der Elbklause.

Stöver wurde nervös, lief mehrmals zur Tür, blickte Klaas zwischendurch immer wieder auffordernd an und schließlich bellte er empört, weil ihn keiner beachtete. „Ja, du hast ja Recht." Klaas lächelte sanft und legte das Geschirrtuch zur Seite.

Helena warf ihre Schürze auf den Tresen und meinte: „Nach so viel Küchendampf brauche ich frische Luft. Was dagegen, wenn ich mitkomme?"

Holger grinste breit und Klaas hielt, statt einer Antwort, für Stöver und Helena die Tür auf. Im Vorbeigehen trat er Freund Holger mit voller Absicht auf den Fuß.

Die Luft war angenehm. Das Gewitter hatte die Schwüle vertrieben und innerhalb kurzer Zeit für zehn Grad Abkühlung gesorgt. Stöver rannte los und hatte wie üblich die Hundespielwiese erreicht, als Klaas und Helena gerade das Gartentor passierten.

„Hast du geahnt, dass ich mit dir unter vier Augen reden möchte?"

„Nein eigentlich nicht. Aber erzähl ruhig." Sie sah ihn erwartungsvoll von der Seite an.

„Es geht um den Sheriff."

Wenn sie jetzt enttäuscht war, so ließ sie es sich nicht anmerken.

„Was ist mit Rütter?"

„Er ist gestern zu mir gekommen und hat kleinlaut um ein persönliches Gespräch gebeten. Unabhängig davon wollte ich dich die ganzen Tage schon fragen, was zwischen euch vorgefallen ist."

„Was soll vorgefallen sein?" Mit einem Mal hatte sie eine senkrechte Falte auf der Stirn und blickte stur geradeaus.

„Na ja, merkt doch ein Blinder, dass da mal was Unangenehmes zwischen euch war."

„Blinde sind bisweilen sensibel ... okay, du hast ja recht, da war was. Nur rede ich nicht gern über alte Kamellen. Schon gar nicht mit Fremden."

„Und mit Fremden, die du schon tagelang kennst?"

Ihre Miene entspannte sich ein wenig. „Es ist nicht fair, mich jetzt zum Lachen zu bringen!"

Klaas lächelte und war sensibel genug, für einen Moment die Klappe zu halten. Sie gingen minutenlang schweigend nebeneinander her. Dann begann Helena, zu erzählen.

Sie kannte Rütter seit Kindertagen aus ihrem Dorf in der Nähe von Torgau. Rütter war seit ewigen Zeiten hinter ihr her, wogegen sie mit ihm nichts anfangen konnte. Er hatte keinen Charme, war ihr einfach zu angeberisch, zu plump, zu direkt.

„Weißt du, ich war damals kein Kind von Traurigkeit. Ich bin zwar nicht mit jedem in die Kiste gesprungen, wie allgemein behauptet wurde, aber ich hatte meinen Spaß."

Wieder spazierten sie eine Zeitlang schweigend nebeneinander her, bis sie fortfuhr. „Von denen, die erzählten, ich ginge mit jedem ins Bett, gab es einige, die meinten, sie hätten selbstverständlich auch das Recht auf mein Bett. Und zu dieser Sorte gehörter Rütter. Ich weiß nicht, ob es ihm nur ums

Poppen ging oder ob er verknallt war. Jedenfalls war er penetrant. Aus holprigem Anbaggern wurde Anmache, aus Anmachen wurde Betteln, aus Betteln wurde Fordern.

Am schlimmsten war es, wenn er ein paar Atü auf dem Kessel hatte. Wie an diesem einem Abend auf der Kirmes, als meine Freundinnen, unter anderem Susanne, mich gerettet haben. Besoffen, dass er kaum noch stehen konnte, hatte er mir hinter dem Festzelt aufgelauert und mich angegrapscht. Susanne hatte zum Glück mitbekommen, wie er mir hinterhergetorkelt war. Sie ist ihm nach und hat ihm von hinten in die Waden getreten und von vorn in die Eier.

Dann war lange Zeit Ruhe. Bis er bei der Polizei anheuerte. Da fing er an, mich zu schikanieren."

Sie waren bei der Kreditbank-Bank angekommen und setzten sich. Stöver hatte seine üblichen Freunde getroffen und tobte mit ihnen durchs Wasser.

„Irgendwann reichte es. Wir wollten ihn vorführen und hatten einen Plan." Sie zögerte und sah ihn grinsend an. „Willst da das wirklich hören?"

„Ihr habt ihn lächerlich gemacht. Also gibt es was zu Lachen. Klar will ich das hören!"

„Okay, ich mach's kurz. Beim nächsten Auszugsfest ..." Klaas unterbrach sie. „Hä? Da macht man das, wonach es sich anhört?"

„Quatsch, keiner zieht sich aus. Das Auszugsfest wird alle zwei Jahre vom Geharnischtenverein gefeiert. Zum Andenken an den Auszug der Geharnischten zum Fladenkrieg. Musst du bei deinen Recherchen gelesen haben!"

„Kann sein ... Ja, irgendwas war da."

„Also beim Auszugsfest hat er uns den Gefallen getan, mich wieder anzumachen. Erst vorsichtig, dann, je mehr er intus hatte, umso penetranter. Als es finster war und ich mal pullern musste, ist er hinterher und es ging genauso los wie auf der Kirmes damals. Wir haben dafür gesorgt, dass viele Leute drum rumstanden. Die Jungs von der Feuerwehr hatten einen riesigen Lichtmast aufgestellt und einer von ihnen wartete mit der Hand am Schalter. Jedenfalls stand Rütter mit runtergelassener Hose mitten in der Runde und voll im Scheinwerferlicht. Es waren viele seiner Kollegen von der Polizei dabei, Leute von der Stadtverwaltung und vom Landratsamt. War ja Auszugsfest. Alle haben Beifall geklatscht und Fotos ohne Ende gemacht. Die kursieren heute noch im Netz."

Klaas sah ihr an, dass sie auch jetzt, viele Jahre später, noch Genugtuung empfand.

„Nächsten Tag bin ich zu ihm aufs Revier und habe ihm gesagt, dass diese Aktion kein Zufall war und nur der Anfang von dem, was noch auf ihn zukommt, wenn er mich nicht endlich in Ruhe lässt. Und dass ich im Fall des Falles auf Beweise, ob er dahintersteckt, pfeife, wenn mir das Ordnungsamt, oder die Hygiene oder wer auch immer, mal wieder auf die Bude rückt oder mich sonst wie schikaniert.

Von da an war Ruhe. Manchmal hab ich sogar den Eindruck, er hält Behörden gegenüber die Hände schützend über mich, nur damit er nicht in Verdacht gerät, wenn irgendein Amt mich mal wieder ficken will."

Klaas zuckte über ihre Ausdrucksweise zusammen.

„So, jetzt weißt du, warum Rütter das Allerletzte ist und ich schätze, du verstehst mich."

Ja, Klaas verstand sie und Helena wechselte das Thema.

„Was wolltest du mir über das Arschloch erzählen? Leg los."

„Im Moment hat Rütter andere Sorgen. Er hat mich, wie gesagt, gestern angesprochen und wegen seiner Nichte Jessica vollgejammert." Er gab Rütters Gejammer in Kurzform wieder.

Helena hörte sich den Vortrag bis zum Ende an. Dann meinte sie: „Leid tut er mir trotzdem nicht. Wenn er keine Sorgen mehr hat, wird er wieder genauso lächerlich auf die Kacke hauen, wie du es von ihn kennst. Allerdings sollten wir mit Eberwein darüber reden. Ist schon ne neue Sachlage."

„Von wegen Eberwein! Den habe ich den ganzen Nachmittag nicht gesehen."

„Er hat sich nach dem Mittagessen ins Gästezimmer verzogen. Wollte erst ruhen und dann in seinem Papierkram wühlen."

Als sie in die Gaststube zurückkehrten, hatte sich das Bild verändert: Alle Tische waren abgeräumt, der Geschirrspüler lief, Eberwein saß mit Notebook am Frühstückstisch und Holger polierte die letzten Gläser.

„Boah ey!", rief Helena ihm fröhlich zu. „Du darfst bleiben! Muss man dich kaufen oder kann man dich auch mieten?"

„Ich bin ein denkmalgeschütztes hanseatisches Muster. Sozusagen ein unverkäufliches Einzelstück mit musealem Charakter!", gab Holger ausnahmsweise ohne Hamburger Slang, dafür mit stolz geschwellter Brust und erhobenem Zeigefinger zurück.

Klaas war pragmatischer: „Es gibt wieder saubere Gläser. Da könnten wir glatt ein Bier trinken."

„Ich bin dabei!" Eberwein hatte eine Hand erhoben.

„Ich glaub, ich spinne!", protestierte Holger. „Die Gläser spült und poliert ihr dann aber selber!"

Eberwein blickte auf. „Es wird Zeit, dass sich jemand um mich kümmert. Es gibt Neuigkeiten und keiner will sie hören."

„Noch einer, der jammert", seufzte Klaas und setzte sich zu ihm.

Der Doktor räusperte sich. „Ich hatte heute diesen Hofnarren von Schloss Hartenfels am Wickel. Im Internet gibt es diverse Berichte bezüglich Claus Narr. In allen Publikationen, die über ihn veröffentlicht wurden, bleibt unklar oder widersprüchlich, wohin der wunderliche Kauz nach 1533 verschwunden ist. Meine Freunde in Dresden, die Bücherwürmer vom Amt für Denkmalpflege, haben Hinweise dafür gefunden, dass Claus in der Nähe von Torgau geblieben ist und dort noch viele Jahre gelebt hat."

Klaas meldete sich wie in der Schule und schnippte mit dem Finger: „Warum ist das nicht bekannt geworden?"

„Das weiß ich noch nicht. Irgendwelche Leute haben diese Informationen verschwinden lassen. Und zwar gleich zweimal. Einmal in der Zeit, also in den Fünfzehnhundertdreißiger

Jahren. Zu DDR-Zeiten hat sich kaum ein Mensch für das späte Mittelalter interessiert. Aber direkt nach der Wende muss wieder jemand die öffentliche Verfügbarkeit dieser Dokumente verhindert haben."

Eberwein legte eine Pause ein und sah sich erwartungsvoll um. „Ja versteht ihr denn nicht? Wenn eine historische Begebenheit derart unter den Teppich gekehrt wird, innerhalb von mehreren hundert Jahren gleich zweimal, dann ist das kein Zufall. Und es muss um etwas Besonderes gehen. Wegen nichts wird nicht solch ein Aufwand getrieben."

Helena meldete sich in derselben Art wie vorher Klaas und der Doktor erteilte ihr mit einem Nicken das Wort.

„Woher weißt du, dass etwas vertuscht wurde? Hat dir ein Nachbar von Claus was gezwitschert?"

„Ihr denkt, ich kenne Twitter nicht, nur weil ich alt bin?" Er lächelte mitleidig. „Nein, meine Informanten haben mir das gesteckt. Sie haben herausgefunden, dass die Aufzeichnungen über den Verbleib von Claus Narr und ...", er machte eine bedeutungsschwangere Pause, „... die Dokumente zum Besitzerwechsel des Hauses an der Elbe ...", Eberwein blickte triumphierend in die Runde, „... damals bewusst und vorsätzlich in falschen Registern abgelegt worden waren, sodass sie, wenn überhaupt, dann höchstens zufällig gefunden werden konnten."

Er trank einen kräftigen Schluck Bier, wischte sich mit dem Handrücken den Mund ab und referierte weiter: „Nach der Wende wurde begonnen, die Papierberge im Sächsischen Staatsarchiv in Dresden zu digitalisieren. Alte Grundbücher, standesrechtliche Unterlagen über Geburt, Tod, Heirat und der ganze Schnadder. Es wurde einfach alles durch die Scanner gejagt. Dabei wurden die vorhin erwähnten Schriften aus Schloss Hartenfels über Claus und das Haus an der Elbe zufällig wiedergefunden. Trotzdem sind sie nicht eingescannt worden. Wieder hat das irgendwer verhindert."

„Und wir können davon ausgehen, dass es nicht dieselbe Person war", warf Holger grinsend ein.

„Ach ne, du Mitdenker! Ja, bei einer Differenz von fünfhundert Jahren können wir davon ausgehen." Eberwein lächelte kurz, bevor er, wieder ernsthaft, weitersprach: „Zu dem Haus an der Elbe: Wann es gebaut wurde, hab ich nicht herausgefunden. Jedenfalls gehörte es, wie wir schon wissen, lange als eine Art Vorwerk zum Schloss Hartenfels. Neben dem Haus standen damals einige aus Brettern zusammengezimmerte Hütten, in denen im Frühjahr und zur Erntezeit Landarbeiter gehaust haben, um nicht jeden Tag den weiten Weg von Torgau dort hinaus machen zu müssen. Im Haus selber hat ein Vorarbeiter mit Familie gewohnt. Außerdem gab es eine kleine Werkstatt mit Schmiede, sodass dort draußen auch Pferde beschlagen oder Lederzeug repariert werden konnte. Noch ein paar Pferdeställe, das war's. Auch das passt alles zu dem, was wir schon aus den Papieren kennen, die der Vorbesitzer meines Hauses gesammelt hat.

Kurz vor dem Verschwinden von Claus Narr wurde das Haus an einen Bediensteten von Schloss Hartenfels verkauft. Unklar ist, wie der an die finanziellen Mittel zum Erwerb des Hauses gekommen ist. Wer zu der Zeit arm war, blieb es normalerweise auch."

Klaas fragte: „Ja, das wissen wir schon alles. Ein Herr Goddeling hat das Haus gekauft, wie du uns aus den Unterlagen in deinem Haus referiert hast. Und jetzt bringst du den Hauskauf auf einmal mit Claus Narr in Verbindung?"

Eberwein nippte am Bierglas, bevor er antwortete. „Im Schloss kursierten diverse Gerüchte, das Claus nicht nur die Männer unterhalten, sondern auch erfolgreich der Weiblichkeit zugetan war. Sein sonderbares Aussehen und die Kleinwüchsigkeit hat anscheinend den Reiz der Abnormität ausgeübt. Damals waren die Leute bezüglich ihrer sexuellen Kontakte wohl bedeutend freizügiger als heutzutage."

„Ist ja irre, wie gewählt du dich ausdrücken kannst, Doktor. Sag doch gleich, dass die damals kreuz und quer durcheinander gevögelt haben", warf Holger schnoddrig ein.

Er erntete einen missbilligenden Seitenblick und Eberwein setzte seinen Vortrag fort. „Zu einer der Mägde soll er ein festeres Verhältnis gehabt haben. Der Vater dieser Magd hat das Haus gekauft. Außerdem wurde Lepsch, der Hund von Claus, angeblich nach dessen Verschwinden in der Nähe des Hauses an der Elbe gesehen. Wenn wir einmal davon ausgehen, dass zwischen Claus und einigen der Geharnischten eine Verbindung bestand, was so gut wie sicher ist, und diese Verbindung nach seinem Verschwinden aufrecht erhalten wurde, wird die Sache rund."

„Dann muss der Vater dieser Magd der mysteriöse Goddeling gewesen sein. Wie hoch schätzt du die Wahrscheinlichkeit ein, dass es tatsächlich so war? Dass Claus Narr in dem Haus an der Elbe gelebt hat?", fragte Helena.

„Über fünfzig Prozent auf jeden Fall. Ich finde, mehr kann man nach fünfhundert Jahren nicht verlangen", sagte er mit einem Lächeln.

Klaas sagte: „Irgendwie ist das unbefriedigend. Deine Leute haben nur bestätigt, was wir sowieso schon wissen. Gibt es gar nichts Neues? Zu einem möglichen Schatz zum Beispiel?"

„Ja, im Grunde wissen wir das schon. Aber durch diese zweite Quelle erhalten wir mehr Sicherheit, dass es tatsächlich so gewesen ist.

Was den Schatz angeht, wenn es denn je einen gab, wird es weiterhin spekulativ. Wir haben ja drei Begebenheiten in die engere Wahl gezogen: Die Wurzener Fehde, die Diebe von Triestewitz und, zu guter Letzt, den Boten des Papstes, der auf dem Weg nach Wittenberg war.

Ich stelle mir folgendes Szenario vor: Versprengte Teilnehmer der Schlacht bei Mühlberg, meinetwegen sogar Geharnischte aus Torgau, treffen auf dem Rückweg auf den Gesandten, der mit seinem Gefolge gerade die Elbe überqueren will. Der Bote wird um seine Habe, eventuell auch um sein Leben gebracht und die Geharnischten bringen die Beute zu Claus in das ehemalige Vorwerk. Einer der Geharnischten, Wilfried, ist bei dem Überfall verwundet worden, und stirbt im Haus an der Elbe."

Klaas warf ein: „Wilfried hat ein im wahrsten Sinne mörderisches Loch im Schädel. Der war nicht lange verwundet, sondern schnell tot."

„Stimmt. Mag sein, sie sind später wieder dorthin zurückgekehrt, um die Beute aufzuteilen. Dabei gab es Streit und Wilfried musste dran glauben."

„So schon eher", meinte Klaas. „Worin bestand nun der Schatz?"

„Hier wird es, wie gesagt, spekulativ", erinnerte Eberwein. „Entweder aus Geschenken, für wen auch immer. Oder aus Geld als Hilfe für den Kampf der Kirche gegen den ketzerischen Martin zu Wittenberg. Oder, als dritte Möglichkeit, aus irgendwelchen Dokumenten, geheime Botschaften vom Papst an die katholischen Widersacher oder an Luther. Es ist ja nicht so, dass da nicht geredet und verhandelt wurde. So was wäre heute eine Sensation.

Letzte Möglichkeit, die mir einfällt: Luther sollte gekauft werden. Frei nach dem Motto: Gebe ich, Papst, dir Geld, gibst du, Luther, endlich Ruhe. Man darf ja nicht vergessen, dass es für die katholische Kirche weniger um den Glauben, sondern primär um politischen Einfluss und um den lukrativen Ablasshandel ging, den Luther angeprangert hat. Aber das ist alles nichts Neues. Darüber haben wir vor ein paar Tagen schon fantasiert."

Alle schwiegen.

Holger stand auf, sammelte die leeren Biergläser ein und marschierte zum Zapfhahn.

Das Schweigen dauerte lange genug, um Stöver irritiert aufblicken zulassen.

Helena fragte: „Was ist, wenn es tatsächlich um eine Schweinerei der Kirche ging? Zum Beispiel um den Versuch, Luther zu kaufen? Dann könnte der Bote statt Geld oder Gold eine Botschaft dabei gehabt haben, ein Angebot des Papstes. Damit könnte Claus die Kirche erpresst haben. Er könnte die Dokumente den Katholiken zum Rückkauf angeboten haben."

„Würde ich ein paar Geharnischten, also einfachen Soldaten, nicht zutrauen. Claus Narr aber schon", gab Eberwein zu und griff zum Bier.

Klaas dachte laut: „ Wer kann heute Interesse an der Sache haben? Wenn es um Geld oder Gold ging, fast jeder. Wenn es um Dokumente ging, um eine Erpressung, ist die Frage: Wurde sie durchgezogen? Wurden die Beweise zurückgegeben oder vernichtet oder sind sie irgendwo versteckt worden? Mist. Es gibt zu viele Möglichkeiten."

Holger schaltete sich wieder ein: „Denkt bitte geradlinig. Da mischt ein Pfarrer mit, habt ihr erzählt. Dann behaltet die Kirchensache im Auge."

Eberwein sagte: „Meine Freunde wollen eingrenzen, welche Personen überhaupt die Möglichkeit hatten, das Einscannen zu verhindern. Und, wenn sie es rausgefunden haben, ob es eine Verbindung zwischen ihnen und einem unserer Verdächtigen gibt. Apropos Verdächtige. Wir wissen, dass es eine Verbindung zwischen Rütter und Jessica gibt. Und wir wissen von der Beziehung zwischen Jessica und dem Pfarrer. Ist Jessica vielleicht nur die Brücke zwischen Rütter und dem Pfarrer?"

Klaas rang mit sich. Sollte er in der Runde von Rütters Beichte erzählen? Eberwein und Helena gaben ihm nicht den geringsten Grund, an ihrer Ehrlichkeit zu zweifeln.

Wenn Klaas sein Misstrauen den beiden gegenüber jetzt nicht überwand, dann nie.

Er ließ seinen Blick von Eberwein zu Helena wandern. Dann zu Holger. Dieser ahnte scheinbar, was Klaas vorhatte, denn er schüttelte mit zusammengepressten Lippen den Kopf.

„Rütter hat mich gestern auf der Hunderunde abgefangen und mir kleinlaut von Problemen mit seiner Nichte erzählt."

Er schilderte Eberwein das Rütter-Gespräch mit ähnlichen Worten wie vorher Helena. Dann räusperte er sich und sagte: „Aus unserer Runde dringen Dinge nach außen, die unter uns bleiben müssten. Ich kann mir aber nicht vorstellen, dass wir einen Maulwurf zwischen uns haben."

Holger bedachte ihn mit einem Blick, der besagte: Du bist ne feige Sau!

Klaas zuckte mit den Schultern. „Ich glaube nicht, dass Rütters Gejammer erfunden war. Der Kommissar ist harmlos. Wenn hier am Tisch jeder ehrlich ist, dann muss eine unserer Kontaktpersonen falsch spielen. Als da sind: Armin Hammerschmidt ..."

Eberwein wollte protestieren, aber Klaas hielt ihn mit einer Handbewegung davon ab. „Dann Susanne ..."

Helena guckte ihn erstaunt an.

Klaas hob entschuldigend die Hände. „Ich zähle lediglich die eingeweihten Personen auf, ohne eine Wertung", beschwichtigte er und nannte die nächsten Namen: „Terpitz aus der Stadtverwaltung. Jessica. Die Studenten von Armin. Holger lass ich mal raus" – er grinste – „der weiß erst seit gestern, was hier abgeht. Habe ich jemanden vergessen?"

Es gab keinen Widerspruch.

„Mein Vorschlag: Wir legen für eure besten Freunde Köder aus. Ohne Ansehen der Person. Dann warten wir ab, welcher Köder gefressen wird."

Peinliches Schweigen folgte.

Helena war die Erste, die das Wort ergriff und sie guckte dabei recht grimmig aus ihrem blau-weiß gestreiften Hemd. „Meinst du wirklich, dass meine Susanne, die nur Klamotten, Schuhe und Nagellack im Kopf hat, zu solchen Spielchen fähig ist?"

„Nein, glaube ich nicht. Aber wer weiß, mit wem sie in ihrer naiven Unschuld darüber redet."

Helenas Gesichtsausdruck entspannte sich minimal.

„Susanne ist nur der Vollzähligkeit halber auf der Liste. Ich glaube eher an die Richtung Uni Leipzig, vielleicht ein Mitarbeiter Armins."

Dabei sah er Eberwein an. Dieser setzte eine ähnliche Miene auf wie vorher Helena, richtete sich auf und legte beide Hände auf den Tisch. Er hatte den Mund schon zum energischen Widerspruch geöffnet, sackte aber wieder zusammen, lehnte sich zurück und sagte fast traurig: „Du hast leider recht. Ich fürchte ebenfalls, dass wir in Leipzig suchen müssen."

Klaas blickte ihn fragend an.

„Ich habe selber schon dieselben unangenehmen Überlegungen durchgespielt. Als Lehrer lehrst du nicht nur, du lernst auch. Zum Beispiel mit Lügen umzugehen. Deswegen bin ich sicher, dass in unserer Runde kein Verräter sitzt." Er sah erst Helena und dann Klaas an.

Er rückte auf seinem Stuhl nach vorn und sagte, mit Blick zur Zimmerdecke, als spräche er zu sich selbst: „Ich kenne Armin ja seit meiner Schulzeit. Damals waren wir Kumpel." Er machte eine Pause, blickte einmal in die Runde und sagte dann mit fester Stimme: „Wir legen die Köder aus. An alle auf der Liste. Und mit Armin Hammerschmidt fangen wir an!"

„Warum mit ihm?"

„Um ihn auszuschließen. Damit wir möglichst zeitnah sicher sind, dass wir weiterhin mit ihm arbeiten können."

Klaas atmete auf. Er war auf allgemeine Empörung gefasst gewesen. Darauf, die nächsten Opfer seiner berufsbedingten Misstrauenshysterie beklagen zu müssen. Wie er nur darauf kommen könnte, ihren besten Freunden zu misstrauen und so weiter. Aber alle gingen erfreulich rational mit dem Thema um. Er vergewisserte sich mit einem Blick in Helenas Augen. Auch sie schien weder eingeschnappt noch reserviert zu sein.

„Wir können Susanne gerne testen. Wenn die Indiskretion auf ihrer Seite liegt, dann eher, indem sie beobachtet wird, nicht, indem sie plaudert. Ich sehe das ähnlich wie der Doktor. Wir sollten sie zweifelsfrei ausschließen können. Ich bin mit ihr seit Urzeiten zusammen durch dick und dünn gegangen, so unterschiedlich wir auch sind. Da will ich ebenfalls Sicherheit haben, dass ich mich weiterhin auf sie verlassen kann, aber auch, dass wir sie nicht schützen müssen."

Okay, sagte Klaas. „Hammerschmidt und Susanne. Was ist mit Rütter?"

Holger meldete sich. „Den würde ich an eurer Stelle für den Moment außen vor lassen. Erstens, weil es sonst zu viel Köder auf einmal sind und zweitens, weil wir Rütter sowieso nichts von dem erzählen, was wir vorhaben."

Der Doktor schaltete sich wieder ein: „Wir sollten schleunigst die Rolle dieses ominösen Pfarrers ohne Kirche klären."

Er erhielt allgemeine Zustimmung.

„Also, wie testen wir Armin?", fragte Eberwein.

„Ich hab da eine Idee", antwortete Klaas. „Eine Frage vorweg: Kennt dein Freund die Ruhestätte von Wilfried?"

„Nein. Er hat nie danach gefragt. Er weiß nur, dass du ihn zwischen Belgern und Torgau an der Elbe gefunden hast."

„Okay. Du telefonierst ja mehrmals täglich mit ihm. Holger und ich haben eine Strategie entwickelt: Bei deinem nächsten Anruf erwähnst du nebenbei, dass wir morgen Nachmittag noch einmal in den Keller wollen, um bessere Fotos zu machen. Mit guter Kamera, richtig Licht und so. Wenn er oder einer seiner Studenten dort in der Nähe auftaucht, wissen wir, dass wir auf der richtigen Spur sind."

Klaas drehte sich zu Holger um. „Du, mein Lieber, fliegst morgen hier raus. Ja, guck nicht so. Urlaub als Kneipier in der Kneipe ist eh Blödsinn." Er grinste. „Vergiss nicht, offiziell bist du ein Pensionsgast von Helena. Wir kennen uns nicht. Und morgen reist du am besten nach Riesa. Riesa ist toll. Alte Tristesse mit Stahlwerk und Mini-Elbhafen."

„Auf Deutsch: Da ist der tote Hund begraben", kombinierte Holger messerscharf.

„Das kommt auf deine Ansprüche an. Du suchst dir eine Pension oder ein verträumtes Hotel, mietest ein Auto und wartest auf meinen Anruf. Dann fährst du mit dem Mietwagen zurück bis kurz vor Belgern. Genauen Ort sag ich dir noch. Dort rührst du dich nicht von der Stelle, bis der Doktor und ich an dir vorbeifahren und beobachtest, wer uns folgt. Ne andere Kopfbedeckung wäre was ..."

„Das könnte klappen", sagte Eberwein. „Wenn ich nachher mit Armin telefoniere, lege ich den Köder aus."

„Bitte schön unauffällig", ermahnte ihn Klaas.

„Keine Sorge. Vergiss nicht, dass ich Lehrer war. Da gehört Schauspielerei zu den Mindestanforderungen im Kampf um die Macht in der Schule."

„Fein. Ihr könnt gern noch weiter planen. Zum Beispiel, wie wir dem Pfarrer ohne Kirche auf den Zahn fühlen." Klaas blickte einmal in die Runde. „Mir reicht es. Für heute habe ich genug geredet." Er stand auf.

Holger hatte die letzten Minuten immer wieder an seinem Stirnband rumgefummelt und düstere Blicke an Klaas adressiert, hielt aber die Klappe.

16. Tag

Ein weiterer Tag präsentierte sich mit Kaiserwetter. Inzwischen stand für Klaas unumstößlich fest, dass in Sachsen, vermutlich auf Anordnung der Regierung, der Freimaurer oder des Papstes, generell die Sonne scheint.

Klaas beabsichtigte, seinen Freund mit auf die Hunderunde zu nehmen. Dummerweise war morgens um sieben überhaupt nicht Holgers Zeit. Aber Klaas hatte die passende Idee, wie er ihn von null auf hundert bringen würde. Er ließ Stöver in sein Zimmer und schloss die Tür hinter ihm. Dann horchte er.

Es dauerte nur Sekunden, bis drinnen der Mob tobte: Freudiges Bellen und Jaulen wechselten sich mit Holgers Flüchen ab. „Pfui! Hau ab du Mistvieh! Wenn ich dein Herrchen erwische! Weg! Geh mir aus der Fresse!" Klaas begab sich zufrieden grinsend die Treppe hinunter.

„Moin moin!" Helena hatte Kaffee aufgesetzt und erwiderte seinen Gruß. Sie trug heute Jeans und Hemd Ton in Ton, das Hemd wie immer über der Hose.

Oben ging eine Tür auf und Stöver stürmte die Treppe herunter. Kurz darauf erklangen schwere Tritte, und Holger kam, sorgfältig einen Fuß vor den anderen setzend, hinterher.

„Wenn du deine Töle noch einmal in mein Bett schickst, bekommst du in meiner Kneipe Alkoholverbot!"

„Mecker nicht rum! Es hat eh niemand Mitleid mit dir. Komm lieber mit uns an die Elbe. Kannst ne Flaschenpost reinschmeißen, die du nächste Woche in Hamburg wieder rausfischst."

Holger brummelte irgendwas von erwürgen, wegsperren und kastrieren. Dann waren sie draußen an der frischen Luft.

Nach einer Viertelstunde in der Morgenbrise hatte Holger alle Mordgedanken verdrängt und war in der Lage, sich, für seine Verhältnisse, normal zu unterhalten. „Ist gestern ja anders gelaufen, als wir es vorher besprochen hatten."

„Kann man sagen. Ein Selbstgespräch über Menschenkenntnis war schuld."

„Wie meinst du das?"

„Ganz einfach. Ich bin mit ganzer Seele überzeugt davon, dass Helena in Ordnung ist. Wenn ich sie trotzdem testen würde, als hätte ich diese Überzeugung nicht, dürfte ich nie wieder im Leben einem Menschen trauen. Bei der Beurteilung meiner Mitmenschen bin ich in den letzten Jahren, getrieben durch viele negative Erfahrungen privat und im Beruf, immer seltener von der Unschuldsvermutung ausgegangen. Stattdessen bin ich anderen Leuten gegenüber von vornherein misstrauisch, einfach so, ohne Grund. Nur aus Gewohnheit. Das will ich nicht mehr!"

„Wir reden jetzt aber nicht über deine Ehe, oder?"

Klaas zuckte innerlich zusammen.

„Bei Helena habe ich nicht die geringsten Anzeichen für Hinterfotzigkeit gefunden, nicht einmal, seit ich bewusst danach gesucht habe. Hör gut zu: Ich besinne mich auf meine Menschenkenntnis und stecke Helena hiermit endgültig in die Schublade mit der Aufschrift: „in Ordnung"."

„Sieh an, der Bulle will wieder Mensch werden."

„Das ist nicht witzig!"

Inzwischen waren sie auf dem Rückweg und gingen schweigend nebeneinander her.

„Okay", sagte Holger irgendwann, „hast ja recht. Ich kenne beide, den Doktor und Helena, zwar erst ein paar Stunden, aber ich mein ja auch, dass sie in Ordnung sind."

Nach dem Frühstück fand eine abschließende Lagebesprechung statt.

„Wie war dein Anruf bei Hammerschmidt?", fragte Klaas den Doktor.

„Positiv. Ich hab den Fototermin untergebracht und kann mir nicht vorstellen, dass er Lunte gerochen hat. Was die Bücher aus der Kirche angeht, hatte er nichts Neues zu berichten."

„Gestern war Sonntag. Da machen selbst die an der Uni Pause. Und bei dem Sommerwetter erst recht", meinte Holger.

„Okay, der Köder ist ausgelegt. Alles läuft ab, wie gestern besprochen".

Helena gab Holger die Adresse einer Pension, von der sie wusste, dass Betten und Umfang der Speisen in Ordnung waren. Außerdem buchte sie ihm online einen preiswerten Mietwagen für einen Tag.

Direkt nach dem Frühstück packte Holger seinen Sachen und machte sich auf den Weg. Das tiefe Blubbern der schweren Maschine hing noch in der Luft, als er schon drei Straßen weiter war. Rütter oder seine Wachablösung musste es ebenfalls gehört haben.

Den Vormittag brachten sie stressfrei hinter sich: Eberwein wie üblich am Rechner, Stöver zu seinen Füssen, Helena über ihrer Abrechnung und Klaas im Internet. Er suchte nach weiteren Einträgen zu Claus Narr. Er probierte zu dessen Namen alle Kombinationen von Suchbegriffen durch, die ihm einfielen: Nuntius, Bote, Gesandter, Papst, Geharnischte, Mühlberg, Schlacht, Elbdurchstich, Kathewitz und so weiter. Aber er fand nichts, was ihnen nicht schon bekannt war.

Während er gegen Mittag aus lauter Langeweile auf einem weiteren Elbspaziergang mit Stöver unterwegs war, meldete sich Holger, der inzwischen eingecheckt und den Mietwagen abgeholt hatte. Er wollte die Küche der Pension testen und, wie verabredet, gegen drei losfahren.

Klaas ging zurück zur Klause. Nach dem Mittag packte er zusammen mit Eberwein eine handliche Trittleiter, zwei große LED Lampen und seine Fotosachen in den Bully. Er hatte zusätzlich den starken Blitz nebst Reserve-Akkus und -Speicherkarte eingesteckt, um für alle Eventualitäten gerüstet zu sein. Eberwein dachte daran, ein paar Plastiktütchen für Proben einzupacken. Dann waren sie reisefertig.

Sie verließen Belgern und hinter ihnen war weit und breit kein Fahrzeug zu sehen. Klaas wunderte sich nicht darüber, denn er vermutete, dass sich in einer der nächsten Ortschaften jemand an sie dranhängen würde. Wenige Minuten später erreichten sie die Abzweigung Richtung Elbe und fuhren ein weiteres Mal durch dieses gepflegte Dorf mit den gepflegten Häusern und den gepflegten Vorgärten und danach in die Ebene vor dem Deich. Von den Getreidefeldern war das eine oder andere inzwischen abgeerntet und die Wegränder knisterten vor Trockenheit.

Klaas hielt den Rückspiegel im Auge und Eberwein versuchte, mit dem Fernglas einen Verfolger zu entdecken. Fehlanzeige. Parallel hatten sie nach Holger in seinem Mietwagen Ausschau gehalten, jedoch ebenfalls ohne Erfolg. Entweder war Holger zu spät, oder er hatte den Wagen äußerst geschickt abgestellt. Klaas wählte Holger an, stellte das Handy auf mithören und reichte es Eberwein. „Frag ihn bitte, was los ist."

Der Hamburger Kneipenwirt nahm das Gespräch sofort nach dem ersten Klingeln entgegen.

„Hier ist Jens Eberwein. Wie sieht's aus?"

„Ihr seid vor ein paar Minuten an mir vorbeigerauscht. Ich warte ein wenig und folge euch dann. Bis jetzt ist niemand anderes zu sehen."

Klaas sagte laut genug, sodass Holger es verstehen konnte: „Warte im ersten Dorf, nachdem du von der Bundesstraße abgebogen bist, circa fünf Minuten. Wenn bis dahin nichts passiert ist, war die ganze Aktion für den Arsch."

„Alles klar. Ich schau mich ein bisschen um, wer sich hier so rumtreibt, und fahr dann zurück nach Riesa."

Wenig später erreichten sie den Hügel mit der knorrigen Eiche und parkten den Bully an derselben Stelle, an der Klaas damals – so lang kam ihm die verstrichene Zeit schon vor – die

Minna abgestellt hatte. Sie warteten einigen Minuten, dann gingen sie zum Buschwerk am Rand des Hügels und Klaas suchte mit dem Fernglas die Gegend ab.

„Ich weiß nicht, ob ich enttäuscht oder erleichtert sein soll", sagte Eberwein.

„Wieso enttäuscht?", fragte Klaas.

„Weil die ganze Aktion für den Arsch war, wie du so schön und treffend gesagt hast."

„Na na, Herr Doktor, Ihr Wortschatz entgleitet!" Klaas grinste.

„Das kann nur an meinem neuen persönlichen Umfeld liegen. Außerdem habe ich dich lediglich zitiert", grinste Eberwein zurück und sie schlenderten zum Auto.

„Steigen wir trotzdem in den Keller?", fragte Klaas.

„Ja, auf jeden Fall. Wir schießen Fotos und ich sammle ein paar Proben von dem Staub allgemein und aus der Truhe im Besonderen."

„Wieso aus der Kiste?"

„Ich erhoffe mir einen Hinweis auf den ehemaligen Inhalt."

Sie mussten direkt ein wenig suchen, so gut war die Tarnung, aber dann hatten sie das Loch gefunden und schoben Zweige und Grasbüschel zur Seite.

„Besser, es geht immer nur einer rein. Der andere passt auf. Ich trau dem Frieden nicht", sagte Klaas, und stieg die Leiter herunter.

Eberwein reichte ihm den Rucksack mit den Fotosachen und eine Lampe hinterher. Dann nahm er das Fernglas und musterte die Umgebung.

Klaas wartete einen Moment, bis sich seine Augen an die Lichtverhältnisse gewöhnt hatten. Es war alles wie vor zwei Wochen bei dem Rutsch in Omas Keller. Nur einige Fußabdrücke waren dazu gekommen: seine eigenen und die von Eberwein. Während er wartete, bis der Staub sich gelegt hatte, dachte er wie beim ersten Besuch vergeblich darüber nach, warum die Luft in diesem Loch so absolut staubtrocken war. Zumal die Elbe nur wenige Meter entfernt war und bisweilen ordentlich Hochwasser führte.

Er nahm die Kamera aus dem Rucksack und montierte den Blitz. Dann schoss er mit dem Weitwinkelobjektiv etwa dreißig Bilder aus allen erdenklichen Blickwinkeln auf. Wo es möglich war, leuchtete er die Motive zusätzlich mit den LED-Lampen aus. Wilfried machte ohne Schädel einen makaberen Eindruck. Auch von ihm, beziehungsweise von seiner Ausrüstung und den Resten der Bekleidung, schoss er diverse Nahaufnahmen. Zum Schluss legte er sich auf den Rücken und lichtete die Balkendecke Abschnitt für Abschnitt in mehreren Großaufnahmen ab.

Das Ganze dauerte, denn um keinen weiteren Staub aufzuwirbeln, bewegte Klaas sich in Zeitlupe. Zum Schluss verpackte er Kamera nebst Zubehör wieder im Rucksack und stieg die Leiter hinauf.

Er war aus dem Loch noch nicht ganz heraus, da meldete sich Holger am Handy. Er hatte die umliegenden Straßen und Dörfer abgeklappert, ohne etwas Bemerkenswertes gesehen zu haben, und würde zurück nach Riesa fahren.

Auch Eberwein hatte mit dem Fernglas weder Autos noch Menschen entdecken können. Klaas gab ihm eine der Lampen und der Doktor stieg in den Keller hinunter. Klaas setzt sich neben dem Loch auf einen Baumstamm und behielt die Umgebung im Auge. Nach einer Viertelstunde trat er an die Öffnung heran, um sich bei Eberwein zu erkundigen, ob er gedenke, dort Wurzeln zu schlagen, vernahm dann aber seine gleichmäßige Stimme wie im Diktat. Der Doktor sprach sich Notizen aufs Handy, und dies mit wissenschaftlicher Akribie.

Nach abermals einer Viertelstunde kamen der graue Schopf, das verdreckte Spitzmausgesicht und der mittelmäßig verdreckte Pullunder über der schwerwiegend verdreckten Feincordhose wieder zum Vorschein. Zusammengefasst sah Eberwein wie eine Mischung zwischen Schornsteinfeger und Müller aus, wie er, von oben bis unten in allen Grauschattierungen gepudert, vor Klaas stand.

„So kommst du mir nicht in den Bully! Das gibt Ärger mit Helena!", protestierte Klaas, und Eberwein legte einen

Striptease hin, um jedes seiner Kleidungsstücke auszuschütteln und zu -klopfen.

Klaas registrierte, dass er wider allen Erwartungen keine knielangen Feinrippschlüpfer trug, und feixte vor sich hin. Nach der Reinigungsaktion sah Eberwein um eine Nuance farbenfroher aus, soweit das bei brauner Hose und beigem Pullunder vorstellbar ist. Gleichzeitig fiel Klaas auf, dass er seit Tagen keine imaginären Zeitreisen ins Mittelalter mehr erlebt hatte. Dennoch beschloss er, bei Gelegenheit mit jemandem darüber zu sprechen. Er wusste nur nicht, ob mit Eberwein oder mit Helena.

Mit diesen Gedanken zog er die Leiter aus dem Loch, legte die starken Äste wieder darüber und vollendete die Tarnung wie gehabt mit Zweigen und Grassoden. Danach betrachtete er sein Werk aus fünf Meter Entfernung und nickte zufrieden. „Ich hätte bei Karl May als Indianer anfangen können", brummelte er vor sich hin und Eberwein zeigte ihm kopfschüttelnd einen Vogel.

Auf dem Rückweg gen Belgern hingen sie schweigend ihren Gedanken nach. Eberwein war froh, dass er seinen Freund Armin nicht zur Rede stellen musste und Klaas rätselte, wer das Arschloch sein könnte, wo Armin von der Verdächtigenliste gestrichen war. Er ertappte sich dabei, immer wieder mit den Augen im Rückspiegel zu hängen, und überlegte, ob er sich nach der Heimkehr einem Psychologen anvertrauen müsste, um seinen Verfolgungswahn wieder loszuwerden.

Als sie die bis auf den letzten Stuhl besetzte Gaststube betraten, blickte Helena ihnen erwartungsvoll entgegen. Die beiden Männer zuckten im Duett mit den Schultern und schlängelten sich zwischen den Gästen hindurch in die Küche, da selbst ihr angestammter Frühstückstisch belegt war.

„Gar nichts?", fragte Helena, „Kein Stalker, kein Pfarrer, kein Rütter?"

Klaas schüttelte den Kopf, während Eberwein wie ein halb verhungertes Kind mit gierigen Augen in diverse Töpfe lugte.

„Und jetzt? Susanne und Rütter testen? Wieso ist der Spinner euch heute nicht nachgefahren?", fragte sie.

„Ich hab mit ihm verabredet, dass er Eberwein nur dann folgt, wenn er sich ohne Begleitung aus dem Haus bewegt. Dass er sich daran hält, werte ich ebenfalls als Zeichen dafür, dass er in die Aktionen gegen uns nicht involviert ist."

Die beiden gaben ihm Recht und zusammen beschlossen sie, den Test mit Susanne abzukürzen.

Klaas dachte an die Wildkamera vor der Kirche. „Helena, ruf doch bitte Susanne an und plaudere ein bisschen mit ihr. Nebenbei erzählst du ihr, dass wir morgen Vormittag wieder nach Neuzwönitz fahren, weil in einem Geheimfach in der Schreibtischschublade eine Mappe mit Dokumenten liegen geblieben ist, die wir beim Verpacken der Bücher und Ordner vergessen haben."

„Ja okay, aber dann müsst ihr die Gäste übernehmen. Die Telefongespräche mit Susanne gehen üblicherweise nicht unter einer Stunde ab. Würde ich sie nach zehn Minuten abwürgen, stände sie ruckzuck hier auf der Matte und hätte Likör, Taschentücher und ein Video dabei, weil sie denkt, es ist was Schlimmes."

„Ja, die Automatismen echter Mädchenfreundschaft", grinste Klaas, nahm Eberwein beim Arm, verließ mit ihm die Küche und wies ihn in die Geheimnisse des Bierzapfens ein.

Da Helena die Radfahrer bereits abgefüttert hatte, mussten Klaas und Eberwein die Leute nur noch mit Getränken versorgen und abgegessene Teller abräumen.

Stöver hatte inzwischen innigen Kontakt zum Nachwuchs aufgenommen. Das riesige Zottelvieh lag auf dem Rücken, hatte alle Viere von sich gestreckt und ließ sich von mehreren Kindern gleichzeitig den Wanst kraulen.

Während Klaas die Szene schmunzelnd verfolgte, rief er Holger an und berichtete ihm von der Wildkamera.

„Du erwartest doch nicht, dass ich heute noch in das Kaff mit der ollen Kirche fahre, oder? Ich sitze hier an der Theke, habe ein Herrengedeck vor mir stehen und rundherum sind nette Leute und sogar Mädchen!"

„Keine Sorge, sauf ruhig weiter. Aber lass die Mädchen in Ruhe, du alter Sack. Ist dir das nicht peinlich? Morgen, mein Junge, morgen auf dem Weg hierher, über Neuzwönitz zu fahren ist doch vertretbar, einverstanden? Die Wildkamera abbauen und kontrollieren, ob an den Türen oder Fenstern der Kirche Einbruchspuren zu sehen sind, kriegst du dass gebacken?"

„Klar, vorausgesetzt, ich darf ausschlafen. Die Weckzeit heute früh grenzte an Körperverletzung."

„Reg dich ab, Nachmittag reicht. Soll ich dich morgen an die Kamera erinnern, falls du sie heut Nacht bei Wein, Weib und Gesang vergisst?"

„Idiot! Am besten, ich mach das scheiß Telefon aus, solange ich penne!"

Klaas wünschte ihm lachend einen netten Abend und ermahnte ihn nochmals, sich anständig zu benehmen.

Es dauerte tatsächlich über eine Stunde, bis Helena, das Handy immer noch am Ohr, wieder hereinkam und das Gespräch im dritten Anlauf beendete. „Grüße von Susanne und tausend Bussi. Sie hat nen Kerl da. Deswegen haben wir uns kurz gefasst", grinste sie.

17. Tag

Am nächsten Morgen schob Klaas die Pinnwand in die Gaststube.

Helena betrachtete das Gewirr aus Pfeilen, Kreisen und Karten mit schrägem Kopf. „Da müssen wir erst mal aufräumen", sagte sie und brachte die Wand auf den neusten Stand. Als Erstes entfernte sie die Fragezeichen hinter den Namen von Hammerschmidt und Susanne.

„Von Susanne wissen wir es noch nicht!", merkte Klaas an, duckte sich und hielt die Hände schützend über den Kopf.

„Ihr nicht, ich schon!", protestierte Helena. „Ich hab das immer gewusst. Für mich war der Köder bezüglich Susanne reine Formsache. Ich mache das Spiel nur mit, damit ihr euren Willen habt. Ich selber brauche diese Bestätigung nicht."

Klaas biss sich auf die Lippen. „Ja, wir sind uns einig, dass es nur eine Formsache ist. Holger wird sich bald melden, dann wissen wir mehr. Bis dahin beratschlagen wir, wie es weitergeht."

Er blickte den Doktor auffordernd an und dieser ergriff die Initiative: „Beginnen wir mit der Kirche. Mein Vorschlag: Wir wenden uns an das Bistum Dresden Meißen und finden heraus, was es mit der Kirche Neuzwönitz auf sich hat. Parallel kümmern wir uns sekundär um Rütter mit seiner Nichte und primär um den ominösen Pfarrer."

„Jawohl", meinte Klaas, „wir können auch stalken. Es geht mir tierisch auf den Sender, dass wir die ganze Zeit wie die Blöden rumsitzen und uns gängeln lassen. Ich bin dafür, Jessica zu beschatten, bis wir über sie an den Pfarrer kommen. Mit etwas Glück bekommen wir einen Wohnort raus. Oder wir besorgen uns seine Fingerabdrücke. Vielleicht ist der Vogel ja aktenkundig."

Helena setzte zum Sprechen an, wurde aber durch das Blubbern einer großen Maschine auf dem Parkplatz unterbrochen und Stöver fixierte fiepend und schwanzwedelnd die Tür.

Einen Augenblick später betrat Holger die Gaststube, wie gewohnt in schwarzer Lederkluft, den Helm in der Hand und das Halstuch vor dem Gesicht, und wurde von Stöver stürmisch begrüßt. Klaas gab ein kurzes „moin" von sich und die anderen empfingen Holger eine Spur zivilisierter.

Der Hamburger Kneipenwirt besorgte sich Geschirr und Besteck, als wäre er hier zuhause. „So ein zweites Frühstück ist Gold wert", meinte er und schaufelte sich eine ordentliche Portion Rührei auf den Teller. Dann nuschelte er mit vollem Mund: „Macht ruhig weiter. Ich will nicht stören."

Eberwein deutete auf Helena. „Du wolltest etwas sagen?"

„Beschatten, Bistum, Neuzwönitz. Schön und gut. Das geht aber nicht alles auf einmal. Ich muss meinen Edelimbiss am Leben halten, damit ihr mich nicht irgendwann durchfüttern müsst. Ich kann zwar ab und zu Gabi als Vertretung engagieren, aber immer nur stundenweise. Und vergesst nicht, dass wir auf den Doktor aufpassen müssen. Auf Sheriff Rütter können wir uns nicht verlassen."

Klaas nickte. „Meine Rede! Nicht alles parallel, sondern der Reihe nach. Also erst Bistum, dann Pfarrer. Entsprechend der Hierarchie von oben nach unten." Er wandte sich an Eberwein: „Doktor, du kennst Leute beim Landesamt für Denkmalpflege in Dresden. Der Bischof sitzt auch dort. Hast du niemanden, der uns den Türöffner macht?"

Holger redete mit Rührei im Bart dazwischen: „Bei dem Bischof wollt ihr keine Audienz. Ihr braucht jemanden aus der Verwaltung, der an die Archive rankommt."

Eberwein nickte. „Richtig. Ich spreche mit meinem Freund im Landesamt. Er soll das Ganze so inoffiziell wie möglich gestalten. Ich telefoniere gleich und versuche, für morgen Vormittag Termine zu vereinbaren. Die Kurverei auf der Landstraße über Meißen ist ätzend. Deswegen mein Vorschlag: Wir fahren mit dem Auto bis Riesa und mit der Bahn nach Dresden. Ist schneller und entspannter."

Klaas und Holger absolvierten einen kleinen Spaziergang mit Stöver, in dessen Verlauf ihm Holger die Speicherkarte aus der Wildkamera zusteckte, dann verabschiedete er sich, nicht ohne ein wenig mit Helena zu flirten, und brauste auf der Brabbelmaschine gen Hamburg.

Klaas murmelte etwas von: „... der soll sich gefälligst um seine Weiber aufm Kiez kümmern ..." vor sich hin und räumte den Geschirrspüler ein. Zwischendurch fiel sein Blick durchs Fenster hinauf zur Straße. Dort stand, wie festgewachsen, der dunkelblaue Opel von der Polizei.

Einige Zeit später saß Klaas mit aufgeklapptem Notebook in der Gaststube, während der Hund es sich auf seinen Füßen bequem gemacht hatte. Die Tür zum Parkplatz stand offen. Von draußen wehte die friedliche Geräuschkulisse aus Wind in den Baumkronen, zwitschernden Vögeln und in der Ferne vorbeifahrenden Autos herein. Die Sonne fiel schräg durch die Fenster und beleuchte einzelne Staubfahnen im Raum.

Klaas legte die Speicherkarte ein und fand darauf – nichts.
„Was ist das denn für eine Kacke!"

Doktor Eberwein kam die Treppe von den Gästezimmern herunter. Stöver wedelte zur Begrüßung im Liegen zaghaft mit dem Schwanz, hielt es aber nicht für nötig, auch nur den Kopf zu heben. Der Hundeschwanz klopfte nach und nach schwächer auf den Fußboden, der aufgewirbelte Staub legte sich und der Hund war wieder eingeschlafen.

Der Doktor setzte sich Klaas gegenüber an den Tisch. „Was fluchst du so unflätig?", fragte er.

„Ach nichts", sagte Klaas verbissen, „nur eine kaputte Speicherkarte."

„Dann habe ich bessere Nachrichten: Wir haben morgen um 11.30 Uhr einen Termin in der Verwaltung des Bistums. Mein Freund pflegt in Denkmalsfragen einen regen Kontakt dorthin. Du glaubst nicht, wie viele denkmalgeschützte Gemäuer der Kirche gehören. Er hat einen speziellen Ansprechpartner, mit dem er regelmäßig die Sauna besucht und seit Langem per Du ist. Den können wir en passant auch nach dem ominösen Pfarrer fragen."

„Welchen Passanten?"

Eberwein zögerte einen Moment, schüttelte den Kopf und sagte mit erhobenem Zeigefinger: „nebenbei."

„Dann sag das doch, du Oberlehrer!"

Beide grinsten sich an und Eberwein meinte: „Heute will ich nichts Aufregendes mehr erleben. Auf keinen Fall etwas Dramatischeres als Mittagsschlaf."

Klaas lachte: „Das hab ich mir für heute ebenfalls vorgenommen. Vorher tust du etwas für deine Gesundheit, lieber Doktor, und begleitest mich auf einen Spaziergang."

Ausnahmsweise sprachen sie auf ihrem Bummel kaum ein Wort über das Thema, welches sie die ganzen Tage beschäftigte. Eberwein erzählte eher nebenbei, dass er mit Freund Armin telefoniert hatte und es aus Leipzig keine Neuigkeiten gäbe. Das war alles. Dann spazierten sie schweigend nebeneinander her und hingen ihren Gedanken nach.

18. Tag

Am nächsten Morgen um kurz nach acht waren Klaas und Eberwein im Bully auf der Landstraße elbaufwärts unterwegs. Über Strehla, eine der verschlafenen abgehängten Kleinstädte entlang der Elbe, und diverse unscheinbare fade Käffer eroberten sie Riesa und fanden direkt vor dem Bahnhof einen Parkplatz.

Die beiden Männer waren früh dran und hatten keine Eile.

„Wir können glatt noch einen Kaffee trinken, es ist jede Menge Zeit, bis der Zug geht", meinte Klaas und Eberwein sagte: „Ja, können wir, aber der Zug fährt, der geht nicht."

Klaas blieb stehen und sah seinem Freund kopfschüttelnd hinterher. In diesem Moment wurde er heftig von hinten angerempelt und spürte einen harten Gegenstand im Rücken, direkt neben der Wirbelsäule. „Schnauze halten. Weitergehen.", sagte eine nuschelnde Stimme.

Helena hatte viel zu viel zu tun, um an die beiden Forschungsreisenden zu denken.

Erst, als die Kaffee- und Kuchenzeit auslief, gegen fünf, kam sie zur Ruhe und checkte das Handy. Die haben es auch nicht nötig, sich mal zu melden, ging es ihr durch den Kopf und: Ich mach mir Gedanken wie in einer mittelprächtigen Ehe.

Die Gaststube war inzwischen bis auf Wladimir, einen Stammgast aus dem Ort, verwaist. Kurz entschlossen bat sie den heimatlosen Russen, eine Viertelstunde auf Kasse und Zapfhahn aufzupassen, spendierte ihm dafür ein Freibier und schlenderte mit Stöver an die Elbe.

Während der Hund fröhlich seinen Spielkameraden entgegen stürmte, gestand Helena sich ein, dass sie sich sorgte. Sie griff einmal mehr zum Handy, schaute vergeblich nach neuen Nachrichten und wählte kurz entschlossen Klaas an. Das Telefon klingelte durch, bis die Mailbox kam, bei

Eberwein dasselbe. Sie verzichtete darauf, einen Spruch zu hinterlassen, und zwang sich, in Ruhe nachzudenken.

Nachdem sie auf der Kreditbank-Bank Platz genommen hatte, rief sie kurz entschlossen Holger an. Dieser meldete sich zu Helenas Erleichterung sofort.

„Holger, Hamburg", erklang es von der anderen Seite und Helena atmete tief durch.

„Hallo, hier ist Helena."

„Du hast ein gutes Zeitgefühl. Ich bin in diesem Moment vor meinem Biertempel vom Bock gestiegen. Jetzt schon Sehnsucht nach mir?"

„Ach Holger! Immer natürlich. Hat Klaas sich bei dir gemeldet?"

„Doch keine Sehnsucht. Schade eigentlich. Nein hab nichts gehört. Warte, ich schau mal, ob auf dem Handy was angekommen ist."

Helena hörte undefinierbares Rascheln und das Klickern von Tastentönen, dann war Holger wieder dran: „Keine neuen Nachrichten. Was ist überhaupt los?"

„Die sind wie geplant heute Morgen zu zweit nach Dresden aufgebrochen. Seitdem habe ich nichts mehr von ihnen gehört. Gehen beide nicht ans Handy."

„Hm." Spürbare Denkpause bei Holger. „Wann hatten Sie noch mal ihr Date mit den Kirchenheinis?"

„Irgendwann mittags rum. Ich glaub, um zwölf."

„High Noon. Das ist aber ein paar Minuten her."

Helena nickte. „So kann man es ausdrücken."

„Hör zu, Mädchen, ich schau kurz in meiner Kneipe nach dem Rechten. Dann versuche ich nochmal, deinen neuen Hilfszapfer zu erreichen. Vielleicht denk ich sogar ein bisschen nach, was man tun könnte. Und dann meld ich mich wieder bei dir. Okay?"

„Okay, aber bitte beeil dich", seufzte Helena und legte auf.

Diese Verunsicherung war ihr nicht geheuer. Normalerweise wusste sie intuitiv, wie und wo sie anzupacken hatte. Normalerweise machte sie sich um sich selbst Gedanken und nicht um fremde grauhaarige Männer in Pullunder oder durchgeschwitzten blauen T-Shirts. Normalerweise wusste sie, wo ihr Bully stand. Verdammt, ich mach mir tatsächlich Sorgen um diesen blöden Wessi.

Das Handy meldete sich und es war natürlich nicht Klaas, sondern Holger mit seinem Hamburger Slang. „Ich glaub jetzt auch, dass etwas nicht stimmt. Klaas, der gewissenhafte Polizist, ist nicht der Typ, der andere Leute am langen Arm verhungern lässt. Und dich, Mädchen, schon gar nicht. Meiner Ansicht nach hast du zwei Möglichkeiten: Entweder du gehst gleich zu den Bullen, oder du fährst die Strecke ab, die sie genommen haben müssen, und suchst nach dem Bully."

„Die wollten nach Riesa zum Bahnhof und dann mit der Bahn nach Dresden."

„Um so besser. Von dir bis nach Riesa wird es nicht viele Routen zur Auswahl geben, oder?"

„Nein. Immer an der Elbe lang, über Strehla."

„Dann weißt du ja, wo du suchen musst."

Holger versprach ihr, erreichbar zu bleiben, und sie beendeten das Gespräch.

Helena rief nach Stöver, der sich ungern von seinen Kumpels trennte und schritt zügig zurück zur Gaststätte. Auf dem Weg dachte sie mit einem Seufzer daran, eventuell ihren Antifreund Rütter konsultieren zu müssen.

Innerhalb von zehn Minuten war sie abfahrbereit und hatte den Autoschlüssel der Nachbarin in der Hand, inklusive der widerwilligen Erlaubnis, Stöver im Wagen mitzunehmen.

Während sie den Motor anließ, dachte sie grinsend daran, wie Rütter jetzt die leere Kneipe bewachte.

Helena brauchte länger als gewöhnlich bis Riesa, da sie immer wieder abbremste und ihre Blicke ausführlich nach rechts und links schweifen ließ. Die Sonne stand hinter ihr tief im Westen, sodass sie gute Sicht in alle Seitenstraßen, in jeden Weg, in jedes Grundstück hatte. Zweimal bog sie vergeblich in Nebenstraßen ab, weil sie aus der Ferne weiße Lieferwagen gesehen hatte.

Als sie vor dem Bahnhof ankam, war die Dämmerung ein gutes Stück fortgeschritten. Der Bully war nicht zu übersehen:

Er stand einsam mitten auf dem beleuchteten Pendlerparkplatz.

Helena plante nicht immer vorausschauend, aber heute war sie stolz auf sich, an den Zweitschlüssel für den Bully gedacht zu haben. Sie hielt neben dem Transporter, stieg aus und ging mit Stöver an die Leine einmal rund um den weißen Bus herum, ohne etwas Auffälliges zu bemerken.

Stöver war nervös und interessierte sich außerordentlich für den nach Herrchen duftenden Bully. Helena zog vergeblich an der Fahrertür, dann kramte sie den Zweitschlüssel hervor und öffnete die Tür. Der Hund sprang mit einem Satz in den Bully und hockte sich auf den Beifahrersitz. Dann sah er Helena an, als wollte er sagen: „Los, steig ein und fahr los."

Sie schmunzelte trotz ihrer Anspannung und ließ den Hund im Wagen sitzen, während sie nochmals eingehend die Umgebung inspizierte und anschließend die Schiebetür zum Laderaum öffnete. Außer dem üblichen Sammelsurium aus Einkaufstüten, leeren Plastikflaschen, einer Klorolle und allem, was sie sonst gewöhnlich durch die Gegend fuhr, weil sie den Bully seit Jahren nicht mehr aufgeräumt hatte, war nichts Ungewöhnliches zu entdecken. Weder Klaas' Rucksack noch Eberweins antiquierte lederne Aktentasche.

Sie nahm sich vor, den Bully bei Gelegenheit auszumisten, und schloss die Schiebetür. Zum dritten Mal ließ sie ihren Blick über den gesamten Bahnhofsvorplatz streifen, bis er am Bahnhofsgebäude hängen blieb. Sie beorderte Stöver aus dem Bully, verschloss beide Autos und wanderte, mit dem Hund bei Fuß, über den einsamen Parkplatz hinüber zum Eingang.

Die Bahnhofshalle war geschlossen. Sie legte ihre Stirn an die Glastür, schirmte die Augen mit der Hand gegen das Licht der umliegenden Straßenlaternen ab und versuchte, im Halbdunkel etwas zu erkennen. Stöver fand die Tür eher langweilig und pinkelte an die benachbarte Mauerecke.

Dann folgten sie der Längsseite des Bahnhofs. An der äußersten Ecke des Gebäudes, in der Nähe der Behindertenparkplätze, blieb Stöver ruckartig stehen, hielt die Nase schnuppernd in die Luft, jaulte leise auf und sah Helena mit hängenden Ohren an. Er interessierte sich nicht mehr für die Umgebung, sondern blickte immer wieder zu der Stelle, an der er jammernd stehen geblieben war. Erst nach einer energischen Aufforderung folgte er ihr weiter.

Sie erreichten den verlassenen Bahnsteig. Auch hier fand Stöver alles langweilig, er schnüffelte eher desinteressiert nach den von Hunden und Menschen hinterlassenen Duftspuren.

Sie trotteten den ganzen Bahnsteig entlang, vergeblich. Als sie um die nächste Ecke bogen, um zu den Autos zurückzukehren, standen wie aus dem Nichts zwei dunkle Gestalten vor ihr und Stöver bleckte knurrend die Zähne, denn die eine der Gestalten war ein Hund.

Eine starke Lampe leuchte Helena ins Gesicht und eine barsche Stimme fragte: „Was haben Sie hier zu suchen?"

Der Lichtstrahl wanderte weiter zu dem Riesenschnauzermischling an ihrer Seite und im Schein einer Leuchtreklame konnte Helena die dunkle Uniform eines Wachmanns erkennen, während sein heulender Schäferhund Anstalten machte, Stöver zu massakrieren.

Helena gab patzig zurück: „Was geht Sie das an? Harmlose Spaziergänger zu erschrecken! Und halten Sie gefälligst Ihr Raubtier im Zaum!"

Der Wachmann brummelte etwas von „Frechheit", trat aber zur Seite, um sie vorbei zu lassen. Sein Hund zerrte, auf den Hinterbeinen stehend, knurrend und geifernd an der Leine, während Stöver gelassen und hoch erhobenen Hauptes an ihm vorüber stolzierte.

Auf dem Weg über den Parkplatz zog Helena ihr Handy aus der Tasche und wählte Holger an. In der Kiezkneipe herrschte um diese Zeit Hochbetrieb, der Wirt war in dem Getöse kaum zu verstehen.

„Warte mal nen Moment, ich geh in die Küche, wo es ruhiger ist", brüllte er und Helena hörte eine turbulente Mischung aus Gegröle, Musik und Türenklappen durchs Handy, dann wurde es ruhiger. „So Mädchen, jetzt erzähl mal."

„Ich habe den Bully gefunden, mit dem sie unterwegs waren. Er steht, ordentlich geparkt, vor dem Bahnhof in Riesa. Von Klaas und Jens keine Spur. An einer Stelle, an der Ecke des Bahnhofsgebäudes, hat Stöver gejault. Weiß nicht, ob das was zu sagen hat", berichtet sie und fragte: „Was soll ich jetzt machen, zur Polizei gehen?"

Holger überlegte einen Moment. Dann meinte er gedankenverloren: „Das hat wohl keinen Zweck. Ich glaub, die unternehmen erst was, wenn jemand mehr als einen Tag verschwunden ist. Denen was von Verfolgern und Wilfried zu erzählen, bringt nix. Da stecken die dich gleich in die Klapse." Er überlegte. „Wir wissen nicht mal, ob die Beiden überhaupt in Dresden angekommen sind. Im Büro des Bistums erreichst du um diese Zeit niemanden. Hast du die Nummer von Eberweins Kumpel bei den Denkmalfuzzis?"

Helena hatte sich im Laufe der Tage an Holgers schnoddrige Ausdrucksweise mit Hamburger Einschlag gewöhnt. „Kann ich zuhause suchen. Klaas hat mal was notiert. Ist ne Büronummer, wo ich um diese Zeit sowieso niemanden erreiche."

„Außer, jemand von den Beamten wurde vor Feierabend nicht rechtzeitig geweckt", frotzelte Holger.

„Hör auf, mir ist jetzt nicht nach Scherzen zumute."

„Sorry, du machst dir Sorgen. Ich meine, du kannst heut Abend nichts mehr reißen. Fahr zurück, lass das Handy an, falls sich jemand meldet, und ruf morgen früh in Dresden an. Dann sehen wir weiter. Inzwischen überlegst du dir, ob du deinen Spezialbullen Rütter anhaust oder die Polizei in Riesa."

Helena seufzte unzufrieden, hatte aber keinen besseren Vorschlag. Sie beendete das Gespräch und trat den Heimweg an.

Zurück auf dem Parkplatz an der Elbklause stand Rütter plötzlich hinter ihr, als sie dabei war, das Auto zu verschließen. „Mann, musst du mir so einen Schreck einjagen?"

„Entschuldigung", sagte Rütter artig, „wollte nur wissen, wer sich hier um die Zeit rumtreibt". Dann verschwand er in der Dunkelheit, ohne nach Klaas oder Eberwein zu fragen, während Stöver im Garten herum schnüffelte und ein exorbitant großes Geschäft verrichtete.

Helena betrat ihre Gaststube, verschloss die Eingangstür und schalte alle Lampen aus, bis nur der blasse Schein der Straßenlaternen auf Tische und Bänke fiel. Dann setzte sie sich, mit einer Weinflasche bewaffnet, an den Frühstückstisch und fühlte sich beschissen allein. Seit guten zwei Wochen stand Klaas inzwischen mit seiner Minna hinter der Klause und sie hatte sich, verdammt noch mal, dran gewöhnt.

Stöver kratzte an der Hintertür und sie ließ ihn hinein. Er trottete eine Zeit auf und ab, bevor er sich unter der Bank zusammen rollte, auf der Klaas sonst saß. Helena seufzte und legte ihr Rotwein Quantum für diesen Abend fest: Ein Glas sowieso, ein zweites, um gut zu schlafen, ein drittes nur, wenn es sein musste und ein viertes auf keinen Fall, da sie ihren Kopf am nächsten Tag brauchte.

19. Tag

Die Nacht war so, wie Helena es befürchtet hatte. Dieser Kerl in ihrem Kopf, der mit seinem bescheuerten Klapprad auf der Durchreise ist. Ein Kerl, der nichts als seinen Köter im Kopf hat und sich in ein paar Tagen sowieso wieder verdrückt. Wer keinen Stress hat, der macht sich welchen. Was ging der ganze Blödsinn mit Wilfried und Kirche und Eberwein sie überhaupt an? Rütter, der Arsch. Einschlafen. Aufwachen. Hund rauslassen. Hund reinlassen. Duschen. Frisches Laken. Irgendeinen Mist geträumt. Endlich, der Wecker.

Es war ein Scheiß Morgen. Wie schnell man sich daran gewöhnen konnte, nicht allein zu frühstücken. Die Pfanne mit Rührei lohnt sich nicht. Nur der Hund liegt wie immer im Weg. Es blieb bei einem Kaffee im Stehen, mit dem Handy in der Hand.

Keine Meldung.

Kein Anruf.

Sie schaute auf die Uhr, zögerte, Holger „mitten in der Nacht" zu wecken, konnte es aber doch nicht abwarten und hörte fünfmal Klingeln später ein Husten, Räuspern und Schlucken, schließlich eine mit viel Fantasie menschliche Stimme: „Moin Mädchen. Sorry, ist nicht meine Zeit". Während einer kurzen Pause hörte Helena es rascheln und knistern, dann wieder Holgers Stimme: „Ich ahne es: Nichts gehört von den beiden."

„So ist es. Kein Anruf, keine SMS, nichts."

„Okay, Mädchen. Drei Fragen: Willst du zur Polizei gehen? Zu Rütter oder wem anders? Gleich? Oder willst du warten, bis ich da bin?"

„Du kommst her?"

„Klar doch. Hab gestern Abend schon alles klar gemacht wegen Vertretung für die Kneipe."

„Danke. Ich überleg mir das mit der Polizei." Sie seufzte. „Egal, zu wem ich hingehe, die werden mir auf jeden Fall den Arsch von Rütter schicken. Und sag nicht immer Mädchen."

„Stimmt. Was gibt's zu Mittag, Mädchen?"

Helena umrundete die Theke und kramte in mehreren Schubladen, bis sie die Packung Zigaretten fand, die irgendein Gast bei ihr vor Wochen hatte liegen lassen. Sie hatte mit der Qualmerei aufgehört, als das allgemeine Rauchverbot für Gaststätten verhängt wurde. Und wegen des Gewissens. Eigentlich rauchte sie gern und jetzt wollte sie rauchen. Mit dem Kaffeebecher in der einen und der Zigarette in der anderen Hand ging sie rüber zum Frühstückstisch, setzte sich auf den gewohnten Platz mit Blick auf Eingang, Theke und Küchentür und nahm einen tiefen Zug.

Nach einem mittlern Hustenanfall murmelte sie: „Scheiße, schmeckt auch nicht mehr wie früher", und drückte die kaum angerauchte Zigarette aus. „So Frau Hansmann, jetzt reißen Sie sich mal zusammen und machen gefälligst einen vernünftigen Plan", redete sie laut mit sich selbst und Stöver sah sie mit schiefgelegtem Kopf an.

Es war kurz nach acht. Mit etwas Glück stand man beim Bischof früh auf. Frühmesse und so. Sie suchte die Nummer des Bistums in Dresden raus und wählte. Das Rufzeichen ertönte ein aufs andere Mal, dann kam der AB mit einer stinknormalen Ansage: kein Bachsches Orgelwerk, nicht mal ein „Grüß Gott". Die Kirche hat keinen Stil mehr, dachte Helena unsinnigerweise und wählte genauso erfolglos die Nummer des Amtes für Denkmalpflege.

Dann eben nicht. Auf die eine Stunde kommt es auch nicht an. Sie schnappte sich die Hundeleine und marschierte mit Stöver raus an die Elbe.

Oben auf der Straße stand der dunkelblaue Opel, der vom Stehen bald eckige Räder bekam und sie hoffte, dass nicht Rütter, sondern ein Kollege drin saß, wenn sie nachher hingehen musste.

Sie sah Stöver nachdenklich hinterher. Dieser Hund ist sich so sicher, dass sein Herrchen wiederkommt. Sie sollte sich ein Beispiel an ihm nehmen.

Obwohl die Hitze des nächsten trockenen Sommertages zu ahnen war, tat Helena die frische Morgenluft gut. Als sie nach einer Stunde zurück in der Klause war, hatte sie einen guten Teil ihrer üblichen Tatkraft zurückerlangt.

Sie rief beide Anschlüsse in derselben Reihenfolge wie vor einer Stunde an und war erfolgreich und wieder nicht. Erfolgreich, da sie wenigstens im Bistum jemanden ans Telefon bekam und erfolglos, da sie nichts Konkretes über Klaas und Eberwein erfuhr.

Im Bistum waren sie jedenfalls nicht angekommen, sie hatten den Termin unentschuldigt platzen lassen.

Helena bedankte sich höflich für die Auskunft und holte sich einen Becher Kaffee.

Im Amt für Denkmalpflege meldete sich nicht einmal mehr der Anrufbeantworter, es klingelte einfach durch.

Wenn sie in Dresden nicht angekommen sind, macht es auch keinen Sinn, die Dresdener Polizei einzuschalten, dachte sie. Und erinnerte sich daran, wie Stöver sich an der Ecke des Riesaer Bahnhofsgebäudes aufgeregt hatte.

Natürlich saß Rütter hinter dem Steuer, als sie bei dem Opel mit den eckigen Rädern ankam. Die Scheiben waren von innen beschlagen, sodass sie ihn nur undeutlich im Sicherheitsgurt hängen sah, den Kopf zur Seite geneigt, mit geöffnetem Mund. Er sah aus wie tot, aber sein rasselndes Schnarchen tönte durch den Schlitz über dem Seitenfenster.

Helena hatte schon die Hand gehoben, um kräftig auf das Autodach zu schlagen, besann sich, klopfte sanft an die Scheibe und sagte: „Stefan, aufwachen bitte."

Rütter schreckte hoch und starrte sie an wie einen Geist.

„Wir müssen reden. Es gibt ein Problem."

Helena sorgte mit ihrer sachlichen Ansprache für Verunsicherung. Rütter starrte sie wortlos an. Sie öffnete die Fahrertür. Eine Wolke aus kaltem Zigarettenrauch inklusive saurer Schweißeinlage schwebte ihr entgegen. „Puh!" Sie trat einen Schritt zurück.

Rütter hatte sich soweit von seinem Schreck erholt, dass er wenigstens den Gurt öffnete.

„Jetzt steig schon aus und komm mit rein. Es gibt auch Kaffee."

Ohne sich zu vergewissern, ob er ihrer Aufforderung folgte, drehte sie sich um und schlurfte zurück zur Kneipe.

Am Biertresen befüllte sie zwei Kaffeepötte und stellte Zucker und Sahne daneben. Rütter stand in der Tür, immer noch misstrauisch ob der ungewohnt freundlichen Behandlung.

„Komm schon her und setz dich. Ich sag doch, wir müssen reden."

Er kam an die Theke und setzte sich, immer noch stumm, vorsichtig auf die Kante des Barhockers, der am weitesten von Helena entfernt stand.

Sie sagte: „Hör zu. Es ist etwas passiert und ich rede jetzt mit dem Polizisten Rütter, nicht mit dem Arschloch Rütter. Klar? Du bist selbstverständlich immer noch ein Arschloch, aber das blenden wir für den Moment mal aus und du tust deinen Job, ohne auf die Kacke zu hauen und ohne auf Sheriff zu machen. Klar?"

Rütter glänzte mit einem idiotischen Gesichtsausdruck und nickte abwesend.

„Klaas und Eberwein sind verschwunden."

„Wie? Verschwunden?"

„Weg. Nicht mehr aufzufinden. Gehen nicht ans Handy, keine Nachrichten, verschwunden eben."

Helena erzählte ihm das Allernötigste. Dass sie mit der Bahn nach Dresden fahren wollten, dass der Bully in Riesa am Bahnhof stand und dass unklar ist, ob die beiden in Dresden angekommen sind.

Rütter entspannte sich allmählich und nippte an seinem Kaffeebecher. „Was wollten die beiden in Dresden?"

Das war immerhin ein vollständiger Satz, dachte Helena und sagte: „Das ist jetzt egal. Sie sind nicht auffindbar. Nur darum geht es." Sie nippte vorsichtig von der heißen schwarzen Brühe. „Ich möchte, dass du sie findest. Handyortung und das ganze Programm. Die sind mit Sicherheit nicht freiwillig verschwunden. Da hat jemand seine Finger drin."

„Vielleicht sagst du mir doch, was die letzten Tage passiert ist. Sonst weiß ich nicht, wo ich ansetzen soll."

Er hat ja recht, dachte Helena, sträubte sich aber gleichzeitig dagegen, alle Karten auf den Tisch zu legen. Selbst, wenn Rütter mit niemandem unter einer Decke steckte, stellten seine Dummheit und Angeberei einen nicht zu unterschätzenden Risikofaktor dar. Sie entschloss sich, zum Angriff über zu gehen, und überraschte ihn mit einem Schuss aus der Hüfte: „Was hast du mit dem Pfarrer aus Neuzwönitz zu schaffen?"

Dabei blickte sie ihm gespannt in die Augen.

„Was?"

Rütter guckte einfach nur blöd aus der Wäsche. Sein Erstaunen war ehrlich, dessen war sie sich sicher, er war immer ein miserabler Schauspieler gewesen.

„Was soll ich mit dem zu tun haben? Gar nichts. Im Gegenteil. Ich zerbreche mir die ganze Zeit den Kopf, was dieser Typ von Jessica will. Die ist dem völlig hörig und redet nur noch dummes Zeug von Glaube und Jesus und Pater Jesaja und schwerer Schuld und was weiß ich für einen Blödsinn."

Helena achtete auf jedes Anzeichen von Unehrlichkeit, aber Rütter hatte die Arme locker auf der Theke liegen und erwiderte geradeheraus ihren Blick.

„Woher kennt sie ihn?"

„Ich weiß es nicht." Rütter guckte nicht mehr ganz so verschüchtert aus der Wäsche. „Vor ein paar Wochen hab ich sie in der Stadt mit diesem Pfarrer gesehen. Jedenfalls sah er aus wie ein Pfarrer. Hab sie auf den Typen angesprochen, aber keine Antwort erhalten."

„Sie wohnt nicht mehr bei dir oder?"

„Woher weißt du das? Nein, sie hat seit zwei Jahren eine eigene kleine Wohnung in der Platte an der Eilenburger Straße, war aber oft bei mir zu Besuch. Erst in den letzten Monaten hat sie den Kontakt abreißen lassen. Sie geht einigermaßen regelmäßig zur Arbeit ins Amt, aber sonst macht sie nichts mehr, außer bei diesem Pfarrer rumzuhängen. Warum interessierst du dich für den Typen?"

„Der stalkt uns."

Sie saßen eine Zeit lang wortlos am Tresen. Nur leises Kaffeeschlürfen erklang ab und zu. Dann sagte Helena: „Hör zu. Ich sehe dich nach wie vor lieber von hinten als von vorn. Trotzdem werden wir jetzt zusammenarbeiten, bis wir wissen, wo Tidemeyer und Eberwein geblieben sind. Und bis wir herausgefunden haben, was es mit diesem Pfarrer auf sich hat. Wenn der überhaupt Pfarrer ist." Sie bedachte ihm mit einem grimmigen Blick. „Falls du mir dabei blöd kommst oder mich in irgendeiner Weise bescheißt oder auch nur eine einzige relevante Information unterschlägst, dann lernst du mich kennen. Klar?"

Jetzt schien er wieder ähnlich verschüchtert wie zu Anfang ihres Gesprächs und sagte kaum hörbar: „Ja, ist klar."

„Noch nen Kaffee?" Er nickte wortlos und Helena, die sich wie eine Kindergärtnerin vorkam, schenkte in beide Becher Kaffee nach. Erst als sie sagte: „Kannst ruhig Zucker und Milch nehmen. Ist heut inklusive", griff er nach dem Zuckerstreuer.

„Ich gebe dir jetzt die Handynummern von Eberwein, damit du herausfinden kannst, wann die wo im Netz waren und du Anruflisten besorgen kannst. Die von Tidemeyer hast du ja ..."

Rütter unterbrach sie: „Aber das darf ich nicht ohne richterlichen Beschluss!"

Helena sah ihn grimmig an.

„Ja, besorge ich." Und dann, jammervoll, wie zu sich selbst: „Gibt wieder nen Mords Ärger."

„Nicht so mörderisch, wie der Ärger mit mir", gab sie zurück und fragte sich, wie lange er wohl so mit sich umspringen lassen würde. Sie stand auf. „Deinen Horch- und Schnarchposten vor meiner Kneipe kannst du fürs Erste aufgeben. Ich bin zu uninteressant, wenn ich allein hier bin. Außerdem hab ich den Hund hier. Der ist überraschend griffig, wenn sich nachts im Garten was tut, wie du ja weißt."

Damit war das Gespräch für sie beendet. Rütter verstand das Signal und trottete zur Tür.

„Lass die Tasse hier! Schreib mir ne Nachricht, wenn du was rausbekommen hast. Anruflisten bitte aufs Handy schicken", rief sie ihm nach und er nickte gehorsam.

Wenn es mit der Kneipe nichts mehr bringt, mache ich auf Polizeipräsident, dachte sie, nachdem Rütter zur Tür hinaus war.

Es war nachmittags gegen zwei, als sie mit Stöver vom Spaziergang zurückkam. Schon aus einiger Entfernung bemerkte sie das große Motorrad auf ihrem Parkplatz. Beim Näherkommen war eine auf der Gartenbank neben der Kneipentür liegende, in schwarzes Leder gehüllte unförmige Masse nicht zu übersehen. Holger schnarchte so eindringlich, dass es bis an die Gartenpforte tönte.

Sie öffnete die Pforte und sagte: „lauf" zu Stöver. Sekunden später stand der Hund mit den Vorderpfoten auf Holgers Brust und schleckte ihm inbrünstig das vollbärtige Gesicht ab.

„Scheiße nee, hau ab, du ekelhafter Köter!", ertönte es von der Bank und Holger versuchte, sich unter den fünfzig Kilo des Riesenschnauzermischlings aufzusetzen. Helena schloss derweil lachend die Kneipentür auf und überlegte, warum alle Menschen in ihrer Umgebung schnarchten.

Holger hatte sich befreit und folgte ihr in die Kneipe. „Nach der Fahrt brauche ich dringend ein Bier und nach dieser Begrüßung gleich noch eins", sagte er und wischte sich mit einem quadratmetergroßen karierten Taschentuch im Gesicht herum. „Widerlich, dieses Gesabber", murmelte er mit einem giftigen Seitenblick auf Stöver und begab sich schnurstracks zum Zapfhahn.

„Schön, dass du dich auskennst", kommentierte Helena seine Selbstständigkeit, stellte sich vor ihm auf die Zehenspitzen und bedachte ihn mit einem herzhaften Kuss auf die Stirn. „Und danke, dass du gekommen bist."

„Das petz ich Klaas, das du mich anbaggerst", antwortete Holger trocken und ließ Bier ins Glas zischen.

„Gerne. Dafür musst du ihn nur finden", gab sie zurück. „Ich mache mir echt Sorgen. Die beiden sind wie vom Erdboden verschwunden."

Sie setzten sich an den Frühstückstisch, Holger sein frisch gezapftes Helles vor sich, Helena den nächsten Kaffee.

„Hast du einen Plan?", fragte er.

„Nicht wirklich. Ich weiß zwar ein paar Dinge, die getan werden müssen, aber nicht, in welcher Reihenfolge, und wie wir es am besten anpacken. Also: Der Bully muss vom Parkplatz in Riesa weg. Weiß aber nicht, ob die Bullen ihn sich vorher ansehen wollen. Werde ich gleich mit Rütter klären."

Holger horchte auf. „Rütter?"

Helena gab ihm eine Zusammenfassung ihres Gesprächs mit Rütter. „Ich weiß, ideal ist das nicht, hab aber grad keinen anderen Bullen zur Hand."

„Jo, ist wohl so", sagte Holger, „bei dem Plausch wäre ich gern dabei gewesen. Und weiter?"

„Wir müssen rausfinden, ob die beiden überhaupt bis Dresden gekommen sind. Meine Theorie ist ja, dass sie in Dresden etwas Interessantes herausgefunden haben und jemand dagegen war."

„Du hast doch Telefonnummern. Denn mal los!"

Helena langte nach ihrem Handy, rief nochmals im Amt für Denkmalpflege an und hörte wieder nur den Spruch vom AB.

„Hast du keine Durchwahl?"

„Nein, ich weiß nur, dass der Bekannte von Eberwein Lippmann heißt."

„Wo liegen die Unterlagen vom Doktor herum?"

Helena ging hinauf ins Gästezimmer. Einen Augenblick später kam sie die Treppe wieder herunter und wedelte triumphierend mit einem Zettel. „Die Durchwahl!" Sie griff sich das Telefon und diesmal hatte sie Erfolg.

„Lippmann." Die Stimme war kaum zu verstehen und klang, als wenn die zugehörige Person anderweitig beschäftigt war und nur nebenbei und ungern telefonierte.

„Guten Tag Herr Lippmann. Entschuldigen Sie die Störung. Hier ist Helena Hansmann, eine Freundin von Doktor Jens Eberwein."

Am anderen Ende herrschte einen Moment Stille. Dann erklang die Stimme wieder, diesmal eine Stufe vernehmlicher: „Doktor Eberwein? Der wollte sich gestern mit mir treffen. Ist aber nicht gekommen. Obwohl er sonst so zuverlässig ist. Ich habe versucht, ihn anzurufen, konnte ihn jedoch nicht erreichen."

Der Mann sprach sehr akzentuiert. Helena stellte sich einen blassen Beamten in grauem Anzug und mit grauen Haaren vor. „Doktor Eberwein erwähnte, dass Sie sich sehr lange kennen?"

„Ja. Wieso fragen Sie danach?"

Helena überlegte einen Moment, ob sie mit offenen Karten spielen sollte. Es nützt nicht, ich kann nicht allem und jedem misstrauen, dachte sie und sagte: „Eberwein und ein Freund, der ihn nach Dresden begleiten wollte, sind spurlos verschwunden."

Sie horchte auf die Reaktion des Beamten am anderen Ende. Lippmann klang ehrlich erstaunt: „Wie bitte? Verschwunden? Zwei erwachsene Männer mitten in Deutschland, die verschwinden doch nicht einfach!"

„Ist aber so. Ich befürchte, dass ihr Verschwinden mit dem geplanten Besuch im Bistum zusammenhängt."

Einen Moment rauschte es nur leise aus dem Handy. Dann meldete sich Lippmann wieder: „Ich habe mich schon über die Geheimniskrämerei von Doktor Eberwein gewundert. Wissen Sie, wir kennen uns seit vielen Jahren. Der Doktor hat des Öfteren Nachforschungen für mich angestellt, wenn es um Objekte in seiner Umgebung, also in Torgau und Ostelbien ging. Diesmal war es andersherum. Er hat mich um einen Gefallen gebeten, wollte am Telefon aber nicht sagen, um was es geht."

„Worum hat er Sie gebeten?"

Wieder einen Augenblick Rauschen. Dann antwortete Lippmann: „Ich glaube, das kann ich Ihnen ruhig sagen, obwohl ich nicht weiß, wer da am Telefon ist. Doktor Eberwein bat mich, für ihn einen inoffiziellen Termin im Archiv des Bistums zu arrangieren, was ich auch erledigt habe. Er weiß, dass ich mit einen der Archivare regelmäßig saunieren gehe. Danach wollte er zu mir kommen. Also Eberwein, nicht der Archivar."

Er sagte „Saunieren", nicht „in die Sauna gehen", dachte Helena blödsinnigerweise und fragte: „Mehr hat er Ihnen nicht gesagt?"

„Nein, leider nicht. Was unternehmen Sie jetzt?"

„Ich werde die Polizei informieren. Ich befürchte, da geht etwas nicht mit rechten Dingen zu."

„Ja, das ist wohl der richtige Weg. Bitte halten Sie mich auf dem Laufenden. Ich hatte mit dem Doktor zwar nur auf beruflicher Ebene zu tun, aber ich schätze ihn außerordentlich als kompetenten Wissenschaftler und zuverlässigen Kollegen."

Helena bedankte sich artig und legte auf.

Holger hatte das Gespräch zwar nur einseitig mitbekommen, reimte sich den Rest aber zusammen. „Der Denkmalfuzzi weiß also nichts?"

„Nein. Nur, dass sie ins Archiv vom Bischof wollten. Nicht aber, wieso."

„Und nun?"

„Hm ... Ich werde Rütter anrufen, ob etwas dagegen spricht, den Bully zu holen. Auf der Fahrt nach Riesa haben wir Zeit, uns was auszudenken."

Holger war einverstanden. Sie telefonierte kurz mit dem Kommissar und gab das Ergebnis weiter: „Den Bully können wir holen. Solange nichts Genaueres feststeht, kann er eh keine Spurensicherung hinschicken. Mit den anderen Sachen ist er noch nicht weiter."

„Na dann los. Hast du nen Helm? Dann fahren wir mit dem Hobel."

„Ich hab das Auto von Gabi. Da können wir unterwegs besser quatschen. Was machen wir mit Stöver?"

„Wenn wir mit dem Auto fahren, nehmen wir ihn natürlich mit. Wir sollten mit ihm noch mal über den Parkplatz laufen. Vielleicht findet er doch was."

Da Freundin Gabi gerade zur Tür hereinkam, konnten sie sofort aufbrechen. Gabi schien nicht begeistert, als Stöver auf den Rücksitz ihres Autos kletterte.

Auf den ersten Kilometern Richtung Riesa herrschte Schweigen. Irgendwann fragte Helena: „Was glaubst du, was da passiert ist?"

Es dauerte ein wenig, bis Holger sagte: „Ich will ja keine Panik machen, aber wir müssen einkalkulieren, dass jemand von euren Stalkern dahinter steckt."

„Eine Entführung? Zugegeben, diesen Gedanken habe ich bis jetzt erfolgreich verdrängt."

„Dieses Wort wollte ich vermeiden", gab Holger zurück, „aber wenn du eh selber drauf gekommen bist: ja."

Helena atmete einmal tief durch. „Gut, dass du da bist. Weißt du, mit Entführungen hab ich keine große Routine."

„Immerhin verlierst du deinen Humor nicht. Diesmal ohne Küsschen?"

„Nun werd mal nicht übermütig!"

Holger gehorchte. „Was hältst du davon, wenn wir morgen nach Dresden fahren und herausfinden, was Klaas und Eberwein herausfinden wollten?"

„Hab ich schon drüber nachgedacht. Dann müsste ich Lippmann anrufen und ihn fragen, ob er uns an Eberweins Stelle hilft. Ich habe übrigens eine weitere Sorge. Bei uns, also hier in der Klause und in Klaas' Wohnmobil, liegen diverse Unterlagen, Speicherkarten mit Fotos und dergleichen. Wenn wir unterwegs sind, könnte theoretisch jederzeit jemand einsteigen und was mitgehen lassen."

Holger überlegte einen Moment, bevor er sagte: „Ihr habt mir von dem wahnsinns Tresor in Eberweins Haus erzählt. Wenn wir alles Wichtige dort hinschaffen und wegschließen?"

„Nicht schlecht. Ich hatte an mein Schließfach bei der Bank gedacht."

„Ich fürchte, das ist alles zu aufwendig. Wir werden heut Abend noch alles mit dem Handy fotografieren, was wir für diesen Lippmann in Dresden brauchen. Dann bringst du das Zeug als Sofortmaßnahme rüber zu deiner Freundin Gabi."

Als sie den Bahnhof in Riesa erreichten, war der Parkplatz nahezu belegt. Mitten zwischen den Pkw der Pendler stand immer noch Helenas Lieferwagen. Sie fanden in der Nähe eine der letzten freien Parkbuchten und stiegen aus, Helena wieder mit Stöver an der Leine.

Der Bully sah genauso aus wie am Abend zuvor, bis auf eine Visitenkarte unter dem Scheibenwischer. Holger zog sie heraus, warf einen Blick drauf und murmelte kopfschüttelnd: „Kaufe jedes Auto ... Idioten".

Sie drehten mehrere unterschiedlich große Runden über den Parkplatz und die Bahnsteige, um das Bahnhofsgebäude und den Bereich mit den Fahrradständern und zum Schluss den Taxiplatz. Stöver trottete unbeteiligt nebenher. An der Ecke des Bahnhofsgebäudes, an der er am Abend zuvor schon Laut gegeben hatte, machte er sich erneut mit einem unglücklichen Jammern bemerkbar.

Sie blieben stehen und Holger hob den Kopf, um am Gebäude entlang den Übergang zum Dach zu mustern. „Da!", sagte er dann und zeigte auf eine Überwachungskamera. „Wenn wir Glück haben, ist da was drauf."

„Gut möglich. Aber uns zeigen sie die Aufnahmen bestimmt nicht."

Sie zog ihr Handy aus der Tasche und rief Rütter an. „Am Bahnhofsgebäude in Riesa hängt ne Kamera, die was aufgezeichnet haben könnte", sagte sie, ohne vorher zu grüßen. „Ich schick dir ein Bild davon aufs Handy, damit du weißt, welche ich meine. Kümmere dich drum."

Sie beendete das Gespräch genauso abrupt, wie sie es begonnen hatte, trat ein paar Schritte zurück, knipste mit dem Handy ein weiträumiges Bild von der Bahnhofsfront, sodass die Position der Kamera ersichtlich war, und verschickte es kommentarlos.

„Wenn du jemanden gefressen hast, dann gründlich", sinnierte Holger grinsend.

Helena vollführte mit der rechten Hand eine Geste, als werfe sie etwas über die Schulter hinter sich, und lenkte ihre Schritte Richtung Bahnhofshalle. „Da war ich gestern nicht drin, weil der Bürgersteig schon hochgeklappt war", sagte sie und öffnete die Tür.

Stöver fand die Halle langweilig. Am gegenüberliegenden Ausgang zum Bahnsteig stand ein Wachmann und starrte ebenfalls gelangweilt auf seine Stiefelspitzen. Holger sprach ihn an, ob er wohl gestern Abend bis zur Schließzeit Dienst gehabt hätte und ob ihm zwei Männer im besten Alter mit Aktentasche und Rucksack aufgefallen wären. Der Wachmann schüttelte wortlos den Kopf und bewachte weiter seine Stiefelspitzen.

„Sinnlos. Lass uns zurückfahren", sagte Helena und sie gingen zurück zu den Autos. Sie warf Holger den Bullyschlüssel zu und stieg in Gabis klapprigen Skoda. Stöver stand einen Moment unentschlossen zwischen ihnen und entschied sich dann für den Bully.

Gegen sechs waren sie zurück in der Klause. Der Laden brummte, als wenn alle anderen Kneipen des Landkreises geschlossen hätten.

Sie hatten zu dritt zwei Stunden zu tun, um das Gros der Gäste zu sättigen. Eine weitere halbe Stunde später war die

Wirtschaft verlassen. Als Letzter machte sich wie so oft Wladimir mit unsicheren Schritten auf den Heimweg.

„Komisch", sagte Holger, während er dem angetrunken Russen gedankenversunken hinterherblickte, „so einen Typen gibt's anscheinend in jeder Kneipe."

„Sei nachsichtig. Wladimir hatte es schwer und ist ein guter Kerl."

„Heut früh, ganz allein, war's irgendwie doof", dachte Helena laut vor sich hin und Holger meinte, bis morgen würde er schon bleiben und Rührei und Schinken zum Frühstück wären nicht schlecht.

„Ihr Kerle habt nur Fressen und saufen im Kopf, was?"

„Na ja ..." Holger grinste sie an und Helena drohte mit dem Finger.

Nachdem er einen größeren Schluck Bier eingesogen hatte — dass Halbliter-Glas war anschließend so gut wie leer — wischte er sich den Schaum aus der Bartlandschaft und guckte Helena erwartungsvoll an.

„Guck nicht so", sagte sie, ebenfalls mit einem Streifen Bierschaum auf der Oberlippe, „ist doch klar, was morgen anliegt."

„Aha. Was denn?"

„Wir fahren nach Dresden, nehmen diesen Lippmann unter die Lupe und dann den Archivar vom Bischof."

„Du sagst das, als wollten wir mal eben zum Späti, 'n Sechserpack holen. .... Fahren wir wieder mit dem Auto oder besorgst du dir nen Helm?"

„Wir fahren Auto, denn wir nehmen unsere Lupe mit."

„Hä?"

„Stöver fährt mit."

„Alles klar, das haarige Monster soll schnüffeln. Also mit dem Bully?"

„Mit Gabis Tschechen-Porsche. Der ist unauffälliger. Wir fahren mit der Fähre. Da haben wir im Blick, wer zu anhänglich ist."

„Bist bei Oberbulle Tidemeyer in die Lehre gegangen?"

„Man tut, was man kann", sagte Helena selbstbewusst und feixte.

„Fahren wir mit dem Zug?"

„Hab ich drüber nachgedacht. Aber im Zug und in Dresden auf dem Bahnhof herrscht ein mächtiges Chaos an Duftnoten, das würde den armen Stöver durcheinanderbringen."

Holger erleichterte den Zapfhahn um weitere zwei halbe Liter. „Also wir testen den Lippmann, oder wie der heißt. Wenn wir, respektive Spürhund Stöver, meinen, dass er sauber ist, erzählen wir ihm, was Jens und Klaas von ihm wollten. Korrekt?"

„Korrekt. Alles Weitere ist Improvisation. Wenn Lippmann ein Sesselfurzer ist, der sich nichts traut, werden wir wenig ausrichten können. Falls er ein bisschen Arsch in der Hose hat, fahren wir mit ihm ins Bistum und zum Archivar. Vielleicht findet Lippmann auch in seinem Papierladen etwas, was uns weiterbringt. Entscheiden wir live."

„Na denn ... Ich würde sagen, wir gönnen uns noch einen Absacker und danach ab ins Nest. Ich hab heute nebenbei vierhundert Kilometer Autobahn mit Stau abgerissen. Man wird nicht jünger."

„Jammer nicht, hol den Sambuca."

Klaas hielt die Schnauze und ging gehorsam weiter. Als er Eberwein eingeholt hatte, bewegte sich neben ihm eine Gestalt in dunklem Kapuzenshirt, die Kapuze tief ins Gesicht gezogen. Es musste eine zweite Person sein, denn Klaas fühlte nach wie vor den harten Gegenstand im Rücken, der nicht unbedingt eine Waffe sein musste, aber man weiß ja nie.

„Was soll der Scheiß?", fragte Klaas und bekam als Antwort einen mörderischen Schlag über den Schädel.

Irgendwann kam das Bewusstsein zurück.

Klaas hatte seine Augen seit geraumer Zeit geöffnet und sah nur wirres Zeug. Rote Punkte auf schwarzem Grund leuchteten auf und verschwanden wieder. Graue Schlieren, die in Zeitlupe durch sein Gesichtsfeld wanderten. Schmerzhafte

Blitze, wenn er den Kopf bewegte, oder versuchte, die Blickrichtung zu verändern. Ein undefinierbares pulsierendes Muster. Nach einiger Zeit wusste er, dass es sein Herzschlag war.

Er schloss die Augen, zählte zehn Herzschläge und öffnete sie wieder. Nichts hatte sich verändert, außer, dass sich sein Körper schrittweise zurückmeldete.

Der Indikator dafür waren die Schmerzen. Alles tat weh, das rechte Knie mehr als das linke. Er konnte die Hände nicht bewegen. Die Zunge klebte am Gaumen. Und er hatte fürchterliches Schädelbrummen.

Häppchenweise stellte sich die Erinnerung wieder ein. Im Zeitraffer tobten die hässlich lachenden Kollegen der Hamburger Polizei auf der Abschiedsparty an ihm vorbei. Dann saß er in der Minna, vor sich die mittlere Spur der Autobahn, rechts eine unendliche Reihe von Lastwagen, gleichmäßig vor sich hin rollend, links eine unendliche Reihe von Personenwagen, hektisch vor und zurück pendelnd. Er saß in der Elbklause, blickte durch das Fenster auf die Fähre und roch Rührei mit Speck und frischen Kaffee.

In seiner Nähe stöhnte jemand. Dann eine heisere Stimme: „Was ist das für eine verdammte Scheiße? Haben die hier kein Licht?"

In Klaas entfaltete sich eine teilweise Erleichterung: Er hatte weder Probleme mit seiner Daseinsebene noch mit den Augen, es war einfach nur stockdunkel.

Der erste Versuch, zu sprechen, endete in einem grässlichen Krächzen aus der Kehle. Er schluckte einige Male und flüsterte: „Doktor? Bist du es?"

„Ich fürchte, ja. Wenn ich der Doktor bin, bist du dann Klaas?"

„Ich fürchte auch ja. Was ist hier los? Wo sind wir?"

„Ich bin Lehrer, Atheist und Hobbyhistoriker, aber weder Hellseher noch GPS-Gerät."

„Ich wusste, nicht, dass du moderne Dinge wie GPS kennst und deine Ausdrucksweise ist echt assihaft."

„GPS bedeutet Global Positioning System. Ein von den Amerikanern nach dem Zweiten Weltkrieg ..."

„Schon gut. Ich glaube dir, dass du es kennst."

Das Gespräch drohte, ins Absurde abzugleiten.

20. Tag

Helena sammelte rasch ein paar Unterlagen aus Klaas' Wohnmobil zusammen. Gegen acht enterte sie zusammen mit Holger die Fähre nach Ostelbien. Während der Überfahrt achteten beide sowohl auf die Umgebung als auch auf die anderen Autos an Bord, entdeckten jedoch keine einschlägig Bekannten. Auch, als sie wieder festen Boden unter den Rädern hatten, auf den kleinen Straßen Richtung Mühlberg, waren sie unter sich.

Holger betrachtete aufmerksam Dörfer und Landschaft. „Ob die hier schon wissen, dass Honecker tot ist?", fragte er sinnend und erntete einen strafenden Blick.

Die restliche Fahrt nach Dresden verlief ereignislos. „Im Osten nichts Neues", kommentierte Holger, lobte die Ausblicke auf die Albrechtsburg in Meißen und die rechtselbischen Weinberge.

Es dauerte einige Zeit, dann öffnete Klaas das nächste Mal die Augen. Das abgründige Schwarz hinter Blitzen, Punkten und Schlieren war einem tristen hellgrau gewichen. Er drehte den Kopf nach links und blickte in einen widerlich blendenden quadratischen weißen Fleck. Er drehte den Kopf zur anderen Seite und wartete darauf, dass seine Augen sich an das Halbdunkel gewöhnten.

Neben ihm lag eine unförmige Masse auf dem Fußboden und bewegte sich ab und zu unter leisem Knistern.

„Doktor?"

„Ja?"

„Wie lange liegen wir hier schon?"

„Ich bin auch keine Uhr!"

Klaas seufzte. „Gibst du Bescheid, wenn du in der Lage bist, dich normal zu unterhalten?"

„Bescheid."

Klaas verkniff sich eine Erwiderung, es war zwecklos. Zu seiner Überraschung hörte er Eberwein wenig später einen vollständigen Satz sprechen: „Was ist heutzutage schon normal?"

Die B6 führte Helena und Holger direkt nach Dresden hinein, das sich, wie oft bei windarmen Wetterlagen, unter einer grauen Dunstglocke verbarg. In der Nähe des Landesamtes für Denkmalschutz parkten sie den Skoda und spazierten mit Stöver eine große Runde um den gesamten Gebäudekomplex. Der Hund war Großstadt gewohnt und hatte die Ruhe weg. Er schnüffelte und markierte, was die Blase hergab, zeigte jedoch keinerlei Aufregung. Klaas war, wenn es nach seinem Hund ging, nie hier gewesen.

„Scheint sauber zu sein", kommentierte Holger trocken, so wie es der Spurensucher im Fernsehkrimi im weißen Ganzkörperkondom zu sagen pflegte.

„Sieht so aus. Dann gehen wir jetzt rein zu Lippmann."

Nach einigen Fragen an vorbeiflanierende Aktenträger, missbilligenden Blicken auf den Hund, komplizierten Hinweistafeln und zwei Treppen höher standen sie vor einem Schild mit der Aufschrift „Oberamtsrat Lippmann". Holger klopfte an die dazugehörige Tür und, einem dumpfen „herein" folgend, betraten sie die Wirkungsstätte des Thorsten Lippmann.

Lippmann hätte der jüngere Bruder von Jens Eberwein sein können, fand Helena: nicht so alt, nicht so grau, nicht so verschroben, dafür konventioneller frisiert. Der Rest passte, vom Pullunder bis zur Feincordhose. Holger dachte anscheinend dasselbe, denn ein sachtes Lächeln spielte um seine Mundwinkel.

„Guten Tag Herr Oberamtsrat", begrüßte Helena ihn artig und förmlich, „ich bin Helena Hansmann. Wir haben gestern miteinander telefoniert. Es geht um Doktor Eberwein."

Lippmann warf skeptische Blicke auf Holgers schwarze Lederkluft, den Vollbart, das Stirnband und den großen schwarzen Hund an seiner Seite, erhob sich aus seinem Drehstuhl und begrüßte die Gäste per Handschlag, wobei er sich bemühte, Stöver nicht zu nahe zu kommen.

„Das ging aber fix", kommentierte er den unangemeldeten Besuch.

„Ja, leider. Die beiden Herren sind bisher nicht wieder aufgetaucht. Die Polizei ist eingeschaltet. Wir hielten es für ratsam, den Verlauf des Tages, wie die beiden ihn sich vorgenommen hatten, an ihrer Stelle nachzuvollziehen."

Holger war hin und weg über Helenas gewählte Ausdrucksweise. Lippmann guckte unschlüssig aus der Wäsche, blätterte kurz in seinem Kalender, straffte sich und sagte: „Was soll's. Ich habe heut Vormittag lediglich zwei hausinterne Termin, die ich ohne Probleme verschieben kann. Ich stehe zu Ihrer Verfügung." Sprach es und griff nach dem Telefonhörer. „Bitte nehmen Sie Platz", sagte er und deutete auf die beiden Stühle vor seinem Schreibtisch, während er an der Wählscheibe drehte. Ja, er bediente tatsächlich ein Telefon mit Wählscheibe.

Wenige Augenblicke später saß er, ein unbeschriebenes Blatt Papier vor sich und einen Bleistift in der Hand, den Besuchern achtsam gegenüber, und nickte Helena auffordernd zu.

„Ich weiß nicht recht, wo ich beginnen soll. Welche Informationen hat Doktor Eberwein Ihnen vorweg gegeben?"

„Nur, dass einem Bekannten von ihm ein mittelalterlicher Zufallsfund, sagen wir: „passiert wäre", dass er seit dem jede Menge Ärger hätte und dass die Kirche mit im Spiel wäre, er wüsste jedoch nicht, in welcher Weise."

„Na das ist eine recht dürftige Zusammenfassung", erwiderte Helena lächelnd. „Dann werde ich Ihnen jetzt einen Überblick über die Geschichte geben. Sie haben ja Zeit, sagten sie."

Lippmann unterbrach sie, bestellte wähltelefonisch Kaffee mit Keksen, und sagte anschließend: „Bitte gestatten Sie vorweg eine Frage: Wer sind Sie und in welchem Zusammenhang stehen Sie beide mit dieser Angelegenheit?"

Helena blickte kurz zu Stöver hinüber, der sich artig und gelassen neben dem Schreibtisch abgelegt hatte. Daraus schloss Helena, dass Klaas am Vortag mit Sicherheit nicht in diesem Raum gewesen war.

„Wir haben nichts damit zu tun, sind nur zufällig mit im Boot und kennen uns kaum." Holger beantwortete ihren fragenden Seitenblick mit einem Nicken und sie fuhr fort: „Klaas Tidemeyer, Besitzer dieses Hündchens und pensionierter Oberkommissar der Hamburger Polizei, hat vor zwei Wochen in der Nähe von Belgern hinter dem Elbdeich zufällig einen Kellerraum mit einem toten Landsknecht im Harnisch, vermutlich aus dem sechzehnten Jahrhundert, gefunden ..."

In der folgenden Viertelstunde gab Helena eine Zusammenfassung der Ereignisse aus den letzten Tagen wieder. Lippmann hörte scheinbar gleichmütig zu, ohne ihren Redefluss ein einziges Mal zu unterbrechen.

Da sie auch die Freundschaft zwischen Klaas und Holger erwähnt hatte, war der Oberamtsrat umfassend im Bilde. Eine kurze Zeit war es, außer dem Kaffeetassengeklapper und dem Rauschen des Lüfters von Lippmanns Rechner, mucksmäuschenstill im Raum, während Helena ihr Handy checkte.

„Rütter hat sich gemeldet."

Lippmann zog fragend die Augenbrauen hoch.

„Der Kommissar aus Torgau", erläuterte sie. „Die Handys von beiden, Eberwein und Tidemeyer, waren als Letztes in Riesa eingeloggt, schreibt er. Die Zeit, zu der sie vom Netz gegangen sind, passt zur Ankunftszeit am Bahnhof."

„Haben Sie eine Idee, was Sie unternehmen wollen?", fragte Lippmann, „und warum haben sie den Hund mitgebracht?" Er rümpfte die Nase.

Helena atmete tief durch, blickte einmal von Lippmann zu Holger und wieder zurück. „Okay, ich will ehrlich sein. Der Hund hätte es uns angezeigt, wenn sein Herrchen, der Herr

Tidemeyer, sich vor Kurzem in diesem Gebäude beziehungsweise in diesem Raum aufgehalten hätte. Am Bahnhof in Riesa zum Beispiel hat er reagiert."

Lippmann schien für einen Moment gar nicht amüsiert. Dann entspannte sich sein Blick und er sagte lächelnd: „Ich verstehe. Da Sie mich nicht kennen, wollten Sie auf Nummer Sicher gehen?"

Helena nickte erleichtert.

„Die Prüfung ist positiv ausgefallen?"

Sie lächelte zurück. „Ja, sonst hätte ich Ihnen die Story nicht erzählt, und wir wären jetzt schon auf dem Weg zur Kriminalpolizei hier in Dresden."

„Sie haben ja mächtig Vertrauen in Ihre Menschenkenntnis."

„Korrekt. Und in die Nase des Hundes."

Lippmann sah Helena weiterhin freundlich lächelnd an. Beide, Holger und Helena, hatten vergeblich auf ein verräterisches Zeichen von Verlegenheit oder Unsicherheit gelauert.

„Nun, ich kann Sie beruhigen, ich höre von der Geschichte in diesem Moment zum ersten Mal. Würden Sie mir sagen, was Doktor Eberwein konkret von mir wollte?"

„Der Doktor ist der Meinung, dass Aufzeichnungen verschwunden sind beziehungsweise bei der Digitalisierung bewusst unterschlagen wurden. Grundbücher, Familienbücher, kirchliche Niederschriften wie Tauf- oder Sterbedaten, dieses Haus an der Elbe betreffend, welches es nicht mehr gibt und in dessen Keller Wilfried und die leere Truhe gefunden wurden."

„Wilfried?"

Helena schmunzelte. „Der tote Landsknecht sollte einen Namen haben, fand Doktor Eberwein."

„Ja, das passt zu ihm." Lippmann schmunzelte.

Holger sagte die ganze Zeit kein Wort. Er schien von Helenas Kommunikationsfähigkeiten überwältigt zu sein.

„Ich verstehe", sagte Lippmann, „Sie hatten ausdrücklich betont, dass der Deckel dieser Truhe erst vor kurzer Zeit geöffnet worden sein musste, weil sie von innen sehr sauber ist. Und Sie vermuten, dass die Person, welche die Truhe geöffnet hat, mit den Vorbesitzern des Hauses in Verbindung stehen oder Kenntnisse über den Keller von ihren Vorfahren haben könnte."

„So ähnlich. Jedenfalls vermuten irgendwelche Leute, dass der Keller etwas Wertvolles, in welcher Art auch immer, enthalten hat und die Herren Tidemeyer und Eberwein diese Wertsache mittlerweile besitzen oder Kenntnis über deren Verbleib haben."

„Und warum wollte er mit mir zum Archivar des Bistums?"

„Wegen der stillgelegten oder entweihten Kirche in Neuzwönitz."

„Ja, ich erinnere mich, die Kirche mit dem Archiv, in dem ebenfalls Unterlagen fehlen."

„Genau, und wegen dieses ominösen Pfarrers."

„Ja, der Pfarrer." Lippmann schaute einige Augenblicke gedankenverloren aus dem Fenster. Dann fiel sein Blick wieder auf seine Besucher und er sagte: „Ich schlage Folgendes vor: Sobald Sie dieses haarige Monstrum" – er deutete auf Stöver – „aus meinem Büro subtrahiert haben, durchforste ich unsere interne Datenbank nach den fehlenden Unterlagen. Sie müssen wissen, dass wir zwar viele zeitgeschichtliche Dokumente im Internet für die Allgemeinheit zugänglich machen, aber bei Weitem nicht alle. Als nächsten Schritt werde ich Zugang zu den heiligen Hallen beantragen und dort dasselbe tun."

„Die heiligen Hallen?"

„So nennen wir unser analoges Archiv. Nach dem Einscannen, was übrigens immer noch nicht abgeschlossen ist, werden die papiernen Originale ja nicht entsorgt, sondern sorgsam bei genau festgelegter Temperatur und Luftfeuchte eingelagert. Dort kommt niemand hinein, ohne vorher einen schriftlichen Antrag in drei Ausfertigungen und mit exakter Begründung zu stellen. Ich sehe aber Möglichkeiten, diesen bürokratischen Vorgang ausnahmsweise auf die Dauer weniger Tage zu beschleunigen ..."

„So, so, wenige Tage. Ich will nicht wissen, wie lange so was ohne Beschleunigung dauert", meldete sich Holger ausnahmsweise zu Wort und erntete einen mürrischen Blick Helenas.

Lippmann fixierte ihn mit zusammengezogenen Augenbrauen, als sähe er ihn in diesem Moment das erste Mal, schüttelte kurz den Kopf und setzte seine Rede fort. „Was das Archiv des Bistums angeht, sage ich Ihnen dasselbe, was ich auch meinem geschätzten Kollegen Eberwein gesagt hätte: Den Termin beim Archivar nehme ich mit Ihrer Erlaubnis ohne Sie wahr ..."

„Erlauben wir?", fragte Holger dazwischen.

„Still jetzt!", wies Helena ihn zurecht. „Natürlich erlauben wir. Bitte Herr Lippmann, stören Sie sich nicht an den unqualifizierten Bemerkungen dieses Herren und sprechen Sie weiter."

„Im Bistum sieht die Sache ähnlich aus wie bei uns: Ein Großteil der Dokumente wurde inzwischen digitalisiert. An die Originale aus Papier und Pergament kommt kein gewöhnlicher Sterblicher ohne Heiligenschein heran. Und wenn doch, dann mein Freund und Saunagefährte Thorben. Und der nur äußerst diskret, inoffiziell. Aber mit Sicherheit nicht, wenn eine Rotte Ungläubiger mit riechendem Hund daneben lauert."

Der Mann hat tatsächlich eine Spur von Humor, dachte Helena erfreut.

Stöver lag die ganze Zeit neben Lippmanns Schreibtisch auf der Seite, alle Viere von sich gestreckt, und hatte sich nicht ein einziges Mal gerührt. Jetzt hob er im Schlaf das obere Hinterbein an und ließ blubbernd die überschüssige Luft aus Mastdarm entweichen. Ein tiefes Durchatmen beendete diese Demonstration reinen Wohlbehagens.

Helena, die schon angesetzt hatte, energisch zu versichern, der Hund röche nicht, hielt den Mund und schlug die Hände vor das Gesicht.

Holger lachte dröhnend los und selbst Herr Lippmann konnte ein diskretes Lächeln nicht unterdrücken.

„Alles klar", sagte Helena, „Wir haben verstanden." Holger prustete immer noch und Stöver hob erstaunt den Kopf.

Lippmann setzte seine Rede fort, als hätte niemand dazwischen gepupst: „Sie haben Glück. Morgen bin ich wieder in der Sauna verabredet."

Helena stand auf. „Na dann haben wir ja alles. Vielen Dank für Ihre Mithilfe im Voraus!"

„Keine Ursache. Für Herrn Doktor Eberwein immer. Und halten Sie mich bitte auf dem Laufenden, falls es Neuigkeiten zu seinem Verbleib gibt."

Helena versprach es ihm und sie verließen mit Stöver im Schlepptau das Büro. Im Vorbeigehen klaubte Holger die letzten zwei Kekse von Lippmanns Schreibtisch und erntete dafür den dritten vorwurfsvollen Blick Helenas. „Mit dir kann man nirgendwo hingehen."

„Ja, ich weiß: Nicht mal nachts und bei Regen ins Gartenlokal. Sagt Klaas auch immer."

„Genau. Ich versteh schon, dass Lippmann mit dir nicht zum Bischof will." Sie blickte auf Stöver hinunter. „Und mit dir. Du Pupser."

Sie mussten beide lachen und stiegen guter Dinge in den angejahrten Skoda. Oben am Fenster stand Lippmann und schaute ihnen nach.

Klaas hörte Schritte.

Seit ihrem letzten Gespräch war einige Zeit vergangen. Er hatte keine Ahnung, ob eine halbe Stunde oder zwei Stunden. Sein Zeitgefühl funktionierte in dieser Umgebung nicht. Von Eberwein hörte er regelmäßiges Atmen und gelegentlich ein leises Rasseln.

Die Schritte kamen näher und Eberwein hörte auf zu schnarchen. Sein Strohsack raschelte und er flüsterte: „Klaas, hörst du? Da kommt jemand."

Ja, Klaas hörte es. Schleppende, gleichmäßige knirschende Schritte, ein seltsames Klingeln im gleichen Takt, daneben ein unregelmäßiges leises Trappeln, wie von den Pfoten eines

Tieres, das hin und her läuft und zwischendurch immer wieder stehen bleibt.

Ein kümmerlich flackernder Lichtschein verstärkte sich und im nächsten Moment beleuchtete das Kerzenlicht aus einer schwankenden Laterne die Bruchsteinwände. Im gelblichen Licht der Flamme trippelte ein weißbraun gescheckter Hund umher, verhielt hier und da, um zu schnüffeln, und trippelte weiter. Klein, viel mickriger als Stöver war dieser Hund, ein terrierartiger Mischling, an dem eventuell ein Spitz mitgewirkt haben könnte und dem alle Beteiligten nur ihre hässlichsten Eigenschaften vererbt hatten. Der Schatten der Kreatur, welche die Laterne trug, wanderte riesengroß über die Bruchsteinwand und die gewölbte Decke.

Ein weiter, dunkelbrauner bis schwarzer Umhang mit Kapuze. Mehr erkannte Klaas nicht. Weder, ob darunter ein alter oder junger Mensch steckte, noch, ob er männlich oder weiblich war.

Er versuchte vergeblich, sich aufzurichten.

Das Wesen unter dem Umhang blieb hinter einer Batterie mehr als daumendicker senkrechter Gitterstäbe stehen. Der struppige Köter schnüffelte durch das Gitter und knurrte Klaas an.

Falsch, dachte Klaas, der Fremde steht nicht hinter dem Gitter, sondern wir liegen dahinter.

Die Kapuze flog mit einer Kopfbewegung zurück und Klaas Blick fiel auf einen Mann, der ihm höchstens bis zu den Ellenbogen reichen würde, läge er nicht auf dem stinkenden Strohsack. Der Kerl hatte ein unförmig verquollenes Gesicht und glotzte ihn stupide an. Unter den buschigen Augenbrauen leuchte das Weiße in den Augen.

Außer der Kapuze des Umhangs kam eine zweite Kopfbedeckung zum Vorschein: Eine fleckige gelbe Kappe mit grünen Eselsohren, die in angenähten Glöckchen endeten. Unter dem offenen Umhang schimmerte eine fleckige blaue Weste, ebenfalls mit Glöckchen besetzt. Klaas ließ seinen Blick an der gnomenhaften Figur abwärts wandern. Unterhalb der Weste schlotterte eine schmuddelige rote Pluderhose an den angewinkelten O-Beinen, die wiederum in zusammengesackten Stiefeln steckten. Der Spitz-Terrier-Sonstwas Bastard stierte Klaas immer noch mit gefletschten Zähnen an und kläffte anhaltend und schrill.

„Lepsch, du Drecksköter! Mag er wohl die Fresse halten!"

Die Stimme klang undeutlich, als hätte der Sprecher Zahnschmerzen oder eine geschwollene Zunge. Aus dem Mundwinkel ran eine Spur Sabber.

Klaas starrte dem Quasimodo-Verschnitt ins ungesund fahle, schweißglänzende Gesicht und konnte die Augen nicht von den aufgerissenen Pupillen lösen. Die Unruhe, das Flackern in diesem Blick waren unheimlich. Die Augäpfel irrten fortwährend umher. Was sie gerade erfassten, schien rein zufällig.

Lepsch. Das habe ich schon mal gehört ... Was sind das bloß für Klamotten?

„Claus Narr!", entfuhr es ihm kaum vernehmlich und er hatte eine Gänsehaut.

„Hast du den Lippmann am Fenster stehen sehen? Und wie der hinter dem Vorhang durchgelunscht hat?", fragte Helena.

„Was ist durchlunschen?"

„Durchgucken."

„Dann sag das doch. Ja. Hab ich gesehen. Und?"

„Im Fernsehen gucken die heimlichen Schurken den unwissenden Ermittlern immer auf diese Art hinterher", erklärte sie.

„Der sah für mich eigentlich nicht gefährlich aus. Aber man wird ja ganz meschugge bei eurem Verfolgungswahn."

„Wenn Stöver die geringste Unruhe gezeigt hätte, wäre ich auch skeptisch. Aber so ... Ich glaube nicht, dass der Büroheini ein so guter Schauspieler ist." Helena spielte gedankenverloren mit dem Autoschlüssel in ihrer Hand.

„Mach mich nicht fertig. Verdächtigst du jeden?"

„Du hast ja Recht. Wir dürfen uns nicht verrückt machen lassen."

Inzwischen war es Nachmittag. Sie waren seit ein paar Minuten auf dem Rückweg, als Rütter sich meldete. „Hast du meine Nachricht gelesen?"

„Ja, die Handys waren zum Schluss in Riesa am Bahnhof eingeloggt. Weißt du inzwischen genaueres?" Sie bemühte sich um einen neutralen, sachlichen Tonfall.

„Ich habe jemanden auf meine Nichte angesetzt, damit wir an den Pfarrer herankommen."

„Ist das offiziell oder ne Privatinitiative von dir?"

„Offiziell. Sonst hätte ich dafür keine Leute bekommen. Seit einer Stunde läuft eine bundesweite Suche nach Tidemeyer und Eberwein. Und der Pfarrer ist zur Fahndung ausgeschrieben. Die Kirche in Neuzwönitz lasse ich ebenfalls beobachten."

Rütter berichtete diensteifrig, als wäre Helena seine Vorgesetzte und sie war versucht, „Danke, setzen" zu sagen.

„Okay. Dann melde dich, wenn es was Neues gibt."

„Den hast du ja straff an der kurzen Leine", Holger grinste, nachdem Helena das Handy wieder weggesteckt hatte.

„Es fällt schwer, ihn nicht permanent merken zu lassen, was für ein Arsch er ist", erwiderte sie und guckte grimmig auf die Fahrbahn.

„Ich weiß zwar nicht, was zwischen euch war, aber es scheint nachhaltig zu wirken", meinte er, und da Helena nicht antwortete, war das Thema für diesen Moment und zu Holgers Enttäuschung erledigt.

Hinter Riesa meldete Rütter sich abermals: „Es ist was schiefgegangen, wir sind trotzdem einen Schritt vorangekommen."

Helena seufzte und hatte eine kernige Erwiderung auf der Zunge. Holger hielt das auf Laut gestelltes Handy in der einen Hand. Die andere legte er beruhigend auf ihren Arm und flüsterte: „Pssst!" Helena nickte resigniert und schluckte ihre Anraunzer hinunter.

„Meine Leute" – Rütter sagte „meine Leute" gern, als befehligte er eine ganze Armee – „meine Leute hatten den Pfarrer vor Jessicas Wohnung fast am Wickel, aber er ist ihnen leider entwischt. Immerhin haben sie ein Kennzeichen. Das Auto gehört einem Studenten aus Leipzig."

„Ja, immerhin", meinte Helena ihn mit einem sarkastischen Unterton. „Dann muss ich dich ja nicht sofort erwürgen."

Am anderen Ende war es einen Moment mucksmäuschenstill. Dann redete Rütter weiter, und er klang um drei Nummern weniger selbstsicher. „Ich hab versucht, mit Jessica zu reden. Die gibt keinen Ton von sich."

„Das kann ich mir vorstellen. Ich versuche das von Frau zu Frau. Bring sie heut Abend in die Elbklause."

„Das passt mir eigentlich nicht ..."

„Dann bring sie uneigentlich. Wir müssen irgendwie weiterkommen. Bitte nicht vor Acht, ich hab zuhause noch zu tun."

Die beiden hörten Rütter durch das Handy seufzen, bevor er ergeben sagte: „Jawoll, Chef", und auflegte.

Holger grinste wieder. „Hast du gehört? Das war so was wie Galgenhumor. Der arme Kerl hat's nicht leicht mit dir."

„Der soll froh sein, dass ich auf ihn angewiesen bin und er deswegen Schonzeit hat."

Sie kamen zur besten Kaffee- und Kuchenzeit in der Elbklause an. Gabi hatte die Lage im Griff, rannte sich aber fast einen Wolf. Helena und Holger verteilten sich sofort auf Küche und Zapfhahn.

Später trafen sie sich draußen auf der Gartenbank wieder, jeder mit einem gewaltigen Stück Torte auf dem Teller. Sie grinsten sich gegenseitig an und Helena war froh über die Unterstützung aus Hamburg.

Sie rackerten bis abends gegen acht, dann saßen sie, mit strammem Max und Bier versorgt, in der Frühstücksecke.

„Den muss ich doch mal auf die Speisekarte setzen", sagte Helena versonnen.

„Hä?", fragte Holger mit vollem Mund, den Bart an Kinn und Oberlippe mit Eigelb und Bierschaum verziert.

„Den Strammen Max. Der steht bis dato nicht auf der Karte. Aber jeder bestellt ihn."

„Deine Sorgen möcht ich haben", sinnierte Holger und stach mit der Gabel in den Max, als müsste er erlegt werden.

Sie waren gerade mit dem Essen fertig und hatten jeder ein zweites Bier vor sich, als Rütter mit Jessica am Arm die Gaststube betrat. Die Frau, oder das Mädchen, Helena mochte sich nicht entscheiden, war sehr blass und sehr still und sehr verstockt.

Wir haben Angst mit einer mittelmäßigen Prise Trotz im Angebot, dachte Helena und deutete wortlos auf einen Tisch im hinteren Teil der Gaststube. Sie wollte Rütter partout nicht an dem Tisch haben, der für sie und ihre Freunde zum Refugium geworden war.

Rütter setzte sich brav und zog Jessica auf den Stuhl neben sich. Holger und Helena ergriffen ihre Biergläser und folgten den beiden.

„Was möchtet ihr trinken?", fragte Helena, Freundlichkeit heuchelnd, und Rütter deutete auf Holgers Bierglas. „Und du?" Da von dem Mädchen keine Antwort erfolgte, bat sie Holger, der Richtung Theke unterwegs war: „Bring ihr bitte ein Wasser mit."

Dann saßen sie sich verbissen wie die Verhandlungsführer feindlicher Tarifparteien gegenüber, Rütter mit spürbarem Unbehagen. Jessica spielte mit beiden Händen an einem voluminösen Kreuz herum, das ihr an einem Lederriemen am Hals baumelte, und vermied es, jemanden anzusehen.

„Hallo Jessica. Du kennst mich noch?" Helena betrachtete das Mädchen versonnen. Sie hatte sich inzwischen für „Mädchen" entschieden. „Jessica, es wäre gut, wenn wir miteinander reden", versuchte sie es auf die behutsame Weise.

Sie erntete einen trotzigen Blick. „Was soll ich mit euch reden?" Sie sprach schnell, abgehakt und leise.

Dann eben nicht auf die sanfte Tour, du doofe Nuss, dachte Helena grimmig und versuchte es einige Nuancen kühler: „Jessica, du hast es vielleicht noch nicht gemerkt, aber du steckst knietief in der Scheiße."

„Lasst mich in Ruhe. Ihr nervt." Sie verschränkte die Arme vor der Brust und blickte Helena mit zusammengezogenen Augenbrauen und vorgeschobenem Unterkiefer ins Gesicht.

Helena seufzte. „Es sind zwei Männer verschwunden. Was weißt du darüber?"

Das Mädchen zeigte keine Reaktion und Helena sprach ungerührt weiter. „Die halbe sächsische Polizei ist in Aufruhr und du gibst hier den stolzen Schwan. Das haut nicht hin. Ist dir klar, dass du auf dem Weg in den Knast bist?"

„Na das ist ja wohl ein bisschen übertrieben", meldete sich Onkel Rütter zu Wort.

Arschloch, dachte Helena. „Nein, das ist nicht im Mindesten übertrieben. Wenn die beiden entführt wurden, ist das ein schweres Verbrechen und deine Nichte ist volljährig. Was also spricht gegen Knast wegen Beihilfe?"

Jessica deutete auf Holger. „Was will der hier?"

„Dich übers Knie legen, wenn das so weitergeht", sagte Holger gelassen lächelnd. „Meinst du, wir lassen uns auf die Dauer von dir auf der Nase rumtanzen, Madame?"

Rütter machte weiter auf guten Onkel. „So geht das nicht. Ihr dürft das Mädchen nicht einschüchtern!"

„Sie! Nicht ihr."

„Wie bitte?"

„Wir haben nicht zusammen in der Sandkiste gespielt, Herr Kommissar. Bitte mit Respekt, Herr Kommissar! Hier bedroht niemand das arme zickige Mädchen, aber wenn es nicht bald den Mund aufmacht, werde ich wütend. Klaas Tidemeyer ist mein Freund. Also wirken Sie gefälligst auf Ihre unreife verstockte Nichte ein, eine Spur kooperativer zu werden. Ich kann mich auch darüber beschweren, dass Sie hier Familienklüngel betreiben und die Aufklärung eines Kapitalverbrechens behindern, Herr Kommissar."

Die letzten zwei Worte sprach er besonders akzentuiert aus und Helena war sich nicht sicher, ob Holger tatsächlich wütend war oder nur den Rambo spielte, um Bewegung in die Sache zu bringen. Immerhin hatte sie noch nie eine so lange und so hochdeutsche Rede von ihm gehört.

Rütter wurde wieder etwas kleiner.

Arschloch ohne Rückgrat, dachte Helena und haute in dieselbe Kerbe. „Holger hat Recht. Schluss mit dem Kuschelkurs. Es wird Zeit für die Dame, den Mund aufzumachen."

Stöver hatte, seit Onkel und Nichte sich gesetzt hatten, mitten in die Gaststube gelegt, mit der Schnauze auf den ausgesteckten Vorderfüßen, während seine Augen ständig zwischen Rütter und Jessica hin und her wanderten. Jetzt sprang er auf, wandte sich zur Außentür und aus seiner Kehle kam das bekannte abgrundtiefe Grollen. Holger war sofort aufgesprungen. „Los Rütter!", raunzte er den Polizisten an, und sie rannten zur Tür hinaus, der Hund vorneweg.

Sie hatten die Gartenpforte noch nicht erreicht, als sie das Aufheulen eines Motors hörten. Stöver sprang über den Gartenzaun, blieb nach wenigen Sätzen stehen und folgte dem Auto mit den Augen. Er zog knurrend die Lefzen hoch und für eine Augenblick blitzten die imposanten schneeweißen Eckzähne im Abendlicht. Dann schüttelte er sich, bis die zur Bürste aufgestellten Haare sich gelegt hatten, und trottete widerwillig zurück zum Gartentor. „Na los", sagte Holger, aber Stöver war nicht gewillt, wieder über den Zaun zu springen, er musste ihm die Pforte öffnen.

Rütter hatte sein Telefon in der Hand und alarmierte seine Kollegen, mehr konnten sie nicht tun.

„Mist", sagte Holger, als sie wieder am Tisch saßen. „Das war niemand anderes als dieser scheiß Pfarrer. Möcht ich wetten!"

Helena war sitzen geblieben, Jessica immer im Blick. „Ja, und der wollte mit Sicherheit zu der Göre." Sie wandte sich an Rütter: „Wie sieht es aus, machst du jetzt deinen Job oder muss ich mich in Leipzig über dich beschweren?"

„Wie meinst du das? Was erwartest du?"

„Ich erwarte, dass deine Nichte nicht abhaut und keine Möglichkeit hat, mit dem Pfarrer, oder wer immer vorhin in meinem Garten war, Kontakt aufzunehmen. Handyverbot! Und sorg dafür, dass sie endlich den Mund aufmacht."

„Wie stellst du dir das vor?"

„Ist mir doch egal. U-Haft. Schutzhaft. Bärenzwinger. Folter. Nagellackentzug. Frag nicht so blöd. Mach einfach genau das, was du bei jedem andern anstellst, der nicht aus deiner Sippschaft kommt."

Rütter seufzte und stieß seine Nichte mit dem Ellenbogen an. „Hör zu. Was die Leute da machen, mit denen du verkehrst, ist wirklich nicht in Ordnung."

Jessicas Ausbruch kam überraschend. „Ihr habt doch alle keine Ahnung! Wenn die Kirche beklaut wird, geht euch das nichts an. Weil sich niemand kümmert, muss Mike eben selber was machen!"

„Wer ist Mike?", fragten Helena und Holger im Chor.

„Ich sag doch, das geht euch nichts an." Sie verschränkte die Arme wie ein bockiges Pubertier vor der Brust und schmollte.

Helena sah Rütter an. „Oh Gott, wie alt ist das Kind?", fragte sie und redete weiter, weil sie auf diese rein rhetorische Frage sowieso keine Antwort erwartete: „Die tickt doch nicht sauber. Wie wäre es mit psychologischer Betreuung?"

Holger war pragmatischer: „Ich bin für Hintern versohlen."

„Verdrückt euch jetzt", sagte Helena zu Rütter und stand auf. „Sieh zu, dass sie dir nicht wegläuft, und nimm sie weiter in die Mangel. Wenn sie bis morgen Mittag nicht den Mund aufgemacht hat, wende ich mich an deine Vorgesetzten und an die Presse."

Rütter war immerhin schlau genug, nicht zu widersprechen. Er fasste seine Nichte am Arm und beide verließen die Gaststube. Jessica fluchte und versuchte, sich aus dem Griff herauszuwinden, aber Rütter dirigierte sie energisch zum Auto. Helena ging bis zur Tür hinterher und schloss hinter ihnen ab.

„Donnerwetter, dieser Rütter hat anständig bei dir verschissen", meinte Holger.

„Gut beobachtet", gab Helena zurück und ignorierte Holgers unausgesprochene Frage. „Meinst du, er bekommt aus seiner verdrehten Nichte noch was heraus?"

„Weiß nicht. Jedenfalls scheint die zu diesem Mike kein gewöhnliches Verhältnis zu haben. Eine Art von Abhängigkeit oder Hörigkeit. Bockig wie ein verzogenes Kleinkind ist sie außerdem. Soll dein Freund Rütter sich die Zähne ausbeißen."

Helena verzog bei dem Wort „Freund" das Gesicht. „Wir haben trotzdem einiges: Leipzig, Student, Mike und das Kennzeichen. Daraus muss sich was machen lassen."

„Was schwebt dir vor?"

„Ich lass mir morgen den vollständigen Namen des Autobesitzers geben. Dann fahren wir nach Leipzig, zur Uni."

„Und dann?"

„Dann improvisieren wir. Sekretariat, Parkplatz, Fakultät des Glaubens ..."

„Wie bitte?"

„Na bei den Theologen."

Holger schüttelte resigniert den Kopf und wechselte das Thema. „Du machst dir Sorgen, nicht wahr?" Holger als langjährigem Kneipenwirt und Thekenpsychologen war Helenas gedrückte Stimmung nicht entgangen.

„Ja, was glaubst du denn. Und deswegen sitzen wir hier nicht rum und warten auf Rütters Eingebung, sondern wir fahren morgen nach Leipzig."

Die Gestalt drehte sich um und entfernte sich humpelnd und mit schlurfenden Schritten. Der Kretin von Hund kläffte Klaas ein letztes Mal an und hoppelte hinter der o-beinigen Gestalt hinterher. Das flackernde Licht der Laterne war noch eine Zeit lang zu sehen. Nachdem der Träger um eine Mauerecke verschwunden war, wurde es schwächer und dann saßen sie wieder im Dämmerlicht.

„Doktor? Was hat das zu bedeuten? Wo sind wir? Oder besser: Wann sind wir? Hier sieht alles wie im Mittelalter aus. Nichts Modernes, nirgendwo ein Stromkabel, dafür die grob geschmiedeten Gitterstäbe, die krummen Wände.

Und dann die Augen von dem Kerl! Hast du diese Glupscher gesehen? Dieses Flackern im Blick? Der Typ ist doch plemplem!" Es brauchte einiges, um Klaas zu beeindrucken, aber der Gnom mit dem irren Blick hatte ihn aus der Fassung gebracht.

„Ja und nein. Ja, ich hab den Flackermann gesehen. Ja, der ist meschugge. Und nein, ich weiß nicht, was das zu bedeuten hat."

„Schön, dass du so gelassen bist. Hier taucht mal eben eine Gestalt auf, die seit fünfhundert Jahren tot sein müsste, sabbert ein bisschen rum und du tust, als wäre lediglich der Briefträger da gewesen."

„Zeitreisen sind out. Was regst du dich auf?"

Klaas stöhnte genervt. „Dein Phlegma möcht ich haben. Was muss passieren, damit du dich aufregst? Jesus muss kommen? Oder Aliens?"

„Nun, Jesus ist rein rechnerisch wahrscheinlicher als Außerirdische. Es gibt da ein Modell, dass das Alter des Universums, die Entfernung zur nächsten Sonne mit lebensfreundlichen Planeten und ..."

„Hör auf! Ich werd wahnsinnig!"

Eberwein lachte. „Mein lieber Freund, du bist zu emotional. Unsere Welt ist rational. Komm herunter auf den Teppich der Realität!"

„Ich glaub eher, hier hat jemand die Realität unter den Teppich gekehrt", meinte Klaas grimmig. Nach einiger Zeit fragte er noch einmal: „Jetzt raus mit der Sprache: Hast du ne Ahnung, wo wir sind? Oder muss ich fragen, wann wir sind?"

„Wir sind jetzt, heute, das steht fest. Daran ändert auch die Komödie dieser Quasimodo-Karikatur nichts."

Eberwein schwieg einen Moment und sah sich um, soweit seine zusammengebundenen Hände es zuließen.

„Eine Burg. Oder der Keller eines Gebäudes mit approximativ meterdicken Wänden. Mindestens dreihundert Jahre alt. Mutmaßlich älter. Draußen ist Sommer, seit Wochen heißes und trockenes Wetter, sonst wäre es hier kälter und feuchter."

Er legte wieder eine Pause an und versuchte, im Dämmerlicht mehr Einzelheiten zu erkennen. „Der Boden ist aus festgetrampelter Erde. Wir sind also im Erdgeschoss.

Darum heißt es ja Erdgeschoss. Wäre ein Geschoss unter uns, wäre der Boden aus Holz auf Balken oder aus Stein über Gewölbe."

„Approxi was?"

„Annähernd, ungefähr."

„Dann sag das doch. Und erklär mir noch einmal ausführlich das mit der Erde und dem Geschoss."

„Wie wäre es, wenn wir unsere Hände freibekämen?", fragte Eberwein statt einer Antwort. „Meine Fesseln sind aus einem groben Strick. Wir wälzen uns von den Strohsäcken und versuchen, Rücken an Rücken zum Liegen zu kommen. Dann könnten wir uns gegenseitig die Seile aufknoten."

Der Plan war gut, fand Klaas. Er stützte sich, auf der rechten Seite liegend, mit dem linken Fuß am Boden ab und drehte sich über sein Gesicht vorwärts, sodass er mit dem Rücken zu Eberwein zu liegen kam. Er prustete, um den Dreck von den Lippen wieder loszuwerden. „Jetzt bist du dran."

An den Geräuschen hörte Klaas, das Eberwein ein ähnliches Manöver durchführte. Dann spürte er eine Berührung am Fuß und hoffte, dass es keine Ratte war.

„Bist du das?", fragte Eberwein.

„Nein, vielleicht Jesus. Oder doch ET", und nach einmal Durchatmen: „Ja, natürlich bin ich das. Liegst du mit dem Rücken zu mir?"

„Ich glaub schon. Kannst du näher ranrutschen?"

Klaas hob seine Hüfte an und schob sie nach hinten. Dann hob er wie ein Seelöwe mit einem Ruck die Schulter und ließ sie einige Zentimeter weiter rückwärtig wieder auf den Boden sinken. Als Letztes zog er die Füße hinterher.

Nach der dritten Aktion dieser Art fühlte er mit seinen Händen etwas Warmes.

„Du sollst mich nicht begrapschen, sondern den Knoten aufmachen."

„Ich bin froh, dass du mit dem Rücken zu mir liegst." Klaas schloss die Augen und konzentrierte sich auf die Hände. Er brauchte eine gefühlte Stunde, bis er den Knoten abgetastet und die Seilwindungen vor seinem geistigen Auge hatte.

Dann hatte er überraschend schnell an den richtigen Schlaufen gezogen und nach wenigen Minuten hatten beide die Hände frei.

„Winnetou und Shatterhand sind ein Scheißdreck gegen uns", frohlockte Eberwein und Klaas erwiderte: „Wie schon gesagt, das Niveau deiner Ausdrucksweise wird immer unterirdischer."

21. Tag

Am nächsten Morgen gegen neun waren Helena und Holger unterwegs gen Leipzig. Stöver war mit von der Partie. Der Hund hielt sich hervorragend: kein Gejammer, keine Suche nach seinem Herrchen. Immerhin war ja Holger da, den er vom Welpenalter an kannte, und Helena, die mit den geilen Frikadellen.

Sie waren wieder mit Gabis Skoda unterwegs und Helena hatte sich von Rütter auf den neuesten Stand bringen lassen.

Der Student, dem das Auto gehörte, hieß Mike Weber. Es handelte sich um einen älteren blauen Polo mit Magdeburger Kennzeichen. Von Jessica gab es nichts Neues. Sie war nach wie vor bockig und Helena hatte Rütter an das Ultimatum erinnert.

Holger blickte auf die Uhr im Armaturenbrett. „Bis dahin sind es noch drei Stunden. Glaubst du, die macht den Mund auf?"

„Weiß nicht, aber wenn ich dem Rütter kein Feuer unter dem Hintern mache, passiert erst recht nichts."

Sie saßen eine Zeit lang schweigend nebeneinander, während Helena den Wagen über Eilenburg und viele mickrige Dörfer Richtung Leipzig steuerte. Irgendwann ging es unter der Autobahn hindurch und sie schwammen übergangslos im Leipziger Stadtverkehr.

„Diese Karre hat nicht mal ein Navi", meckerte Helena und trug Holger auf, sein Smartphone zu konsultieren. Holger begann, mit klobigen Fingern auf seinem Handy herum zu tippen und zu wischen. Bevor er die Richtung angeben konnte, sagte Helena grinsend: „Danke für deine Hilfe. Noch zweimal links, dann sind wir da." Holger seufzte, murmelte irgendwas von „Scheiß Technik" und steckte das Handy wieder ein.

Der Parkplatz am Uni-Gelände war riesig. Der Parkplatz war unübersichtlich. Der Parkplatz war voll. So proppenvoll, dass auch auf den Gassen zwischen den Parkreihen Autos standen. Zwei junge Leute schoben einen verrosteten Kleinwagen mit „Kernkraft nein danke" Aufkleber und Peace-Zeichen vor sich her.

„Maschin kapuuut", stellte Holger sachlich fest.

„Irrtum. Die Leute, die so parken, dass sie andere behindern, lassen keinen Gang drin und ziehen die Handbremse nicht an. Deswegen kann jeder die Kiste aus dem Weg schieben, wenn er raus will. Ist auf allen Uni-Parkplätzen der Welt so üblich."

„Ach hätte ich nur studiert", blödelte Holger, „dann wüsste ich, wie man parkt. Egal. Jetzt müssen wir nur noch die Karre mit Magdeburger Kennzeichen finden, dann haben wir diesen Mike."

„Genau. Die Wahrscheinlichkeit ist ähnlich wie beim Lotto", sinnierte Helena in Anbetracht der Ausmaße des Parkplatzes, „nur nicht so groß."

Sie trennten sich. Holger übernahm die rechte Seite, Helena wandte sich nach links. Nachdem sie eine gute halbe Stunde über das Gelände gewandert waren und die Kennzeichen vor ihren Augen verschwammen, trafen sie sich am Skoda wieder.

Helena setzte sich auf die Motorhaube und machte einen Schmollmund. „Ich hab keinen Bock mehr. Das ist doof. Ich will nach Hause. Ich hab Hunger."

Holger lachte. „Super. Ne Idee, wie es weitergehen soll? Ich finde es blöd, stundenlang bei 30 Grad Hitze über einen Parkplatz zu stolpern und Magdeburg zu suchen."

„Hm. Ich habe einen Fehler gemacht: Ich habe auf jedes Kennzeichen gesehen, nicht nur auf die von dunkelblauen Polos."

Holger sah sie nachdenklich an.

„Du hast Recht. Lass uns einen letzten Versuch machen. Wir gehen zusammen los. Der eine sucht nach Polos und zeigt mit dem Finger auf jeden dunkelblauen. Der andere liest nur die Kennzeichen der Autos, auf die gezeigt wurde."

„Alles klar. Wer guckt nach Polos?"

Helena sagte: „Ist doch logisch. Männer können mit Autos. Also guckst du nach Polos. Frauen haben einen guten Orientierungssinn. Deswegen suche ich Magdeburg."

Holger tippte sich mit dem Zeigefinger an die Stirn und los ging es. Nach einer weiteren Dreiviertelstunde hatten beide die Nase gestrichen voll.

„Ich habe die Nase gestrichen voll", sagte Helena. „Wir sollten die ganze Sache anders anpacken. Dieser Mike studiert doch Theologie ..."

„Du hast gestern schon von Theologen geredet. Wie kommst du darauf?"

„Hat das nicht irgendjemand gesagt?"

„Wie du meinst. Jedenfalls hören wir jetzt auf, über diesen Parkplatz zu dackeln und dabei gebraten zu werden."

„Du wiederholst dich und wir gehen da rein." Sie zeigte quer über den Campus auf das Institutsgebäude des Fachbereichs für katholische Theologie.

Holger maulte: „Immer wenn ich sie brauche, liegen die Wanderschuhe zu Hause."

Sie brauchten 20 Minuten, bis sie einer freundlichen Mitarbeiterin im Studentensekretariat gegenüberstanden. Ohne sich vorzustellen und ohne einleitende Worte sagte Helena: „Hallo. Kannst du uns sagen, wo wir Mike finden? Den aus Magdeburg?"

„Den Mike mit dem dunkelblauen Polo?"

„Ja, genau den."

„Den habe ich noch nie vor nachmittags um zwei auf dem Campus gesehen. Wenn ich recht überlege, habe ich den in den letzten Wochen überhaupt nicht gesehen."

Helena sah auf die Uhr. „Hast du eine Ahnung, wo der sich morgens vor 14:00 Uhr rumtreibt?"

„Klar. Der wollte mich mal zu so ner verkifften Party einladen, etwas außerhalb, in einer Land WG. Im ersten oder zweiten Kaff, wenn man am Sachsenpark vorbei Richtung Eilenburg fährt."

Helena fragte nicht, ob sie mit auf die verkiffte Party gegangen war. Eine ältere Dame baute sich vor ihnen auf. Sehr adrett in dunkelblauem Kostüm und weißer Bluse gekleidet, mit sorgfältig hochgesteckter Frisur. Frustrierte Sekretärin, kurz vor der Pensionierung, Typ Gewitterziege, urteilte Helena und schaute auf den hellblauen Ärmel ihres Herrenoberhemdes.

„So geht das aber nicht, Fräulein Hellmann. Sie können nicht einfach wildfremden Leuten Auskunft erteilen. Da gibt es nämlich noch den Datenschutz."

Zu Helena und Holger gewandt, wurde ihr Tonfall zwei Stufen grantiger: „Und Sie machen jetzt, dass Sie hier rauskommen. Sonst hole ich die Polizei oder den Dekan."

„Dann gehen wir besser. Vor dem Dekan habe ich Angst." Holgers Miene zeigte an, er würde er sich vor Angst gleich in die Hose machen. Als sie sich um drehten, um das Sekretariat zu verlassen, konnten sich beide ein Lachen kaum verkneifen. Das nette Fräulein Hellmann zwinkerte ihnen zu, dann waren sie zur Tür hinaus.

Draußen prusteten die beiden los. Helena meinte: „In meinem nächsten Leben studiere ich Theologie. Der Drachen und Frau Hellmann, 'tschuldigung, Fräulein Hellmann, waren Spitze!"

Holger schmollte. „Ich frag mich, warum wir stundenlang auf dem Parkplatz rumgerannt sind. Auf die Idee mit dem Sekretariat hättest du auch eher kommen können."

„Oder du."

„Was ist eigentlich ein Dekan?"

Die Strohsäcke raschelten, als Klaas und Jens sich aufsetzten. Beide dehnten und reckten sich einige Male in alle Richtungen, rieben sich die Handgelenke und standen auf. Klaas ging ein paar Schritte auf und ab, unterbrochen von

Kniebeugen. Inzwischen hatten sich ihre Augen an das Dämmerlicht gewöhnt und Eberwein begann, ihr Domizil zu untersuchen.

„Siehst du, ich habe recht gehabt. Komm mal zu mir ans Licht. Die Wände sind mindestens anderthalb Meter dick. Das Loch in der Wand ist höchstens dreißig mal dreißig Zentimeter groß. Und mittendurch geht ein Gitterstab. Draußen kann ich nichts erkennen. Dafür blendet das Licht zu sehr."

Klaas wanderte zum anderen Ende der Zelle. Er umfasste zwei der Gitterstäbe und rüttelte daran. Sie waren rundherum angerostet, aber so stark, dass sie sich nicht ansatzweise verbiegen ließen. Ganz rechts an der Wand fand er im Gitter eine Tür. Durch welchen Mechanismus sie verriegelt war, konnte Klaas bei den Lichtverhältnissen nicht herausfinden.

„Na was haben wir denn hier?" Eberwein hatte sich inzwischen vom Lichtloch aus – so nannte Klaas die Maueröffnung in Gedanken, denn ein Fenster war es nun wirklich nicht – an der linken Mauer entlang getastet, und hatte eine weitere Unterbrechung in der Wand gefunden. Hier kam kein Licht herein, im Gegenteil.

Eberwein tastete vorsichtig mit den Händen in dem schwarzen Loch herum. Als er zurücktrat, hatte er in jeder Hand einen Gegenstand. Er hielt beide vor das Lichtloch. Klaas trat neben ihn und sie begutachteten gemeinsam den Fund.

„Das ist ein Tonkrug", stellte Klaas mit unendlichem Sachverstand fest.

„Und das hier ist Brot", sagte Eberwein. „Nicht mehr taufrisch, sicherlich ziemlich al dente, aber immerhin, es ist Brot."

Klaas zog die beide Strohsäcke in die Mitte der Zelle, in den milchigen Lichtschein. Dann setzte er sich auf einen der Säcke und Eberwein reichte ihm Brot und Krug. Anschließend setzte dieser sich ebenfalls. Klaas gab Jens das Brot zurück und streckte vorsichtig einen Finger in den Krug. „Da ist was drin!"

Er hielt sich den Krug unter die Nase und schnupperte. „Ich rieche nichts." Er wedelte mit der freien Hand über dem Krug in Richtung seines Gesichtes und schnupperte wieder. „Ich rieche immer noch nichts."

„Dann ist es hoffentlich Wasser. Koste einfach mal."

Klaas hob den Krug an die Lippen und neigte ihn vorsichtig so weit, bis die Flüssigkeit über seine Lippen lief.

„Stimmt. Es ist Wasser. Riecht nach nichts." Er trank einen kleinen Schluck, dann einen ausgiebigen, setzte den Krug ab und wischte sich einmal breit über den Mund. „Herrlich!" Er reichte den Krug an Eberwein weiter und bekam im Tausch dafür das Brot.

Er ging mit dem Brotlaib genauso vorsichtig um, wie vorher mit dem Wasser. Erst, als er sicher war, dass es einfach nur Brot war, biss er herzhaft hinein.

Eberwein hatte inzwischen ebenfalls getrunken und hielt den Krug nun mit einer Hand ins Licht, während er ihn mit der anderen Hand betastete. „Ein Tonkrug. Sicherlich von Hand auf einer Töpferscheibe hergestellt, grobe Arbeit. Dieser Krug ist sehr alt. Er hat nicht bei einem Fürsten oder Bischof auf dem Tisch gestanden, sondern eher in einer Bauernstube. Oder in einem Verlies", lautete die Expertise.

„Besser hätte ich es nicht sagen können." Klaas entwickelte sich zum Zyniker. Seine Begeisterung war ihm anzuhören. „Ich fasse zusammen: Wir sitzen in einem mittelalterlichen Knast, saufen aus einem historischen Krug und kauen altes Brot. Nur das Wasser scheint von heute zu sein."

„Nicht unbedingt. Wenn Wasser bei knapp über 4 Grad im Dunkeln aufbewahrt wird, ist es auch nach Jahren noch keimfrei."

„Ach geh doch zu „Wer wird Millionär", du Klugscheißer! Aber vorher sagst du mir, was das alles hier soll. Fang bitte bei dem Typ, der vorhin hier war, an. Ist der von jetzt, oder ist der von früher?"

„Augenscheinlich von früher. Aber mit den richtigen Klamotten aus dem Theaterfundus kann sich jeder so zurechtmachen."

„Vielleicht will uns jemand mürbe machen, indem er uns nen mittelalterlichen Hofnarren schickt, der gleich seinen mittelalterlichen Köter mitbringt. Ist es Zufall, dass der Typ wie Claus Narr aussieht? Oder ist das gewollt? Wenn ja, woher weiß der Narr, dass wir ihn als Claus erkennen?"

„Kann ich dir nicht beantworten. Jedenfalls nicht ohne Spekulation. Der kommt unter Garantie wieder. Und dann sehen wir ihn uns genauer an und versuchen, ihn ins Gespräch zu verwickeln."

Helena und Holger fuhren denselben Weg zurück an den Stadtrand und stellten fest, dass sie das fragliche Dorf auf dem Hinweg schon einmal durchquert hatten. Der Ort war übersichtlich: Er bestand außer der Durchgangsstraße lediglich aus zwei Sackgassen.

Schon in der ersten wurden sie fündig: Der große, zur Straße hin offene Dreiseitenhof war auf den ersten Blick ein illegaler, von Unkraut und Buschwerk zugewucherter Schrottplatz. Die meisten der verrosteten Autos mit blinden Scheiben und platten Reifen waren mit Moos bewachsen, einige aufgebockt. Nur wenige der Karren machten einen fahrbereiten Eindruck oder trugen Kennzeichen.

Helena sagte: „Wie trostlos. Die Studenten haben an der Uni irrsinnig viel zu tun. Jedenfalls haben sie keine Zeit zum Rasenmähen oder Unkraut zupfen."

Holger grinste. „Jo. Ich hab schon gepflegtere Vorgärten gesehen."

Ein freier Platz zwischen den Autowracks war mit Sperrmüll, einer mobilen Zapfanlage, einem stattlichen Schwenkgrill und jeder Menge Gartenstühle möbliert, welche das Verfallsdatum eindeutig überschritten hatten.

„Die Studenten, die hier hausen, scheinen die heutige Vorlesung knapp verpasst zu haben", stellte Helena lachend fest und deutete auf das Stillleben aus Matratzen, Wohnzimmersesseln und Hollywood-Schaukeln. Ein Dutzend junge Leute frönten dem Motto „carpe diem". Der Grill qualmte, jeder der Anwesenden hielt eine Bierflasche in der Hand und rundherum lagen Unmengen leerer Flaschen und Getränkedosen verstreut.

Als Holger die Autotür öffnete, wurde das dumpfe Böllern, das sie schon die letzten paar hundert Meter begleitet hatte, zu Heavy Metall.

Sie stiegen aus und schlenderten ohne Hast auf die Idylle zu. Wie auf Kommando wurden alle Bierflaschen abgesetzt und die beiden Ankömmlinge hatten die ungeteilte Aufmerksamkeit der Leute, die einmal ihre Rente erwirtschaften sollten.

„Moin", sagte Holger.

Es war unwahrscheinlich, dass seine überschwängliche Begrüßung unter dem Krachen der Lautsprecher von irgendwem verstanden worden war. Helena bückte sich zum Gettoblaster und zog den Stecker.

Die plötzliche Stille war ohrenbetäubend.

„Moin", brüllte Holger.

Etwa fünf Augenpaare richteten sich auf ihn. Die restlichen fleißigen Studenten waren, so schien es, nicht nur dank massiver Alkoholeinwirkung nicht in der Lage, ein Objekt mit beiden Augen gleichzeitig zu erfassen.

„Ey, was soll der Scheiß?", murmelte einer von drei Jungs aus einer Hollywood-Schaukel müde vor sich hin.

„Na ihr Süßen, wer von euch ist Mike?", fragte Helena im Plauderton.

„Hä?"

„Wir wollen mit Mike reden."

„Welchem Mike?"

Dem Mike, mit dem blauen Polo. „Gibt es hier so viele Mikes?"

„Nee, nur einen."

„Deine Logik macht mich schaudern", sagte Holger und trat etwas näher an die Hollywoodschaukel. Seine imposante Erscheinung in schwarzem Leder zeigte Wirkung, denn ein Finger hob sich zaghaft, und eine zarte, unsichere Stimme verkündete: „Ich bin Mike."

Holger sagte: „Komm mal mit", und machte die dazu passende Bewegung mit dem rechten Zeigefinger.

„Wieso?"

„Egal. Komm einfach mit. Ist besser für dich." Holger lächelte ihn freundlich an, faltete die Hände und ließ die Fingergelenke knacken.

Mike verstand überraschend rasch und schälte sich aus den Tiefen der Hollywoodschaukel, traute sich aber nicht näher als zwei Meter an Holger heran. Helena lachte und sagte: „Nun komm her, der Gorilla hat heut schon gefrühstückt!" Dafür erntete sie zwar einen missbilligenden Blick von Holger, hatte ihr Ziel aber erreicht: Mike verließ unsicher den Kreis seiner Freunde und folgte Helena bis zum Skoda.

„Also, Mike, du hast nen blauen Polo?"

„Jo."

„Mit dem Kennzeichen MD-FF 567?"

„Kann sein."

„Aber auf jeden Fall mit Magdeburger Kennzeichen?"

„Glaub schon."

„Wo warst du gestern Abend?"

„Hier."

„Sicher?"

„Ich bin immer hier."

„Wo ist dein Auto?"

„Weiß nicht. Das hat Maik."

„Ich dachte, du bist Mike?"

„Jo. Aber das Auto hat Maik. Maik mit a i."

„Seit wann hat der Maik mit a i dein Auto?"

„Weiß nicht. Schon lange. Hab ich dem vor ner Zeit geliehen und der Arsch hat's nicht wiedergebracht."

„Und das lässt du dir gefallen?"

Seine Hände formulierten eine Geste des Unvermögens. „Ich brauchs hier ja nicht", meinte er gleichgültig und deutete auf die Hollywoodschaukel.

Helena seufzte und verdrehte die Augen. Sie stupste Mike, der im Stehen einzuschlafen drohte, energisch vor die Brust. „Hallo! Junger Mann! Können wir uns noch drei Minuten konzentrieren?"

„Klar doch. Aber mach schnell."

Helena seufzte wieder und fragte: „Wo finde ich Maik mit a i?"

„Weiß nicht. In Leipzsch vielleicht."

„Wo bitte?", fragte Holger.

„In Leipzig", übersetzte Helena. Sie verlor langsam die Geduld. „Mann! Ich will gar nicht wissen, was ihr am frühen Morgen schon geraucht habt ... Und du weißt nicht, wo der wohnt oder wie der heißt?"

„Maik."

„Ja ich weiß. Mit a i. Und weiter?"

„Weiß nicht."

„Du leihst deine Karre einem Typen, von dem du nicht mal weißt, wie er heißt?"

„Doch. Maik."

„Ich gebs auf." Helena drehte sich entnervt um, stützte die Ellenbogen auf das Skodadach und fasste sich mit beiden Händen an den Kopf.

„Kann ich jetzt gehen?", fragte Mike.

„Wie sieht Maik aus?"

„Klein"

„Und sonst?"

„Weiß nicht. Klein eben."

Helena raufte sich die Haare. „Hau bloß ab."

Mike warf einen fragenden Blick auf den Mann in schwarzem Leder. Holger bedachte ihn mit einem leisen „Husch!", als wollte er eine Katze verjagen. Mike zuckte zusammen, bewegte sich erstaunlich hurtig Richtung Hollywoodschaukel und ließ sich zwischen seinen Freunden hineinplumpsen.

„Die Schaukel ist noch gut", sagte Holger gedankenverloren, „die hält was aus", und öffnete die Skodatür.

Sie stiegen ein, Helena wendete, ohne eines der Autowracks zu touchieren, und sie erreichten wohlbehalten wieder die öffentliche Straße.

„Wohin geht's jetzt?", fragte Holger.

„Zurück nach Leipzsch, wohin sonst. Den kleinen Maik mit a i suchen. Oder hast du ne bessere Idee?"

Holger seufzte ähnlich resigniert wie vorher Helena im Gespräch mit Mike. „Nö."

Als sie wieder auf dem Uniparkplatz ankamen, war er genauso überfüllt wie am Vormittag. Nur standen jetzt andere Autos darauf.

„Die Studenten studieren schichtweise", stellte Holger fest. „Jetzt ist die Nachmittagsschicht dran."

„Ob es auch ne Abend- und Nachtschicht gibt?", fragte sich Helena.

„Nö. Da hocken die alle auf der Hollywoodschaukel."

„Auf der Schaukel war doch kein Platz mehr ..." Helena stutzte, zeigte auf eine Ecke des Parkplatzes und rief: „Da!"

Holger folgte ihrem Blick. „Boah ey!"

Der Polo war überall blau, wo er keine Rostflecken hatte, auch die Beulen waren blau überpinselt. Zwar in einem anderen blau, aber immerhin blau. Er hatte das Kennzeichen MD-FF 567 und stand direkt vor ihnen.

„Nicht anhalten", sagte Holger. „Wir müssen überlegen, wie wir vorgehen."

Sie fuhren an dem blauen Polo vorbei, drehten und hielten in einiger Entfernung, so, dass sie den Wagen im Blick hatten.

„Was nun?", fragte Helena.

„Hm." Holger überlegte laut. „Wenn wir reingehen, ist er vielleicht weg, wenn wir wieder rauskommen. Warten ist auch Mist. Wer weiß, wann der Typ kommt."

„Maik mit a i", ergänzte Helena.

„Warst du schonmal verheiratet?"

„Nein. Warum fragst du?"

„Na ja, bei allen meinen verheirateten Freunden ist es auch so, dass ihre Frauen immer alles verbessern und – ganz wichtig – das letzte Wort haben wollen."

„Dein schlichtes Weltbild möchte ich haben", erwiderte Helena und sie grinsten sich an. „Darf ich jetzt weiterreden?"

„Das kenn ich wiederum nicht, dass Frauen fragen, bevor sie den Mund aufmachen."

„Liebster Holger, wie kommst du heute zurück nach Belgern und zu deinem Moped?"

Holger zog den Kopf ein, als schwebte ein Betonklotz über ihm.

„Bitte zurück zur Sache, sonst stehen wir hier morgen noch und korrigieren an deinem Frauenbild herum. Wir können beide warten, ist aber sinnlos. Zusammen reingehen ist auch sinnlos. Also wartest du und ich geh rein."

„Toller Plan. Warum nicht umgekehrt?"

„Weil du mit deiner Frisur von denen höchstens ans Kreuz genagelt wirst. Aber vernünftig reden werden die eher mit mir."

„Du willst nicht, dass ich mit Fräulein Hellmann flirte!"

„Genau. Ich will vor allen Dingen nicht, dass du mit der alten Fregatte aneinandergerätst, die auf Fräulein Hellmann aufpasst", lachte Helena. „Abgesehen davon trau ich dir eher zu, Maik am Schlafittchen zu nehmen und festzuhalten, bis die Bullen da sind, falls er hier auf dem Parkplatz auftaucht."

„Den Maik mit a i."

„Ja, genau den. Ich ruf jetzt meinen Spezialfreund an und sag ihm, dass wir den Polo gefunden haben und dass Mike nicht Maik ist. Schwere Aufgabe." Sie kramte ihr Handy raus und wählte Rütter an.

„Ja, hier Helena. Wir machen wieder deine Arbeit. Der blaue Magdeburger Polo steht direkt vor mir in Leipzig auf dem Uni-Parkplatz. Schick deine Leute rüber, dass die sich kümmern. Unser Spezi ist übrigens nicht der Halter des Wagens, sondern ein Kerl, mit dem er mal an derselben Wasserpfeife genuckelt hat. Ist klein und heißt ebenfalls Maik, aber mit a i. Mehr weiß ich nicht. Gibt's bei dir was Neues?"

Sie horchte eine Weile wortlos ins Handy, dann beendete sie das Gespräch. „Ich hätte nicht gedacht, dass eine Entführung die Bullen so wenig aus der Ruhe bringt", schimpfte sie.

Das Rumblödeln mit Holger tat Helena gut. Jetzt, allein auf dem Weg zu Fräulein Hellmann, waren die Sorgen wieder da und die Angst, etwas Schlimmes könnte passiert sein, nein, müsste passiert sein, setzte sich immer beharrlicher in ihrem Kopf fest und ließ sich nicht mehr verdrängen.

Holger parkte Gabis Skoda näher am Polo, um bei Bedarf rasch hinüber zu sprinten, wegen dem Schlafittchen.

Als Helena die Tür zum Studentensekretariat öffnete und das zierliche Fräulein Hellmann vor sich hatte, sagte dieses: „Sie möchten wissen, wo Mike ist, der mit dem blauen Polo, nicht wahr?"

Ich glaub, ich bin im falschen Film, dachte Helena. „Ja. Wie kommen Sie darauf?"

„Ach, ich weiß nicht, es kam mir so in den Sinn."

Von der Seite näherte sich die frustrierte Fregatte mit der Hochfrisur, hob den Zeigefinger und öffnete den Mund, um dazwischen zu reden.

„Oh doch, sie darf das!", rief Helena mit kräftiger Stimme und blickte die alte Dame giftig an.

Die Schrulle zuckte zusammen. „Aber ..."

„Nichts aber! Schnabel halten und raushalten!" Helena war bewusst, dass die geringste Schwäche zum Scheitern ihres Vorhabens führen würde. Fregatten sind gefährlich. Helena hatte nur diesen einen Versuch und sie gewann: Die Fregatte verzog sich in die Schmollecke und Helena lächelte Fräulein Hellmann so zuckersüß an, dass es ihr um ein Haar peinlich wurde.

„Wissen Sie, das vorhin war ein Irrtum. Ich suche Maik ohne Polo, dafür mit a i."

Fräulein Hellmann brauchte einige Sekunden, um von Mike mit Polo zu Maik ohne Polo, dafür mit a i umzuschalten. Dann signalisierte ein strahlendes Lächeln, dass der Groschen gefallen war.

„Wir haben keinen Maik ohne Polo unter den Studenten."

Helena war enttäuscht. „Das wissen Sie einfach so? Ohne Computer?"

„Ich finde den Namen schön. Mein Kater heißt auch Maik." Sie errötete leicht und Helena glaubte ihr.

„Schade." Helena kratzte sich am Hinterkopf. „Dann entschuldigen Sie die Störung." Diese Worte richtete sie, nicht zu überhören, in Richtung der Fregatte. Sie drehte sich um und war halb zur Tür hinaus, da hörte sie das Fräulein kaum vernehmlich sagen: „Unser Hausmeister heißt Maik Flussmüller."

Helena fuhr herum. „Wie groß ist der?"

„Nicht so."

„Wie bitte?"

„Nicht so groß." Sie tippte sich mit der flachen Hand an die Schulter. „Etwa so."

„Würden Sie mir auch sagen, wo der wohnt?", flötete Helena. Die Fregatte wollte aufmucken, erntete dafür von Helena einen bösen Blick nebst erhobenem Zeigefinger und sackte erneut wortlos in sich zusammen. Helena meinte sogar, eine einsame Träne kullern zu sehen.

„Der ist irgendwann aus seiner Dienstwohnung ausgezogen und hat keine neue Adresse angegeben", flötete das Fräulein zurück und lächelte Helena ultra-freundlich an. „Die Dienstwohnung ist inzwischen wieder belegt. Der Maik ist schon länger nicht mehr zur Arbeit erschienen. Kommen Sie jetzt öfter?"

„Dafür werde ich Sie zur Verantwortung ziehen!", brüllte Helena völlig sinnfrei zu der Fregatte mit Hochfrisur hinüber und verließ hoch erhobenen Hauptes und endgültig das Sekretariat.

Draußen auf dem Parkplatz hatte sich inzwischen einiges getan. Helena wurde vom Blinken gelber und blauer Rundumleuchten empfangen.

Rütter hatte schnell und falsch reagiert. Seine alarmierten Kollegen hatten gleich den Abschleppwagen mitgebracht, um den Polo zur kriminaltechnischen Untersuchung zu bringen. Helena und Holger hatten keine Chance mehr, Hausmeister Maik am Auto abzufangen oder zu beschatten.

„Sollen wir den Eigentümer informieren?", fragte einer der Beamten.

„Machen Sie ruhig. Der sitzt auf der Hollywoodschaukel in der Mitte", gab Holger fröhlich zurück. Er hatte es sich auf der Motorhaube des Skoda gemütlich gemacht und verfolgte, gemeinsam mit mehreren Dutzend herumstehender Studenten, das Schauspiel.

Die Polizisten nahmen die Personalien von Holger und Helena auf, ohne dass jemand danach fragte, was es mit der Hollywoodschaukel auf sich hatte, dann entfernten sich erst die bunten Blinklichter und dann die gaffenden Studenten. Als Letztes verzog sich der Beamte ins Auto, der über die Sache mit der Hollywoodschaukel nachdachte.

Als sie wieder unter sich waren, fragte Holger: „Hast du was erreicht?"

„Maik Flussmüller. Facility Manager bei den akademischen Katholen außer Dienst", klärte Helena ihn auf und beide stiegen in Gabis Auto. „Der Name Flussmüller ist schon mal vorgekommen. Ich weiß nur nicht mehr, in welchem Zusammenhang."

„Mir sagt der Name nichts", erwiderte Holger. „Und wo finden wir den? Die müssen uns doch sagen können, zu welchen Vorlesungen der kommen muss."

„Eben nicht. Ich sagte doch, der ist kein Student, sondern Hausmeister und schon länger nicht mehr zur Arbeit erschienen."

„Scheiße."

„Du sagst es."

„Und nun?"

„Nun fahren wir zurück und machen uns über den Sambuca her."

„Oder so."

„Übrigens sei nicht traurig wegen Fräulein Hellmann. Die steht auf Mädchen."

Auf der Rückfahrt hörten sie schon weit vor dem Dorf mit der Studenten-WG ein rhythmisches Böllern durch die geschlossenen Scheiben.

„Die Fenster bleiben zu!", befahl Helena und Holger gehorchte gern.

Gegen fünf waren sie zurück in der Klause, einmal mehr zum passenden Zeitpunkt, um Gabi bei der Abfertigung der letzten Gäste des Tages zu unterstützen.

„Schön dass ihr da seid. Ne Zeit hat mir Wladimir geholfen. Aber der trinkt nebenbei zu viel. Ich hab ihn erst mal hinterm Haus auf der Gartenbank geparkt", ließ Gabi im Vorbeirennen wissen.

„Alles klar", lachte Helena und warf ihre Schürze über. Holger war hinter der Theke verschwunden.

Als Helena das nächste Mal am Zapfhahn vorbeirauschte, rief sie zu ihm hinüber: „Ich weiß, wie es weitergeht!"

Gegen acht war der Rummel vorbei. Helena räumte ihre Gaststube auf, Holger brachte den bewusstlosen Wladimir nach Hause und kümmerte sich um Stöver.

Eine Stunde später saßen sie in der Frühstücksecke, zwischen sich ein Packen Ordner und ein Stapel loser Papiere.

„Och nee!", sagte Holger und Helena sagte: „Doch! Du weißt, was wir suchen?"

„Den Flussmüller."

„Genau." Sie legte den voluminösen Stapel in die Mitte und vor sich und Holger jeweils einen zierlichen. „Wenn du mit deinem Stapel durch bist, kannst du gerne nachfassen."

Holger brummelte unverständliche Wortfetzen in seinen Vollbart und sie begannen, die Papiere nach dem Namen „Flussmüller" durchzuforsten.

Eine gute Stunde später, der große Stapel war merklich geschrumpft, schlug Helena sich mit der Hand vor die Stirn und sagte: „Mann, sind wir blöd!"

„Lass mich auch blöd sein. Was hast du gefunden?"

„Wir werden den Namen hier in dem Papierzeug nicht finden."

„Nicht?"

„Nein. Der Name ist mündlich gefallen. Als Eberwein erzählt hat, warum er soviel Unterlagen über das Mittelalter hat."

„Und? Warum hat er?"

„Die Dokumente hat ihm der Vorbesitzer seines Hauses hinterlassen."

„Da war ich nicht dabei", maulte Holger. „Was ist denn nun mit Flussmüller?"

„Mensch, Flussmüller hieß der Vorbesitzer von Eberweins Haus", sagte Helena triumphierend und lehnte sich zurück.

Holger fasste sich an den Kopf. „Na super!", und deutete vorwurfsvoll auf die Aktenstapel. „Konnte dir das nicht eher einfallen?"

„Jammer nicht. Wir müssen nach Arzberg und in Eberweins persönlichen Papieren suchen." Ihre Augen hingen grübelnd an die Decke. „Vielleicht auch beim Standesamt oder in Kirchenbüchern. Wir müssen rausfinden, wohin die Flussmüllers Verbindungen hatten. Nur so kommen wir weiter."

„Und finden Maik mit a i? "

„Nicht unbedingt. Das soll Rütter erledigen. Ich möchte Klaas und Jens finden. Irgendwie hab ich im Urin, dass wir nur über die Vergangenheit weiterkommen. Und Rütter kommt ja nicht mal mit der Gegenwart zurecht."

Holger widersprach ihr nicht, sondern holte die Rotweinflasche und zwei Gläser. „Den Wein haben wir uns verdient", sagte er und schenkte ein.

22. Tag

Klaas lag schon eine Zeit lang wach und traute sich nicht, die Augen zu öffnen. Solange er sie geschlossen hatte, konnte er sich vorstellen, er läge im gemütlichen Bett seiner Minna und gleich würde Stöver ihn anstupsen, damit er endlich aufstände.

Er drehte sich auf die andere Seite, um diese Vorstellung noch ein wenig zu genießen. Vergeblich. Der muffelige Strohsack raschelte unter ihm und mit einem Mal taten ihm alle Knochen weh. Scheiße, dachte er, räusperte sich und schickte ein fragendes „Doktor?" in die Dunkelheit.

„Hast du auch gedacht, es sei nur ein schlechter Traum?", fragte Eberwein.

„So ungefähr", gab Klaas zu. „Mir tut alles weh. Dagegen kommt meine Fantasie nicht an. Aus der Traum."

„Das war unsere zweite Nacht in diesem Loch. Ich bin froh, dass es nicht so kalt ist. Ob die uns schon suchen?"

„Mit Sicherheit. Nur, wo sollen sie anfangen zu suchen, wo nicht mal wir wissen, wo wir sind?"

„Schöne Scheiße."

Klaas wälzte sich von seinem Strohsack runter in Eberweins Richtung und tastete mit der Hand, bis er etwas Weiches fühlte.

„Igitt! Irgendwas grapscht mich an!"

„Bleib locker, ich bin's."

„Äußerst unpassender Zeitpunkt, um Kontakt dieser Art aufzunehmen."

„Keine falschen Hoffnungen bitte! Ich will nur wissen, wo du bist."

Klaas rückte näher und flüsterte, als er mit dem Mund Eberweins Ohr berührte: „Ob wir abgehört werden?"

„Kann sein", flüsterte Eberwein zurück. „Am besten, wir benehmen uns, als würden wir abgehört. Ab sofort relevante Sachen im Flüsterton. Ansonsten genug Blödsinn reden, damit der Abhörer nicht misstrauisch wird."

Klaas nickte sinnlos im Dunkeln und flüsterte: „Blödsinn können wir. Mir will nicht aus dem Kopf, dass hier alles wie im Mittelalter aussieht. Ich suche die ganze Zeit nach einem Anzeichen dafür, dass alles getürkt ist. Ein Anzeichen für die Neuzeit, verstehst du?"

„Ja", sagte Eberwein, „das verstehe ich. Aber mach dir keine Gedanken. Zeitreise gibt es nicht. Soll ich dir erklären, warum?"

„Um Gottes willen, nein! Ich will's trotzdem und definitiv wissen, einen Beweis haben, verstehst du? Wenn der Gnom wiederkommt, machen wir Arbeitsteilung: Ich verwickle ihn in ein Gespräch und du hältst Augen und Ohren offen. Irgendeinen Hinweis an seinen Klamotten oder seiner Sprechweise muss es doch geben."

„Okay, wenn es dich beruhigt."

Sie rückten wieder auseinander. Klaas zerrte seinen Strohsack an die Wand, sodass er sich im Sitzen anlehnen konnte. Eberwein taste in der Mauerlücke nach dem Krug, trank ausgiebig und reichte ihn an Klaas. Dieser leerte ihn und stellte ihn an das Gitter. Dann teilten sie sich den Rest Brot.

Sie unterhielten sich wieder in normaler Lautstärke. „Hoffentlich bekommen wir frisches Wasser. Das alte Brot trocken runter würgen ist kein Spaß."

„Wenn es so weitergeht, fängt es bald an, zu jucken. Ich habe jetzt den dritten Tag nicht geduscht." Eberweins Tonfall war nicht fröhlich.

„Ich hoffe, wir bekommen nicht noch größere Sorgen", meinte Klaas.

Wie aufs Stichwort hörten sie in diesem Moment Schritte und der Schein der Laterne flackerte um die Mauerecke. Sie starrten beide zum Gitter, blieben aber sitzen.

Da waren sie wieder. Claus Narr und der hässlichste Hund von allen. Außer Spitz müssen noch Terrier und Drahthaardackel an seiner Zeugung beteiligt gewesen sein, dachte Klaas blödsinnigerweise und blickte dem Gnom skeptisch entgegen.

„Es ist an der Zeit, die Mäuler aufzutun." Der Hofnarr nuschelte und der Sabber lief ihm wie am Vortag über das Kinn.

„Was willst du wissen?", fragte Klaas und versuchte, seine Anspannung zu überspielen.

„Sagt er mir, wo das ist, was uns gehört. Sagt er mir, wo das ist, was er gefunden hat."

„Warum redet er so verdreht? Und was soll ich gefunden haben?"

„Er weiß genau, was ich meine. Halt er mich nicht zum Narren."

„Ei, was ist er dann, wenn nicht der Narren einer?" Klaas ritt der Schalk, bereute es aber sofort, denn siehe da, der Narr verstand keinen Spaß.

„Reiz er uns nicht. Ihr bekommt nun denn das letzte Mal Speis und Trank. Morgen sieht er mich wieder und morgen will er gefügiger sein, sonst drohet Ungemach! Ihr werdet des hungers sterben und am Durste verrecken, so er nicht das Maul aufmachet!"

Klaas erhob sich, stand mit einem Schritt am Gitter und blickte auf Claus herab. Dieser wich erschrocken zurück, während der unansehnliche Spitz-Dackel-Terrier-Mischmasch wie besessen immer wieder am Gitter hochsprang. Die Schlappohren flogen, er bellte mit hoher keifender Stimme ohne Unterlass und Klaas trat nicht nach ihm.

„Übertreib er nicht, er könnte es bereuen!" Die Stimme des Narren klang not amused, fand Klaas und trat vom Gitter zurück. Der Gnom nahm einen Krug und einen Laib Brot aus dem mitgebrachten Korb und stellte beides in Reichweite der Häftlinge ab.

„Warum spricht er nicht?", fragte Claus und deutete auf Eberwein.

„Ihm geht die Düse", antwortete Klaas und warte gespannt auf die Antwort.

„Die diese?", fragte der Narr mit dümmlichem Gesichtsausdruck und Klaas war enttäuscht. Claus war nicht in die Falle getappt.

Der Gnom schüttelte sabbernd den Kopf, rief nach seinem Köter und schlurfte um die Mauerecke davon.

Wie immer dauerte es einige Zeit, bis die Augen sich wieder an das Dämmerlicht gewöhnt hatten. Klaas winkte Eberwein zu und sie steckten die Köpfe zusammen.

„Entweder, er kennt „die Düse gehen" tatsächlich nicht, oder er ist verdammt geistesgegenwärtig", flüsterte Klaas.

„Egal, zu deiner Beruhigung wissen wir jetzt, woran wir sind. Ich meine, wegen der Zeitreise ..."

„Lass mich nicht dumm sterben."

„Als die Töle am Gitter hochgesprungen ist, sind die Schlappohren geflogen. Einmal ist ein Ohr für einen Moment umgeknickt über dem Kopf liegengeblieben, statt gleich wieder herunter zu hängen."

„Ja und?"

„Das hätte eigentlich dir als Hundemenschen auffallen müssen: Das Schlappohr ist von innen tätowiert. Zahlen und

Buchstaben. Und das hat unter Garantie keiner im Mittelalter fabriziert."

23. Tag

Es war schon nach zehn.

„An dieses Frühstück könnte ich mich gewöhnen", sagte Holger mit vollem Mund. Seine Augen hingen an Helena.

„Was starrst du mich an?"

„Nur so. Herrenhemden stehen dir."

„Kann sein. Hatte mal nen Vertreter für Herrenoberbekleidung ne Woche hier zu Gast, dessen EC-Karte gesperrt war. Da hab ich dem kurzerhand den vollgepackten Transporter ausgeräumt. Seitdem trage ich erstklassige Herrenhemden." Helena grinste ihn an. „Und nun achte beim Essen mehr auf dein Besteck, sonst verletzt du dich."

Holger grinste zurück und beschäftigte sich wieder mit dem Rührei.

Helenas Handy klingelte. „Nicht mal beim Frühstück hat man seine Ruhe", schimpfte sie, sah aufs Display, änderte ihre Meinung mit einem erfreuten „Oh!" und nahm das Gespräch entgegen.

„Helena Hansmann"

„Guten Morgen Frau Hansmann. Hier ist Lippmann, Landesamt für Denkmalpflege, Dresden."

„Hallo Herr Lippmann. Ich freue mich außerordentlich, Ihre Stimme zu hören!"

Holger verdrehte die Augen und grinste, worauf Helena ihn anzwinkerte. „Haben Sie Neuigkeiten?"

„Ich glaube schon. Ich war sowohl in unserem Heiligen Hallen als auch beim Bistum erfolgreich. Aber sagen Sie mir erst einmal, ob Sie etwas von den beiden Vermissten gehört haben."

„Nein, leider nicht. Ich hoffe, Sie haben Erkenntnisse gewonnen, die uns bei der Suche helfen. Der Herr Tönnjes, der mich zu Ihnen begleitet hat, Sie wissen schon, der mit der

Lederkluft und der nachlässigen Langhaarfrisur, sitzt mir gegenüber. Wenn Sie einverstanden sind, stelle ich mein Telefon laut, damit er mithören kann."

„Ja, gern. Ich beginne mit unserem Archiv. Es sind tatsächlich Papiere am Scanner vorbei gemogelt worden. Und es war kein Zufall. Jemand hatte da seine Finger drin.

Zu dem Haus an der Elbe: Soweit ich es zurückverfolgen konnte, wurde es nie verkauft, sondern hat den Besitzer nur durch Erbfolge gewechselt. Ich erspare Ihnen die Einzelheiten. Die Bewohner haben ihren Lebensunterhalt jahrhundertelang durch die Elbe verdient. Als Fährleute, als Fischer oder Betreiber einer Furt. Sie hielten damals Gespanne in Bereitschaft, schwere Wagenpferde, um Reisenden gegen Entgelt durch den Fluss zu helfen.

Allerdings gab es bisweilen Anzeichen dafür, dass man nicht immer ehrlich war. So finden sich an mehreren Stellen Anmerkungen über Verbindungen zur anderen Elbseite nach Triestewitz, wo lange Zeit Diebesbanden ihr Rückzugsgebiet hatten.

Dann kam eine Epoche, in der eine Flussmühle betrieben und ebenfalls von Generation zu Generation vererbt wurde. Stellen Sie sich eine Mühle auf einem Kahn vor, der im Flusslauf verankert ist. Die Strömung treibt das Mühlrad an. Aus der Berufsbezeichnung Flussmüller entstand der Familienname, unter dem die Besitzer des Hauses bis ins neunzehnte Jahrhundert in den Grundbüchern standen."

Helena und Holger sahen sich vielsagend an, ohne den Redefluss Lippmanns zu unterbrechen, und Helena streckte einen Daumen nach oben.

„Als das Haus 1872 wegen der Elbbegradigung abgerissen wurde, bekam die Familie eine Entschädigung und ist nach Neuzwönitz gezogen. Der Grund für die Wahl des Ortes war eventuell die langjährige Verbindung zu diesen dubiosen Leuten aus Triestewitz, das ja dort in der Nähe liegt." Lippmann hielt inne und die beiden hörten ein schlürfendes Geräusch.

„Entschuldigung, die trockene Luft hier. Also, die Leute sind nach Neuzwönitz gegangen und haben dort ein altes Haus gekauft, welches in grauer Vorzeit Teil einer slawischen Wehranlage war. Ja, das war es im Großen und Ganzen, was ich herausfinden konnte.

Über meinen Freund im Archiv des Bistums habe ich eine dazu passende Information erhalten: Ein Mann namens Johannes Flussmüller war viele Jahre als Pfarrer in der katholischen Kirche von Neuzwönitz tätig, bis diese entweiht wurde, weil die Gemeinde im wahrsten Sinne des Wortes ausgestorben ist. Die jungen Leute sind nicht mehr in die Kirche gegangen, und schon gar nicht in die katholische. Was danach mit Kirche und Pfarrhaus passiert ist, konnte mir niemand sagen. Offenbar sind diesbezüglich ebenfalls Unterlagen verschwunden.

Hilft Ihnen das erst einmal weiter?"

„Oh ja", sagte Helena erfreut. „Der Name Flussmüller ist uns aus einer völlig anderen Richtung ebenfalls untergekommen. Das ist mit Sicherheit kein Zufall. Ist bekannt, was aus diesem Pfarrer Johannes geworden ist?"

„Johannes hatte zum Zeitpunkt der Entwidmung an die siebzig Jahre auf dem Buckel. Ich weiß nicht, ob der überhaupt noch lebt."

Helena ließ sich ihre Enttäuschung nicht anmerken. „Alles klar, dann kann dieser Johannes unser Buhmann schon mal nicht sein. Aber die Richtung stimmt."

„Schön, dass ich Ihnen helfen konnte. Ich wünsche bei der Recherche viel Glück. Wenn Sie weitere Fragen haben, stehe ich gern zur Verfügung. Und halten Sie mich bitte auf dem Laufenden, was meinen geschätzten Kollegen Doktor Eberwein angeht."

„Das machen wir, verlassen Sie sich darauf. Eine Frage hab ich noch: Hat Ihr Freund aus dem Archiv des Bistums in irgendeiner Form sonderbar auf Ihre Fragen reagiert? Nervös oder unwillig?"

Für einen Moment blieb das Handy stumm, dann fragte Lippmann: „Sie meinen, ob der Archivar zu der Sache irgendeinen Bezug hat? Nein, mit Sicherheit nicht. Da gibt es keinen Zweifel. Erstens kenne ich den Mann seit Jahren und so gut, dass ich jede Heimlichkeit mir gegenüber ausschließe. Und zweitens war er in dem Gespräch absolut gelassen. Und" – Lippmann lachte verhalten – „er heißt nicht Flussmüller!"

Helena war durch diesen unerwarteten Ausbruch von Humor so überrascht, dass sie einen Moment brauchte, um zu antworten. „Dann bin ich beruhigt. Vielen Dank, Herr Lippmann. Und selbstverständlich melde ich mich, wenn es Neuigkeiten gibt."

Sie beendeten das Gespräch und Helena wandte sich an Holger. „Was meinst du? Nach Arzberg fahren und Eberweins Haus, einem ex Flussmüller-Haus, nach weiteren Hinweisen durchwühlen? Eberweins Flussmüller kann ja nur einer Seitenlinie der Neuzwönitzer Flussmüllers angehören."

„Vielleicht. Aber vorher aktivieren wir unsere Denkapparate. Lass uns die Tafeln ranholen."

„Okay, aber vorher wird zu Ende gefrühstückt!"

Wenig später stand die Pinnwand wieder mitten in der Gaststube und Holger saß ihr gegenüber am Tisch, hatte die Beine von sich gestreckt und die Arme über dem runden Bauch verschränkt. Helena stand an der Tafel und hatte alle angenadelten Karten entfernt.

Dann begann Holger zu diktieren. „Flussmüller, Maik." Helena pinnte die Karte oben links an die Wand.

„Flussmüller, Johannes, Flussmüller Seitenlinie."

„Vier Karten für das Haus an der Elbe, Eberweins Haus, das unbekannte Haus in Neuzwönitz aus slawischer Zeit und für Kirche und Pfarrhaus in Neuzwönitz."

Die nächsten vier Karten hingen untereinander in der Mitte der Pinnwand.

„Was ist mit Claus Narr und den Geharnischten?", fragte Helena.

„Lassen wir weg. Soll sich Eberwein nen Kopf machen. Die haben mit der Entführung schon wegen der fünfhundert Jahre Zeitdifferenz nix zu tun."

Für einen Augenblick zog sich ihr Magen zusammen. Am vorherigen Tag und auch in der Nacht hatte sie es erfolgreich geschafft, alle Gedanken an eine Entführung oder Schlimmeres zu verdrängen. Sie hatte sogar gut geschlafen. In diesem Moment war die Sorge wieder da und das böse Wort rausgerutscht. Sie schluckte und versuchte, sich nichts anmerken zu lassen.

„Der Schlüssel liegt in der Flussmüller-Bande", sagte sie. „Die hatten was aus alter Zeit bewahrt, irgendwas Wertvolles, und das ist denen irgendwann abhandengekommen. Der jüngste Flussmüller, Maik mit a i, denkt, Klaas und Jens haben es und will es zurückhaben."

„Woher weißt du das?"

„Weiß ich doch nicht. Nehme ich jetzt an, als Arbeitshypothese. Damit wir zielführend suchen können. Wenn diese Hypothese uns nicht weiterbringet, wird sie verworfen, wir denken uns ne neue Annahme aus und suchen weiter."

Holger blickte sie fragend an. „Als neue Hypothese, oder wie das heißt?"

„Genau. Und das immer wieder. Bis wir eine Hypothese haben, die sich nicht mehr verwerfen lässt."

„Na dann verwerfen wir mal fleißig. So recht glaub ich allerdings nicht an diese Methode."

Helena schmunzelte und widmete sich wieder der Pinnwand. „Würdest du anstelle von Maik mit a i – und ab jetzt mein ich immer Maik mit a i, denn Mike ohne a i können wir abhaken – würdest du also anstelle von Maik die beiden Entführten in einem Haus verstecken, dass deine Gegner kennen?"

„Kommt auf das Versteck an. Ich würde die beiden zum Beispiel nicht gerade im Wohnzimmer des Pfarrhauses gefangen halten, aber wenn es im Pfarrhaus versteckte Räume gäbe, meinetwegen im Keller, dann vielleicht schon. Eben weil wir das Haus kennen."

„Da könnte uns Stöver helfen."

„Jo. Der ist zwar ein bisschen dusselig, aber Herrchen schnuppern kann er."

„Red nicht so über den Hund!"

„Reg dich ab, ich geb dir ja Recht. Also, wo fangen wir an? Und sagen wir Rütter, was wir vorhaben?"

Statt einer Antwort pinnte Helena eine weitere Karte mit der Aufschrift: „Jessica" an die Wand und sagte: „Das ist Rütters Aufgabe. Er soll seine Nichte überwachen und Maik folgen, falls der bei ihr auftaucht."

„Du meinst, dass Maik dieser geheimnisvolle Pfarrer ist?"

„Na klar! Wer denn sonst?"

„Überredet, wird wohl so sein", stimmte Holger ihr zögernd zu und fragte: „Was ist wahrscheinlicher als Versteck? Dieses Haus in Neuzwönitz, von dem wir noch nicht wissen, wo es ist? Oder doch Kirche beziehungsweise Pfarrhaus?"

„Schwer zu sagen. Wenn wir auf Nummer Sicher gehen wollen, dann überwachen wir die Kirche in Neuzwönitz und suchen gleichzeitig nach dem Haus."

„Dann müssten wir uns Teilen und das ist Mist."

„Stimmt. Wir suchen erst nach dem Haus", entschied Helena.

„Können wir nicht einen Umweg über Neuzwönitz machen und mit Stöver wenigstens einmal um Kirche und Pfarrhaus herumgehen? Vielleicht meldet er sich ja."

„Selbst wenn, gibt uns das keine Sicherheit", gab Helena zu bedenken. „Klaas ist vor wenigen Tagen auf dem Parkplatz und in der Kirche gewesen. Ich kann mir gut vorstellen, dass der Hund das immer noch riecht."

„Du hast schon wieder Recht. Ist ja unheimlich. Also erst das Haus im Wald. Wie machen wir das unauffällig? Ich meine, es nützt uns nichts, wenn wir zwar das Haus finden, aber dabei diesen Maik aufscheuchen."

„Dazu muss uns was Gutes einfallen. Erst mal finden und dann improvisieren."

Helena verließ die Pinnwand und setzte sich zu Holger an den Tisch. Beide hingen ihren Gedanken nach. Zwischendurch murmelte Helena: „Satellitenbilder!"

Holger zuckte zusammen und nickte. „Darauf hätte ich auch kommen können."

„Wir nehmen uns die Satellitenbilder von Neuzwönitz und Umgebung vor. Lippmann hat gesagt, es wäre Teil einer alten Befestigungsanlage oder Wehrsiedlung. Wenn das Gebäude nicht total zugewuchert ist, müssten wir es im Internet finden. Dann fahren wir auf einem Umweg hin, lassen das Auto irgendwo stehen und gehen das letzte Stück zu Fuß durch die Pampa. Was meinst du?"

„Laufen? Zu Fuß durch den Wald? Wie die Pfadfinder? Das fand ich schon doof, als ich noch Kind war."

„Schau deine Murmel an. Ein bisschen Waldspaziergang schadet dir nicht", sagte Helena kichernd und stand auf. „Ich rede mit Gabi, ob sie die Kneipe macht, und rufe Rütter an."

Holger faltete die Hände unter seinem Kugelbauch, hob ihn einige Male an und ließ ihn wieder fallen. Dann seufzte er und rührte gedankenverloren in der Kaffeetasse.

Einen Augenblick herrschte Stille. Dann sagte Klaas leichthin und immer noch im Flüsterton: „Ja und? War ne Zeit ganz normal, diese Kennzeichnung im Ohr. Inzwischen werden die Hunde nicht mehr tätowiert, sondern es wird ein Chip implantiert. Oder hast du etwa gemeint, wir wären im Mittelalter gelandet? Zeitreise ist Humbug!"

Sie grinsten sich an. Selbst in dem herrschenden Dämmerlicht bemerkte Klaas, dass der Doktor trotz aller Logik ebenfalls erleichtert war.

„Und jetzt?", fragte Klaas.

„Wenn der angebliche Claus Narr wiederkommt, versuche bitte, ihn dir ohne Verkleidung vorzustellen. Vielleicht hat er sich irgendwas ins Maul gesteckt, um so komisch zu reden und zu sabbern. Oder geht absichtlich o-beinig. Lass die Fantasie spielen. Übrigens ist schon seine bekloppte Ausdrucksweise Indiz genug, dass der Knabe nicht aus dem Mittelalter kommt. Absolut stümperhaft!"

„Kann man absichtlich o-beinig gehen? Fällt man da nicht auf die Schnauze?"

„Lenk nicht ab!"

„Schon gut. Wie reagieren wir auf die Fragerei?"

„Ich glaube, der weiß selbst nicht, worauf er hinaus will. Er denkt, wir haben was Tolles gefunden, er weiß aber nichts Genaues. Wir lassen ihn weiter rumeiern. Sein Nichtwissen ist unsere Assekuranz."

„Hä? Doktor, du machst mich fertig!"

„Unsere Versicherung, du Analphabet, unsere Lebensversicherung." Eberwein schwieg einen Augenblick, dann flüsterte er: „Ich habe eine andere Sorge. Ich fürchte, der trennt uns irgendwann und erpresst den einen mit dem Wohlergehen des anderen. Wenn das passiert, kann die Taktik nur sein, zu behaupten, dass der jeweils andere etwas weiß."

„Ich verstehe. Er soll sich nicht entscheiden können, wer für ihn wertvoller ist."

Klaas schloss die Augen und kramte in den Erinnerungen an seine berufliche Praxis, die ihm trotz der wenigen Wochen im Ruhestand eine Ewigkeit her schien. „Ich gehe einen Schritt weiter: Dem Typen geht es nicht unbedingt um einen materiellen Wert, um Geld oder Reichtum. Es geht um etwas, zu dem er eine persönliche Beziehung hat. Das macht die Sache unberechenbar. Weißt du, wenn ich als Kriminaler mit Gangstern zu tun hatte, denen es nur um die blanke Kohle ging, also den ganz normalen Einbrecher oder Dealer, dann war systematische Fleißarbeit angesagt. Wenn aber Emotionen im Spiel waren, dann brauchte ich Fantasie. Leidenschaftlichen Tätern kann man meist nicht mit sturer Logik beikommen."

„Da bin ich bei dir. Der Gnom ist unberechenbar. Ich könnte mir vorstellen, der irre Blick ist nicht gespielt, der hat wirklich einen an der Waffel!"

„Mensch, Doktor, deine Ausdrucksweise unterschreitet jede Niveauschranke! Wenn das deine Lehrerkollegen hören könnten!"

„Selbst der Mensch als Wissenschaftler ist das Produkt seiner Umgebung. Soweit zu meiner Ausdrucksweise. Wer mit euch zusammen ... lassen wir das. Eins ist klar, wenn der falsche Narr rausbekommt, dass wir nichts haben, sind wir am Ar..., in Lebensgefahr, mein ich."

„Du hast Recht, dann hört der Spaß auf." Klaas wurde ernst. „Wir sollten es vermeiden, ihn zu reizen oder zu provozieren."

„Ob es dabei bleibt, dass der Typ nur einmal am Tag kommt?"

„Du hast gerade festgestellt, dass der nicht klar im Kopf ist. Wie soll ich dann vorhersagen, welche Synapsen sich in dessen Schädel als Nächstes kurzschließen?"

„Egal. Ewig darf das nicht so weitergehen. Ich stinke und es juckt überall."

Gegen Mittag waren Holger, Helena und Stöver unterwegs nach Neuzwönitz. Vorher hatten Sie per Satellitenbild ein infrage kommendes Gemäuer in der Nähe des Dorfes ausfindig gemacht, einen passenden Platz, an dem sie das Auto abstellen konnten, gefunden und die GPS-Daten in Helenas Handy gespeichert.

Rütter war informiert. Er erklärte sich widerwillig bereit, seine Nichte zu beschatten, und würde sich um die beiden kümmern, falls Helena sich nicht stündlich bei ihm telefonisch meldete. Überhaupt war Rütter ausgesprochen kooperativ und geradezu pflegeleicht.

Der Umweg zur Kirche in Neuzwönitz hatte sich nicht wirklich gelohnt. Stöver hatte hier und da geschnüffelt, ein paar Marken gesetzt und auf den Rasen geschissen. Das war alles. Nach wenigen Minuten fuhren sie weiter.

Als sie den Abstellplatz für das Auto erreichten, setzte die Sonne sich so brutal in Szene, dass selbst Holger froh war, in den schattigen Wald wandern zu dürfen.

Laut Internet hatten sie um die zwanzig Minuten Fußmarsch vor sich. Die ersten Kilometer nutzten sie einen bequemen Waldweg, danach ging es querwaldein.

Stöver lief ausnahmsweise bei Helena an der Leine. Sie hatte zwar keine Sorge, dass er abhauen würde, wollte aber einer vorzeitigen Entdeckung vorbeugen.

Holger atmete nach der Hälfte der Distanz schwer, hatte dicke Schweißperlen auf der Stirn und war pausenlos am Meckern. „Mann o Mann, ich hab ein Auto und eine Harley. Warum muss ich dann meine Schuhe durchlatschen? Ne Machete wäre nicht schlecht. Sind wir bald da?" Und so weiter.

„Du bist schlimmer als ein Kleinkind auf Urlaub im Harz! Halt jetzt die Klappe. Bei dem Lärm hätten wir gleich das Auto nehmen können."

„Sag ich doch die ganze Zeit", schnaufte Holger.

„Still, da vor uns ist was."

Sie stiefelten vorsichtig weiter und versuchten, jedes Geräusch zu vermeiden.

„Winnetou und Shatterhand sind ein Scheißdreck gegen uns", flüsterte Holger und trotz der Anspannung grinsten beide.

„Da!" Helena blieb so plötzlich stehen, dass Holger auf sie auflief.

Sie standen, durch dichtes Buschwerk verborgen, am Rande einer Lichtung, vor sich in der Sonne ein verfallenes Bruchsteingebäude, etwas kleiner als ein durchschnittliches Einfamilienhaus.

„Was soll das denn?" Holger klang ärgerlich. „Wegen der Ruine stolpern wir unter Lebensgefahr durch diesen idiotischen Wald?"

Helena gab ihm innerlich Recht. Das Gemäuer schien seit hundert Jahren nicht mehr gepflegt oder betreten worden zu sein. Durch ein Fensterloch war der Himmel zu sehen. Der Bau bestand nur noch aus den Grundmauern und hatte kein Dach.

„Bist du sicher, dass wir hier richtig sind?"

„Nicht wirklich", gab Helena zu. „Hm, Stöver zeigt keine Reaktion. Lass uns trotzdem vorsichtig sein. Wir gehen einmal drumherum, würde ich sagen."

Holger widersprach nicht und sie umrundeten die Ruine, wobei sie sich im Schatten des Waldes hielten. Auf der Lichtung fanden sie keinerlei Reifenspuren oder sonstige Anzeichen einer menschlichen Anwesenheit. Sie waren mit

Sicherheit die Einzigen, die diesen Ort seit langer Zeit besuchten, und Helena hatte das Gefühl, vor der schlimmsten Enttäuschung ihres Lebens zu stehen.

„Schluss jetzt", sagte Holger. „Wir gehen da rüber, basta."

Ohne Helenas Zustimmung abzuwarten, stiefelte er los und stand einen Augenblick später direkt vor einem der Fensterlöcher. Tatsächlich: Von dem Haus standen lediglich die äußeren Bruchsteinwände. Das Innere war komplett mit meterhohem Unkraut zugewuchert.

„Okay, okay, dann war das halt nix. Kehrt marsch." Holger hatte Helenas Kommando nicht abgewartet, sondern war schon auf dem Rückweg, so entgingen ihm Helenas Tränen.

24. Tag

Helenas Nacht war lang und schlaflos. Sie war deprimiert und wütend, sich ausgerechnet wegen eines Kerls den Schlaf rauben zu lassen.

Als sie zum Frühstück in der Elbklause saßen, hatte sich ihre Stimmung nicht generell verbessert, aber die Tatkraft stellte sich wieder ein. Helena hielt einen Kaffeebecher mit beiden Händen umfasst, als wollte sie ihn zerdrücken. „Ich bin ausgebrannt. Keine Idee. Ich weiß nicht, wo wir ansetzen sollen."

Holger fühlte sich hilflos. Wenn er traurige Frauen aufmuntern musste, so waren diese meist blutjung und besoffen. Sie standen ihm dann auf der anderen Seite der Theke seiner Kneipe gegenüber und er bestellte ihnen ein Taxi. Mit mehr Fürsorge war er überfordert. Hinzu kam, dass er ebenfalls keine Idee hatte, wo sie bei der Suche nach den Verschwundenen ansetzen sollten. Er tat das einzig Richtige und dachte praktisch: „Irgendetwas haben wir übersehen. Das müssen wir jetzt finden."

Helena besorgte einen Schreibblock und Kuli, auf dem Weg zurück an den Tisch fragte sie: „Warum bekommen wir keine Lösegeldforderung von den Entführern? Handelt es sich überhaupt um eine Entführung? Sind wir von falschen

Tatsachen ausgegangen? Welchen Grund könnte das Verschwinden noch haben?" Sie richtete die Frage nicht an Holger, sondern an die Welt. Oder an sich selbst.

Da sonst niemand antwortete, tat es Holger: „Unfall. Mehr fällt mir außer Entführung nicht ein. Trotzdem glaube ich immer noch an Entführung. Die Entführer wollen nichts von uns, kein Lösegeld. Sie wollen auch nicht, dass wir etwas tun oder nicht tun. Sie wollen etwas von Klaas oder Eberwein."

„Lass uns die Unfall-Möglichkeit ausschließen." Sie griff nach dem Handy und rief Rütter an. „Morgen. Bitte höre dich bei deinen Kollegen um, ob es einen Unfall gegeben hat. Klapper auch die Krankenhäuser ab. Ich warte auf deinen Rückruf." Immerhin hatte sie „bitte" gesagt.

„Ruinen", sagte Holger.

„Wie bitte?"

„Ich glaube weiterhin an eine Entführung. Wenn es die Ruine von gestern nicht war, dann muss es eine andere sein. Oder eben keine Ruine. Im Fernsehen ist es immer eine stillgelegte Fabrik oder ein altes Bergwerk."

„Wenn du damit Recht hast, stehen wir ganz am Anfang und haben gar nichts."

Deprimierender konnte eine Schlussfolgerung in dieser Situation nicht sein.

„Terpitz."

„Wie bitte?"

„Wenn nicht Jessica und der bekloppte Pfarrer dahinterstecken, dann kann es nur der Typ aus dem Landratsamt sein, Herr Terpitz."

„Den Namen hab ich noch nie gehört."

„Ja, lieber Holger, weil du zu der Zeit, als Klaas mit Herrn Terpitz gesprochen hat, in Hamburg in deiner Kneipe am Zapfhahn gestanden hast. Terpitz ist der Mann, der Klaas zu Eberwein geschickt hat."

„Und um diesen Kerl habt ihr euch nicht gekümmert?"

„Die Sache mit dem Pfarrer schien dermaßen einleuchtend, dass wir ihn aus den Augen verloren haben."

„Wie kommen wir an den heran?"

„Ich kenne da jemanden im Amt, der wird mir weiterhelfen." Helena griff sich ihr Handy. Das Gespräch dauerte nicht lange. Holger bekam außer dem Namen Terpitz nicht viel mit, nur ein paar „hm" und „ah so".

„Komm, wir fahren nach Terpitz."

„Zu Terpitz."

„Nein, nach Terpitz. Der Typ wohnt in einem Kaff, das so heißt wie er."

„Ach du meine Güte."

„Es kommt noch besser: Die Hälfte aller Einwohner in dem Kaff heißt ebenfalls Terpitz."

Holger schüttelte den Kopf und stellte seine Kaffeetasse ab.

Als sie das Ortsschild von Terpitz erreichten, fragte Holger: „Du hast eine Adresse?"

„Selbstverständlich. Dorfstraße."

Holger konsultierte die Landkarte in seinem Handy. „Super. Hier gibt's nur eine Straße, die Dorfstraße."

Die Dorfstraße war lang. Wenn jeder zweite Einwohner Terpitz hieß, hatten sie ein längeres Klinkenputzen vor sich. Holger stöhnte. „Ach wäre ich nur in meinem gemütlichen Hamburg geblieben."

„Mecker nicht rum. Sei froh, dass ich meine gute Laune wiedergefunden habe. Ich nehme die rechte Straßenseite, du die linke."

„Woran erkenne ich den richtigen Terpitz unter lauter Terpitzen?"

„Ganz einfach: Er ist Beamter."

Holger wollte zu einer unflätigen Bemerkung ansetzen. Das Klingeln von Helenas Handy hielt ihn rechtzeitig davon ab.

„Das war Rütter. Einer seiner Kollegen wohnt in Neuzwönitz. Er erzählt, dass es in der Nähe des Ortes eine zum Wohnhaus umgebaute Ruine gibt. Dort soll lange Jahre eine Familie Flussmüller gelebt haben."

„Hast du ihm gesagt, dass wir gestern dort waren?"

„Wir waren nicht dort. Er hat mir die GPS-Daten geschickt. Auf dem Satellitenbild gibt es dort nur Wald und noch mal Wald."

„Was denn nun? Wald oder Ruine?" Holger war genervt.

„Ruine im Wald. Ich habe eine Idee, was uns dort erwartet."

Die Annäherung an das Haus bei Neuzwönitz verlief ähnlich wie das Pfadfinderabenteuer am Tag davor: erst über einen Trampelpfad, dann querbeet. Holger meckernd, Helena beschwichtigend. Sie hatten um einiges weiter zu laufen, als beim ersten Gemäuer, was Holgers Stimmung nicht verbesserte.

Dann standen sie übergangslos vor einem Haus. Holger konnte sich ein „Donnerwetter!" nicht verkneifen und Helena staunte ebenfalls.

Auf den ersten Blick sah dieses Gemäuer nicht viel anders aus als das vorherige. Auf den zweiten sehr wohl: Es hatte intakte Fenster und ein Dach. Dazu einen rechtwinkligen Anbau.

Die Mauern bestanden aus groben, unregelmäßigen Bruchsteinen, die Zwischenräume mit Mörtel verschmiert. Das Gebäude war sehr alt und sehr gut erhalten.

„Ein ehemaliger Wehrturm mit Nebengebäude", stellte Helena fest. „Vom Turm ist nur noch die unterste Etage vorhanden, die oberen Geschosse sind irgendwann verfallen oder wurden abgetragen. Irgendwer hat ein Dach drauf gebaut. Fertig."

„Fällt dir sonst etwas auf? Es gibt keine Lichtung. Der Bau steht mitten im Wald, unter Ahörnern und Kastanien versteckt. Deshalb finden wir es nicht auf dem Satellitenbild."

„Sieht so aus. Dort rechts sind Fahrspuren. Das Haus wird also regelmäßig besucht. Wie gehen wir vor?"

„Hm ... Ich gehe davon aus, dass wir hier richtig sind. Vorsicht ist also geboten. Man kann sich von nirgendwo unbemerkt anschleichen. Andererseits steht kein Auto vor dem Haus. Wer weiß, ob überhaupt jemand zuhause ist."

Holger schlug vor: „Wir machen es wie bei der ersten Ruine: Wir schleichen einmal außenrum, schauen uns alles in Ruhe an, und dann sehen wir weiter."

So geschah es. Dabei achteten sie darauf, immer genug Buschwerk zwischen sich und dem Haus zu haben.

„Winnetou und Shatterhand ..." flüsterte er.

„Du wiederholst dich. Lass gut sein." Holger grinste und stapfte durch kniehohes trockenes Unkraut.

Sie hatten das Bruchsteinhaus zu dreiviertel umrundet, als zwei Dinge gleichzeitig geschahen: Stöver zergelte jaulend an der Leine und aus der Ferne dröhnten die nagelnden Motorgeräusche eines älteren Dieselmotors zu ihnen herüber.

Helena und Holger verdrückten sich ein paar Meter tiefer in den Wald und verfolgten von ihrem Versteck aus, was am Haus geschah. Helena redete beruhigend auf Stöver ein und hielt die Hand über sein Maul.

Ein pastellgrüner eckiger Volvo-Kombi rollte im Zickzack zwischen den Bäumen hindurch und hielt direkt vor dem Haus. Ein, der Gestalt und seinen Bewegungen nach, älterer Mann mit Schlapphut und dunkelgrüner Kleidung stieg aus, ging halb um den Wagen herum und öffnete die Heckklappe. Der Mann nahm einen Rucksack und eine Einkaufstasche aus dem Kofferraum, dann warf er die Heckklappe zu, drehte sich um und stapfte durch das hohe Gras zum Haus.

„Ich halts nicht aus!", rief Holger um ein Haar zu laut.

„Pssst, halt den Mund!", ermahnte Helena ihn, obwohl sie genauso überrascht war. „Hammerschmidt", sagte sie gedankenverloren. „Armin Hammerschmidt ist das Arschloch."

Diesmal dauerte es weniger als eine Stunde, bis Klaas und Eberwein erneuten Besuch erhielten.

Klaas bemerkte den flackernden Lichtschein an der Mauerecke zuerst. „Doktor! Aufwachen! Es geht wieder los."

Beide erhoben sich in sitzende Stellung und starrten erwartungsvoll dem Lichtschein entgegen. Kurze Zeit später hörten sie die schlurfenden Schritte des Narren und der Kretin von Köter kam kläffend um die Ecke geschossen. Dann gab es eine Überraschung: Der irre Gnom war nicht allein. Hinter ihm kam gemessenen Schrittes eine Gestalt heran, und Klaas stockte der Atem. Die Stiefel, die längsgestreiften blau-roten Ballon-Ärmel, diesen silbrig glänzenden Brustpanzer, all das kannte er.

„Wilfried", stammelte er mit trockenem Mund und schluckte.

Der Geharnischte blieb im Hintergrund stehen, abseits vom Schein der Kerze. Außer einem gelegentlichen Aufblitzen des Panzers war nichts von ihm zu erkennen, zudem er einen knöchellangen Umhang mit einer tief ins Gesicht gezogenen Kapuze trug.

Klaas blickte aus den Augenwinkeln zu Eberwein, der die schemenhafte Gestalt seltsam nachdenklich musterte.

Da Klaas definitiv sicher war, sich in der Neuzeit und nicht im finsteren Mittelalter zu befinden, musste er, nachdem der erste Schreck abgeklungen war, über diesen Mummenschanz innerlich schmunzeln. Was nicht zum Schmunzeln einlud, war das beeindruckende Schwert, auf das sich „Wilfried" stützte.

Okay, dachte Klaas, ohne das Tattoo im Hundeohr wäre ich in der Tat erschüttert. Er musterte Eberwein. Ihm schien es ähnlich zu gehen. Sie ließen sich beide nichts anmerken und gaben sich eingeschüchtert.

„Was hat er uns nun zu sagen?" Der Narr nuschelte und sabberte wie immer und Klaas erkannte, dass er sich tatsächlich, wie beim Zahnarzt, irgendwelche Gegenstände rechts und links in die Backen geschoben hatte, um diesen idiotischen Gesichtsausdruck und die sabbernde Aussprache zu erzeugen.

Klaas stand auf. „Was willst du?"

„Sei er nicht so despektierlich, rede er gefälligst höflich mit uns!" Dabei hob der Narr mahnend den Zeigefinger und die Glöckchen an seinem Gewand klimperten heftig. „Er weiß, wonach ich trachte. Ich will das, was uns gehört und das, was ihm gehört." Er deutete auf Wilfried.

Der ist wirklich plemplem, dachte Klaas und antwortete nicht. Der Narr trat an das Gitter heran. „Weiche er zurück!", schnauzte er und Wilfried hob in einer dramatischen Geste das Schwert.

Klaas gab sich eingeschüchtert und tapste rückwärts, bis er mit dem Rücken an die Wand stieß. Claus Narr hatte so flink und im Schatten seines Körpers die Gittertür geöffnet, dass Klaas den Mechanismus zum entriegeln der Tür nicht erkennen konnte. Der Irre schlurfte zwei Schritte zurück und winkte Eberwein. Dieser verstand die herrische Geste, stand auf und ging zögernd zur Gittertür.

„Mensch, die wollen uns trennen!", rief Klaas und Eberwein hob beschwichtigend die Hand. „Lass gut sein", sagte er, während er auf das blanke Schwert zeigte. Klaas seufzte und blieb an der Wand stehen.

Direkt hinter dem Doktor fiel das Gitter scheppernd wieder zu und der stumme Wilfried winkte ihm mit dem Schwert, vor ihm her zu gehen. Dann waren sie um die Mauerecke verschwunden.

Wenn Klaas erwartet hatte, die Schritte würden sich entfernen, so hatte er sich getäuscht.

Stattdessen hörte er erneut das Quietschen einer Gittertür, einen Fluch von Eberwein, und, nach einem Moment Stille, ein Scheppern, als die Tür wieder zufiel. Der Sinn der Aktion war klar: Sie sollten nicht mehr miteinander flüstern können.

Die Schritte näherten sich wieder und der Narr stand an der Mauerecke.

„Morgen komm ich ein letztes Mal und dann redest du. Sonst wird es deinem Freund schlecht ergehen." Dann verschwand er und wenige Augenblicke später der flackernde Lichtschein der Kerze.

Jetzt wird es ernst, dachte Klaas. Der Narr hatte die letzten Sätze in normalem, modernen Deutsch zu ihm gesagt. Nicht mehr in der dritten Person, nicht mehr auf die plumpe Art, wie er sich einen Dialog im Mittelalter vorstellte. Das Narrenspiel hatte ein Ende und sie mussten sich etwas einfallen lassen.

„Doktor?", rief Klaas halblaut und war über die sofortige Antwort erleichtert.

„Ja, hier. Ich stecke direkt hinter der Mauerecke in einem identischen Käfig."

Klaas erinnerte sich daran, was sie verabredet hatten. „Endlich kann ich mal ne Nacht durchschlafen. Deine Schnarcherei ist mir so auf die Ketten gegangen, das glaubst du nicht."

„Dito. Und dein Gestank wird jeden Tag lästiger. Dass du auch nie duschen gehst."

„Stimmt, jetzt, wo du es sagst, rieche ich es selber."

In dem Stil ging es eine Weile hin und her. Sie führten sich wie kleine Kinder auf, die gegen die Angst in der Dunkelheit besonders laut sangen.

Denn Angst hatten sie beide.

Armin Hammerschmidt war gerade in dem alten Turm verschwunden, als Rütter sich am Handy meldete. Zum Glück hatte Helena das Telefon lautlos gestellt, so vibrierte es nur in ihrer Hosentasche vor sich hin.

„Ja?"

„Hier Stefan. Im Pfarrhaus war es die ganze Zeit ruhig und dunkel. Dann kam ein Mopedfahrer, war kurz im Haus. Bevor wir zugreifen konnten, war er mit seiner Schwalbe wieder unterwegs. Wir fahren hinterher. Glaub nicht, dass er uns bemerkt hat. Ich denke, es ist der Pfarrer, von dem Jessica sich hat einwickeln lassen."

„Okay. Aber lasst euch nicht erwischen. In welche Richtung fährt er?"

„Raus aus dem Ort, Richtung Wald."

Helena hatte eine Ahnung, was passieren würde und sagte: „Halte so großen Abstand, dass er euch nicht hören kann, wenn er seine Zwiebacksäge ausmacht. Dann geht ihr zu Fuß weiter. Möglicherweise fährt er dahin, wo wir jetzt sind."

Im nächsten Leben werde ich Einsatzleiter beim SEK, dachte Helena vergnügt und besann sich wieder auf den Ernst der Lage. Sie durften es nicht vermasseln, sonst brachte sie Klaas und Jens in noch größere Gefahr. Falls ihre Vermutung stimmte und die beiden sich in dem Haus vor ihnen befanden.

„Wir dürfen es nicht vermasseln", sagte sie, als Rütter sich nach kurzer Zeit wieder meldete und durchgab, dass die Schwalbe in einen Waldweg abgebogen war.

Im selben Moment hörte sie das typische und für einen ehemaligen DDR-Bürger gut bekannte Zweitaktgehuste einer Schwalbe. „Ich höre das Moped. Wird gleich hier sein. Motor aus bei euch! Bitte leise zu Fuß links neben dem Weg im Wald herankommen. Wir nehmen euch in Empfang."

Es war früher Nachmittag. Die Sonne stand grell am wolkenlosen Himmel, der Waldrand lag in tiefem Schatten. Helena hatte keine Sorge, vom Haus aus gesehen zu werden. Sie stupste Holger an und hintereinander schlichen sie Rütter und seinen Leuten entgegen.

Die Schwalbe kam zwischen den Bäumen heran getuckert. Holger grinste und flüsterte: „Das Ding sieht aus wie DDR persönlich."

„Lach nicht! Die Schwalbe war unser wichtigstes Verkehrsmittel. Außer Kondomen natürlich." Sie duckten sich zwischen den Büschen, während das Moped vorbei rollte.

Als der Fahrer abstieg, erkannten sie, wie klein er war. Unter einem dunklen Umhang schimmerte eine bunt gestreifte locker sitzende Joppe hervor, und als er zum Haus eilte, klingelte es leise im Takt seiner Schritte.

„Was bimmelt denn da?", fragte Holger, aber Helena sagte nur: „Psst!", und zuckte mit den Schultern.

Der bimmelnde Zwerg verschwand im Haus und im gleichen Moment kam Rütter mit zwei uniformierte Polizisten im Schlepptau wie die Indianer im Wilden Westen herangeschlichen.

„Ich sag ja", fing Holger an, „Winnetou und ..."

„Du nervst!", unterbrach ihn Helena, musste aber doch grinsen. Sie winkte kurz und Rütter kam mit seinen beiden Hilfssheriffs heran.

Helena zeigte auf den Wehrturm. „Sie sind beide da rein. Erst Armin Hammerschmidt, Eberweins Freund aus Leipzig, und dann der Mopedfahrer, der wohl der falsche Pfarrer ist. Was nun? Gehen wir hinterher?"

Rütter hatte alles Macho-Gehabe abgelegt. „Schwierige Entscheidung. Wenn wir da reingehen, könnten wir die Geiseln in Gefahr bringen. Wenn ich die Kavallerie anfordere, dauert es mindestens ne Dreiviertelstunde und dann ist es trotzdem fraglich, ob die Jungs unbemerkt ins Haus kommen."

„Wir gehen rein", entschied Helena. „Von der anderen Seite des Hauses gibt es eine Linie, die von keinem Fenster aus einsehbar ist. Von da nähern wir uns und dann sehen wir weiter."

„Der Plan ist gut", meinte Holger trocken. „Besonders das mit dem Weitersehen."

„Weißt du was Besseres?"

„Warten, bis es dunkel ist?"

„Welchen Vorteil sollte das bringen? Und wer weiß, was die da drin mit Klaas und dem Doktor inzwischen anstellen ... Los jetzt. Hat jeder ne Lampe dabei?" Alle drei Polizisten nickten und luden ihren Pistolen durch. Holger und Helena zückten ihre Handys mit Taschenlampenfunktion.

Sie umrundeten im Schutz der Büsche die Turmruine und standen wenig später auf die Rückseite des Hauses. Helena hatte Recht. Von einem bestimmten Punkt aus waren weder Tür noch Fenster zu sehen, nur geschlossene Bruchsteinwände.

Einer nach dem anderen rannten sie gebückt bis an die Hauswand. Rütter zog die Pistole und bewegte sich in Richtung des Eingangs an der Vorderseite. An jedem Fenster bückte er sich und krabbelte auf allen vieren darunter durch.

„Winnetou und ..." Helena trat Holger auf den Fuß.

Die Tür war nicht verschlossen und frisch geölt. Rütter drückte sie vorsichtig auf und lauschte hinein. Weder er noch die hinter ihm stehende Helena hörten irgendetwas außer den Geräuschen des Waldes. Rütter wollte sie mit einer Geste wegschicken, um mit seinen Kollegen voranzugehen, aber Helena zeigte ihm einen Vogel und blieb hinter ihm stehen.

Sie schlichen nacheinander hinein und bewegten sich vorsichtig Schritt für Schritt durch den Flur, wobei sie in jedes Zimmer blickten und lauschten. Die Sonne schien durch die Fenster, sodass sie ohne Benutzung der Taschenlampen feststellten, dass der Bau verlassen war.

„Was nun?", fragte Rütter im Flüsterton. Er hatte Helena wohl oder übel als Einsatzleiter akzeptiert. Oder er war froh, die Verantwortung los zu sein. Oder es fiel ihm nichts Vernünftiges ein, und diese Möglichkeit war für Helena die wahrscheinlichste.

„Zwei sind rein. Keiner ist wieder raus. Also weitersuchen. Oben ist nichts, folglich muss es nach unten gehen. Wir suchen nach ner Treppe oder Luke."

Die Polizeibeamten durchsuchten, immer noch mit den Pistolen in den Händen, nochmals Raum für Raum und lupften jeden Teppich, während Helena die Umgebung auf sich wirken ließ. Die Einrichtung war altmodisch. Als wären seit Großmutters Auszug alle Möbelhäuser geschlossen. Sie fühlte sich in sozialistische Zeiten zurückversetzt. Teppiche, Lampen, Sessel und Sofa, alles versprühte den verstaubten Charme der Siebziger. Es fehlte weder die Schrankwand aus Hellerau noch der Fernseher aus Staßfurt. Das Haus war ein einziges DDR Museum.

Was Helena die ganze Zeit irritierte, war, dass Stöver sich für die Umgebung nicht sonderlich zu interessieren schien. Wenn Klaas hier gewesen war, hätte der Hund sich gemeldet.

Sie suchten annähernd eine Stunde. Der Fußboden wurde Zentimeter für Zentimeter abgeklopft, Schränke zur Seite gerückt, Teppiche und Fußmatten angehoben. Armin Hammerschmidt blieb verschwunden und sie fanden keinen Hinweis, wie und wohin.

Helena war so sicher gewesen, umso größer jetzt die Enttäuschung. Ihr Gefühl hatte sie getrogen und Angst machte sich breit.

Draußen, rund um das Haus, wurde die Suche fortgesetzt. Unter dem Komposthaufen, im Schuppen, dem Rest der Lichtung. Sie fanden jede Menge Anzeichen dafür, dass regelmäßig Menschen dieses Anwesen besuchten. Sie fanden jedoch keinerlei Hinweise auf die Vermissten.

Als sie die Suche abbrachen, stand sie am Waldrand, starrte ins Nichts und weinte. Die Anspannung der letzten Tage war selbst für Helena zu viel gewesen. Holger stand neben ihr und fühlte sich wie ein hilfloser großer Junge. Weinende Frauen waren nicht sein Fachgebiet. Jedenfalls nicht, wenn sie nüchtern waren. Schließlich legte er den Arm um sie. „Ich versteh auch nicht, wo die beiden Kerle geblieben sind. Komm, wir fahren nach Hause. Gib die Hoffnung nicht auf. Wir finden sie, da bin ich sicher." Er reichte ihr ein Taschentuch.

Stöver stupste mit der Schnauze ihre Hand an. „Ach, du Riesenbaby. Holger hat Recht. Wir finden dein Herrchen." Sie drehte sich um und trottete in Richtung der Autos.

Der halblaute Ruf eines der Polizisten an der Tür rief sie zurück.

„Hallo! Mal alle hierher kommen. Ich hab hier was."

Sie fanden ihn, mit einem Teppichzipfel in der Hand, vor einer Öffnung im Fußboden knien. Sie reichte über die ganze Breite des Raumes. Die fehlenden Bodendielen lagen daneben.

„Na also", triumphierte Helena und wischte sich die Tränen weg. Sie horchte kurz nach unten, nahm Rütter die fette Taschenlampe aus der Hand und leuchtete in die Tiefe.

„Da ist ein Gitter mit einem Gang dahinter." Ihre Stimme hallte dumpf. Sie richtete sich wieder auf und sagte: „Es ist ein kleines Kellerloch mit ein paar Regalen und Tonkrügen darin. Es gibt keine Leiter oder Treppe. Ich hab keine Idee, wie die hier auf die Schnelle raus und rein kommen."

Holger drängelte sich vor, ergriff die Lampe und steckte ebenfalls den Kopf durch die Luke. „Ist doch egal. Wir müssen da runter und durch das Gitter in den Gang. Da unten sind frische Fußspuren im Staub."

„Also los!", bestimmte Helena und Holger ließ sich durch die Öffnung in den Keller gleiten. Den letzten Meter ließ er sich einfach fallen und blickte dann nach oben. „Reich mir mal einer die Lampe runter."

Rütter reichte und es tat sich nichts in dem Loch. Dann war Holger wieder zu sehen. „Hier muss in letzter Zeit öfter jemand gewesen sein. Die Spuren im Staub führen durch das Gitter. Wenn ich durch das Gitter leuchte, sehe ich nach etwa zehn Metern eine Leiter an der Wand liegen. Das Gitter ist mit einem Vorhängeschloss verrammelt. Das Schloss ist nagelneu und ein mächtiger Brummer, dass kriegen wir ohne Hilfsmittel garantiert nicht auf. Was nun?"

„Wir besorgen Werkzeug, öffnen das Gitter und dann hinterher", sagte Rütter sofort und drehte sich um.

„Langsam!" Helena war nicht einverstanden. „Erst mal muss Holger da wieder raus. Dann verschließen wir das Loch und halten Kriegsrat." Sie sagte es in einem Ton, der keinen Widerspruch duldete.

Der aktivere der uniformierten Polizisten reichte einen Stuhl und das Ende eines Verlängerungskabels zu Holger hinunter. Dieser knotete das Kabel an den Stuhl und stieg darauf. Rütter und ein Kollege halfen ihm hoch und zogen danach den Stuhl an dem Kabel wieder herauf. Dann legten sie die Bodendielen an ihren Platz und breiteten den Teppich aus.

Als sie alle draußen an der frischen Luft standen, sagte Helena: „Ich weiß nicht, ob es gut ist, einfach hinter den anderen her in den Gang zu marschieren."

„Man müsste wissen, wohin der Tunnel führt."

Der Polizist, der schon die ganze Zeit mitgedacht hatte, meldete sich: „Vielleicht kann ich helfen. Ich bin hier aus Neuzwönitz."

„Immer los, Terpitz", ermunterte Rütter ihn.

„Was?! Du heißt Terpitz?" Helena hatte den jungen Polizisten an seiner Jacke gepackt und starrte ihm ins Gesicht.

„Ja. Warum ist das so schlimm?"

„Haben Sie Verwandte in Terpitz, dem Dorf auf der sächsischen Elbseite?"

„Das Kaff, in dem fast jeder Terpitz heißt?" Er lachte. „Zum Glück nicht. Die sind da alle bisschen sonderbar."

Helena ließ die Jacke los und entspannte sich. „Entschuldigung, ich bin etwas nervös. Was wolltest du sagen?"

Der Beamte hatte kein Problem damit, von Helena geduzt zu werden. „Mitten im Wald stehen die Reste eines weiteren Wachturms. Außer einem Teil der Grundmauern ist davon nicht viel übrig. Wir haben als kleine Rotzer die ganze Gegend erkundet. Deshalb weiß ich, dass sich daneben der Eingang zu einem Stollen verbirgt. Unsere Eltern haben uns immer verboten, dort zu spielen und der Stollen wurde zur Sicherheit mit einem Gitter verschlossen. Ich wüsste nicht, wo dieser Gang hinführen könnte, wenn nicht zu dem Haus hier an der Turmruine."

„Na das ist doch was", freute sich Helena. „Dann schlage ich Folgendes vor: Wir besorgen Werkzeug, laufen rüber zum verfallenen Wachturm und öffnen den Stollen. Wenn von dort aus jemand durch den Gang abhauen will, wird er hier am Loch im Fußboden in Empfang genommen."

Holger nickte. „Guter Plan. Dann reicht hier ein Mann als Wache. Wir anderen fahren zum Stollen."

„Fahren können Sie vergessen", lachte Terpitz, „Da führt nur ein Trampelpfad durch den Wald hin."

Holger stöhnte und raufte sich die Haare.

„Wenn du zurück nach Hause kommst, musst du dir deine Wampe ganz neu anfressen!", lachte Helena und fragte, sofort wieder ernsthaft: „Wo bekommen wir am schnellsten Schloss und Bolzenschneider her?"

„Von meinem Onkel. Der hat ne kleine Schmiede in Neuzwönitz."

„Junge, mit dir kann man arbeiten!", lobte Helena. „Auf geht's. Du besorgst Schloss und Werkzeug. Der zweite Kollege in Uniform bleibt hier und bewacht die Luke. Wir anderen machen uns auf den Weg zum alten Wachturm und warten dort auf das Werkzeug. Je eher wir da sind, desto besser."

Dann hatte sogar Rütter eine Idee: „Wenn der Pfarrer am anderen Ende vom Gang aus und ein geht, brauchen wir vielleicht kein Werkzeug."

„Und wenn er dort hinter sich ein dickes Schloss drangehängt hat?", fragte Holger und Rütter zog den Kopf ein.

Diesmal war es nahezu eine Dreiviertelstunde Fußmarsch und Holger nur noch am Jammern und Meckern. Die zentrale Aussage seiner Tiraden war: „Warum bin ich Idiot nicht in Hamburg hinter meinem Tresen geblieben?"

Helena hörte sich das Lamento widerspruchslos an. Was hätte Gegenrede auch genützt? Abgesehen davon war es ihr lieber, er meckerte vor sich hin, als dass er umgedreht und zum Auto gerannt wäre.

Als Sie den betagten Turm erreicht hatten und einen Moment bewegungslos am Waldrand standen, herrschte unter den Bäumen absolute Stille. Anscheinend hatten sich alle Insekten und Vögel zu einer Gedenkminute verabredet.

„Da!", sagte Helena und deutete auf einen flachen Hang neben der Turmruine. An der Sohle des Hügels war deutlich eine Einfassung aus Bruchsteinen mit einer mannshohen Öffnung in der Mitte zu sehen. Das Gitter, von dem Polizeimeister Terpitz erzählt hatte, stand offen.

„Ab jetzt bitte diskret", flüsterte Holger.

Rütter und sein Kollege zogen wieder die Waffen. Helena, die Stöver nach wie vor an der kurzen Leine führte, hielt die Polizisten zurück. „Leise ist zwar gut, aber wenn es soweit ist, müssen wir die Überraschung ausnutzen. Ich gehe davon aus, dass die Spitzbuben Klaas und Eberwein in ihrer Gewalt haben. Wenn wir zu behäbig sind, geben wir ihnen die Chance, die beiden als Schutzschilde zu benutzen. Das ist mir zu gefährlich. Wer weiß, wie die Spinner drauf sind.

Deswegen machen wir es folgendermaßen: Wir gehen lautlos rein. Sobald wir irgendetwas wahrnehmen, was auf die unmittelbare Nähe von Arschloch Hammerschmidt und dem Pfarrer deutet, gibt irgendwer ein Kommando, und wir stürmen taschenlampenschwenkend und mit Gebrüll vorwärts. Vielleicht könnt ihr, Stefan ...", sie sagte „Stefan" und nicht „Rütter", „... ein paar Schüsse abgeben, das müsste wunderbar laut rumsen in dem schmalen Gang. Ich hoffe, dass die Idioten Panik kriegen und durch den Tunnel abhauen, ohne sich um Klaas und Eberwein zu kümmern. Hat jemand eine bessere Idee?"

Holger hatte sein Gejammer vergessen. „Endlich Action! Ich bin dabei. Wer gibt das Kommando zum Losrandalieren?"

„Egal. Derjenige, der als Erstes was von den Entführern sieht oder hört. Wenn wir nahe genug dran sind, heißt es: Flink und mit Getöse drauf los!"

„Alles klar", sagte Rütter. Und seinen Kollegen ermahnte er: „Die Ballerei nur nach hinten, weg von den Leuten. Querschläger in dem engen Gang sind lebensgefährlich!" Sie schlichen los, Holger und Rütter voran, der kurz den Zwönitzer Kollegen anrief und vorwarnte.

Sie waren etwa dreißig Meter in den gemauerten Gang vorgedrungen, als dieser sich zu einem größeren Raum unter einem Gewölbe erweiterte, aus dem flackernder gelblicher Lichtschein zu ihnen in den Gang zuckte.

Holger hob den Arm, deutete nach vorn und senkte die Hand ruckartig, als startete er ein Autorennen. Gleichzeitig brüllte er los wie am Spieß und stürmte vorwärts. Die anderen stimmten in das Geheul mit ein und hetzten hinterher. Stövers Bellen und Heulen klang in dem engen Gang geradezu gespenstisch. Der als letzter rennende Polizist richtete seine Waffe im Laufen rückwärts und drückte mehrmals ab. Die Schüsse krachten in dem schmalen Tunnel wie Kanonenschüsse und hinterließen in Helenas Ohren ein grelles Pfeifen.

So also geht Tinnitus, dachte sie unpassenderweise.

Wie auf Kommando stellten sie ihr Getöse für einen Moment ein. Vor sich hörten sie hastige Stimmen und ein Gepolter wie von umfallenden Möbeln, dann entfernten sich rasche Schritte.

Holger bog stürmisch um die nächste Mauerecke und bleib so plötzlich stehen, dass Rütter und Helena in ihn hineinrannten.

Von dem großen, kesselartigen Raum zweigten mehrere Gänge ab, die in Käfigen endeten. Anders konnte man die

Gefängniszellen nicht nennen. Zum Gang hin waren die Löcher über die ganze Breite durch stabile Gitter begrenzt.

In zweien der Käfige stand, in vor Schmutz starrenden Klamotten und mit zerzausten Haaren, jeweils eine menschliche Gestalt und hielt sich an den Gitterstäben fest.

„Mensch Klaas, dich kann man aber auch keinen Augenblick allein lassen", sagte Holger beiläufig im Tonfall einer besorgten Mutti. „Junge, Junge, wie siehst du nur wieder aus!"

Dann trat er an den Nachbarkäfig und fasste an die Gitterstäbe. „Hallo Doktorchen! Sie stehen auf der falschen Seite vom Gitter!"

„Mensch Holger, hör mit dem Gelaber auf und sieh zu, dass wir die zwei Langweiler da raus bekommen!", sagte Helena in aller Ruhe. Stöver war nicht mehr zu bändigen und riss sich los. Der Hund schoss auf das Gitter zu, jaulte und sprang schwanzwedelnd daran empor. Klaas fasste zwischen den Gitterstäben hindurch, nahm den mächtigen Hundekopf in beide Hände und hatte plötzlich ganz nah am Wasser gebaut.

Er deutete nach rechts auf die nächste Mauerecke. „Da lang. Sie sind da entlang abgehauen", brachte er krächzend heraus.

„Kein Problem", sagte Helena vergnügt, „die werden schon erwartet", lag mit dieser Prognose jedoch nicht richtig, wie sich herausstellen sollte.

Rütter untersuchte inzwischen die Gittertüren. Beide waren mit monströsen Vorhängeschlössern gesichert. „Eine Flex! Wir brauchen eine Flex!", rief er dramatisch.

Helena hatte die bessere Idee, rannte zurück in den großen runden Raum und suchte nach Schlüsseln. Ihr Instinkt hatte sie nicht getäuscht: An einem roh gezimmerten Regal an der Wand hing ein Schlüsselbund, welches wegen der grotesk riesigen Schlüssel in keine Hosentasche passte. Sie angelte es vom Haken und eilte zurück zu den Zellen.

„Bis du ne Flex gefunden hast, nimm einfach die Schlüssel", sagte sie und warf Rütter den schweren Schlüsselbund zu.

Einen Augenblick später waren Klaas und Eberwein frei und standen zwischen ihren Helfern.

„Boah!", schniefte Holger, „irgendwas riecht hier streng!"

„Ich riech nichts", meinte der Doktor harmlos und deutete auf Klaas. „Muss von dem da kommen."

„Schön, dass ihr euren Humor nicht verloren habt. Wir sollten mit dem rumblödeln trotzdem warten, bis wir die beiden Spitzbuben haben."

Rütter hatte Oberwasser. Mit einem Mal war sein affektiertes Sheriff-mit-Sonnenbrille-Daumen-im-Gürtel-Gehabe wieder präsent. Breitbeinig stand er da, schälte einen Kaugummi aus der Alufolie und tönte großspurig: „Die kriegen wir schon. Ich hab das alles im Griff!"

Helena wendete sich seufzend und kopfschüttelnd ab. Dann stand sie vor Klaas und sah ihm in die Augen. Für einen Augenblick war alles um sie herum weit weg, nur ein dumpfer Brei aus Stimmen und flackerndem Licht. Selbst Stöver hatte erkannt, dass er für einen Moment Ruhe zu geben hatte. Er hockte hechelnd zwischen den beiden und blickte abwechselnd von einem zur anderen.

Klaas quälte sich ein Lächeln ab. „Schön, dass ihr vorbei gekommen seid", sagte er leichthin, „wurde allmählich langweilig."

„Ja, war grad nichts los in der Kneipe. Dachte ich, kann ja mal schauen, wo ihr bleibt." Sie lächelte zurück.

Sie sahen sich einen Moment länger an, als es nötig gewesen wäre. Dann riss Helena sich los und sie nahmen den Rest der Welt wieder wahr.

Aus den Gesichtern rundherum war die Anspannung gewichen und übergangslos herrschte die Atmosphäre eines Sonntagnachmittagausflugs.

„Holger hat recht: Irgendwie müffelt es hier." Sie grinste Klaas an und trat einen Schritt zurück.

„Schlagen wir hier Wurzeln und diskutieren weiterhin über Geruchsbelästigung, oder gibt es Alternativen?", fragte Eberwein.

„Der Doktor hat Recht. Wir sollten uns beeilen. Ich würde sagen, die beiden Sheriffs bleiben hier und nehmen den Pfarrer und Armin in Empfang ..."

„Armin? Hast du Armin gesagt?", rief Eberwein. „Steckt wirklich mein alter Freund Armin Hammerschmidt dahinter?"

Helena nickte schweigend. Eberwein senkte den Blick, drehte sich in Zeitlupe um und trottete mit hängenden Schultern in den Gang hinein.

Klaas war ebenfalls erstaunt. „Ich versteh das nicht. Wir haben doch unsere Tests gemacht. Warum hat das nicht funktioniert? Und weshalb ist Holger nicht in Hamburg?"

„Darüber habe ich in den letzten Tagen ebenfalls nachgedacht", erwiderte Helena. „Also über die Tests, nicht über Holger. Dann fiel es mir wie Schuppen aus den Haaren. Die Lösung ist trivial: Wir haben Hammerschmidt doch mit der Fundstelle von Wilfried geködert. Aber er kannte den Keller an der Elbe. Deswegen brauchte er euch nicht hinterherfahren. So einfach ist das. Freund Holger habe ich gerufen und er ist gekommen. Noch Fragen?"

Klaas fasste sich an den Kopf. „Mann, sind wir blöd!"

Holger kicherte. „Selbsterkenntnis ..."

Eberwein hatte kein Wort mehr von sich gegeben und schlurfte allein, lethargisch und gedankenverloren Richtung Ausgang. Holger lief hinter ihm her und rief: „Doktor! Warte! Du darfst da nicht einfach rauslaufen! Deine Augen! Du musst die Augen an das Licht gewöhnen!"

„Ja, ja.", antwortete Eberwein abwesend.

„Er hat recht", sagte Helena zu Klaas, „ihr müsst vorsichtig sein und die Augen schützen. Am besten einen Arm über das Gesicht legen."

Helena und Holger, die nur kurze Zeit in dem Verlies verbracht hatten, zuckten zusammen, als sie in die grelle Sonne hinaus traten. Es war gegen fünf und Klärchen hatte ordentlich Power. Dann waren sie alle aus dem Gang heraus und saßen im trockenen Gras, als Helenas Telefon sich meldete.

Der junge Neuzwönitzer Polizist war dran. „Was ist los bei Ihnen? Der Chef geht nicht ran und hier passiert nichts."

„Rütter ist im Tunnel. Da ist nix mit Empfang. Die beiden Schurken sind durch den Gang abgehauen und müssten eigentlich bei euch an der Luke herauskommen."

„Hier ist niemand angekommen. Und im Tunnel ist alles ruhig."

„Ihr solltet noch ein paar Minuten warten. Wenn bis dahin nichts passiert, ist was schief gelaufen."

Zu den anderen gewandt, sagte Helena: „Ich glaube, wir haben ein Problem. Der Pfarrer und Hammerschmidt sind nicht bei der Luke im Haus angekommen. Also treiben sie sich irgendwo im Gang herum."

Nach einem Moment Ruhe sagte Holger: „Oder wir haben uns verzockt. Ich frage mich die ganze Zeit, warum die Luft in dem Tunnel so gut ist. Würde mich nicht wundern, wenn es mittendrin Luftschächte oder zusätzliche Ausgänge gibt."

„Scheiße!", schimpfte Helena. „Das kann natürlich sein. Wir müssen wieder hinein in den Tunnel."

„Nicht wir! Das ist Aufgabe der Polizei. Ich geh kurz runter und geb Rütter Bescheid."

Holger verschwand im Gang und kam kurze Zeit später mit Rütter wieder heraus. „Rütter hat den Gang durchsucht", gab er bekannt. „Wir haben leider recht: Alle paar hundert Meter gibt es Lichtschächte. Die zwei sind abgehauen."

Rütter hatte sein Telefon in der Hand und rief Kollegen in Leipzig an. Armin Hammerschmidt stand ab sofort auf der Fahndungsliste. Sollte er Wohnung oder Arbeitsplatz aufsuchen, war er geliefert. Dann sprach Rütter mit der Dienststelle in Torgau und schob die Suche nach Maik Flussmüller, dem falschen Pfarrer an. Sowohl Jessicas Wohnung als auch Kirche und Pfarrhaus in Neuzwönitz wurden ab sofort überwacht.

Niemand hatte auf Eberwein geachtet. Klaas fiel als Erstem auf, das er fehlte. Der Doktor saß vornübergeneigt am Waldrand, den Kopf in die Hände gelegt, auf einem umgestürzten Baumstamm. Klaas ging zu ihm und setzte sich daneben. Stöver trottete ebenfalls hinterher und legte sich vor den beiden lang ausgestreckt in die Sonne. Für den Hund war die Welt wieder in Ordnung.

Sie saßen mehrere Minuten still nebeneinander, bis Klaas sagte: „Du kennst ihn sehr lange, nicht wahr?"

„Oh ja. Seit der achten Klasse in der Schule."

„Scheiße."

„Ja. Zutreffender kann ich es nicht ausdrücken."

„Warum könnte er dich mit einem Mal hintergangen haben?"

„Mit einem Mal? Ich habe einen weitaus schlimmeren Verdacht. Weißt du, ich hatte in meinem Lehrerleben zu DDR-Zeiten immer wieder Ärger. Auf irgendeinem Wege haben die Staatsorgane ständig Dinge von mir und über mich gewusst, mit denen sie mich stressen konnten. Und die haben mich gestresst, das kannst du mir glauben! Ich habe jahrelang gerätselt, wer das Arschloch in meinem Leben war. Wer mich ausspioniert hat. Wer mich diffamiert hat. Armin hatte ich immer ausgeschlossen. Ach, was heißt ausgeschlossen? Ich hab nicht ein einziges Mal auch nur drüber nachgedacht, so dick war unsere Freundschaft. Ich glaube, ich hätte den Verrat eher jemandem aus meiner Familie zugetraut als Armin ... Was wir alles zusammen unternommen haben in den letzten Schuljahren, worüber wir nächtelang philosophiert haben ... Nein, Armin hatte ich nicht auf dem Zettel." Er starrte ausdruckslos auf den Waldboden und saß da wie ein Häufchen Elend.

Sie saßen minutenlang wortlos nebeneinander, denn Klaas hatte keine Idee, was er hätte sagen können.

Irgendwann stand er auf und legte dem Doktor eine Hand auf die Schulter. „Kommst du? Wir müssen los."

„Fenster auf!", verlangten Helena und Holger naserümpfend im Chor, sobald sie im Auto saßen.

Eberwein war immer noch schweigsam, schien sich aber allmählich zu fangen. Klaas und Holger saßen auf dem Rücksitz, den überdimensionierten Hund mehr auf dem Schoß als zwischen sich. Stöver zog seine Zunge immer wieder durch Klaas' Gesicht und gab ab und zu ein leises zufriedenes Jaulen von sich.

„Was würdet ihr an Hammerschmidts Stelle tun, nachdem er aufgeflogen ist?", fragte Holger unvermittelt.

Es dauerte mehrere Sekunden, bis Klaas rief: „Mann, sind wir bescheuert! Helena, gib Gas, wir müssen nach Leipzig!"

„Leipzig?"

„Ja, zur Uni. Und Rütter muss ein paar Leute zu Hammerschmidt nach Hause schicken, sonst sehen wir den nie wieder."

„Ihr habt recht", meinte Eberwein, „der räumt unter Garantie sein Büro aus und schafft die Jahrbücher aus der Kirchenbibliothek beiseite. Also los!"

Helena gab Gas und preschte in grenzwertigem Tempo durch Torgau und über die B87. In Rekordzeit hatten sie Eilenburg rechts liegen gelassen und erreichten das Uni-Gelände.

Holger sah auf die Uhr und nickte anerkennend. „Und ab sofort bitte eine Idee unauffälliger, Frau Niki Lauda. Freund Armin muss nicht vorzeitig merken, dass wir ihm am Rockzipfel hängen, falls er hier rum spukt."

Helena verstand und der Skoda rollte mit straßenverkehrsordnungskonformer Geschwindigkeit auf den Parkplatz vor dem Institut für Ur- und Frühgeschichte. Trotz der vorgerückten Stunde herrschte auf dem Campus reger Verkehr. Zwischen den flanierenden und pausierenden Studenten fielen sie nicht besonders auf.

„Hier entlang, wir gehen durch den Nebeneingang", bestimmte Eberwein und die anderen folgten ihm, bis auf Holger.

„Ich postiere mich sicherheitshalber am Haupteingang", meinte er und setzte sich ab.

Kurz darauf bogen sie in den Gang ein, der zu Hammerschmidts Büro führte. Klaas stürmte vorweg und drehte einen kunstvollen Salto, als er direkt hinter der Ecke in jemanden hineinlief. Zwei Körper prallten aufeinander, Aktendeckel flatterten durch die Luft und ein Alukoffer flog auseinander.

Klaas rappelte sich hoch und starrte in die Mündung eines Revolvers.

Helena und Eberwein hatten den Zusammenstoß gerade so vermeiden können und standen bewegungslos auf dem Gang.

„Armin, lass den Quatsch", sagte Eberwein im Plauderton, als säßen sie in der Klause beim Frühstück und Klaas war einmal mehr erstaunt, wie schnell der Doktor sich von Haft und Schock erholt hatte.

„Hör auf mit deinem Gesülze. Du glaubst nicht, wie du mir damit in den letzten fünfzig Jahren auf den Sack gegangen bist!" Hammerschmidt war nicht wieder zu erkennen. Zynisch, böse, drohend. Er deutete mit dem Revolver auf die herumliegenden Unterlagen. „Los. Einsammeln!"

Klaas lächelte gequält und fragte: „Aus welchem Museum stammt diese Knarre? Schießt die überhaupt?"

Hammerschmidt zielte knapp über Eberweins Kopf und drückte ab. Der Schuss krachte ohrenbetäubend. Das Geschoss prallte von der Decke ab und jaulte als Querschläger durch den Gang. Putz rieselte auf Helena und Eberwein herab.

„Überredet." Der Doktor hob beschwichtigend die Hände. „Wir tun, was du sagst." Er bückte sich und füllte mit langsamen, gleichmäßigen Bewegungen den Alukoffer, Klaas sammelte die Ordner zusammen.

„So, und jetzt geht ihr ohne Eile vor mir her, ganz gesittet. Und keinen Blödsinn mehr! Außerdem stinkt ihr wie Sau."

Hammerschmidt dirigierte die vorangehende Helena mit kurzen Anweisungen in Richtung der Aufzüge. Mit einer knappen Bewegung des Revolvers bedeutete er ihr, den Fahrstuhl zu holen. Als die Tür sich öffnete, betrat er als letzter die Kabine und drückte den Knopf für die Tiefgarage. Klaas fluchte innerlich. Er hatte gehofft, es ginge durch den Haupteingang und Holger hätte eine Chance, einzugreifen, aber Pustekuchen.

Der Fahrstuhl ruckte kurz, dann glitten die Türen auseinander und sie traten in die Tiefgarage hinaus. Hammerschmidt blickte sich hektisch um. Schweißperlen standen auf seiner Stirn. Er deutete mit einer fahrigen Bewegung auf einen Kleinbus und Klaas überlegte, ob die nächste Entführung auf ihn zu kam.

Plötzlich hörte er ein heftiges Geräusch hinter sich, dann ein gewaltiges Gebrüll und einen Revolverschuss. Klaas bekam einen kräftigen Schlag an die Schulter, es tat fürchterlich weh, etwas Warmes lief den Arm hinunter und ihm wurde schwindelig.

Als Klaas die Augen wieder öffnete, hatte er Holgers grinsende Visage formatfüllend im Blick. „Stell dich nicht so an, das war nur ein Betonsplitter von der Garagenwand." Er thronte auf drei übereinandergestapelten Alukoffern und hatte mehrere Aktenordner zwischen den Knien.

Ein paar Meter weiter lag Hammerschmidt bäuchlings auf dem Boden, das Gesicht schmerzverzerrt zur Seite gedreht, und ein Polizist fixierte ihn rigoros mit dem Knie. Klaas erblickte Handschellen und war beruhigt.

„Was ist eigentlich passiert?", fragte er. „Warum hat der Idiot plötzlich losgeballert?"

„Holger hat den Schuss oben im Gang gehört und den herunterfahrenden Aufzug verfolgt, daraus geschlossen, dass am Haupteingang nichts passieren wird, und ist runter in die Tiefgarage. Gerade rechtzeitig, um Hammerschwein ein Bein zu stellen. Beim Fallen hat sich der Schuss gelöst", hörte Klaas Helenas Stimme. Er wandte den Kopf zur Seite und sah, wie sie ein Taschentuch auf seine schmerzende Schulter presste. „Alles gut, ist nix Schlimmes. Blutet nur ein wenig."

Inzwischen wurde es in der Tiefgarage hektisch und grell. Ein Streifenwagen kam mit nervtötender Sirene die Rampe heruntergepprescht. Irgendwann, lange nach der Vollbremsung, Begriff der Fahrer, dass der Lärm überflüssig war, und schaltete die Sirene ab. Mehrere Polizisten in Schutzwesten sprangen aus dem Wagen und legten ihre Waffen an. Irgendwann dämmerte ihnen die Sinnlosigkeit ihres Auftritts und die vermummte Kampftruppe stürzten sich ersatzweise auf Alukoffer und Akten. Holger wurde am Arm gepackt und zur Seite gezerrt.

„Halt! So geht das nicht! Die Koffer und Aktenordner gehören in meine Obhut!" Es gab eine kurze und heftige

Diskussion, bis Eberwein eine elegante Lederhülle aufklappte und einen Ausweis präsentierte. Augenblicklich trat ehrfürchtige Stille ein. Die Kofferträger stellten die Koffer ab und traten hastig ein paar Schritte zurück, als hätten sie eine Kobra oder Vogelspinne entdeckt.

„Vielen Dank meine Herren", sagte Eberwein ausgesprochen höflich. „Bitte verstauen Sie die Sachen in dem betagten Skoda mit Torgauer Kennzeichen vor dem Haupteingang."

Er drehte sich wortlos um, so als wäre ein Nichtbefolgen seiner Bitte absolut unvorstellbar, und hatte recht damit.

Gegen Mitternacht waren sie endlich in der Elbklause angekommen. Klaas hatte einen fachmännischen Verband erhalten, obwohl die Wunde harmlos war. Rütter und seine Kollegen hatten stundenlang vor Hammerschmidts Wohnung gewartet, bis Helena einfiel, ihn anzurufen. Hammerschmidt selber befand sich in der Obhut der Leipziger Polizei, seine Koffer und Akten in Helenas Gästezimmer.

Als sie die Gaststube betreten wollten, hob Helena die Hand und sagte: „Stop! Zwei von uns sollten erst mal duschen, bevor ich Ärger mit dem Gesundheitsamt bekomme. Und es sind weder Holger noch meine Wenigkeit!" Klaas und Eberwein senkten grinsend die Köpfe und stapften davon.

In der Klause wurde sie von einer erleichterten Gabi begrüßt. „Fein, dass ihr wieder da seid. Da kann ich ja den Rest meines Urlaubs doch noch was anderes als Kneipe machen", sagte sie grinsend. Helena wusste, wie das gemeint war, und drückte ihre Freundin innig. „Danke, liebste Gabi. Möchtest du morgen Abend unser Gast sein?"

„Hier in dieser Kneipe?" Sie guckte, als hätte Helena ihr einen Urlaub als Galeerensträfling angeboten. Dann hellte sich ihr Gesicht auf und sie sagte lachend: „Du meinst, als ganz normaler Gast? Und ich muss keinen Schritt in die Küche oder hinter die Theke setzen?"

„Versprochen. Dafür brätst du uns jetzt ne Rutsche Spiegeleier."

„Ich wusste, dass die Sache einen Haken hat", stöhnte Gabi. Etwas später saßen sie zu viert in ihrer Ecke. Nur allmählich fiel die Hektik von ihnen ab. Helena schnüffelte provokativ in die Richtung von Klaas und Eberwein, hatte aber keinen Grund mehr, sich zu beschweren. Die beiden waren unter der Dusche wieder zu zivilisierten neutral riechenden Menschen mutiert. Allerdings wurden ihre Augen immer kleiner. Die anstrengenden Nächte auf den Strohsäcken hatten sie noch nicht verdaut.

Helena war das nicht entgangen. „Ich seh, ihr werdet heute nicht alt. Lasst uns was essen und dann ab mit euch ins Nest. Das große Palaver veranstalten wir morgen." Sie hatte sich während der letzten Tage mit der Rolle des Anführers abgefunden. Und sie vergaß nicht, bei Rütter um Bewachung der Elbklause zu ersuchen, da Maik mit a i oder Claus Narr oder wie auch immer er heißen mochte, bisher nicht gefasst war.

Niemand hatte gefragt, was für einen Ausweis Eberwein den Polizisten vor die Nasen gehalten hatte.

25. Tag

Oh nein, die Nächte auf dem Strohsack waren wirklich nichts für Klaas als nicht mehr ganz taufrischen Mann gewesen. Als er am nächsten Morgen aus der Minna kroch, taten ihm alle Knochen weh. Er sah auf die Uhr. Es war locker nach zehn und irgendetwas fehlte ... der Hund war nicht da.

Er ging hinüber in die Gaststube und ein fröhlicher Stöver watschelte ihm schwanzwedelnd entgegen.

„Morgen", erklang es aus der Küchentür.

„Moin", erwiderte Klaas. „Schönes Hemd heute."

„Idiot! Du hast das Hemd noch gar nicht gesehen!"

Klaas schmunzelte. „Du hast immer schöne Hemden an."

„Ach, wie mir dieses Gelaber die letzten Tage gefehlt hat." Helena erschien in einem blütenweißen, frisch gebügeltem Herrenoberhemd in der Tür zur Gaststube und trocknete sich die Hände an der Schürze ab. „Setz dich. Die Frühstückszeit im Ferienheim zu Belgern wurde ausnahmsweise verlängert."

Klaas grinste und begab sich in die Frühstücksecke. „Vom Doktor heute schon was gehört oder gesehen?"

„Nee, der pennt noch." Sie kam mit einer XXL-Kaffeekanne an den Tisch. „Deinen Hund hab ich erlöst und auf sein Klo gelassen, wenn es recht ist."

Klaas sah zu Stöver hinunter. Er lag zusammengerollt unter der Sitzbank und hatte die Augen geschlossen.

„Ist schon recht. Ihr habt euch die letzten Tage ja gut aneinander gewöhnt."

„Höre ich da Eifersucht?"

„Um Gottes willen, nein! Doch nicht wegen eines Hundes!" Das gewöhnliche Geplänkel zwischen ihnen war herzerfrischend, stellte Klaas zufrieden fest.

Von der Treppe erklangen Schritte.

„Guten Morgen Doktor." Helena musterte sein Gesicht. „Wirklich erholt siehst du nicht aus."

„Mag sein." Eberwein wirkte tatsächlich nicht wie das blühende Leben. „Ich habe wenig geschlafen. Und wenn, dann hab ich irgendwelchen Mist von Narren im Glöckchenkleid und Armin im Harnisch geträumt."

„Setz dich und trink Kaffee. Wenn das nicht hilft, legst du dich hinterher wieder hin." Helena stellte einen Kaffeebecher vor Eberwein auf den Tisch und goss dampfende schwarze Brühe ein. „Grüße aus Torgau" stand auf dem Becher unter einer Abbildung von Schloss Hartenfels. Eberwein starrte die Tasse grimmig an, trank und verbrühte sich die Lippen. Nachdem er mit dem Fluchen fertig war, fragte er Klaas: „Nur um sicherzugehen: Der Typ im Hintergrund, der mit dem Brustpanzer, das war doch Armin, oder?"

Klaas nickte. „Ich glaube schon. Er kam dir ja gleich bekannt vor."

„Stimmt. Nur auf Armin wäre ich nicht gekommen."

Sie saßen sich einige Zeit schweigend gegenüber und nippten an ihren Kaffeetassen.

"Was passiert jetzt? Hat der Sheriff sich gemeldet?", fragte Klaas irgendwann und wie auf Kommando klingelte Helenas Handy.

Sie warf einen Blick auf das Display und nickte. Sie hörte geraume Zeit wortlos zu. Rütters Stimme plärrte aus dem Handy, es war kein Wort zu verstehen.

Helena beendete das Gespräch und sagte ausgesprochen fröhlich: „Auch ein blindes Huhn und so weiter."

„Was denn nun?", fragte Klaas ungeduldig.

„Er hat sie alle beide. Maik und den Pfarrer."

„Wie bitte? Alle beide?"

„War ein Scherz. Maik ist definitiv der falsche Pfarrer." Sie setzte sich grinsend. „Rütter hat ihn vor Jessicas Haustür aufgelesen. Das der so blöd ist ..."

„Und Armin? Warum war der so naiv, ausgerechnet in die Uni zu fahren?", fragte Eberwein.

„Stimmt", sagte Klaas. „Für einen Akademiker recht fantasielos. Vielleicht sind die Papiere so außerordentlich wichtig, dass sie jedes Risiko rechtfertigen. Hast du schon reingesehen, Doktor?"

„Nein, hab mich nicht getraut. Ich habe nämlich eine Ahnung."

„Die waren beide durch den Wind. Die hatten Panik", meinte Helena. „Wir haben in dem Verlies ja anständig Krawall gemacht!" Sie klatschte vor Freude in die Hände.

„Allerdings. Ich habe ebenfalls einen mords Schreck bekommen", gab Eberwein zurück. „Wahrscheinlich hatten die Spießgesellen in ihrer grenzenlosen Verblendung nicht einkalkuliert, dass etwas schief gehen könnte. Und nun?"

Klaas überlegte. „Wie wäre es, wenn wir uns teilen? Du fährst nach Leipzig und nimmst am Verhör von Hammerschmidt teil. Vorher verschaffst du dir einen groben Überblick, was in den Koffern ist. Ich könnte zu Rütter fahren und Maik, den durchgeknallten Pfarrer, in die Mangel nehmen."

„Und ich?", riefen Holger, der plötzlich am Fuß der Treppe stand und Helena im Chor.

„Was machst du denn um diese Zeit unter den Lebenden?", feixte Klaas, ohne eine Antwort abzuwarten. „Ihr zwei macht das, was ihr am besten könnt". Beide sahen ihn fragend an. „Kneipe und Stöver. Wo ist das Problem?"

„Nee, nee, nicht mit uns! Wir reißen uns hier den Arsch auf, um euch wieder rauszuhauen, und jetzt, wo es kurzweilig und ungefährlich wird, wollt ihr uns abschieben? Kommt nicht in die Tüte. Ich fahre mit nach Torgau. Basta! Schließlich spurt der Rütter bei mir am besten", verkündete Helena.

„Dann sehe ich mir in Leipzig Arschloch Armin an. Ich bin hier schließlich im Urlaub. Da will ich was erleben", stellte Holger fest und verschränkte die Arme als Zeichen dafür, dass die Diskussion für ihn erledigt wäre.

Klaas und Eberwein sahen sich an und Klaas zuckte mit den Schultern. „Mir scheint, wir haben nix mehr zu sagen. Was soll's. Und was Rütter angeht, hat sie sogar recht."

Helena stieß ihm mit dem Ellenbogen in die Seite. „Rede nicht so, als wenn ich nicht da wäre! Also, ich fahre mit und Stöver ebenfalls. Vorher haben wir ein paar Telefonate zu erledigen." Sie wandte sich an Eberwein. „Du könntest Lippmann in Dresden anrufen. Der freut sich, wenn er hört, dass du wieder unter uns weilst. Ich rufe Rütter an. Der soll seine Leipziger Kollegen darauf vorbereiten, dass sie zwei Klappstühle beim Verhör von Armin dabeihaben, die ihre Klappe nicht halten können."

Gesagt, getan, und am frühen Nachmittag waren sie in verschiedene Richtungen unterwegs. Holger und Eberwein fuhren entgegen Eberweins heftiger Proteste mit der Harley, nachdem Helena einen Helm für Eberwein rausgesucht hatte. In einer Kneipe vergaßen die Gäste so einiges. Da war schon mal ein Motorradhelm dabei.

Klaas hatte seit mehreren Tagen das erste Mal die Minna mobilisiert. Als sie unterwegs waren, ließ Helena die Blicke schweifen, als hätte sie das Wohnmobil noch nie von innen gesehen. „Gar nicht so übel, dein Rolling Home", meinte sie süffisant lächelnd und Stöver genoss es, endlich seinen Lieblingsplatz unter dem Tisch wieder einzunehmen.

Als sie in Torgau auf dem Polizeirevier ankamen, erwartete Rütter sie im Eingang, ungeduldig von einem Bein aufs andere tretend. „Verhörraum zwo", ließ er hochwichtig verlauten, während er Stöver mit einem missbilligenden Blick bedachte. Dann stolzierte er federnden Ganges vor ihnen her. Klaas grinste und imitierte Rütter, indem er bei jedem Schritt halb in die Knie durchsank, bis Helena ihn anstieß und kichernd den Kopf schüttelte.

„Haben Sie schon mit ihm gesprochen?", fragte Klaas im Gehen.

„Nein, ich möchte Ihnen zeigen, dass auch wir in der Provinz in der Lage sind, ein scharfes Verhör zu führen." Rütter schwebte auf Wolke sieben. Er war wichtig und konnte damit protzen. Helena verdrehte die Augen und seufzte. Während der letzten Tage hatte sie zwischenzeitlich den Eindruck gehabt, Rütter wäre auf dem Weg der Besserung. Dies schien eine vorübergehende Erscheinung gewesen zu sein.

Als Sie den Raum betraten, saß der Pfarrer schon auf dem Delinquentenstuhl, eine nackte Leuchtröhre über und ein Mikrofon vor sich. Klaas orientierte sich. Es war ein klassischer Verhörraum mit dem obligatorischen einseitig durchsichtigen Spiegel. Klaas nickt in Richtung Spiegel. „Wer sitzt dahinter?"

„Niemand Wichtiges. Ein Beamter als Zeuge und einer für die Videoaufnahme." Die sind wahrscheinlich wichtiger als du, dachte Klaas und setzte sich dem Pfarrer gegenüber. Rütter wollte aufbegehren, weil er diesen Stuhl logischerweise als seinen Platz betrachtete. Helena brachte ihn per Handbewegung zum Schweigen, der Sheriff seufzte und fügte sich mit hängenden Schultern.

Als Stöver den Pfarrer sah, stellte er die Nackenhaare auf, ließ ein leises Knurren vernehmen und zeigte die Spitzen der ansehnlichen Eckzähne. „Ist gut, mein Junge", sprach Klaas beruhigend auf ihn ein, „wir haben das im Griff." Der Hund legte sich neben den Tisch und fixierte den falschen Narren.

Nachdem Helena und Rütter Platz genommen hatten, eröffnete Rütter das Gespräch ganz nach Vorschrift mit

Datum, Tageszeit und einer Auflistung der Gesprächsteilnehmer.

„Sie sind Maik Flussmüller, geboren in Neuzwönitz? Maik mit a i?"

Der falsche Pfarrer rührte sich nicht, warf nur einen misstrauischen Blick auf den Hund. Er trug heute keinen Talar, sondern ganz weltlich Jeans und ein graues T-Shirt mit Schweißrändern um die Achseln.

Rütter sagte seinen Text auf. „Ihnen wird zur Last gelegt, den hier anwesenden Kriminalhauptkommissar a.D. Klaas Tidemeyer sowie Herrn Doktor Jens Eberwein entführt und gegen ihren Willen mehrere Tage festgehalten zu haben. Dies erfüllt den Tatbestand des schweren Menschenraubs." Klaas überlegte kurz, was leichter Menschenraub sein könnte.

Bei der Erwähnung des Kriminalhauptkommissars zuckte Maik zusammen, starrte aber weiterhin stur geradeaus. Klaas' Beruf schien ihm neu zu sein.

„Geben Sie die Tat zu?"

Maik blieb stumm. Klaas freute sich über die Beförderung, sah Maik an und fragte leichthin: „Sag mal, wo hat damals der Gesandte des Papstes die Elbe überquert?"

Maik zuckte erneut zusammen und starrte Klaas wie einen Außerirdischen an. Das irre Flackern in seinen Augen war wieder da. Sonst erinnerte nichts an die Darbietung des Claus Narr, welche Maik an den letzten Tagen abgeliefert hatte. Der hat wirklich einen an der Waffel, dachte Klaas. Stöver knurrte wieder, diesmal mit gebleckten Zähnen, und Maik rückte auf seinem Stuhl ein paar Zentimeter von ihm weg. Klaas lächelte.

„Du brauchst eigentlich gar nichts sagen, Claus Narr, denn dein Freund Armin Hammerschmidt plaudert schon fleißig. Wir haben den Eindruck, dass er möglichst viel auf dich abwälzen will", provozierte ihn Klaas. „Na ja. Kann ich verstehen. Der versucht, seinen Kopf aus der Schlinge zu ziehen und braucht nen Dummen, der die Suppe auslöffelt."

Maik tickte vielleicht nicht ganz sauber, aber dumm war er nicht. Er grinste und sagte: „Was für ein alberner Trick. Zuviel Krimis im Fernsehen geguckt?"

Klaas grinste ebenfalls. Er hatte sein erstes Ziel erreicht. Maik redete.

„Oh! Er kann ja normal reden, ohne zu nuscheln. Nur sabbern tut er noch", imitierte Klaas dessen Sprechweise aus dem Gewölbe, und tatsächlich wischte Maik sich mit dem Handrücken reflexartig imaginären Sabber aus dem Gesicht.

Klaas lachte. „Jessica hat ebenfalls begriffen, dass du sie für deine Zwecke missbraucht hast. Es war ein Fehler, ihre Gläubigkeit auszunutzen. Um so größer ist die Enttäuschung. Glaube und Hass liegen nicht weit auseinander. Wenn jemand wirklich Brass auf dich hat, dann sie."

Klaas hatte das nächste Ziel erreicht: Maik verlor die Beherrschung. Er versuchte, aufzuspringen, doch Rütter, froh, auch etwas beitragen zu dürfen, packte ihn an den Schultern und drückte ihn zurück auf den Stuhl. Stöver war ebenfalls aufgesprungen und fletschte die Zähne. Klaas brachte den Hund zur Ruhe und wandte sich wieder an Maik.

„Was sollte die Tour mit dem Pfarrer?", fragte er.

Maik blickte ihn aus schmalen Augen an und sagte giftig: „Ich bin der rechtmäßige Pfarrer von Neuzwönitz. Niemand hatte das Recht, die Kirche zu entweihen. Das ist alles ein Werk dieser verdammten Lutheraner!"

„Du meinst, die evangelische Kirche ist schuld daran, dass keiner mehr nach Neuzwönitz in den Gottesdienst gekommen ist?"

„Wer sonst? Und alles nur wegen dem Schatz."

„Wegen des Schatzes. Der Dativ ist dem Genitiv sein Tod."

Maik glotzte ihn verständnislos an.

„Welchem Schatz?", bohrte Klaas.

„Fragen Sie nicht so. Sie suchen doch selber auch danach. Nur deshalb sind Sie auf das Haus meiner Familie gestoßen."

„Und wenn ich dir versichere, dass ich den Keller und das Skelett nur durch Zufall gefunden habe? Dass ich von keinem Schatz weiß?" Klaas hatte die letzten Sätze sehr sachlich gesagt, ohne Spott oder Provokation.

Maiks Gesicht drückte eine Mischung aus Trotz und Zweifel aus. „Pah! Woher soll ich wissen, dass Sie mich nicht anlügen?"

„Warum sollte ich?"

Maik war die Verunsicherung anzusehen. Er hatte den Trotz, die Dickfelligkeit abgelegt und hing zusammengesunken in seinem Stuhl.

Klaas bohrte weiter: „Hör zu. Es macht einen immensen Unterschied, ob Hammerschmidt uns erzählt, was passiert ist, oder du. Davon hängt immerhin ab, ob du zwei bis drei Jahre oder aber zwanzig Jahre in den Knast gehst. Also sei schlau und kooperiere mit uns. Du hast nichts mehr zu verlieren. Hammerschmidt haut dich eh in die Pfanne, da bist du nicht der Erste, mit dem er das macht. Du hast doch mitbekommen, wie er mit Freunden umgeht. Oder weißt du nicht, wie gut er und Eberwein sich kennen?"

Ja, er wusste es. Das merkte Klaas ihm an.

Holger genoss es, wieder auf dem Bock zu sitzen. Eberwein weniger. Er klammerte sich die ersten Kilometer in jeder Kurve verkrampft an seinen Vordermann.

„Du musst dich zusammen mit mir in die Kurven legen", rief Holger ihm zu, als sie in Torgau an der ersten der vielen roten Ampeln standen. Eberwein nickte verbissen und war über jede weitere rote Ampel erleichtert.

Dann ging es auf die Bundesstraße Richtung Eilenburg und Holger ließ die Harley laufen. Eberwein traute sich zuerst zaghaft, dann immer beherzter, sich wie Holger in die Kurve zu legen. Und siehe da, aus den Fliehkräften wurde Andruck. An der ersten Ampel in Leipzig rief Eberwein leichthin nach vorne: „Ist auch nicht anders als Radfahren", und Holger feixte in seinen Helm.

Eberwein dirigierte Holger bis zum zuständigen Polizeirevier. Als sie vor dem Haupteingang vom Motorrad stiegen, sagte Eberwein: „Zurück fahre ich dann", und klemmte sich den Helm wie ein Profi unter den Arm. „Und ich will ein rotes Halstuch."

Am Eingang wurden sie erwartet. „Das Landeskriminalamt in Dresden hat uns überraschenderweise gebeten, Sie in die Vernehmung des vorläufig festgenommenen Armin Hammerschmidt einzubeziehen", verkündete ein unscheinbar wirkender Polizist in Zivil förmlich. „Gestatten, Hauptkommissar Brandel. Ich leite die Ermittlung."

„Wieso LKA?", fragte Holger erstaunt. „Ich war der Meinung, der Hilfssheriff aus Torgau hätte unser Gastspiel klargemacht?"

Brandel hob angesichts der laxen Ausdrucksweise Holgers die Augenbrauen. Eberwein rettete die Situation und wandte sich an Brandel. „Mein Name ist Jens Eberwein." Er zeigte wieder den geheimnisvollen Ausweis in der Lederhülle.

Brandel senkte respektvoll den Kopf. Holger wurde zehn Zentimeter größer und versuchte, bedeutsam zu gucken. „Doktor, bin ich jetzt auch wichtig?", fragte er flüsternd und Eberwein erwiderte grinsend: „Halt lieber die Klappe, sonst ist es mit dem Respekt gleich wieder vorbei!"

Kurz darauf betraten sie ebenfalls einen klassischen Verhörraum mit greller Lampe und großem Spiegel. Als Armin seinen Ex-Freund Eberwein hereinkommen sah, senkte er den Blick und fixierte seine Hände.

Nachdem sie sich gesetzt hatten, legte Eberwein ein paar Akten, eine davon in DDR–beige und mit einem großen roten Stempelabdruck versehen, vor sich auf den Tisch und richtete sie übertrieben sorgfältig aus. Hammerschmidt war beim Anblick der antiquierten Mappe um eine Nuance blasser geworden. Eberwein ergriff das Wort, was Brandel anstandslos geschehen ließ.

„Hallo Armin", sagte er leichthin. „Hätte nicht gedacht, dass dir der Harnisch passt."

Hammerschmidt wurde ein Stück kleiner.

„Sie kennen sich?", fragte Brandel. „Das war mir nicht bekannt."

„Flüchtig", erwiderte Eberwein freundlich, „erst seit etwa fünfzig Jahren. Wie beste Freunde sich eben kennen."

Er hätte Armin auch ohrfeigen können, die Wirkung wäre dieselbe gewesen. Saß er vor dem Eintreten Eberweins selbstbewusst und scheinbar unbesorgt auf seinem Stuhl, war er jetzt, wenige Sekunden später, nur noch ein Häuflein Elend.

Der Doktor beugte sich vor und legte die Arme auf den Tisch. „Tu nicht so überrascht. Du weißt, dass diese Akte in deinem Koffer steckte. Ich habe noch nicht hineingesehen, denn ich möchte es aus deinem Mund hören: bis wann warst du tatsächlich mein Freund? Oder andersherum gefragt: Seit wann war ich der Blödmann, der nichts gemerkt hat?

Und zweitens möchte ich alles hören, was dich mit dem Skelett von der Elbe, mit der Kirche in Neuzwönitz und mit Maik Flussmüller verbindet. Danach bist du mich los. Für immer. Dein übriges Elend kannst du mit Hauptkommissar Brandel durchkauen."

Hammerschmidt hatte bis jetzt kein Wort gesagt, aber es war nicht zu übersehen, wie es in ihm arbeitete. Es dauerte einige Zeit peinlichen Schweigens, bis er den Blick hob und sagte: „Zu erstens: Seit ich mich um einen Studienplatz beworben hatte." Er sah Eberwein offen an und sagte fast weinerlich: „Jens, versteh doch. Du weißt, wie es damals war. Als die Leute vom MFS eines Tages bei mir vor der Tür standen, hatte ich keine Wahl. Wenn ich studieren wollte, musste ich mitmachen."

„Nein", sagte Eberwein, „das muss ich nicht verstehen." Er lehnte sich zurück und fragte: „Und zu zweitens?"

„Maik Flussmüller hat mir erzählt, dass er ein Skelett und eine leere Truhe in dem Keller an der Elbe gefunden hat ..."

Eberwein unterbrach ihn: „Woher kennst du den Amateurpfarrer?"

„Ich hab ihn ein paar Mal an der Uni gesehen. Dann hab ich ihn eines Abends im Archiv erwischt, in dem er als Hausmeister nichts zu suchen hatte. Damit ich ihn nicht verpfeife, hat er mich eingeweiht."

„Wie ist er an die Sache rangekommen?"

„Das ist eine lange Geschichte. Seine Familie lebte seit Generationen in dem Haus an der Elbe, von dem jetzt nur noch der Keller da ist. Seine Vorfahren im sechzehnten Jahrhundert müssen an irgendeiner Schandtat beteiligt gewesen sein, deren Resultat unter anderem das Skelett im Harnisch war.

Wie und wann der Tote und die Truhe in den Keller gekommen sind, weiß heute keiner mehr. Die Sache wurde vertuscht, indem der Keller zugemauert wurde. Ein paar hundert Jahre kam niemand an Skelett und Truhe heran. Selbst, als das Haus 1872 abgerissen wurde, wegen des Elbdurchstichs, blieb der Keller unberührt. Ob zufällig, oder ob manipuliert, weiß ich nicht. Maik hat irgendwie davon erfahren und im Archiv der katholischen Fakultät nach weiteren Einzelheiten gesucht. Parallel hat er nach den Überresten des Hauses geforscht. Kurz bevor er den Keller fand, ist Tidemeyer reingefallen. Direkt nach ihm war Maik dort und hat die leere Truhe gesehen. Da kaum Staub darin war, glaubte er natürlich, dass Tidemeyer die Truhe geöffnet und ausgeräumt hat."

„Was erwartete er denn, was drin gewesen sein könnte?"

„Er hatte die fixe Idee, dass die Sache mit dem Besuch eines Gesandten des Papstes in Wittenberg zusammenhängt. Das er dort brisante Briefe oder Botschaften des damaligen Papstes findet. Gerichtet entweder an Luther oder an die Gegner der Reformation."

„Und du? Was hast du als Wissenschaftler über den Inhalt der Truhe vermutet?"

„Was weiß ich. Zu der Zeit ist doch in der Gegend genug passiert. Die Schlacht bei Mühlberg und so weiter. Im Idealfall war Gold oder Geld in der Truhe, mit dem Söldner bezahlt werden sollten."

„Und das klaut dann jemand, um es fünfhundert Jahre im Keller für dich aufzubewahren?"

„Weiß ich doch nicht. Vielleicht waren ja wichtige Depeschen oder sonst was darin. Der Fund wäre heute auf jeden Fall wertvoll."

„Es ging dir also nur ums reich werden?"

Armin senkte den Blick. „Es ging mir nicht unbedingt ums Geld. Aber mit dem Fund wäre ich in die wichtigsten Fachzeitschriften gekommen, hätte Vorträge halten können."

Es klopfte und ein uniformierter Polizeibeamter steckte den Kopf durch die Tür. „Doktor Eberwein?"

„Ja, bitte?"

„Hier ist ein Umschlag für Sie abgegeben worden." Eberwein nahm das Kuvert entgegen und öffnete es. Es enthielt lediglich ein DIN-A4-Blatt mit dem Logo der Uni Leipzig in der rechten oberen Ecke. Eberwein überflog es, legte es beiseite und sah Hammerschmidt wieder lächelnd an.

„Du wolltest also gleichzeitig reich und berühmt werden?" Er betonte das Wort „und".

Hammerschmidt richtete sich auf und öffnete den Mund, um sich zu rechtfertigen, doch der spöttische Blick Eberweins hielt ihn davon ab. Er sank wieder in sich zusammen und starrte auf seine Hände.

Eberwein fuhr mit der Befragung fort: „Warum habt ihr die Elbklause im Visier gehabt?"

„Nicht die Kneipe, nur den Typen aus Hamburg, diesen Tidemeyer. Wir wussten nicht, was der gefunden hat und was er unternehmen würde. Dass er ausgerechnet an dich geraten ist, war natürlich blöd."

„Eins möchte ich gern wissen", schaltete Holger sich ein: „Warum ist dieser Maik so verbissen? Der hat doch nicht alle Nadeln auf der Tanne, so, wie der in die Welt guckt."

Armin war, wie es schien, froh über den Themawechsel und gab sich kooperativ: „Bei dem ist einiges schief gegangen. Sein Onkel, der Pfarrer, hatte nur für seine Gemeinde in Neuzwönitz gelebt. Als die Kirche dichtgemacht wurde, hat der das nicht verkraftet und ist in die Elbe gegangen. Seine Verwandten haben den Selbstmord totgeschwiegen beziehungsweise als Unfall ausgegeben. Maik ist damit nicht klar gekommen. Dazu seine brennende Religiosität, gepaart mit dem Hass auf die Kirche als Institution. Das reichte, um ihn fertigzumachen. Trotzdem wollte er katholische Theologie studieren ..."

Eberwein unterbrach ihn. „Das ist doch unlogisch, wenn er was gegen die Kirche hatte."

„Christlicher Glaube ist nicht gleich Kirche. Außerdem, wie gesagt, durch die Sache mit seinem Onkel ist der völlig durch den Wind.

In den ersten Semestern hat Maik Flussmüller sich als dermaßen fanatisch entpuppt, dass alle Dozenten inklusive der Fachbereichsleiter das Gruseln bekamen. Um ihn loszuwerden, haben sie Gründe für seine Exmatrikulation konstruiert und ihn geschasst. Als die Manipulation hochkochte, haben sie ihm dem Job als Hausmeister verschafft, um ihn ruhig zu stellen. Aber das war wohl ein Fehler."

„Auf jeden Fall. Und der nächste Fehler war, dass er dir begegnet ist."

Eberwein erhob sich kopfschüttelnd und wandte sich an Brandel. „Ihr Patient", sagte er, klemmte sich die Akten unter den Arm und ging zur Tür hinaus, ohne Hammerschmidt noch eines Blickes zu würdigen.

Holger verabschiedete sich von Brandel mit einem Nicken und folgte Eberwein.

Als sie draußen an der Harley angekommen waren, fragte Holger ihn: „Was ist das für eine alte Akte? Stasi?"

„Leider ja."

In Maik arbeitete es. „Es begann damit, dass mein Onkel gestorben ist."

„Zier dich nicht. Einfach weiter erzählen!"

„Onkel Johannes hatte, bevor die Kirche entwidmet und geschlossen wurde, wochenlang Ordner und Dokumente in Sicherheit gebracht. Unterlagen, an denen er lange gearbeitet hatte."

Klaas beobachte Maik aufmerksam. Die ruhige und sachliche Sprechweise passte nicht zu dem irren unsteten Blick, mit dem seine Augen fortwährend andere Ziele suchten und sofort wieder verloren. Klaas widerstand der Versuchung, ihn weiter zu provozieren. Solange Maik sich zusammenriss, erhielt er Informationen, wenn er ausrastete oder blockierte, nützte er ihm nichts.

„Warum sollte Armin mich in die Pfanne hauen? Er will mir helfen, eine neue Gemeinde aufzubauen und die Arbeit meines Onkels fortzusetzen. Deswegen hat er mit angepackt, die Unterlagen meines Onkels aus der Kirche zu retten."

„Hat er dir gesagt, du sollst in das Haus von Eberwein gehen und dort nach Unterlagen suchen?"

„Ja. Die ganzen Bücher und Ordner dort gehören ohnehin mir!"

„Wieso?" Klaas war ehrlich erstaunt.

„Weil meine Familie die Sachen aufbewahrt hat. Als das Haus an der Elbe abgerissen wurde, sind einige der Flussmüllers nach Arzberg gezogen, in das Haus, das jetzt diesem Heimatforscher gehört."

Klaas fasste sich an den Kopf. „Ich Idiot!", schimpfte er und Helena pflichtete ihm bei: „Wir Idioten. Ich hab doch gleich gesagt, dass ich den Namen Flussmüller schon mal gehört habe: Als Jens über die Vorbesitzer von seinem Haus gesprochen hat!"

„Genau", sagte Klaas, „und wir haben den Zusammenhang nicht geschnallt." Er wandte sich wieder an Maik: „Woher kommen die Jahrbücher und Dokumente in der Kirche?"

„Solange in unserer Gemeinde Gottesdienste abgehalten wurden, war immer ein Flussmüller Pfarrer in Neuzwönitz. Zumindest die letzten paar Jahre. Als die Kirche ausgesegnet werden sollte, haben wir alles in den unterirdischen Gängen in Sicherheit gebracht und, als die Leute vom Bistum wieder weg waren, alle Bücher und Aufzeichnungen wieder raus geholt, damit sie in der Feuchtigkeit nicht vergammeln. Wir dachten, in unserer Kirche suchen sie am wenigsten danach."

Bestechende Logik, dachte Klaas.

„Was ist dann passiert?"

Maiks Widerstand war gebrochen. Er schien erleichtert, sich sein Elend vom Leib reden zu können. „Armin hatte mir aufgetragen, wonach ich suchen sollte ..."

„Also doch Hammerschmidt!", unterbrach ihn Klaas. „Bitte weiter!"

„Er hatte mir gesagt, was für Unterlagen wir brauchen. Ich bin nach Arzberg und habe in der Nähe des Hauses im Wald gewartet, bis Eberwein weg ist, dann bin ich rein und hab angefangen zu suchen. War ja nicht einfach. Mann, steht da viel Zeug rum."

„Weiter bitte!"

„Auf einmal stand der Alte in der Tür und blaffte mich an. Ich war so mit Suchen beschäftigt, dass ich nicht mitbekommen habe, wie er zurückgekommen ist. Ich hab das Erste genommen, was ich in die Hand kriegen konnte, und ihm damit eins übergebraten."

„Hattest du keine Angst, dass er tot sein könnte?"

„Hab ich nicht drüber nachgedacht, musste suchen. Armin hätte mich zur Sau gemacht, wenn ich ohne was wiedergekommen wäre."

„Wie gings weiter?"

„Dann hielt der Campingbus vorn am Gartentor. Als ich den Köter sah, bekam ich Schiss, bin hinten raus und weg."

Stöver hatte sich halb erhoben und bleckte wieder die Zähne, als Maik auf ihn zeigte. Klaas legte dem Hund beruhigend die Hand auf den Kopf und wechselte das Thema: „Warum willst du eine neue Gemeinde aufbauen?"

„Den Sesselfurzern in der Kirchenverwaltung geht es heute nur um Geld, Grundbesitz und Politik, nicht mehr um den wahren Glauben. Die Geschichte Jesu zu verkünden, ist meine von Gott gegebene Aufgabe." Bei den letzten Worten richtete er seine Augen gegen die Zimmerdecke und faltete die Hände.

Doch ne Macke, dachte Klaas peinlich berührt, und Helena schüttelte stumm den Kopf. Trotzdem wollte er noch etwas wissen: „Was ist mit Jessica?"

Maiks Gesichtsausdruck wurde zynisch. „Die doofe Kuh", sagte er mehr zu sich selbst.

Rütter machte Anstalten aufzuspringen und wurde von Klaas durch eine Handbewegung nebst missbilligendem Blick daran gehindert. „Wieso?", fragte er Maik.

„Ich dachte, sie hat den wahren Glauben. Sie wäre das erste Mitglied meiner neuen Gemeinde. Aber sie ist nicht mehr folgsam, sie gehorcht nicht mehr."

„Wie hast du sie kennengelernt?"

„Ich hab sie auf dem Friedhof getroffen, am Grab ihrer Mutter. Wir haben über den Tod und die Auferstehung Jesu gesprochen." Sein Gesichtsausdruck verklärte sich und ein mildes Lächeln umspielte seine Lippen.

Klaas hatte die Wahl zwischen Mitleid und Übelkeit. Er stand auf und sagte zu Rütter: „Ab in die Psychiatrie mit ihm. Wir können froh sein, dass nichts Schlimmeres passiert ist."

Am frühen Nachmittag waren Klaas und Helena nebst Stöver zurück in der Klause. Gabi war über ihre Ankunft außerordentlich erfreut, erstickte sie doch fast unter dem Ansturm der Elbradwegwanderer. Klaas' Hilfe am Zapfhahn wäre gut zu pass gekommen, jedoch trieb es ihn mit Stöver hinaus an die Elbe, weil er Zeit brauchte, seinen Gedanken nachzuhängen.

Eines war klar, das Abenteuer um Wilfried und die leere Geldkiste näherte sich dem Ende zu. Morgen, spätestens übermorgen hatte er keinen Grund mehr, in Belgern zu verweilen. Vor drei Wochen kannte er hier niemanden, jetzt hatte er Freunde, die ihm etwas bedeuteten.

Er ließ sich, vielleicht zum letzten Mal, auf der Bank der Nordsächsischen Kreditbank nieder, entließ Stöver in die Spielstunde zu seinen Kumpels an den Elbstrand, streckte die Beine lang aus und sah ziellos in den Himmel.

Er dachte an Jens Eberwein, den kauzigen Alten mit dem Spitzmausgesicht und dessen anfängliches Misstrauen.

An Holger, seinen Kneipenwirt, der sich ebenfalls als zuverlässiger Helfer in der Not erwiesen hatte: unkompliziert und loyal.

Und natürlich an Helena. In ihre Herrenhemden, die ihr so phänomenal standen.

Oh ja, Helena war ein Problem.

Er hing seinen Gedanken nach, bis er von Holger aufgeschreckt wurde, der plötzlich und unbemerkt hinter ihm stand. „Na, träumst du von der schönen Helena?"

Klaas fühlte sich ertappt. „Und wenn? Wäre das so verwerflich?" Klaas hatte sich schnell gefasst und sah seinen Freund leise lächelnd an.

„Die Dame hat schon was, in ihren schicken Hemden. Ich kann dich verstehen."

„Was verstehst du?"

„Tu nicht so. Sieht doch jeder, dass du angebissen hast!"

„Quatsch!" Klaas stand auf und sagte: „Bin fast eingepennt auf der gemütlichen Bank."

Holger warf lachend einen Seitenblick auf die knochenharte Bank, die alles andere als gemütlich war, klopfte seinem Freund auf die Schulter und sagte: „Los jetzt, die anderen warten auf dich. Der Doktor will ne Rede halten, fürchte ich."

Als sie zurück in die Elbklause kamen, reichte es zwar für Kaffee und Kuchen, die beabsichtigte Plauderrunde verhinderten jedoch die Elbradfahrer, sodass Klaas und Holger doch wieder an der Zapfanlage landeten.

26. Tag

Klaas genoss sein Bett in der Minna. Gegen morgen wurde er kurz wach, als irgendwer Stöver aus dem Campingwagen lockte, drehte sich wieder um und schlief weiter bis in die Mittagszeit.

Jetzt, nach der zweiten Nacht in seinem Bett, hatte er die Strapazen der Einkerkerung einigermaßen überwunden. Auch, wenn ihn einzelne Knochen immer noch schmerzten.

Als er die Gaststube betrat, saß Eberwein mit einem großen Papierstapel vor sich am Frühstückstisch und hantierte eifrig mit Bleistift und Textmarker. Stöver lag zu seinen Füßen, begrüßte sein Herrchen mit einem müden Schwanzzucken und Helena trug hellblau.

Klaas setzte sich zu Eberwein, stützte beide Ellenbogen auf den Tisch und hielt seinen Kaffeebecher beidhändig vor dem

Gesicht. Er deutete auf ein Schriftstück mit dem sächsischen Wappen oben rechts. „Der Wisch sieht neu aus."

„Ist er auch. Heut früh per Bote vom LKA gekommen."

„Warum mailen die nicht?"

„Sicherheitsvorschriften. Wir haben in ein Wespennest gestochen."

Klaas hob die Augenbrauen.

„Die Pistole, mit der Armin rumgeballert hat, ist dem BKA bekannt."

„Jetzt schon BKA statt LKA?"

„Kannst du mal sehen. Die Waffe ist bereits zweimal in Erscheinung getreten. Einmal 1988 in Leipzig. Und einmal nach der Wende in Dresden."

Der Großteil des Tages diente der Sammlung und Rekonvaleszenz. Erst gegen Abend wurden die Begebenheiten der letzten Tage wieder zum Gesprächsthema.

Gegen sieben, als der überwiegende Teil der Kneipengäste hinaus war, stand Lippmann überraschend in der Tür zur Gaststube. Eberwein erhob sich und begrüßte seinen geschätzten Kollegen aus Dresden. „Hallo Herr Lippmann! Mit Ihnen habe ich itzo nicht gerechnet."

Lippmann schüttelte ihm linkisch die Hand und deutete auf Helena, die gerade mit einem Tablett voller leerer Gläser Richtung Küche eilte. „Frau Hansmann meinte, frische Landluft würde mir guttun und hat mich für heute Abend eingeladen. Ich komme doch nicht ungelegen?"

„Wo denken Sie hin. Meine Überraschung ist eher der angenehmen Natur", erwiderte Eberwein in der ihm eigenen Art.

Holger ging dazwischen und meinte: „Bevor ihr euch vor lauter gestelzter Höflichkeit die Zungen brecht, setzt euch lieber. Ich bring mal was Bölkstoff."

Lippmann sah Holger irritiert hinterher, bis Klaas auf ihn zuging, um sich vorzustellen.

Es war wie immer: Im Hintergrund dudelte der Heimatsender und Stöver hatte sich mitten in der Gaststube fallen lassen. Unter dem Tisch war es ihm heute zu unruhig, da neben den alltäglichen Gästen auch Lippmann, Gabi und Susanne ihre Füße darunter strecken.

Helena selber saß noch nicht, sondern kam mit einem Tablett Sektgläser an den Tisch. „Bitte verteilen, ich hol derweil die Pulle", lautete die knappe Anweisung, dann verschwand sie wieder und stellte kurz darauf einen Sektkühler Größe XXL auf den Tisch, in dem unter einem weißen Tuch eine Flasche der imposanteren Art ruhte.

„Hm", machte Holger, nachdem er die Flasche aus dem Kübel genommen hatte. „Eine Magnum-Pulle Champus! Sogar original französischer", strahlte er und Eberwein setzte in Dozentenmanier hinzu: „Champagner, meine Damen und Herren, ist immer original französisch. Der Name beruht auf einem Weinanbaugebiet ..."

Klaas unterbrach ihn lachend. „Mensch, Doktor, hast du dich immer noch nicht an die schluderige Ausdrucksweise unseres Freundes aus der Nachbarschaft des Fischmarktpöbels gewöhnt? Glaube mir, dass er sich mit der Herkunft alkoholische Getränke hervorragend auskennt, sowohl in seiner Profession als Gastronom wie auch als Konsument."

„Das klingt ja, als wäre ich ein Säufer!", beschwerte Holger sich, und Klaas ermahnte ihn: „Rede nicht, schenk endlich ein!"

Helena erhob sich und sah einmal in die Runde, wobei ihr Blick an jedem Gesicht für einen Augenblick verweilte.

Sie entfaltete demonstrativ ein DIN-A4-Blatt, aber statt der erwarteten umfangreichen Rede sagte sie nur: „Als Hommage an meine neuen Freunde aus dem Norden: Haut wech, den Scheiß!", und knüllte das Blatt zu einer Kugel zusammen.

Während sie ihr Glas hob, blickte sie Klaas versonnen an und ihre Blicke verhakten sich einmal mehr für einen Moment.

Erst, als Holger ihm seinen Ellenbogen in die Seite rammte, löste Klaas seine Augen von der braun gebrannten Frau im Businesshemd und nahm den Rest der Runde wieder wahr. Holger grinste und Klaas revanchierte sich adäquat für den Knuff mit dem Ellenbogen.

Die Redepause gab dem zurückhaltenden Herrn Lippmann die Gelegenheit, das Wort zu ergreifen: „Ja guten Abend. Ich bedanke mich für die Einladung durch Frau Hansmann. Ich überlege zwar noch, ob ich die Fahrtkosten als dienstliche Ausgabe steuerlich absetzen kann, freue mich aber ungemein, an dieser Runde teilnehmen zu dürfen."

Klaas sah ihn fragend an. Kein Zweifel, der meinte das mit dem Absetzen ernst. Lippmann fuhr fort: „Zu allererst bin ich natürlich gespannt, zu erfahren, wie sich die Ereignisse in den letzten zwei Tagen entwickelt haben. Frau Hansmann hat mich lediglich wissen lassen, dass keine Sorge bezüglich Leib und Leben der Entführten besteht. Mehr weiß ich leider nicht."

„Noch so ein akademischer Redenschwinger!", beschwerte sich Holger polternd, hielt dem steifen Beamten sein Champagnerglas vor die Nase und sagte: „Jetzt ist mal Schluss mit dem förmlichen Gesieze. Ich bin Holger. Wie heißt du?"

Lippmann zuckte über dieser Distanzlosigkeit erschrocken zusammen. „Lippmann ... Gerhard meine ich", sagte er so dezent, dass er am anderen Ende des Tisches kaum zu verstehen war.

Im Nu hoben alle ihre Gläser und prosteten Gerhard unter Nennung ihrer Vornamen zu. „Ob ich mir die alle merken kann", gab Gerhard Lippmann tonlos zu bedenken.

„Wehe nicht!", lachte Helena und bedeutete Holger, nach zu schenken.

Doktor Eberwein erkämpfte sich die Aufmerksamkeit der Runde, indem er mit dem Fingernagel an sein Glas klopfte.

„Da mir die Geschichte am teuersten geworden ist, ergreife ich das Wort, bevor die Aufmerksamkeit reziprok zum Alkoholkonsum schwindet.

Mit „teuer" meine ich den Verlust eines Freundes. Gestern habe ich mich allen Ernstes gefühlt, als wenn mein bester Freund plötzlich verstorben wäre. In den letzten Stunden ist mir allerdings bewusst geworden, dass ich diesen Freund schon vor vierzig Jahren verloren habe, an dem Tag, an dem Armin Hammerschmidt die Zusage für seinen Studienplatz bekam.

Gleichzeitig hat sich meine Traurigkeit darüber in Erbitterung verwandelt. In Wut über dieses Arschloch, das mich aus den niedersten Beweggründen seit meiner Jugend hintergangen, ausspioniert und verraten hat.

Falls Holger es euch nicht erzählt hat: In einem der Alukoffer habe ich meine Stasi-Akte gefunden, die ich inzwischen quer gelesen habe."

Holger unterbrach ihn mit einer Zwischenfrage: „Warum hast du deine Akte nicht schon lange eingesehen?"

„Weil ich keine Notwendigkeit sah. Dass man von Kommilitonen, Kollegen, sogar Schülern für die Stasi bespitzelt wurde, war normal. Wer sich da im Einzelnen auf meine Kosten profiliert hat, ist mir egal, weil ich zu diesen Leuten keinen Bezug habe. Ich war mir jedoch immer sicher, dass es in meinem persönlichsten Umfeld, also unter Eltern, Verwandten und Freunden, wie eben Armin, niemanden gab, der mich auf dem Schirm hatte."

„Vielleicht hat dir dein Unterbewusstsein eingeredet: Will ich gar nicht wissen?"

Eberwein dachte einen Moment nach. „Möglich, glaube ich aber nicht. Nein, ich war mir absolut sicher. Die Akte hat mich darin bestätigt. Alle sind sauber, alle bis auf Armin. Ich weiß nicht einmal, wie der an die Akte gekommen ist. Da müssen immer noch Seilschaften funktionieren."

Lippmann fragte: „Ich verstehe das nicht. Wenn ich mich an den Bericht von Frau ..., von Helena erinnere, habt ihr alle Beteiligten unter die Lupe genommen."

Klaas antwortete für Eberwein: „Stimmt, dabei sind wir allerdings einem blödsinnigen Denkfehler aufgesessen. Einzelheiten erspare ich dir."

„Ich auch", fuhr Eberwein fort. „Wir waren einfach zu einfältig, nicht kritisch genug, weil Armin für mich über jeden Zweifel erhaben war."

Klaas und Helena saßen sich gegenüber. Er dachte einmal mehr daran, wie hervorragend das weiße Herrenhemd zu ihrer dezent gebräunten Haut und der blonden Mähne passte, die sie ab und zu schüttelte, um widerspenstige Haare aus dem Gesicht zu verjagen. Und er dachte einmal mehr darüber nach, welche Gründe er heranziehen könnte, um seine Abreise ein paar Tage zu verschieben.

Es folgte einen Moment Stille, bis Gerhard Lippmann wieder das Wort ergriff. „Gestern Abend habe ich übrigens eine Mail von meinem Freund aus dem Archiv des Bistums bekommen. Der Gesandte des Papstes, der damals auf dem Weg nach Wittenberg war, hatte angeblich keine Wertgegenstände dabei, lediglich eine Reisekasse. Über den Zweck der Reise und dieser Truhe herrscht seit fünfhundert Jahren Unklarheit, oder er sollte nicht bekannt werden."

„Dass passt zu meinen neuesten Informationen", hakte der Doktor ein. „Ich hatte doch eine Materialprobe aus der Truhe genommen und ins Labor zur Analyse geschickt."

Er blickte erwartungsvoll in die Runde, wie ein Quizmaster vor Auflösung der Millionenfrage.

„Na sag schon", feixte Holger und deutete auf die Uhr über der Theke, „ich muss morgen wieder nach Hause."

Eberwein nahm den Salzstreuer vom Tisch, drehte ihn gedankenversunken einige Male in der Hand hin und her und hielt ihn dann in die Höhe.

„Salz", sagte er trocken und richtete seinen Blick wieder in die Runde. „Die Truhe wurde zum Transport von Salz verwendet."

Es folgte ein längeres Schweigen in der Runde. Dann fragten Holger und Klaas gleichzeitig: „Salz?"

„Ja, liebe Leute, profanes langweiliges Salz. Hier entlang, von Schildau über Mehderitzsch nach Belgern, verlief jahrhundertelang eine der wichtigsten europäischen Salzstraßen. Salz, das zum Beispiel für Prag bestimmt war, wurde hier über die Elbe transportiert. Salz war im Mittelalter ein wertvoller Stoff. Die Flussmüllers haben entweder mit Salz gehandelt, welches sie als Entgelt für ihre Dienste bei der Flussüberquerung erhalten haben, oder sie haben Salz gestohlen und einen schwunghaften Handel mit „schwarzem" Salz betrieben. Schwarz wie Schwarzgeld. Denn Salz diente damals als Zahlungsmittelersatz und Tauschobjekt."

Wieder war es mucksmäuschenstill in der Runde. So still, dass Stöver aufmerkte und neugierig von einem zu andern sah.

„Alles okay, mein Junge", sagte Klaas lächelnd zu ihm und wandte sich an Eberwein: „Dann ist alles, was ich recherchiert habe, Asche? Niemand hat was mit der Sache zu tun? Kein Geharnischter? Kein Bote des Papstes? Kein Teilnehmer der Schlacht bei Mühlberg? Wie langweilig!"

„Immer ruhig mit den jungen Pferden", erwiderte Eberwein, „lass uns sortierten."

„Nein, nicht wieder die Pinnwand!", maulte Holger.

„Keep cool, dass bekommen wir ohne Pinnwand in die Reihe. Also: Papstbote: Weiß man nicht. Geharnischte: Spricht nichts dafür. Übrigens behaupten Fachleute, dass die Geharnischten bei der Schlacht bei Mühlberg überhaupt nicht mitgemischt haben. Infolgedessen kann auf dem Rückweg nach der Schlacht auch keiner von ihnen hier in der Nähe gewesen sein.

Der Harnisch von Wilfried ist anspruchslos und schmucklos gearbeitet. Ohne einen Hinweis auf den Hersteller. Vielleicht die Arbeit eines einfachen Dorfschmiedes, wer weiß. Wilfried war eher ein unbekannter Landsknecht, kein Offizier, kein Adeliger. Ob er zu den Geharnischten gehörte, ob er in Mühlberg mitgekämpft hat, es ist nicht herauszufinden."

„Was passiert jetzt mit ihm?", fragte Helena.

„Darüber verhandeln gerade verschiedene Institutionen. Vielleicht wird er untersucht und ausgestellt wie Ötzi. Oder beigesetzt. Er hat immerhin fünfhundert Jahre auf seine letzte Ruhestätte gewartet." Eberwein lehnte sich, zum Zeichen, dass er mit seinem Vortrag am Ende war, zurück und hielt Holger demonstrativ sein leeres Champusglas vors Gesicht.

Klaas war nicht zufrieden. Er forschte in sich hinein und hatte das Bild der Truhe vor sich. Die kompakten Abmessungen, die starken Beschläge. Mag sein, dass sie zum Schluss als Transportbehältnis von Salz missbraucht wurde, ursprünglich war es eine Geldkiste gewesen. Mit Sicherheit.

Eine plausible Erklärung, warum kein Staub in der offenen Truhe war, hatte er nach wie vor nicht erhalten. Er schloss die Augen und vor seinem inneren Auge stieg Claus Narr mit glöckchenverzierter Zipfelmütze feixend aus der Kiste.

Der nächste Gedanke galt seinen seltsamen Visionen, diese plastischen, real anmutenden Ausblicke, wie durch ein Fenster, direkt in das Mittelalter. Einerseits froh, andererseits enttäuscht, dass sie in den letzten Wochen ausgeblieben waren, hinterließen sie eine störende Unruhe bei ihm. Auch an diesem Abend war er wieder drauf und dran gewesen, mit dem Doktor oder mit Helena darüber zu reden, aber irgendetwas hielt ihn davon ab.

Er drängte die Grübelei beiseite und fand sich in der Runde der Freunde wieder.

Der Abend löste sich nach Eberweins Vortrag mehr und mehr in Feierlaune auf. Zwar kam diese oder jene Detailfrage zu den Ereignissen der letzten Tage auf und wurde in Grüppchen diskutiert, aber die wichtigsten Dinge waren geklärt. Der Doktor blieb schweigsam und in sich gekehrt. Klaas hatte verstanden, dass er nicht über Armins Pistole reden durfte, über die Waffe, die schon in zwei Verbrechen eine Rolle gespielt hatte, und er respektierte das.

Je ausgelassener die Feier sich entwickelte, desto melancholischer wurde Klaas. Mehr als einmal hing sein Blick an Helena und sie bemerkte es sehr wohl.

Es war weit nach Mitternacht, als die Runde sich auflöste. Holger, der Doktor und Gerhard Lippmann verteilten sich auf die Gästezimmer der Elbklause und Klaas verabschiedete sich in sein Wohnmobil.

Innerhalb weniger Minuten lag er in seinem Nest, legte sein Handy zur Seite und schaltete das Licht aus. Durch die Dachluke der Minna beobachtete er versonnen ein Stück dunkelblauen Himmels und ein paar bunt leuchtende Sterne.

Er atmete mehrmals tief durch. Bei jedem Ausatmen lauschte er auf die nachlassende Anspannung in seinem Hirn. Nachdem alle lösbaren Rätsel gelöst und er sich mit der

Unlösbarkeit der übrigen abgefunden hatten, gab es leider keinen Grund, seine Abreise weiter hinauszuzögern. Trotzdem war die Vorstellung irgendwie unwirklich, ab morgen nicht mehr mit dem kauzigen Eberwein im Pullunder und der schnippischen Helena im frischgebügelten Herrenhemd am Frühstückstisch bei Rührei und Schinken zu sitzen und das Gefühl zu haben, unter Freunden zu sein. Noch aus einem weiteren Grund war die Situation unbefriedigend. Helena. Es fehlte ein Ende, wie immer das aussehen mochte. Und Klaas hasste Geschichten ohne Ende.

Stöver lag auf seinem Platz unter dem Tisch und schnarchte vor sich hin. Klaas waren die Augen zugefallen.

Jemand öffnete vorsichtig die Schiebetür.

Klaas schreckte hoch, richtete sich im Bett auf und schaltete das Licht ein. Helena stand mit offener Mähne in der Schiebetür und wischte sich eine blonde Strähne aus dem Gesicht.

„Ist es gestattet?", erklang es kaum vernehmlich und um eine Spur heiserer als gewöhnlich.

Klaas schluckte. „Selbstverständlich", antwortete er mit belegter Stimme und sie schloss die Tür hinter sich.

Dann stand Helena im obligatorischen, etwas zu weitem Herrenoberhemd mit hochgekrempelten Ärmeln vor ihm und sie sahen sich schweigend und lächelnd an. Diesmal war es ein schneeweißes Hemd, und Klaas fand wie immer, dass es phänomenal zum warmen Braunton ihrer Beine passte.

Mehr als dieses Hemd trug sie heute nicht, stelle Klaas fest, als sie andächtig einen Knopf nach dem anderen öffnete.

Ende?

Aber nein!
Der zweite Elbekrimi
mit Klaas und Helena ist schon erschienen:

Erbgut